ENTRE AMIS

An Interactive Approach

**Fifth Edition
Worktext Advantage Edition
Volume 2**

Michael D. Oates
Emeritus, University of Northern Iowa

Larbi Oukada
Indiana University, Indianapolis

**HEINLE
CENGAGE Learning**

Australia • Brazil • Canada • Japan • Korea • Mexico • Singapore • Spain • United Kingdom • United States

HEINLE CENGAGE Learning

Components of *Entre amis*, Fifth Edition
- Student Text with In-text Audio CDs
- Student Activities Manual (SAM) (*Cahier d'activités*)
- SAM Audio CDs
- E-SAM powered by Quia
- *Pas de problème!* Video
- *Entre amis* Student CD-ROM
- *Entre amis* Student Companion Website

Publisher: Roland Hernández
Sponsoring Editor: Van Strength
Development Manager: Glenn A. Wilson
Executive Marketing Director: Eileen Bernadette Moran
Associate Marketing Manager: Claudia Martínez
Development Editor: Katherine Gilbert
Senior Project Editor: Florence Kilgo
Production Editorial Assistant: Kristen Truncellito
Art and Design Manager: Gary Crespo
Photo Editor: Jennifer Meyer-Dare
Composition Buyer: Sarah Ambrose
Senior Manufacturing Manager: Chuck Dutton
Cover photo: ©Photodisc Royalty Free

Copyright © 2011, 2006 Heinle, Cengage Learning

ALL RIGHTS RESERVED. No part of this work covered by the copyright herein may be reproduced, transmitted, stored, or used in any form or by any means graphic, electronic, or mechanical, including but not limited to photocopying, recording, scanning, digitizing, taping, Web distribution, information networks, or information storage and retrieval systems, except as permitted under Section 107 or 108 of the 1976 United States Copyright Act, without the prior written permission of the publisher.

> For product information and technology assistance, contact us at
> **Cengage Learning Customer & Sales Support, 1-800-354-9706**
>
> For permission to use material from this text or product, submit all requests online at **cengage.com/permissions**
> Further permissions questions can be e-mailed to **permissionrequest@cengage.com**.

Library of Congress Catalog Card Number: 2009936516

ISBN 10: 0-495-90903-3

ISBN 13: 978-0-495-90903-3

Heinle
20 Channel Center Street
Boston, MA 02210
USA

Cengage Learning is a leading provider of customized learning solutions with office locations around the globe, including Singapore, the United Kingdom, Australia, Mexico, Brazil, and Japan. Locate your local office at: **international.cengage.com/region**

Cengage Learning products are represented in Canada by Nelson Education, Ltd.

Visit Heinle online at **www.cengage.com/heinle**
Visit our corporate website at **cengage.com**

Printed in the United States of America
1 2 3 4 5 6 7 13 12 11 10 09

Table des matières

Chapitre préliminaire *Au départ* 1

Buts communicatifs
Understanding basic classroom commands   2
Understanding numbers   3
Understanding basic expressions of time   3
Understanding basic weather expressions   5

Prononciation
Masculin ou féminin?   4
L'alphabet français   4

Culture
Il y a un geste
  Frapper à la porte   2
  Compter avec les doigts   3
  Comment? Pardon?   6
Réalités culturelles
  Le français: la langue de toutes
    les saisons   5
  La France   6

Chapitre 1 *Bonjour!* 7

Buts communicatifs
Exchanging personal information   13
Identifying nationality   18
Describing physical appearance   22

Prononciation
L'accent et le rythme   12
Les consonnes finales   12

Structure
Les pronoms sujets   13
Le verbe **être**   14
L'accord des adjectifs   16
La négation   20
L'accord des adjectifs (suite)   22

Culture
À propos   10
  Monsieur, Madame et **Mademoiselle**
  Le premier contact
  La politesse
  Le prénom
Il y a un geste
  Le contact physique   11
  Le téléphone   11
  Assez   22
Réalités culturelles
  Paris   15
  L'Agence de la francophonie   20
Lecture
  Manchettes   25

Chapitre 2 — *Qu'est-ce que vous aimez?* 28

Buts communicatifs
Asking and responding to "How are you?" 34
Giving and responding to compliments 37
Offering, accepting, and refusing 42
Expressing likes and dislikes 46

Prononciation
L'alphabet français (suite) 32
Les accents 33

Structure
Le verbe **aller** 36
Les verbes en **-er** 38
L'article défini: **le, la, l'** et **les** 44
Les questions avec réponse **oui** ou **non** 48

Culture
À propos 31
  Les compliments
  Merci
  Le kir
Il y a un geste
  À votre santé 30
  Non, merci 30
  Ça va 35
Réalités culturelles
  Besançon 34
  Le café 43
Lecture
  Seul(e) et las(se) de l'être 52

Chapitre 3 — *Chez nous* 55

Buts communicatifs
Identifying family and friends 61
Sharing numerical information 65
Talking about your home 73

Prononciation
L'accent et le rythme (suite) 59
Les sons [e], [ɛ], [ə], [a] et [wa] 60

Structure
L'article indéfini: **un, une** et **des** 63
Le verbe **avoir** 64
Les nombres (suite) 66
Les expressions **il y a** et **voilà** 70
Les adjectifs possessifs **mon, ton, notre** et **votre** 71
La négation + **un (une, des)** 74
La possession avec **de** 76
Les adjectifs possessifs **son** et **leur** 78

Culture
À propos 58
  La langue et la culture
  Les pronoms **tu** et **vous**
  La famille et les amis
  Pour gagner du temps
Il y a un geste
  Voilà 57
Réalités culturelles
  Les départements et les territoires d'outre-mer 68
  Le Québec 84
Lectures
  Maisons à vendre 83
  Céline Dion et sa famille 85

Table des matières vii

Chapitre 4 *L'identité* 89

Buts communicatifs
Describing personal attributes 94
Describing clothing 99
Describing people and things 105
Describing what you do at home 109
Identifying someone's profession 112

Prononciation
Les voyelles nasales: [ɛ̃], [ɑ̃] et [ɔ̃] 93

Structure
Quelques groupes d'adjectifs 96
Ne … jamais 97
Les adjectifs de couleur 101
L'adjectif démonstratif 103
La place de l'adjectif 107
Le verbe **faire** 110
Les mots interrogatifs **qui, que** et **quel** 114

Culture
À propos 92
  Au pair
  Le franglais
  Les McDo et l'influence américaine
  Les cartes postales
Il y a un geste
  Bravo! 91
  Paresseux 95
  Ennuyeux 95
  Cher! 102
Réalités culturelles
  Le foulard islamique 101
  Jean Piaget, psychologue et pédagogue suisse 113
Lectures
  Offres d'emploi 117
  «Familiale» 118

Chapitre 5 *Quoi de neuf?* 122

Buts communicatifs
Expressing future time 127
Telling time 131
Explaining your schedule 134
Telling where to find places 140

Prononciation
Les syllabes ouvertes 126

Structure
À + article défini 127
Le verbe **aller** (suite) 129
L'heure 132
Les jours de la semaine 134
Le verbe **devoir** 138
Quelques prépositions de lieu 140
L'impératif 141
Les prépositions de lieu avec une ville ou un pays 143
Les mots interrogatifs **où** et **quand** 145

Culture
À propos 125
  Quelques malentendus culturels
Il y a un geste
  Au revoir/Salut 124
  La bise 124
Réalités culturelles
  Angers 137
  L'immigration 146
  Le Cameroun 152
Lectures
  Vos vacances à Angers 148
  «Village natal» 150

viii   Table des matières

Chapitre 6 *Vos activités* 154

Buts communicatifs
Relating past events   159
Describing your study habits   164
Describing your weekend activities   168

Prononciation
Les sons [u] et [y]   158

Structure
Le passé composé avec **avoir**   160
Les verbes **écrire** et **lire**   164
Ne … rien   165
Temps, heure et **fois**   167
Les verbes pronominaux   168
Jouer de et **jouer à**   170
Les pronoms accentués   172
Les verbes **dormir, partir** et **sortir**   174
Les verbes **nettoyer** et **envoyer**   175

Culture
À propos   157
   La maison
   Relativité culturelle: La maison
Il y a un geste
   C'est la vie.   158
   J'ai oublié!   158
Réalités culturelles
   Les loisirs préférés des étudiants   173
   Le Maghreb   178
Lectures
   Un homme courageux; Les soldats ont planté des arbres   179
   «Non, je ne regrette rien»   180

Chapitre 7 *Où êtes-vous allé(e)?* 183

Buts communicatifs
Relating past events (continued)   189
Describing your background   194
Stating what you just did   202

Prononciation
Les sons [ɔ] et [o]   188

Structure
Le passé composé avec **être**   189
Le pronom **y**   193
Le verbe **venir**   195
Les prépositions de lieu avec une ville ou un pays (suite)   195
Les mois de l'année, les saisons et le temps   198
Venir de + infinitif   202

Culture
À propos   186
   Une technologie de pointe
   Le TGV
   Le portable
   La télécarte
   L'amabilité (*kindness*)
Il y a un geste
   Je vous en prie   185
Réalités culturelles
   La diversité religieuse   199
   Les vacances d'été   201
Lectures
   Vague de chaleur en Europe   205
   «Il»   207

Chapitre 8 *On mange bien en France* **209**

Buts communicatifs
Ordering a French meal 216
Discussing quantities 223
Expressing an opinion 228
Expressing a preference 231

Prononciation
Les sons [k], [s], [z], [ʃ], [ʒ] et [ɲ] 214

Structure
L'article partitif 217
Ne … plus 219
Le verbe **prendre** 221
Les expressions de quantité 223
Le verbe **boire** 224
Les pronoms objets directs **le, la, les** 228
Quelques expressions avec **avoir** 229
Les verbes comme **préférer** 232

Culture
À propos 212
 L'apéritif
 L'art d'apprécier le vin
 Tout se fait autour d'une table
 Relativité culturelle: Un repas français
 Sans façon
Il y a un geste
 Encore à boire? 213
 L'addition, s'il vous plaît. 222
Réalités culturelles
 Le resto U 220
 La langue et la culture 225
Lectures
 «Déjeuner du matin» 236
 Salade Cæsar aux endives 237

Chapitre 9 *Où est-ce qu'on l'achète?* **240**

Buts communicatifs
Finding out where things are sold 246
Describing an illness or injury 249
Making a purchase 254

Prononciation
Le son [R] 244

Structure
Les verbes en -re 246
Depuis 251
Le verbe **acheter** 255
Les pronoms relatifs 260

Culture
À propos 243
 La pharmacie
 Le tabac
 Les petits magasins
 On achète des fleurs
Il y a un geste
 Désolé(e) 242
Réalités culturelles
 Le français en Afrique 245
 L'Union européenne 257
Lectures
 «Il pleure dans mon cœur» 264
 Hystérie anti-tabac; Les mesures du président 265

Chapitre 10 — Dans la rue et sur la route 269

Buts communicatifs
Giving reasons and making excuses 274
Expressing familiarity and judgment 277
Giving orders and advice 281
Describing ways of doing things 285

Prononciation
La lettre **h** 273

Structure
Les verbes **vouloir** et **pouvoir** 274
Le verbe **connaître** 277
Les pronoms objets directs (suite) 278
L'impératif (suite) 282
Les pronoms à l'impératif 283
Les nombres ordinaux 284
Le verbe **conduire** 286
Les adverbes 287

Culture
À propos 272
  Conduire en France
  Les expressions de tendresse
Il y a un geste
  Chut! 271
  Tais-toi! 271
  Mon œil! 271
  Invitation à danser 273
  À toute vitesse 286
Réalités culturelles
  Le français en Louisiane 280
Lectures
  «La France au volant» 290
  Automobiles 292

Chapitre 11 — Comme si c'était hier 294

Buts communicatifs
Describing conditions and feelings in the past 299
Setting the scene in the past 303
Making comparisons 305

Prononciation
Les sons [i] et [j] 298

Structure
L'imparfait 299
Ne … que 302
L'imparfait et le passé composé 303
Le comparatif des adverbes 306
Le comparatif des adjectifs 306
Le comparatif (suite) 308
Le superlatif 309

Culture
À propos 297
  Les jeunes
  Le mariage en France
  L'union libre
Il y a un geste
  J'en ai assez 296
Réalités culturelles
  Haïti 314
Lectures
  «La grand-mère Aïda» 314
  Le mariage, oui ou non? 316

Chapitre 12 — Les réservations 319

Buts communicatifs
Making a request 324
Making a restaurant or hotel reservation 330
Making a transportation reservation 336

Prononciation
Les sons [l] et [j] 323

Structure
Le verbe **savoir** 327
Les verbes réguliers en -ir (-iss-) 332
L'adjectif **tout** 334
Le futur 337
Le futur avec **si** et **quand** 339

Culture
À propos 322
  Pour répondre au téléphone
  La politesse (rappel)
  À l'hôtel
  Mince!
Il y a un geste
  Qu'est-ce que je vais faire? 321
Réalités culturelles
  La France, mère des arts 331
  Le Sénégal 344
Lectures
  L'horaire des trains (Paris–Nantes) 342
  Séjours organisés au Sénégal 344

Chapitre 13 *Ma journée* 347

Buts communicatifs
Describing a table setting   352
Describing one's day   355
Describing past activities   361
Expressing one's will   364

Prononciation
Les voyelles arrondies [ø] et [œ]   351

Structure
Le verbe **mettre**   352
Les verbes pronominaux (suite)   356
Les verbes **se promener, s'inquiéter, s'appeler et s'asseoir**   359
Le passé des verbes pronominaux   361
Le subjonctif   364

Culture
À propos   350
 Au menu ou à la carte?
 Relativité culturelle: L'étiquette à table
Il y a un geste
 Il n'y a pas de quoi   349
Réalités culturelles
 Le vocabulaire de la cuisine   354
 Le Burkina Faso   370
Lectures
 «Les feuilles mortes»   372
 Une lettre du Burkina Faso   373

Chapitre 14 *Quelle histoire!* 378

Buts communicatifs
Describing interpersonal relationships   385
Describing television programs   392
Expressing emotion   398

Prononciation
La tension   382

Structure
Le verbe **dire**   385
Les pronoms objets indirects   386
Les verbes **voir** et **croire**   393
Les interrogatifs **quel** et **lequel**   394
Les pronoms relatifs (suite)   396
Le subjonctif (suite)   398
Le pronom **en**   400

Culture
À propos   381
 La télévision française
 Les faux amis
Il y a un geste
 Je te le jure   380
 Quelle histoire!   380
Réalités culturelles
 Les Petites Antilles françaises   384
 Qu'est-ce que les Français regardent à la télé?   392
Lectures
 À la télévision   403
 Au cinéma   405

Chapitre 15 — *Qu'est-ce que je devrais faire?* 407

Buts communicatifs
Seeking and providing information   412
Making basic hypotheses   421

Prononciation
La voyelle [ə]   411

Structure
L'imparfait, le passé composé (suite) et le plus-que-parfait   413
Le verbe **devoir** (suite)   415
Les pronoms interrogatifs   416
Ne … personne et **ne … rien**   419
Le conditionnel   422
Si hypothétique   424

Culture
À propos   410
 Les agents et les gendarmes
 Les contraventions
Il y a un geste
 J'ai eu très peur   409
 Quel imbécile!   409
 Ivre   409
Réalités culturelles
 La Croix-Rouge   415
Lectures
 Deux accidents   427
 «Le jardin»   429

Références
Verbes   432
Appendice A. Phonetic Symbols   442
Appendice B. Professions   444
Appendice C. Grammatical Terms   445
Appendice D. *Négociations* (Information Gap) activities   452
Vocabulaire français-anglais   464
Vocabulaire anglais-français   479
Index   493

To the Student

Entre amis is a first-year college French program centered around the needs of a language learner like you. Among these needs is the ability to communicate in French and to develop insights into French culture and language. You will have many opportunities to hear French spoken and to interact with your instructor and classmates. Your ability to read and write French will improve with practice. The functions and exercises are designed to enable you to share information about your life—your interests, your family, your tastes, your plans.

Helpful Hints

While you will want to experiment with different ways of studying the material you will learn, a few hints, taken from successful language learners, are in order:

En français, s'il vous plaît! Try to use what you are learning with anyone who is able to converse in French. Greet fellow students in French and see how far you can go in conversing with each other.

Enjoy it. Be willing to take off the "wise-adult" mask and even to appear silly to keep the communication going. Everybody makes mistakes. Try out new words, use new gestures, and paraphrase, if it helps. Laugh at yourself; it helps.

Bring as many senses into play as possible. Study out loud, listen to the taped materials, use a pencil and paper to test your recall of the expressions you are studying. Anticipate conversations you will have and prepare a few French sentences in advance. Then try to work them into your conversations.

Nothing ventured, nothing gained. One must go through lower-level stages before reaching a confident mastery of the language. Study and practice, including attentive listening, combined with meaningful interaction with others will result in an ability to use French to communicate.

Where there's a will, there's a way. Be resourceful in your attempt to communicate. Seek alternative ways of expressing the same idea. For instance, if you are stuck in trying to say, *«Comment vous appelez-vous?»* ("What is your name?"), don't give up your attempt and end the conversation. Look for other ways of finding out that person's name. You may want to say, *«Je m'appelle John/Jane Doe. Et vous?»* or *«John/Jane Doe»* (pointing to yourself). *«Et vous?»* (pointing to the other person). There are often numerous possibilities!

Use your imagination. Some of the exercises will encourage you to play a new role. Add imaginary details to these situations, to your life story, etc., to enliven the activities.

Organization of the Text

The text is divided into fifteen chapters, plus a brief preliminary chapter. Each chapter is organized around a central cultural theme with three major divisions: *Coup d'envoi, Buts communicatifs,* and *Intégration.*

All presentation material—the *Prise de contact* and the *Conversation* or *Lettre* in the *Coup d'envoi,* plus the introduction to each *But communicatif*—are recorded on the In-Text (Student) Audio CDs shrink-wrapped with your text. Listen to these to prepare for your French class or to review by yourself afterwards.

Coup d'envoi

This section starts the cycle of listening, practicing, and personalizing which will make your learning both rewarding and enjoyable. You will often be asked to reflect and to compare French culture to your own culture.

Coup d'envoi = *Kickoff.*
Prise de contact = *Initial Contact.* See pp. 8, 29, etc.
Buts communicatifs = *Communicative goals.* See pp. 13, 34, etc

Prise de contact is a short illustrated presentation of key phrases. In this section you are encouraged to participate and to respond to simple questions about your family, your life, or your recent activities.

Conversation (or *Lettre*) typically shows a language learner in France adapting to French culture. You will often find this person in situations with which you can identify: introducing him- or herself or asking for directions, for example. Then you will be asked what you would do or say in a similar situation.

The *À propos* section describes particular aspects of French culture closely tied to the *Conversation* or *Lettre.* These cultural sections will help you understand why, for example, the French do not usually say "thank you" when responding to a compliment or how meals are structured in France.

The *Il y a un geste* section is a special feature of **Entre amis** and an integral part of every chapter. It consists of photos and descriptions of common French gestures. The primary purpose of the gestures is to reinforce the meaning of the expressions associated with them that you will learn and use throughout the year.

The *À vous* and *Entre amis* activities in the *Coup d'envoi* provide initial opportunities for personalized practice with another student.

The *Prononciation* section helps you to imitate correctly general features of French pronunciation as well as specific sounds. It is important that your speech be readily understandable so that you can communicate more easily with people in French. The In-Text Audio CDs also practice the pronunciation lesson for each chapter.

Buts communicatifs

As is the case in the *Coup d'envoi* section, each of the *Buts communicatifs* sections begins with a presentation that includes key phrases that you will use to interact with your instructor and classmates. Material from the *Coup d'envoi* is recycled in the *Buts communicatifs.* The section is divided according to specific tasks, such as asking for directions, describing your weekend activities, or finding out where things are sold. Within this context, there are grammar explanations, exercises, vocabulary, and role-play activities. The vocabulary is taught in groups of words directly related to each of the functions you are learning. All of these words are then listed at the end of each chapter in the *Vocabulaire actif* section.

Each section of the *Buts communicatifs* ends with an *Entre amis* activity that encourages you to put to use what you have just learned. These *Entre amis* activities involve negotiating a real-life situation (ordering a meal, discussing your schedule, finding out what your partner did) and practicing it until you are comfortable with your performance. Your spoken French will improve by preparing for and participating in this type of interaction.

Intégration

This final section provides an opportunity to review vocabulary and grammar studied in the chapter. It features a *Début de rédaction* (initial composition) activity that is the first step in a writing process that culminates in the *Rédaction* activity found in the Workbook portion of the Student Activities Manual (SAM). It also features a *Négociations* (Information Gap) activity, which encourages students to work together, exchanging information to complete a task. Finally, it includes one or more reading selections (*Lectures*). These readings are from authentic French materials, such as excerpts from newspapers, magazines, literary texts, or poems. (The poems are recorded on your In-Text Audio CDs.) There are activities both before and after each reading to relate the material to your own experience and to help increase your understanding. A list of all the active vocabulary of the chapter (*Vocabulaire actif*) is included at the end of this section.

Réalités culturelles

Throughout the text, an effort has been made to provide you with an appreciation of French culture and the extent and diversity of the French-speaking world in the twenty-first century. In English during the first part of the text, the *Réalités culturelles* will increase your cultural literacy with respect to the places where French is spoken, the achievements of French-speaking people, and why French is relevant to your daily life.

Appendices

The reference section contains verb conjugations, an appendix of phonetic symbols, a list of professions, a glossary of grammatical terms, the "Student B" information for the *Négociations* activities, French-English and English-French glossaries, and an index.

Ancillaries

Student Activities Manual (*Cahier d'activités*)

The Student Activities Manual includes the Workbook, Lab Manual, and Video Worksheets.

The Workbook activities provide you with additional practice for each section of vocabulary and grammar. A final activity, *Rédaction*, is part of the writing process that begins in the *Intégration* section of the text.

The Lab Manual and SAM Audio CDs combine to help you practice your pronunciation and your listening and speaking skills. You will listen to the recordings and instructions of the SAM Audio CDs. The Lab Manual will provide you with cues to answer the questions. Each chapter of the Lab Manual includes activities *(Vignettes, À vous)* that allow you to check your readiness for tests.

The Video Worksheets help you to understand the *Pas de problème!* Video (see below). A *Vocabulaire à reconnaître* lists new words spoken in the Video and their meanings. The worksheets provide simple activities that reinforce the links between the Video and what you learned in your textbook.

Pas de problème! Video

The video *Pas de problème!* was filmed in France. Each module introduces young people—French native speakers from different countries—living in France, interacting with each other, and encountering everyday problems that you might experience if you visit France. Between the modules, the video includes *Impressions,* short sections shot in France and in Guadeloupe, that provide insights into the culture and way of life of people in these countries. The themes presented expand on topics addressed in the video or in the textbook. In Guadeloupe, native speakers express their opinion or talk about their own experience as it applies to the chosen themes.

Entre amis Student CD-ROM

This multimedia CD-ROM provides immediate feedback while helping you to practice each chapter's vocabulary and grammar. It offers a grammar reference and French-English glossary. Each chapter includes art- and listening-based activities to help you develop your reading, writing, listening, and speaking skills. The CD-ROM also contains clips from the *Pas de problème!* Video.

Entre amis Student Companion Web Site

You can access this site through the Houghton Mifflin web site. Icons in the textbook will direct you to the site. At the beginning of the *Intégration* section, an icon indicates Web-Search activities you can do by accessing the links described. Likewise, links are provided for all of the *Réalités culturelles* notes found in the text that allow you to locate quickly additional information on the web. In addition, the web site offers interactive ACE Practice Tests that will enable you to check your understanding of the chapter grammar and vocabulary, as well as vocabulary Flashcards and other helpful resources.

Acknowledgments

We, the authors, are indebted to the editorial staff of Houghton Mifflin for giving us the opportunity to develop and produce the text. Their encouragement and guidance made **Entre amis,** Fifth Edition possible. We are especially grateful for the guidance and friendship of our developmental editor, Katherine Gilbert, our project editor, Florence Kilgo, and our native reader, Micheline Moussavi.

Michael Oates specifically wishes to thank his wife, Maureen O'Leary Oates, for her patience during the development and editing of **Entre amis.** He is grateful for the support of Joye Lore-Lawson, of Indian Hills CC, Linda Quinn Allen of Iowa State University, Jean-Marie Salien, of Fort Hays State University, and Deirdre Bucher Heistad and Lowell Hoeft of the University of Northern Iowa. Larbi Oukada also wishes to express his gratitude to the following individuals:

Rosalie Vermette
France Agnew
Liz Barnard

To the Student

We would also like to express our sincere appreciation to the following people for their thoughtful reviews of *Entre amis.*

Patricia Han, Skidmore College
Dori Seider, Mercer County College
Catherine Dowling, USDA
Maura Nelson, Des Moines Area Community College
Moses Hardin, Valdosta State University
Marion Yudow (Language Lab), Rutgers University
S. Pascale Dewey, Kutztown University
Katherine Kurk, Northern Kentucky University
Sylvie Vanbaelen, Butler University
Tim Wilkerson, Wittenberg University
Eileen McDonald, Marquette University
Marion Hines, Howard University
Jacqueline Klaassen, Laney College
Elizabeth Emery, Montclair State University
Leanne Wierenga, Wittenberg University
Anne Carlson, Utah State University
Elizabeth Guthrie, University of California-Irvine
Hedwige Meyer, University of Washington
Marian Brodman, University of Central Arkansas
Claude Fouillarde, New Mexico State University
Nathalie Porter, Vanderbilt University
Sarah Dodson, Colorado State University
Juliette Parnell-Smith, University of Nebraska at Omaha
Annie Duménil, University of South Carolina

FRANCE

L'EUROPE

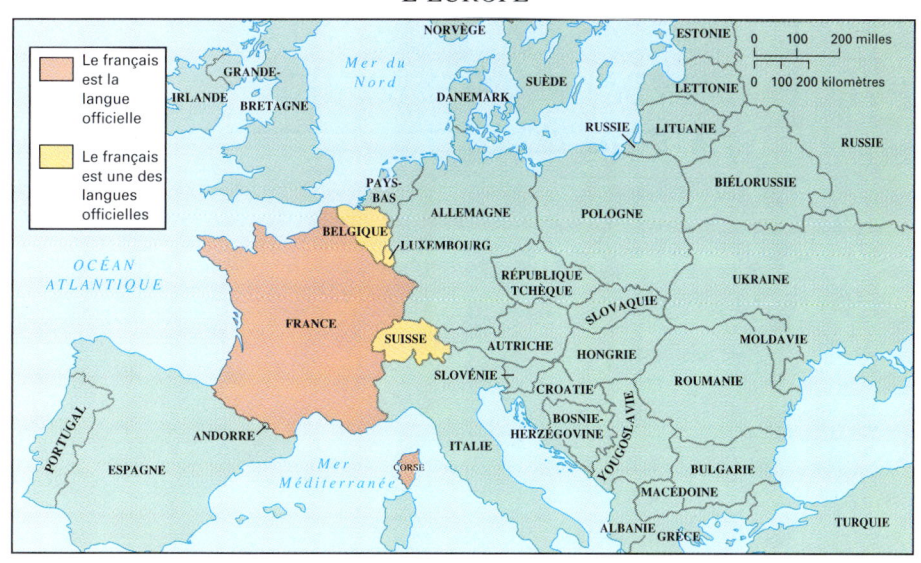

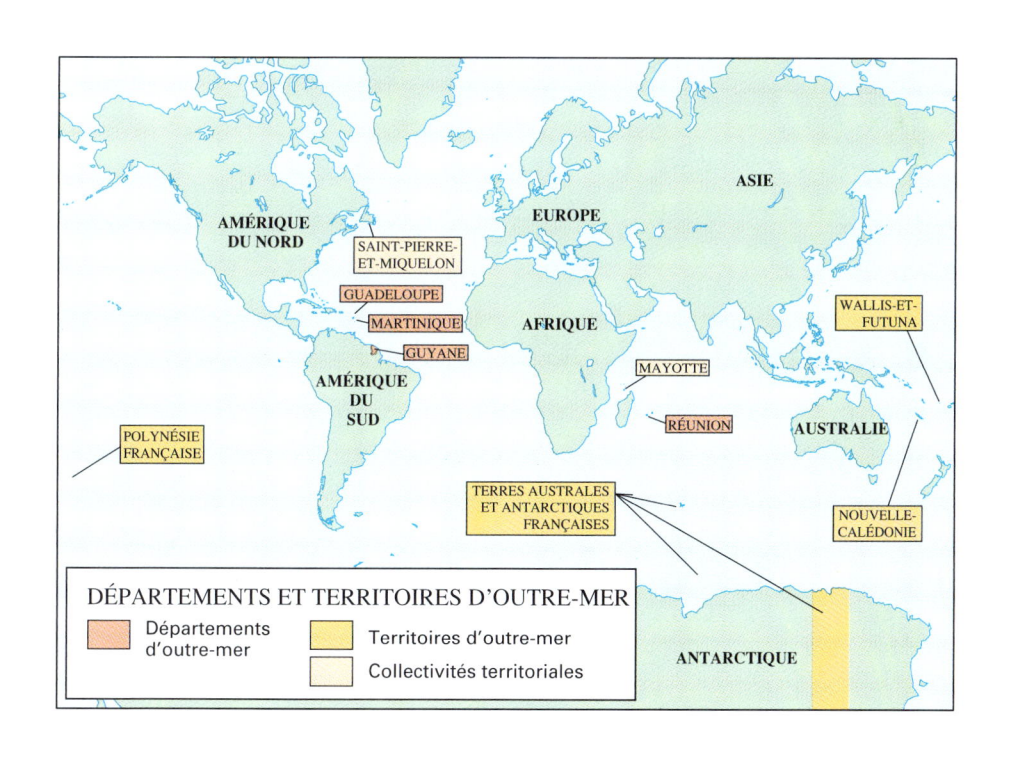

Le français est la langue officielle

Le français est une des langues officielles

DÉPARTEMENTS ET TERRITOIRES D'OUTRE-MER

Départements d'outre-mer

Territoires d'outre-mer

Collectivités territoriales

Chapitre 8

On mange bien en France

Buts communicatifs
Ordering a French meal
Discussing quantities
Expressing an opinion
Expressing a preference

Structures utiles
L'article partitif
Ne ... plus
Le verbe **prendre**
Les expressions de quantité
Le verbe **boire**
Les pronoms objets directs **le, la, les**
Quelques expressions avec **avoir**
Les verbes comme **préférer**

Culture
• *À propos*
L'apéritif
L'art d'apprécier le vin
Tout se fait autour d'une table
Sans façon
Relativité culturelle: Un repas français

• *Il y a un geste*
Encore à boire?
L'addition, s'il vous plaît.

• *Lectures*
«Déjeuner du matin»
Salade Cæsar aux endives

deux cent neuf **209**

CHAPITRE 8 On mange bien en France

Coup d'envoi

Prise de contact **Quelque chose à manger?**

> This material is recorded on the Student Audio that accompanies your text. Practice with the recording as part of your homework.

Tu as faim°, Bruno?	*You are hungry*
Qu'est-ce qu'il y a?	
Il y a ...	
du pain°.	*bread*
des hors-d'œuvre°.	*appetizers*
de la soupe.	
du poisson.	
de la viande°.	*meat*
des légumes°.	*vegetables*
de la salade.	
du fromage.	
Qu'est-ce que tu vas prendre?°	*What are you going to have?*

▶ **Et vous?**

Qu'est-ce que vous allez prendre?
Je voudrais ...
Merci, je n'ai pas faim.
Je regrette° mais j'ai déjà mangé. *I'm sorry*

Conversation

The Conversation is recorded on the Student Audio that accompanies your text.

L'apéritif chez les Aspel

James Davidson est invité à prendre l'apéritif° chez Monsieur et Madame Aspel, les parents de Karine. Monsieur Aspel lui offre quelque chose à boire.

°have a before-dinner drink

M. ASPEL: Que voulez-vous boire, James? J'ai du vin, de la limonade, du jus de pomme°, de la bière ... °apple
JAMES: Quel choix!° Comment s'appelle ce vin? °What a choice!
M. ASPEL: C'est du beaujolais. Et voilà une bouteille° de bordeaux. °bottle
JAMES: Alors, un peu de beaujolais, s'il vous plaît.
M. ASPEL: Bien sûr°, voilà. °Of course
(*James lève° son verre et Monsieur Aspel verse° du vin.*) °lifts / °pours
JAMES: Merci beaucoup.
M. ASPEL: Je vous en prie.
(*Un peu plus tard*)
M. ASPEL: Alors, que pensez-vous° de ce petit vin? °what do you think?
JAMES: Il est délicieux.
M. ASPEL: Encore à boire?° °More to drink?
JAMES: Non, merci.
M. ASPEL: C'est vrai?
JAMES: Oui, vraiment. Sans façon.° °Honestly.
M. ASPEL: Alors, je n'insiste pas.° °I won't insist.

▶ **Jouez ces rôles.** Répétez la conversation avec votre partenaire. Utilisez vos noms.

À propos

Pourquoi est-ce que James lève son verre quand Monsieur Aspel va verser du vin?

   a. James est très poli. Cela fait partie *(is part)* du savoir-vivre *(code of good manners)*.
   b. C'est plus facile *(easier)* pour Monsieur Aspel.
   c. James ne veut pas renverser *(knock over)* son verre.

L'apéritif

A before-dinner drink is often offered. This might be **un kir, un porto** *(port wine)*, **un jus de pomme,** etc.

L'art d'apprécier le vin

Wine is an integral part of French social life and there are a number of polite gestures, such as lifting one's glass when wine is to be poured, that are associated with wine appreciation.

Tout se fait autour d'une table
(Everything takes place around a table)

It does not take long in France to realize how much time is spent sitting around a table. Not only is a table the place to enjoy a meal or share a drink, it is also a primary spot for business deals, serious discussion, pleasant companionship, courtship, and child rearing! It is not surprising, therefore, to find that the table has a place of honor in France, whether it is in **la cuisine, la salle à manger, le restaurant, le resto U** *(restaurant universitaire)*, **le café, le bistro,** or **la cafétéria.**

Sans façon

Refusing additional servings is often quite difficult in France. The French are gracious hosts and are anxious that their guests have enough to eat and drink. There is therefore a need to find ways to convey politely that you are full. Do not, incidentally, say **Je suis plein(e)** (literally, *I am full*), since this would convey that you were either drunk or pregnant. When all else fails (e.g., **Merci; Non, merci; Vraiment; Je n'ai plus faim/soif; J'ai très bien mangé/bu,** etc.), the expression **Sans façon** *(Honestly; No kidding)* will usually work. Of course, if you feel like having a second serving, you may say **Volontiers!** or **Je veux bien.**

Relativité culturelle: Un repas français
(A French meal)

A good example of the presence of structure in French lives is the order of a French meal. There are not infrequently five separate courses at both lunch and dinner, although these are not necessarily heavy meals. After the **hors-d'œuvre**, the **plat principal** is served. There may be more than one **plat principal** (e.g., fish *and* meat). **La salade** normally comes next, followed by **le fromage** and **le dessert.** In a light meal, either the cheese or the dessert may be omitted.

Any variation in the order of the French meal is almost always minor. The number of courses in a French meal reflects not only the French feeling for structure, but also the French appreciation of savoring each taste individually. A few contrasts between the structure of French and North American meals are shown in the chart on the next page.

CONTINUED →

In France	In North America
Eating several courses, even light ones, means that you have to stop after each course and wait for the next. Much more time is spent at the table.	Everything may be served at once and, therefore, much less time is spent at the table.
A green salad is served *after* the **plat principal** (in a few places, such as Angers, at the same time). It is not eaten as a first course. Salad rarely includes any vegetable but lettuce.	Salad is often eaten at the start of the meal. Salads are usually mixed, including a variety of vegetables.
There is only one type of dressing (oil and vinegar) served with a salad.	There is a variety of salad dressings available. What is referred to as *French dressing* is nothing like what is served with a salad in France.
Bread is always served with the meal, usually without butter, and is bought fresh every day.	Bread is not always served with the meal. When it is, butter is always provided.
Coffee is not served during lunch or dinner. It is served, without cream, at the end of these meals.	Coffee is occasionally served right away at the start of the meal.
Café au lait is served only at breakfast. This mixture of 1/2 coffee and 1/2 warm milk is often served in a bowl.	Many people put milk in their coffee at every meal.

Il y a un geste

Encore à boire? A fist is made with the thumb extended to somewhat resemble a bottle. Then the thumb is pointed toward a glass as an invitation or a request to have more to drink.

▶ **À vous.** Répondez.

1. Que voulez-vous? J'ai de la limonade, du jus de pomme, …
2. Bien sûr, voilà.
3. Aimez-vous la limonade, le jus de pomme, … ?
4. Encore à boire?

214 *deux cent quatorze* • **CHAPITRE 8 On mange bien en France**

ENTRE AMIS

Tu as faim?

1. Find out if your partner is hungry. (S/he is.)
2. Ask if s/he wants something to eat.
3. S/he will ask what there is.
4. Tell what there is.
5. Find out what s/he is going to have.

> Use the ACE practice test on the *Entre amis* web site to review this *Coup d'envoi* section, pp. 210–213.

Prononciation

> This pronunciation lesson is recorded on the Student Audio that accompanies your text. Use it to practice pronunciation at home.

Les sons [k], [s], [z], [ʃ], [ʒ] et [ɲ]

■ The following words contain some related French consonant sounds. Practice saying the words after your instructor, paying particular attention to the highlighted sound. As you pronounce the words for one sound, look at how that sound is spelled and in what kinds of letter combinations it appears. What patterns do you notice?

[k]
- café, encore, bicyclette, chic
- cinq, quelquefois
- kir, vodka

[s]
- sa, sur, discret, skier, conversation, valse, fils, mars
- pressé, poisson
- citron, exercice, bicyclette
- ça, français, garçon
- six, dix, soixante

[z]
- maison, vase, poison, magasin
- zéro, seize, magazine

[ʃ]
- chaud, blanche, méchant
- short, sweat-shirt

[ʒ]
- jouer, toujours, déjeuner, déjà
- orange, général, garage, refrigérateur

[ɲ]
- espagnol, Allemagne, renseignement

■ In most situations, **-s-** is pronounced [s]. But when it appears between two vowels, it is pronounced as [z].

    soir   salade   seul   classe   considération

But: vase   présente   raison   chose   musée

■ As in English, **-c-** is usually pronounced [k], but becomes [s] when it precedes the letters **-e, -i,** or **-y.** To create the [s] sound of **-c-** in some words where it is not followed by **e, i,** or **y,** it is written as **ç.**

    encore   cassis   comment   Maroc   crème

But: France   voici   bicyclette   français   François

■ Finally, as in English, the letter **-g-** is usually pronounced [g], but becomes [ʒ] when it precedes the letters **-e, -i,** or **-y.** To create the [ʒ] sound of **-g-** in some words where it is not followed by **e, i,** or **y,** an **-e** is added after it.

	re**g**arder	**g**olf	**g**uitare	**g**rippe	é**g**lise
But:	**g**entil	oran**g**ina	**g**ymnase	man**ge**ons	voya**ge**ons

▶ Pronounce the following words correctly.

1. chocolat, commerce, chaussures, citron, bicyclette, ça, garçon, chercher, chance, avec
2. cinq, cinquante, quelques, pourquoi, Belgique, quart, chaque, question, banque
3. kir, vodka, skier, baskets, hockey
4. excellent, saxophone, examen, exercice, six, dix, soixante
5. Sénégal, orange, mangeons, voyageur, garage, gauche, âge, ménage, agent, gymnastique
6. surprise, Suisse, sous, semestre, saison, sieste, poisson, plaisir, ensuite
7. conversation, télévision, fonctionnaire, attention, provisions, dissertation
8. zéro, onze, magazine, douze
9. jupe, jeune, je, janvier, aujourd'hui, déjeuner, déjà
10. espagnol, Allemagne, accompagner, renseignement

Voici un des desserts préférés des Français. Ces gâteaux font venir l'eau à la bouche, n'est-ce pas?

Buts communicatifs

1. Ordering a French Meal

Garçon is the traditional way of referring to a waiter; however, the word **serveur** is increasingly used.

Client(e)	Serveur/Serveuse°	*waiter / waitress*
Qu'est-ce que vous avez comme ...	Il y a ...	
hors-d'œuvre?	des crudités°.	*raw vegetables*
	du pâté°.	*pâté (meat spread)*
	de la salade de tomates.	
soupes?	de la soupe de légumes.	
	de la soupe à l'oignon°.	*onion*
plats principaux?	de la truite°.	*trout*
	du saumon°.	*salmon*
	du bœuf°.	*beef*
	du porc.	
	du poulet°.	*chicken*
légumes?	des haricots verts°.	*green beans*
	des petits pois°.	*peas*
	des épinards°.	*spinach*
	des pommes de terre°.	*potatoes*
	des frites°.	*French fries*
	du riz°.	*rice*
fromages?	de l'emmental°.	*Swiss cheese*
	du camembert.	
	du chèvre°.	*goat cheese*
	du brie.	
desserts?	des fruits.	
	de la glace°.	*ice cream*
	des pâtisseries°.	*pastries*
	de la tarte°.	*pie*
	du gâteau°.	*cake*

▶ **Et vous?** Avez-vous décidé? Qu'est-ce que vous allez commander°? *to order*
Je vais prendre ...

REMARQUES

1. The words **hors-d'œuvre** and **haricot** begin with the letter **h-** but are treated as if they began with a pronounced consonant. Liaison does not take place after words like **les** and **des,** nor is the letter **-e** dropped in words like **le** and **de.**

   Nous aimons **les/hors-d'œuvre.**   Il n'y a pas **de haricots.**

2. **Hors-d'œuvre** is invariable in the plural.

   un **hors-d'œuvre**   des **hors-d'œuvre**

216 *deux cent seize* • CHAPITRE 8 On mange bien en France

Buts communicatifs • *deux cent dix-sept* **217**

> Remember to consult Appendix C at the end of the book to review any terms with which you are not familiar.

A. L'article partitif

Apportez-moi **du** pain, s'il vous plaît.	*Bring me some bread, please.*
Vous voulez **de la** glace?	*Do you want (some) ice cream?*
Vous avez **de l'**eau minérale?	*Do you have (any) mineral water?*
Je vais manger **des** frites.	*I'm going to eat (some) French fries.*

■ You have already learned about definite articles and indefinite articles in French. There is a third type of article in French called **l'article partitif** *(the partitive article)* that is used when a noun represents a certain quantity, or a part, of a larger whole. In English, we sometimes use the words *some* or *any* to represent this idea, but sometimes we use no article at all.

Je voudrais **du** gâteau.	*I would like cake (but just some of it).*
Le professeur a **de la** patience.	*The professor has patience (not all the patience in the world, just a portion of it).*
Jean a **des** livres.	*Jean has books (but not all the books in the whole world).*

partitive article	when to use	examples
du	before a masculine singular noun	**du** pain
de la	before a feminine singular noun	**de la** salade
de l'	before a masculine or feminine singular noun that begins with a vowel sound	**de l'**eau
des	before all plural nouns, masculine or feminine	**des** frites

■ Like the indefinite article, the partitive article usually becomes **de** after a negation.

Est-ce qu'il y a **de l'**eau minérale?	*Is there any mineral water?*
Non, il n'y a **pas d'**eau minérale.	*No, there isn't any mineral water.*
Il y a **des** légumes?	*Are there any vegetables?*
Non, il n'y a **pas de** légumes.	*No, there aren't any vegetables.*

NOTE — This rule does not apply after **être.**

Ce n'est pas **du** vin, ce n'est pas **de la** limonade.
Ce n'est pas **de l'**eau, c'est **du** lait.

■ In a series, the article must be repeated before each noun.

Vous voulez **de la** glace, **de la** tarte ou **du** gâteau?

> Be sure to use the contractions **l'**, **de l'**, and **d'** before a vowel.

Synthèse: les articles

	définis	indéfinis	partitifs
masculin singulier	le	un	du
féminin singulier	la	une	de la
pluriel	les	des	des
dans une phrase négative	le/la/les	de	de

> Review the definite article, p. 44, and the indefinite article, p. 63.

218 deux cent dix-huit • CHAPITRE 8 On mange bien en France

1 **Qu'est-ce que c'est?** Identifiez les choses suivantes.

MODÈLES:

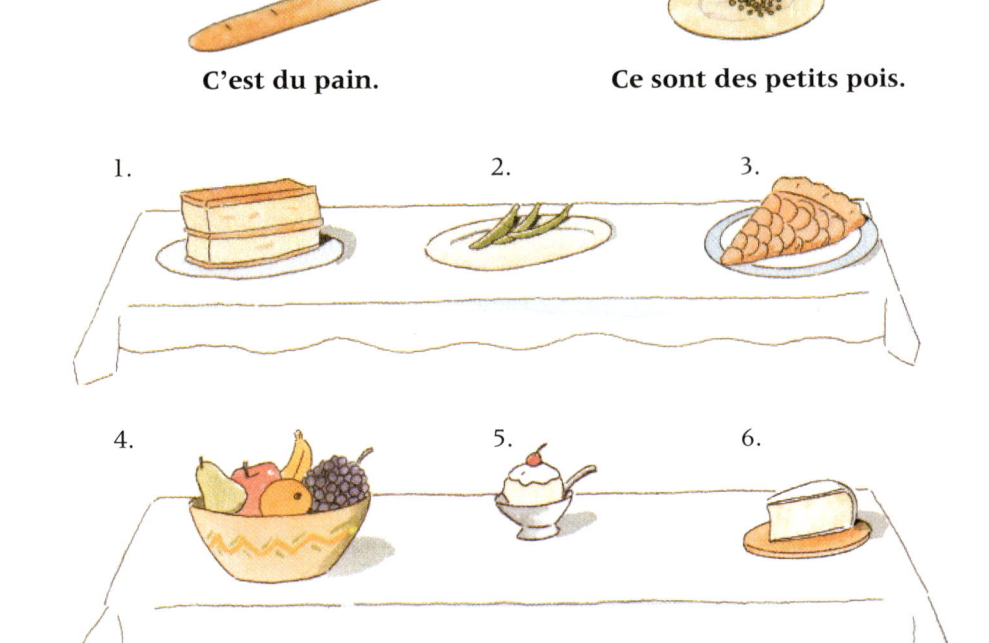

C'est du pain.   Ce sont des petits pois.

1.   2.   3.

4.   5.   6.

2 **Qu'est-ce que vous commandez?** Dites au garçon ou à la serveuse que vous aimez la catégorie indiquée. Ensuite demandez quels sont les choix. Il (elle) va mentionner deux choix. Décidez.

MODÈLE: vegetables

VOUS: J'aime beaucoup les légumes. Qu'est-ce que vous avez comme légumes?
SERVEUR/SERVEUSE: Nous avons des petits pois et des épinards.
VOUS: Je voudrais des petits pois, s'il vous plaît.

1. appetizers   3. fish   5. wine   7. desserts
2. meat   4. vegetables   6. cheese

3 **Ils viennent de pique-niquer.** Qu'est-ce qu'ils ont apporté *(brought)*? Qu'est-ce qu'ils n'ont pas apporté?

MODÈLE: Les Delille (pain, salade)
Les Delille ont apporté du pain, mais ils n'ont pas apporté de salade.

1. Séverine (salade, fromage)
2. Roland (haricots verts, petits pois)
3. Serge et Christelle (fromage, vin rouge)
4. Patricia (poisson, viande)
5. Vous (… , …)

4 Un(e) touriste va au restaurant. Jouez la scène suivante avec votre partenaire en complétant les phrases avec **du, de la, de l', des, de** ou **d'**.

—Vous avez décidé?
—Oui, je voudrais ____ pâté ____ truite, ____ frites et ____ épinards.
—Et comme boisson?
—Apportez-moi ____ café, s'il vous plaît.
—Mais c'est impossible! Il n'y a jamais ____ café avec le plat principal.
—Qu'est-ce qu'il y a?
—Nous avons ____ vin ou ____ eau minérale.
—Vous n'avez pas ____ orangina?
—Si, si vous insistez. Et comme dessert?
—Je crois que je voudrais ____ gâteau.
—Nous n'avons pas ____ gâteau. Il y a ____ glace et ____ fruits.
—Merci, je ne vais pas prendre ____ dessert.

B. *Ne ... plus*

■ The opposite of **encore** is **ne ... plus** *(no more, not any more, no longer)*.

| Avez-vous **encore** soif? | *Are you still thirsty?* |

| Non, je **n'**ai **plus** soif et je **n'**ai **plus** faim. | *No, I'm not thirsty any more and I'm no longer hungry.* |

Remember that the partitive article becomes **de** *after a negation:* **plus *de* glace, plus *de* dessert.**

■ **Ne ... plus** works like the other negations you have learned; that is, **ne** and **plus** are placed around the conjugated verb. This means that in the passé composé, **ne** and **plus** surround the auxiliary verb and the past participle follows **plus**.

| Je regrette; nous **n'**avons **plus** de glace. | *I'm sorry; we have no more ice cream.* |

| Je **ne** vais **plus** manger de dessert. | *I am not going to eat any more dessert.* |

| Delphine **n'**a **plus** dîné dans ce restaurant-là. | *Delphine did not eat in that restaurant again.* |

5 Encore à manger ou à boire? Offrez encore à manger ou à boire. Votre partenaire va refuser poliment.

MODÈLES: bière
—Encore de la bière?
—Sans façon, je n'ai plus soif.

glace
—Encore de la glace?
—Merci, je n'ai plus faim.

1. café
2. eau
3. limonade
4. pâté
5. viande
6. frites
7. tarte
8. poisson
9. légumes
10. beaujolais
11. salade
12. fromage

6 **Le restaurant impossible.** Il n'y a plus beaucoup à manger ou à boire. Le serveur (la serveuse) répond toujours **Je regrette** et suggère autre chose. Insistez! Expliquez que vous n'aimez pas ce qu'il (elle) propose.

MODÈLE: poisson (viande)
VOUS: Avez-vous du poisson?
SERVEUR/SERVEUSE: Je regrette, nous n'avons plus de poisson; mais nous avons de la viande.
VOUS: Mais je voudrais du poisson! Je n'aime pas la viande.

1. coca (vin)
2. soupe (hors-d'œuvre)
3. épinards (frites)
4. truite (saumon)
5. pâté (crudités)
6. pâtisseries (glace)
7. chocolat chaud (café)
8. haricots verts (petits pois)
9. orangina (limonade)

Réalités culturelles

Review *Note Culturelle*, p. 127.

Le resto U

Tous les étudiants régulièrement inscrits dans un établissement d'enseignement supérieur français et qui ont droit à la sécurité sociale étudiante ont la possibilité de bénéficier des services des restos U. La carte d'étudiant est le seul document nécessaire pour acheter des tickets de repas. Pour un repas complet, avec des crudités, un plat chaud accompagné de légumes et un dessert, il faut un ticket à 2,60 €. Un étudiant qui prend deux repas par jour dans un établissement de restauration rapide et bon marché doit quand même payer au moins 12 € par jour pour sa nourriture. Mais au resto U ces deux repas coûtent seulement 5,20 € par jour. Cela fait une économie de plus de 2.400 € par an.

Cinq cents établissements dans toute la France servent soixante millions de repas chaque année. Une méthode rigoureuse, créée par la NASA pour assurer la sécurité alimentaire des astronautes, est appliquée dans tous les restaurants. Elle garantit une qualité microbiologique optimale. L'hygiène de chaque resto U est soumise aux contrôles d'experts régionaux et nationaux.

Vocabulaire: acheter *to buy,* alimentaire *food,* inscrits *enrolled,* nourriture *food,* quand même *even so*

D'après cnous.fr

C. Le verbe *prendre*

Nous prenons souvent un repas ensemble.	*We often have a meal together.*
Je prends un café.	*I'm having a cup of coffee.*
Mes amis ne **prennent** pas le petit déjeuner.	*My friends don't eat breakfast.*
Qui a pris mon dessert?	*Who took my dessert?*

prendre *(to take; to eat, drink)*

je	**prends**	nous	**prenons**
tu	**prends**	vous	**prenez**
il/elle/on	**prend**	ils/elles	**prennent**

passé composé: j'**ai pris**

■ Note the pronunciation distinction between the third person singular and plural forms.

    il pre~~nd~~ [prɑ̃]   ils pre**nn**e~~nt~~ [prɛn]

■ The verbs **apprendre** *(to learn)* and **comprendre** *(to understand; to include)* are conjugated like **prendre**.

Quelle langue **apprenez-vous**?	*What language are you learning?*
J'apprends le français.	*I'm learning French.*
Peggy **comprend** bien le français.	*Peggy understands French well.*
Comprennent-ils toujours le professeur?	*Do they always understand the teacher?*
Pardon, **je** n'**ai** pas **compris**.	*Excuse me, I didn't understand.*
Le service est **compris**.	*The service (tip) is included.*

> **NOTE** *To learn to do something* is **apprendre à** + infinitive.
>
> Nous **apprenons à parler** français.   *We are learning to speak French.*

7 **Les voyageurs.** Les personnes suivantes vont voyager. Expliquez quelle langue elles apprennent.

    MODÈLE: Je vais en France.
                  Alors j'apprends à parler français.

Review **langues et pays,** *in Ch. 5.*

1. Mes parents vont en Italie.
2. Mon cousin va en Allemagne.
3. Ma sœur va au Mexique.
4. Mon oncle et ma tante vont en Russie.
5. Mes amis et moi allons en Belgique.
6. Vous allez en Chine.
7. Je vais au Maroc.

8 La plupart des étudiants. Interviewez votre partenaire à propos des étudiants de votre cours de français. Attention au présent et au passé composé.

MODÈLES: apprendre le français

—Est-ce que la plupart des étudiants apprennent le français?
—Bien sûr, ils apprennent le français.

apprendre le français à l'âge de quinze ans

—Est-ce que la plupart des étudiants ont appris le français à l'âge de quinze ans?
—Non, ils n'ont pas appris le français à l'âge de quinze ans.

1. prendre quelquefois un verre de vin au petit déjeuner
2. prendre le petit déjeuner ce matin
3. comprendre toujours le professeur de français
4. apprendre l'espagnol à l'âge de cinq ans
5. prendre souvent un taxi
6. prendre un taxi hier
7. comprendre cet exercice

9 À vous. Répondez.

1. Vos amis prennent-ils le petit déjeuner d'habitude? Si oui, qu'est-ce qu'ils prennent comme boisson?
2. D'habitude, qu'est-ce que vous prenez comme boisson au petit déjeuner? au déjeuner? au dîner?
3. Qu'est-ce que vous avez pris comme boisson ce matin?
4. Qu'est-ce que la plupart des Français prennent comme boisson au dîner?
5. Qu'est-ce que vous allez prendre si vous dînez dans un restaurant français?
6. Si vous commandez un dessert, que prenez-vous d'habitude?
7. Comprenez-vous toujours les menus qui sont en français?
8. Avez-vous appris à faire la cuisine?

Il y a un geste

L'addition, s'il vous plaît *(Check, please).* When the French want to signal to a waiter or waitress that they want the check, they pretend to be writing on the open palm of one hand. This is discreetly held up for the waiter to see.

Buts communicatifs • *deux cent vingt-trois* **223**

ENTRE AMIS

L'addition, s'il vous plaît

Your partner is a waiter/waitress in a French restaurant.

1. After you have looked at the menu (see page 216), s/he will ask you what you are going to have.
2. Order from the menu.
3. Your partner will then ask what you want to drink.
4. Order something to drink.
5. When you have finished, ask for the bill.
6. Your partner will verify the items you ordered.
7. Confirm or correct what s/he says.

2. Discussing Quantities

Qu'est-ce que tu manges, Solange?
Je mange ...
    beaucoup de frites.
    un peu de gâteau.
    peu d'épinards.
    très peu de moutarde°.   *mustard*
Je mange ...
    un morceau° de pizza.   *piece*
    une tranche de jambon°.   *slice of ham*
    une assiette° de crudités.   *plate*
    une boîte de bonbons°.   *box of candy*

> The plural of **un morceau** is **des morceaux**: Thomas a mangé cinq morceaux de pizza.

▶ **Et vous?** Qu'est-ce que vous mangez?
Je mange ...
Qu'est-ce que vous buvez°?   *you drink*
Je bois° ...   *I drink*

D. Les expressions de quantité

■ You have already been using expressions of quantity throughout this course. There are two kinds of expressions of quantity: specific measures (**une tasse, un verre,** etc.) and indefinite expressions of quantity (**assez, beaucoup,** etc.).

■ To use these expressions of quantity with nouns, insert **de** (but no article) before the noun.

> **Un kilo** = 2.2 pounds.

Une bouteille de vin, s'il vous plaît.	*A bottle of wine, please.*
Il faut **un kilo de porc.**	*We need a kilo of pork.*
Trois kilos de pommes de terre aussi.	*Three kilos of potatoes also.*
Je voudrais **un morceau de pain.**	*I'd like a piece of bread.*
Ils n'ont pas **beaucoup d'amis.**	*They don't have a lot of friends.*
Combien de frères ou **de sœurs** avez-vous?	*How many brothers or sisters do you have?*

- **Trop, beaucoup, assez,** and **peu** can be used with either singular or plural nouns. *Un peu* can only be used with singular nouns, those that cannot be counted. To express the idea of a small amount with a plural noun (which *can* be counted), use **quelques** *(a few, some)* without **de**.

    Voulez-vous **un peu de** fromage?   *Would you like a little cheese?*

    But: Voulez-vous **quelques** frites?   *Would you like a few French fries?*

- The indefinite expressions of quantity can also be used with verbs, without the addition of **de**.

    Je chante **beaucoup**.   *I sing a lot.*

    Rip van Winkle a **trop** dormi.   *Rip van Winkle slept too much.*

    Nous avons **assez** travaillé!   *We have worked enough!*

- To express how much you like or dislike a thing, the definite article (not **de**) is used before the noun.

    Je n'aime pas **beaucoup le** lait.   *I don't much like milk.*

    Mon frère aime **trop la** glace.   *My brother likes ice cream too much.*

- **Peu de** can be introduced by the word **très** to make it more emphatic. **Très** cannot be used with the other expressions of quantity.

    Je mange **très peu d'**épinards.   *I eat very little spinach.*

E. Le verbe *boire*

Quel vin **boit-on** avec du poisson?

Nous buvons un peu de thé.

Nos amis mangent de la salade et **ils boivent** de l'eau.

Hélène a trop **bu!**

boire *(to drink)*			
je	**bois**	nous	**buvons**
tu	**bois**	vous	**buvez**
il/elle/on	**boit**		
ils/elles	**boivent**		
passé composé: j'**ai bu**			

- Note the pronunciation distinction between the third person singular and plural forms.

    elle boi*t*   [bwa]

    elles boi*vent*   [bwav]

10 Dans un restaurant à Paris. Complétez les phrases suivantes avec le verbe **boire**. Faites attention au choix entre le présent, le passé composé et l'infinitif.

1. (touriste) Je voudrais _____ de l'eau, s'il vous plaît.
2. (serveur) Mais vous avez _____ trois verres d'eau tout à l'heure.
3. (touriste) Oui, mais je _____ beaucoup d'eau.
4. Et si je viens de _____ de l'eau ou non, ça ne vous concerne pas.
5. Dans ma famille, nous _____ toujours de l'eau.
6. Vos clients _____ de l'eau, n'est-ce pas?
7. (serveur) Quelquefois, mais dans ce restaurant, on _____ aussi du vin.

Réalités culturelles

La langue et la culture

En général, la richesse du vocabulaire pour décrire un phénomène est une indication de son rôle culturel. Il y a, par exemple, beaucoup de mots différents en français pour décrire le pain (baguette, flûte, etc.). La table joue un rôle énorme dans la culture française. Il est donc normal de trouver beaucoup d'expressions idiomatiques et de proverbes où on parle de la nourriture. Les exemples suivants aident à comprendre que la langue et la culture vont de pair.

L'appétit vient en mangeant.	The more you try it the more you'll like it.
Bon appétit!	Enjoy your meal!
avoir du pain sur la planche	to have a lot of work to do
avoir un appétit d'oiseau	to eat like a bird
avoir un bon coup de fourchette	to have a hearty appetite
être bon comme le pain	to have a heart of gold
mettre les petits plats dans les grands	to put on a wonderful meal
ne pas être dans son assiette	to feel ill
pour une bouchée de pain	for a ridiculously low price
se vendre comme des petits pains	to sell like hotcakes

Vocabulaire: bon coup de fourchette *handle a fork well*, bouchée *mouthful*, en mangeant *while eating*, mettre *to put*, planche *(bread) board*, vont de pair *go together*

11 Des goûts et des couleurs *(Tastes and colors).* Donnez des précisions en utilisant *(by using)* les expressions de quantité entre parenthèses.

MODÈLES: Nous buvons du vin. (peu)
Nous buvons peu de vin.

Nous aimons les fruits. (beaucoup)
Nous aimons beaucoup les fruits.

1. Ma sœur boit de l'orangina. (trop)
2. Elle aime l'orangina. (beaucoup)
3. Nos parents prennent du café. (un peu)
4. Vous avez de la salade? (assez)
5. Jean n'aime pas le vin. (beaucoup)
6. Il boit de l'eau. (peu)
7. J'aime le poisson. (bien)
8. Du vin blanc, s'il vous plaît. (un verre)
9. Marie désire des hors-d'œuvre. (quelques)
10. Je voudrais de la viande et du vin. (quatre tranches / une bouteille)

Review pp. 58 and 213.

12 Dans ma famille. Décrivez les habitudes de votre famille.

MODÈLES: **Nous mangeons beaucoup de glace.**
Ma sœur boit très peu de lait.

mes parents		trop	épinards
ma sœur		beaucoup	fruits
mon frère	manger	assez	limonade
je	boire	peu	lait
nous		très peu	glace
		jamais	salade
			poisson
			eau
			chocolat chaud
			pommes de terre

13 Sur le campus. Utilisez une expression de quantité pour répondre à chaque question.

MODÈLE: Les étudiants ont-ils du temps libre?
Ils ont très peu de temps libre.

1. Avez-vous des amis à l'université?
2. Est-ce que les étudiants de votre université boivent de la bière?
3. Aiment-ils le coca light?
4. Est-ce que vos amis boivent du thé?
5. Vos amis mangent-ils du fromage?
6. Les étudiants mangent de la pizza, n'est-ce pas?
7. Les étudiants ont-ils des devoirs?

Buts communicatifs • *deux cent vingt-sept* **227**

> Before doing this activity, review the use of the definite article in Ch. 2 (p. 44) and also the use of **de** after a negation in Ch. 3 (p. 74).

14 **L'appétit vient en mangeant** *(Eating whets the appetite).*
Complétez les paragraphes avec **le, la, l', les, du, de la, de l', des, de** et **d'**.

1. Françoise est au restaurant. Elle va manger _____ hors-d'œuvre, _____ poisson, _____ viande, _____ salade, un peu _____ fromage et beaucoup _____ glace. Elle va boire _____ vin blanc avec _____ poisson et _____ vin rouge avec _____ viande et _____ fromage. Mais elle ne va pas manger _____ soupe parce qu'elle n'aime pas _____ soupe.

2. Monsieur et Madame Blanc ne boivent jamais _____ café. Ils détestent _____ café mais ils aiment beaucoup _____ thé. Quelquefois ils boivent _____ vin, mais jamais beaucoup. Leurs enfants adorent _____ orangina et _____ coca-cola classique. Mais il n'y a jamais _____ orangina ou _____ coca chez eux. Les parents pensent que _____ coca et _____ orangina ne sont pas bons pour les jeunes enfants. Alors leurs enfants boivent _____ lait ou _____ eau.

> **NOTE CULTURELLE**
> Les Québécois disent «déjeuner» pour **petit déjeuner,** «dîner» pour **déjeuner** et «souper» pour **dîner.**

Le petit déjeuner à Paris

du pain
un croissant
du beurre
de la confiture
du café au lait
du thé
du chocolat chaud

Le petit déjeuner à Québec

du jus de fruits (orange, pomme, canneberge)
des céréales (froides ou chaudes)
un œuf
du jambon ou du bacon
du pain grillé
des crêpes
du beurre
de la confiture
du sirop d'érable
du café
du thé
du lait
du chocolat chaud

228 *deux cent vingt-huit* • **CHAPITRE 8** On mange bien en France

ENTRE AMIS

Tu prends le petit déjeuner d'habitude?

Use the breakfast menu on the previous page, if possible.

1. Find out if your partner usually has breakfast.
2. Find out if s/he had breakfast this morning.
3. If so, find out what s/he ate.
4. Ask what s/he drank.

3. Expressing an Opinion

Miam°, je trouve ce croque-monsieur délicieux!	*Yum*
Qu'en penses-tu°, René?	*What's your opinion?*
Je suis d'accord avec toi. Je le trouve très bon.°	*I think it's very good.*

Comment trouves-tu ces épinards?
Ils sont bons. Je les aime bien.

Que penses-tu de la pizza aux anchois°?	*anchovies*
Berk°, je la trouve affreuse°.	*Yuck / awful*

NOTE CULTURELLE
Le croque-monsieur *(open-faced toasted ham and cheese sandwich):* Un des choix les plus populaires dans les cafés et les bistros de France. C'est une tranche de pain au jambon et au fromage qu'on fait griller.

▶ **Et vous?** Que pensez-vous du thé au citron? Est-il … délicieux? bon? affreux?

Que pensez-vous des croissants français? Sont-ils … délicieux? bons? affreux?

Que pensez-vous de la glace au chocolat? Est-elle … délicieuse? bonne? affreuse?

Que pensez-vous des soupes froides? Sont-elles … délicieuses? bonnes? affreuses?

F. Les pronoms objets directs *le, la, les*

J'aime beaucoup mes amis.	*I like my friends a lot.*
Je **les** aime beaucoup.	*I like them a lot.*
Mes amis étudient le français.	*My friends study French.*
Ils **l'**étudient.	*They study it.*
Ils ne regardent pas souvent la télé.	*They don't watch TV often.*
Ils ne **la** regardent pas souvent.	*They don't watch it often.*

■ A direct object pronoun replaces a noun that is the direct object of a verb (where no preposition precedes the noun). Object pronouns are placed directly in front of the verb.

direct object pronouns	examples of nouns	examples of pronouns
le	Je déteste **le fromage**.	Je **le** déteste.
la	Je trouve **cette pâtisserie** affreuse.	Je **la** trouve affreuse.
l'	Je n'aime pas **la bière**.	Je ne **l'**aime pas.
les	J'adore **les croque-monsieur**.	Je **les** adore.

NB: *Use **l'** in place of **le** or **la** if the following word begins with a vowel sound.*

15 Qu'en penses-tu? *(What do you think of it/of them?)* Vous êtes à une soirée avec un(e) ami(e). Donnez votre opinion des choix indiqués et demandez l'opinion de votre ami(e). Suivez les modèles.

MODÈLES: hors-d'œuvre
    VOUS: **Que penses-tu de ces hors-d'œuvre?**
    VOTRE AMI(E): **Je les trouve très bons. Qu'en penses-tu?**
    VOUS: **Je suis d'accord. Ils sont délicieux.**

pâtisserie
    VOUS: **Que penses-tu de cette pâtisserie?**
    VOTRE AMI(E): **Je la trouve affreuse. Qu'en penses-tu?**
    VOUS: **Je ne suis pas d'accord. Elle est excellente.**

1. fromage
2. bière
3. café
4. glace
5. fruits *(m.)*
6. poisson
7. légumes *(m.)*
8. croque-monsieur
9. viande
10. salade

Review the verb **avoir**, *p. 64.*

G. Quelques expressions avec *avoir*

■ A number of idiomatic expressions in French use **avoir** with a noun where English would use *to be* with an adjective.

Use **très** *with* **faim, soif,** *etc. to express the meaning* very.

Feelings		**Opinions/Judgments**	
j'ai faim	*I am hungry*	j'ai raison	*I am right*
j'ai soif	*I am thirsty*		*I am wise*
j'ai froid	*I am cold*	j'ai tort	*I am wrong*
j'ai chaud	*I am hot*		*I am unwise*
j'ai sommeil	*I am sleepy*		
j'ai peur	*I am afraid*		

■ **Peur, raison,** and **tort** can be used alone, but are often followed by **de** and an infinitive. **Peur** can also be followed by **de** and a noun.

Paul **a tort de** fumer.	*Paul is wrong to smoke.*
Tu **as raison d'**étudier souvent.	*You are wise to study often.*
Nous **avons peur d'**avoir une mauvaise note.	*We are afraid of getting a bad grade.*
Je **n'ai pas peur des** examens.	*I am not afraid of tests.*

■ When an infinitive is negative, both **ne** and **pas** precede it.

Il a eu tort de **ne pas étudier.**   *He was wrong not to study.*

16 Explications. Donnez une explication ou exprimez votre opinion. Complétez les phrases suivantes avec une des expressions idiomatiques qui emploient le verbe **avoir.**

MODÈLE: Olivier ne porte pas de manteau en novembre. Il …
Il a froid. ou **Il a tort.**

1. Je suis fatigué. J' …
2. Ah! Quand nous pensons à une bonne pizza au fromage, nous …
3. Christelle pense qu'on parle espagnol au Portugal. Elle …
4. Mon frère … des gros chiens.
5. Vous pensez que notre professeur est charmant? Ah! Vous …
6. Nous allons boire quelque chose parce que nous …
7. Cet après-midi je voudrais aller à la piscine. J' …
8. C'est le mois de décembre et nous …

17 Si c'est comme ça *(If that's the way it is).* Utilisez une ou deux expressions avec **avoir** pour compléter les phrases suivantes.

MODÈLE: Si on travaille beaucoup, on …
Si on travaille beaucoup, on a faim et soif.

1. On a envie de manger quelque chose si on …
2. Si on ne va pas aux cours, on …
3. Si on ne porte pas de manteau en décembre, on …
4. Si on pense que deux fois quatre font quarante-quatre, on …
5. S'ils font leurs devoirs, les étudiants …
6. Si on porte beaucoup de vêtements en été …
7. Si on ne boit pas d'eau, on …
8. Si on pense que les professeurs sont méchants, on …

18 À vous. Répondez.

1. À quel(s) moment(s) de la journée avez-vous faim? Que faites-vous quand vous avez faim?
2. À quel(s) moment(s) de la journée avez-vous soif? Que faites-vous?
3. Où vont les étudiants de votre université quand ils ont soif?
4. À quel(s) moment(s) de la journée avez-vous sommeil? Que faites-vous?
5. Pendant quels cours avez-vous envie de dormir?
6. Quels vêtements portez-vous si vous avez froid?
7. Que faites-vous si vous avez chaud?
8. Avez-vous peur d'avoir une mauvaise note?
9. Avez-vous peur avant un examen? Si oui, de quels examens avez-vous peur?
10. Vos professeurs ont-ils toujours raison?

ENTRE AMIS

Que penses-tu de ... ?

1. Find out if your partner is hungry. (S/he is.)
2. Offer him/her something to eat.
3. Find out what s/he thinks of the food.
4. Find out if s/he is thirsty. (S/he is.)
5. Offer him/her something to drink.
6. Find out what s/he thinks of the drink you offered.
7. Find out when the next French test is.
8. Find out if your partner is afraid.
9. Ask what s/he thinks of French tests.

4. Expressing a Preference

Quelle sorte° de sandwichs préfères-tu, Valérie?   *type*
   Je préfère les sandwichs au fromage.
Quelle sorte de pizzas préfères-tu?
   Je préfère les pizzas aux champignons°.   *mushrooms*
Quelle sorte de glace préfères-tu?
   Je préfère la glace à la fraise°.   *strawberry*

Et vous? Que préférez-vous?

Moi, je préfère les sandwichs ...
   au beurre°   *with butter*
   au beurre d'arachide°   *with peanut butter*
   à la confiture°   *with jam*
   au fromage
   au jambon
   à la mayonnaise
   à la moutarde
   au pâté

Et je préfère les pizzas ...
   au fromage
   aux champignons
   aux oignons
   aux œufs°   *with eggs*
   aux anchois
   à l'ail°   *with garlic*

Et je préfère la glace ...
   au chocolat
   à la vanille
   à la fraise
   au café

REMARQUE

Review the use of **à** with the definite article, p. 127.

Use **à** and the definite article to specify ingredients.

une omelette **au fromage**	*a cheese omelet*
une crêpe **à la confiture**	*a crepe with jam*
une pizza **aux champignons**	*a mushroom pizza*
un croissant **au beurre**	*a croissant made with butter*

19 **Quel choix!** Vous êtes dans une pizzeria à Paris. Demandez à la serveuse ou au serveur le choix qu'elle (il) offre. Elle (il) va répondre. Ensuite commandez quelque chose.

MODÈLE: pizzas
        VOUS: Quelles sortes de pizzas avez-vous?
    SERVEUSE/SERVEUR: Nous avons des pizzas au jambon, aux champignons et au fromage.
        VOUS: Je voudrais une pizza au fromage et au jambon, s'il vous plaît.

1. sandwichs
2. omelettes
3. pizzas
4. crêpes
5. croissants
6. glaces

20 **Mes préférences.** Écrivez trois petits paragraphes pour décrire …

1. les choses que vous mangez souvent.
2. les choses que vous mangez si vous avez très faim.
3. les choses que vous ne mangez jamais.

H. Les verbes comme *préférer*

Vous préférez la glace ou la pâtisserie?	*Do you prefer ice cream or pastry?*
Je préfère la glace.	*I prefer ice cream.*
Espérez-vous aller en France un jour?	*Do you hope to go to France sometime?*
Oui, et **j'espère** aller au Canada aussi.	*Yes, and I hope to go to Canada also.*
Répétez, s'il vous plaît.	*Repeat, please.*
Les étudiants **répètent** après leur professeur.	*The students repeat after their teacher.*

■ The verbs **préférer** *(to prefer)*, **espérer** *(to hope)*, **répéter** *(to repeat; to practice)*, and **exagérer** *(to exaggerate)* are all conjugated as regular -er verbs except that before a silent ending (as in the present tense of the **je, tu, il/elle/on,** and **ils/elles** forms), the **-é-** before the ending becomes **-è-**.

Préférer usually is followed by **le, la, les,** when used with a noun.

préférer *(to prefer)*			
silent endings		**pronounced endings**	
je	**préfère**	nous	**préférons**
tu	**préfères**	vous	**préférez**
il/elle/on	**préfère**		
ils/elles	**préfèrent**		
passé composé: j'**ai préféré**			

21 **Vos amis et vous.** Interviewez une autre personne d'après le modèle.

MODÈLE: la truite ou les anchois
  VOUS: **Est-ce que vos amis préfèrent la truite ou les anchois?**
  VOTRE PARTENAIRE: **Ils préfèrent la truite.**
  VOUS: **Et vous, qu'est-ce que vous préférez?**
  VOTRE PARTENAIRE: **Moi, je préfère les anchois.**
  VOUS: **Berk!**

1. le samedi soir ou le lundi matin
2. faire la vaisselle ou faire la cuisine
3. New York ou Los Angeles
4. la politique ou les mathématiques
5. partir en vacances ou travailler
6. étudier ou jouer au tennis
7. le cinéma ou le théâtre
8. le petit déjeuner ou le dîner
9. voyager ou rester à la maison
10. les sandwichs ou les omelettes
11. le coca ou le coca light
12. apprendre les mathématiques ou apprendre le français
13. regarder la télévision ou écouter la radio

Review the choices on p. 216.

22 **Microconversation: Vous déjeunez au restaurant.** Qu'est-ce qu'il y a à manger et à boire? Il y a toujours un choix. Vous préférez autre chose, mais il faut choisir *(you have to choose)*. Suivez *(follow)* le modèle.

MODÈLE: le fromage
  VOUS: **Qu'est-ce que vous avez comme fromage?**
  SERVEUR: **Nous avons du brie et du camembert.**
  VOUS: **Je préfère le chèvre. Vous n'avez pas de chèvre?**
  SERVEUR: **Je regrette, mais le brie et le camembert sont très bons.**
  VOUS: **Très bien, je vais prendre du brie, s'il vous plaît.**

(Un peu plus tard)
  SERVEUR: **Comment trouvez-vous le brie?**
  VOUS: **Je pense qu'il est excellent!**

1. les hors-d'œuvre   2. la viande   3. les légumes
4. le fromage   5. les desserts

ENTRE AMIS

Au snack-bar

1. Find out if your partner is hungry. (S/he is.)
2. Find out if s/he likes sandwiches, pizza, ice cream, etc.
3. Find out what kind of sandwich, etc., s/he prefers.
4. Tell your partner what you are going to order.

Intégration

Révision

A À la carte.

1. Nommez trois sortes de pizzas.
2. Nommez trois sortes de sandwichs.
3. Nommez trois sortes de légumes.
4. Nommez trois sortes de plats principaux.

B Début de rédaction. Faites deux listes: (1) les choses que vous aimez manger et boire, et (2) les choses que vous n'aimez pas manger et boire. Ensuite, pour chaque liste, expliquez pourquoi vous aimez/n'aimez pas les choses que vous mentionnez.

MODÈLE: La pizza aux œufs: je ne l'aime pas beaucoup. Elle n'est pas très bonne. Je préfère la pizza sans œufs.

C À vous. Répondez.

1. Où allez-vous si vous avez faim ou soif?
2. Aimez-vous les sandwichs? Si oui, quelle sorte de sandwich préférez-vous?
3. Qu'est-ce que vous préférez comme pizza? Qu'est-ce que vos amis préfèrent?
4. Si vous allez au restaurant, qu'est-ce que vous commandez d'habitude? Qu'est-ce que vous refusez de manger?
5. Avez-vous pris le petit déjeuner ce matin? Si oui, qu'est-ce que vous avez mangé? Qu'est-ce que vous avez bu?
6. Qu'est-ce que vous buvez le soir d'habitude? Qu'est-ce que vos amis boivent?
7. Qu'est-ce que vous pensez du vin de Californie? du vin de New York? du vin français?
8. Qu'est-ce que vous pensez du fromage américain? du fromage français?
9. Que pensez-vous des repas au restaurant universitaire?
10. À quel moment avez-vous sommeil? Pourquoi?
11. Qu'est-ce que vous espérez faire dans la vie?

ENTRE AMIS

Le menu, s'il vous plaît

You are a waiter (waitress). Use the menu that follows and wait on two customers. When you have finished taking their order, tell the chef (the teacher) what they are having.

Chez Jacques

Menu à 20 euros

assiette de crudités
soupe à l'oignon
pâté du chef
tarte à l'oignon
salade de tomates

bœuf bourguignon
truite aux amandes
canard à l'orange
steak-frites
poulet frites

salade

fromage

omelette norvégienne
mousse au chocolat
tarte maison
glace

Boisson non comprise; service compris

Négociations:

Dînons-nous ensemble? Interviewez les autres étudiants pour trouver votre partenaire. C'est la personne qui a le même menu que vous. Les autres menus sont dans l'appendice D.

MODÈLE: Qu'est-ce que tu prends comme hors-d'œuvre?
Qu'est-ce que tu vas boire?

A

	votre partenaire	**vous**
hors-d'œuvre	crudités	salade de tomates
plat principal	truite	poulet
légume	haricots verts	petits pois
fromage	emmenthal	chèvre
dessert	glace	fruits
boisson	vin blanc	vin rouge

Lecture 1

A **Imaginez la scène.** Deux personnes prennent le petit déjeuner ensemble. Imaginez cette scène. Répondez aux questions suivantes.

1. Qu'est-ce qu'il y a sur la table?
2. Qui sont les deux personnes?
3. Que font-elles?
4. Que boivent-elles?
5. De quoi est-ce qu'elles parlent?
6. Quel temps fait-il?

Déjeuner du matin

Il a mis[1] le café
Dans la tasse
Il a mis le lait
Dans la tasse de café
Il a mis le sucre
Dans le café au lait
Avec la petite cuiller[2]
Il a tourné
Il a bu le café au lait
Et il a reposé[3] la tasse
Sans me parler

Il a allumé[4]
Une cigarette
Il a fait des ronds[5]
Avec la fumée
Il a mis les cendres[6]
Dans le cendrier[7]
Sans me parler
Sans me regarder

Il s'est levé
Il a mis
Son chapeau sur sa tête[8]
Il a mis
Son manteau de pluie[9]
Parce qu'il pleuvait[10]
Et il est parti
Sous la pluie
Sans une parole[11]
Sans me regarder
Et moi j'ai pris
Ma tête dans ma main[12]
Et j'ai pleuré.

Jacques Prévert

---

1. *He put* 2. *spoon* 3. *he set down* 4. *He lit* 5. *rings* 6. *ashes* 7. *ashtray* 8. *head* 9. *rain* 10. *it was raining* 11. *a word* 12. *hand*

B **Questions.** Répondez.

1. Où sont ces personnes?
2. Qui sont les deux personnes? (Imaginez)
3. Quels problèmes y a-t-il? (Imaginez)
4. Est-ce que ce poème est triste? Expliquez votre réponse.

C **Jouez cette scène.** Faites tous les gestes nécessaires et présentez le poème *Déjeuner du matin* sans parler.

Lecture II

A Étude du vocabulaire. Lisez la lecture suivante et essayez d'identifier les mots français qui correspondent aux mots anglais suivants.

1. *raw egg* _____
2. *soup spoon* _____
3. *bread crust* _____
4. *corn* _____
5. *olive oil* _____
6. *frying pan* _____
7. *peel* _____
8. *salt and pepper* _____

Salade Cæsar aux endives

Pour 4 personnes. Préparation: 20 minutes. Cuisson: 10 minutes

Ingrédients

endives: 8
maïs: 1 bocal
blancs de poulet: 3
pain de mie: 5 tranches
tomates: 2
huile
sel, poivre

Pour la sauce Cæsar:
ail: 1 gousse
œuf: 1
jus de citron: 2 cuillers à soupe
moutarde de Dijon: 5 cuillers à café
huile d'olive: 180 ml
parmesan: 30 gr

Préparation

Épluchez et émincez l'ail grossièrement.

Préparez la sauce dans un mixer en mettant l'ail, l'œuf cru, le jus de citron, la moutarde et le parmesan. Mixez le tout, ajoutez l'huile puis mixez à nouveau. Réservez au frais. Cette sauce ne doit pas être préparée plus d'une heure à l'avance.

Ôtez la croûte du pain de mie, puis coupez les tranches en petits carrés. Mettez un peu d'huile dans une poêle et faites frire les carrés de pain. Placez-les sur du papier absorbant.

Coupez les blancs de poulet en petits morceaux de la taille d'une bouchée et faites-les cuire à la poêle dans un peu d'huile d'olive. Réservez et laissez refroidir.

Coupez les endives en lamelles et les tomates en petits cubes. Versez dans un saladier, ajoutez les petits maïs, les croûtons et le poulet. Versez la sauce Cæsar, salez, poivrez et mélangez.

Servez.

D'après le site web de *CuizineAZ.com*

238 *deux cent trente-huit* • **CHAPITRE 8** On mange bien en France

B Identifiez les ingrédients. Relisez la recette et ensuite faites une liste des ingrédients que vous reconnaissez d'après les catégories suivantes.

1. la viande
2. les légumes
3. les épices et assaisonnements
4. le fromage

C Familles de mots. Essayez de deviner le sens des mots suivants.

1. saler, le sel
2. poivrer, le poivre
3. la salade, le saladier

> Practice this vocabulary with the flashcards on the *Entre amis* web site.

VOCABULAIRE ACTIF

Boissons
un apéritif *before-dinner drink*
du beaujolais *Beaujolais*
du bordeaux *Bordeaux*

Hors-d'œuvre ou soupe
des crudités *(f. pl.) raw vegetables*
un hors-d'œuvre *appetizer*
du pâté *pâté (meat spread)*
de la salade de tomates *tomato salad*
de la soupe *soup*
de la soupe de légumes *vegetable soup*

Viandes
du bœuf *beef*
du jambon *ham*
du porc *pork*
du poulet *chicken*
de la viande *meat*

Poissons
des anchois *(m. pl.) anchovies*
du saumon *salmon*
de la truite *trout*

Légumes
de l'ail *(m.) garlic*
des épinards *(m. pl.) spinach*
des frites *(f. pl.) French fries*
des haricots verts *(m. pl.) green beans*
un légume *vegetable*
un oignon *onion*
des petits pois *(m. pl.) peas*
une pomme de terre *potato*
du riz *rice*

Fromages
du brie *Brie*
du camembert *Camembert*
du chèvre *goat cheese*
de l'emmental *(m.) Swiss cheese*

D'autres choses à manger
du beurre *butter*
du beurre d'arachide *peanut butter*
des céréales *(f. pl.) cereal*
des champignons *(m.) mushrooms*
de la confiture *jam*
un croissant *croissant*
un croque-monsieur *open-faced toasted ham and cheese sandwich*
de la mayonnaise *mayonnaise*
de la moutarde *mustard*
un œuf *egg*
une omelette *omelet*
du pain *bread*
du pain grillé *toast*
de la salade *salad*
un sandwich *sandwich*
une tomate *tomato*

Desserts
un bonbon *candy*
une crêpe *crepe, French pancake*
un dessert *dessert*
des fraises *(f.) strawberries*
un fruit *fruit*
du gâteau *cake*
de la glace (à la vanille) *(vanilla) ice cream*
des pâtisseries *(f.) pastries*
une pomme *apple*
de la tarte *pie*

Quantités et mesures
une assiette *plate*
une boîte *box; can*
une bouteille *bottle*
un kilo *kilogram*
un morceau *piece*
une tranche *slice*

D'autres noms
l'addition *(f.) (restaurant) bill, check*
un choix *choice*
un(e) client(e) *customer*
le déjeuner *lunch*
un garçon *waiter; boy*
le petit déjeuner *breakfast*
le plat principal *main course, main dish*
un repas *meal*

un serveur *waiter*
une serveuse *waitress*
le théâtre *theater*

Adjectifs
affreux (affreuse) *horrible*
délicieux (délicieuse) *delicious*
quelques *a few; some*

Verbes
apporter *to bring*
apprendre *to learn; to teach*
avoir chaud *to be hot*
avoir faim *to be hungry*
avoir froid *to be cold*
avoir peur *to be afraid*
avoir raison *to be right; to be wise*
avoir soif *to be thirsty*
avoir sommeil *to be sleepy*
avoir tort *to be wrong; to be unwise*
boire *to drink*
commander *to order*
comprendre *to understand*
décider *to decide*
espérer *to hope*
penser *to think*
préférer *to prefer*
prendre *to take; to eat, to drink*
répéter *to repeat; to practice*

Pronoms objets directs
le *him; it*
la *her; it*
les *them*

Adverbes
naturellement *naturally*
peu (de) *little; few*
plus (ne ... plus) *no more; no longer*

Expressions utiles
à propos de *regarding, on the subject of*
au contraire *on the contrary*
Berk! *Yuck! Awful!*
bien sûr *of course*
Encore à boire (manger)? *More to drink (eat)?*
Encore de ... ? *More ... ?*
Je n'insiste pas. *I won't insist.*
je regrette *I'm sorry*
Le service est compris. *The tip is included.*
Miam! *Yum!*
Quelle(s) sorte(s) de ... ? *What kind(s) of ... ?*
Qu'en penses-tu? *What do you think of it (of them)?*
Qu'est-ce que vous avez comme ... ? *What do you have for (in the way of) ... ?*
sans façon *honestly; no kidding*
si vous insistez *if you insist*

Chapitre 9

Où est-ce qu'on l'achète?

Buts communicatifs
Finding out where things are sold
Describing an illness or injury
Making a purchase

Structures utiles
Les verbes en **-re**
Depuis
Le verbe **acheter**
Les pronoms relatifs

Culture

• *À propos*
La pharmacie
Le tabac
Les petits magasins
On achète des fleurs

• *Il y a un geste*
Désolé(e)

• *Lectures*
«Il pleure dans mon cœur»
Hystérie anti-tabac;
Les mesures du président

240 *deux cent quarante*

Coup d'envoi

Prise de contact **Les achats**

Où est-ce qu'on achète° des journaux? *buy*
    On peut° aller ... *you can*
        au bureau de tabac.
        à la gare.
        au kiosque°. *newsstand*
Où est-ce qu'on achète des cadeaux°? *gifts*
    On peut aller ...
        chez un fleuriste°. *florist's shop*
        dans une boutique.
        dans un grand magasin°. *department store*
        au marché aux puces°. *flea market*
Où est-ce qu'on achète quelque chose à manger?
    On peut aller ...
        au marché°. *(open-air) market*
        au supermarché.
        à l'épicerie.

▶ **Et vous?** Qu'est-ce que vous voulez acheter?
                Où allez-vous faire cet achat°? *purchase*

Conversation

À la pharmacie

Grayson Smith est un touriste. Il désire acheter un journal américain et il pense qu'on achète les journaux à la pharmacie. Mais en France on n'y vend pas de journaux.

GRAYSON SMITH:	Bonjour, Monsieur. Vous avez le *Herald Tribune*?	
PHARMACIEN:	Comment? Qu'est-ce que vous dites?°	*What are you saying?*
GRAYSON SMITH:	Je voudrais acheter le *Herald Tribune*.	
PHARMACIEN:	Qu'est-ce que c'est?	
GRAYSON SMITH:	C'est un journal.	
PHARMACIEN:	Mais on ne vend° pas de journaux ici, Monsieur.	*sell*
GRAYSON SMITH:	Vous n'en° avez pas?	*any*
PHARMACIEN:	Non, Monsieur. C'est une pharmacie. Nous vendons seulement des médicaments°.	*medicine*
GRAYSON SMITH:	Mais aux États-Unis on achète les journaux à la pharmacie.	
PHARMACIEN:	Désolé°, Monsieur, mais nous sommes en France.	*Sorry*
GRAYSON SMITH:	Pouvez-vous me dire° où on peut trouver des journaux, s'il vous plaît?	*Can you tell me*
PHARMACIEN:	Ça dépend°. Si vous cherchez un journal d'un autre pays, il faut aller au bureau de tabac qui est dans la rue° de la Gare.	*depends* *street*
GRAYSON SMITH:	Merci, Monsieur. Vous êtes très aimable°.	*kind*

▶ Jouez ces rôles. Répétez la conversation avec votre partenaire. Utilisez le nom de votre journal préféré.

Il y a un geste

Désolé(e). When saying **désolé(e),** the shoulders are hunched and the upturned palms are often raised. Sarcasm is added to the gesture by also pursing one's lips and raising one's eyebrows.

À propos

Pourquoi le pharmacien ne vend-il pas de journal à Monsieur Smith?

a. Parce que Monsieur Smith est américain.
b. Parce que le pharmacien ne comprend pas Monsieur Smith quand il parle français.
c. Parce qu'on vend les journaux dans un magasin différent.

Quel est le meilleur cadeau si on est invité à dîner dans une famille française?

a. une boîte de bonbons
b. une bouteille de vin
c. un bouquet de fleurs

La pharmacie

Pharmacists in France don't sell magazines, newspapers, candy, drinks, or greeting cards. They will fill a prescription and are much less reticent than North American pharmacists to suggest treatments for nonserious illnesses, including a cold, a sore throat, and a headache. In this respect French pharmacies are a convenient and helpful solution for travelers who become ill.

Le tabac

One can buy magazines, newspapers, and postcards at the tobacco shop. Among the most popular English language publications available in France are the *International Herald Tribune* and the international edition of *Time* magazine. Since **le bureau de tabac** is under state license, one can also purchase stamps and cigarettes. Smoking is more widespread in France than in North America. While there have been some efforts to suggest that smoking is bad for your health, the state monopoly on the sale of tobacco has meant that, until recently, little was done to restrict the purchase or the use of cigarettes. However, for several years smoking has been confined to specific areas in public places. Fines can be levied on those who refuse to obey.

Les petits magasins

Although supermarkets (**supermarchés**) and even larger, all-in-one **hypermarchés** are found in every French city, the tourist in France will readily discover a variety of shops that specialize in one type of food. **La boulangerie** *(bakery)*, **la pâtisserie** *(pastry shop)*, **la boucherie** *(butcher)*, **la charcuterie** *(pork butcher, delicatessen)*, and **l'épicerie** *(grocery store)* are found in many neighborhoods. Not only, for example, do the French buy fresh bread daily, they will also go out of their way and pay a bit more, if necessary, to get bread that they consider more tasty. The French often use the possessive adjective to refer to **mon boulanger** *(my baker)*, a phenomenon that is very rare or nonexistent in North America.

On achète des fleurs

Flower shops play an important role in French culture. More than any other gift, flowers are the number one choice when one is invited to dinner. Unless you plan on giving a dozen, choose an uneven (**impair**) number of flowers. Various reasons are given for the custom of offering three, five, or seven flowers rather than an even number. These include the implication that the donor has carefully selected them or that they may be more attractively arranged.

▶ **À vous.** Entrez dans une pharmacie et essayez d'acheter *(try to buy)* un magazine—*Time, Paris Match, Elle,* etc. Répondez au pharmacien.

PHARMACIEN: Bonjour, Monsieur (Madame/Mademoiselle).
VOUS: _____
PHARMACIEN: Comment? Qu'est-ce que vous dites?
VOUS: _____
PHARMACIEN: Mais on ne vend pas de magazines ici.
VOUS: _____

Pas de temps à perdre avec les états grippaux !

Déplacements professionnels, surcharge de travail, dossiers importants, obligations familiales... Les états grippaux ne s'embarrassent pas de votre emploi du temps, ni de vos impératifs professionnels et familiaux ! Alors, gérez-les... en vous tenant prêt à agir dès les premiers symptômes.

ENTRE AMIS

Au tabac

Your partner will take the role of the proprietor of a tobacco shop.

1. Ask if s/he has a certain newspaper or magazine.
2. S/he will say s/he doesn't.
3. Ask if s/he has bread, milk, wine, etc.
4. S/he will say s/he is sorry, but s/he doesn't.
5. Find out where you can find the things you are looking for.
6. Get directions.

Prononciation

Use the Student Audio to help practice pronunciation.

Le son [R]

■ The most common consonant sound in French is [R]. While there are acceptable variations of this sound, [R] is normally a friction-like sound made in roughly the same area of the mouth as [g] and [k]. Keeping the tongue tip behind the lower teeth, the friction sound is made when the back of the tongue comes close to the back part of the mouth (pharynx). Use the word **berk!** to practice several times. It might also be helpful to use the following process: (1) say "ahhh ... ," (2) change "ahhh ... " to "ahrrr ... " by beginning to gargle as you say "ahhh ... ," (3) add [g] at the beginning and say **gare** several times, (4) say **garçon**. Then practice the following words.

Coup d'envoi • *deux cent quarante-cinq* **245**

- **p**our
  sur
  bonjour
  bonsoir

- **g**arçon
  merci
  parlez

- **r**usse
  rien
  Robert
  rouge

- **t**rès
  trois
  crois
  droit
  frère
  écrire

- **v**otre
  quatre
  notre
  propre
  septembre

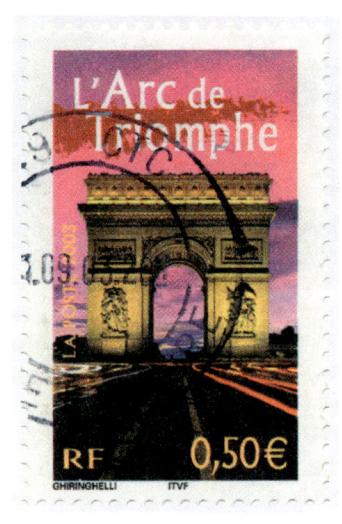

Réalités culturelles

See the map of francophone Africa on the inside back cover.

Le français en Afrique

La colonisation a formé des liens contradictoires entre la France et l'Afrique. Dans la majorité des anciennes colonies d'Afrique, le français est la langue officielle ou la langue véhiculaire. Pour plusieurs intellectuels et hommes politiques africains, ce «décombre du régime colonial» est une source de malaise. Il faut, pensent-ils, s'exprimer dans la langue maternelle. Pour d'autres, comme le président du Sénégal, Abdoulaye Wade, la présence et l'universalité de la langue française, perpétuée et célébrée par l'institution de la francophonie, est un avantage commercial et politique. Le français représente un outil de modernité et une solution pratique à la communication dans les pays plurilingues de l'Afrique noire.

Vocabulaire: liens *ties*, malaise *discontent*, outil *tool*

Buts communicatifs

1. Finding Out Where Things Are Sold

Qu'est-ce qu'on vend à la pharmacie?
On y vend ...
    des médicaments.
    des cachets d'aspirine°.   *aspirin tablets*
    des pastilles°.   *lozenges*
    du dentifrice°.   *toothpaste*
    des pilules°.   *pills*
    du savon°.   *soap*
Qu'est-ce qu'on vend au bureau de tabac?
On y vend ...
    du tabac°.   *tobacco*
    un paquet° de cigarettes.   *pack*
    des timbres°.   *stamps*
    des télécartes.
    des journaux.
    des magazines.
    des cartes postales.

> Contrary to the general rule requiring a pronounced final **-c** (**avec, chic, Luc, Marc,** etc.), **tabac** has a silent final **-c.**

A. Les verbes en *-re*

J'**attends** mon amie avec impatience.	*I'm anxiously waiting for my friend.*
Entendez-vous son train?	*Do you hear her train?*
Elle **a répondu** «oui» à mon invitation.	*She responded "yes" to my invitation.*
Elle aime **rendre visite** à ses amis.	*She likes to visit her friends.*
La voilà. Elle **descend** du train.	*There she is. She's getting off the train.*
J'espère qu'elle n'**a** pas **perdu** sa valise.	*I hope she hasn't lost her suitcase.*

> Be careful to distinguish between the endings for **-re** verbs and those of **-er** verbs, p. 38.

vendre *(to sell)*

je	vend	s
tu	vend	s
il/elle/on	vend	
nous	vend	ons
vous	vend	ez
ils/elles	vend	ent

passé composé: j'**ai vendu**

- A number of frequently used verbs are conjugated like **vendre**.

> Be careful to avoid confusing **attendre** and **entendre**. Review the nasal vowels on p. 93. **Entendre** begins with a nasal vowel.

VOCABULAIRE

Quelques verbes réguliers en -re

attendre (un ami)	to wait (for a friend)
descendre	to go down; to get out of
entendre (un bruit)	to hear (a noise)
perdre (une valise)	to lose (a suitcase)
rendre (les devoirs)	to give back (homework)
rendre visite à quelqu'un	to visit someone
répondre (à une question)	to answer (a question)

> The verb **visiter** is normally reserved for use with *places*. **Rendre visite à** is used with *persons*.

- The singular (**je, tu, il/elle/on**) forms of each of these verbs are pronounced alike.

  je perds   tu perds   il perd   [pɛʀ]

  je rends   tu rends   elle rend   [ʀɑ̃]

- There is no ending added to the stem in the **il/elle/on** forms of regular **-re** verbs. In inversion of the **il/elle/on** form, the **-d** is pronounced [t].

  vend**o**ns [vɑ̃dɔ̃]   vend**e**nt [vɑ̃d]

  But: vend-on   [vɑ̃tɔ̃]   vend-elle   [vɑ̃tɛl]

- Past participles of regular **-re** verbs are formed by adding **-u** to the present tense verb stem.

  vend**u**
  perd**u**
  répond**u**

- **Rendre visite** and **répondre** are used with the preposition **à** before an object.

  J'**ai rendu visite à** mon frère.   *I visited my brother.*

  Anne **répond** toujours **aux** questions du professeur.   *Anne always answers the teacher's questions.*

- **Attendre** does not use a preposition before an object.

  J'**attends** mes amis.   *I am waiting for my friends.*

- In the expressions **perdre patience** and **perdre courage** the article or possessive adjective is omitted.

  Le professeur a **perdu patience** avec moi.

  But: J'ai **perdu *mes* devoirs**.

1 **Mes professeurs et moi.** Indiquez si *oui* ou *non* vos professeurs font les choses suivantes. Et vous, est-ce que vous les faites?

MODÈLE: perdre des livres
Mes professeurs ne perdent jamais de livres, mais moi, je perds quelquefois des livres.

1. perdre patience
2. attendre les vacances avec impatience
3. répondre à beaucoup de questions
4. rendre visite à des amis
5. vendre des livres

2 **Un petit sketch: Au bureau de tabac.** Lisez ou jouez le sketch suivant et répondez ensuite aux questions.

M. SMITH: Madame, est-ce que vous avez le *Herald Tribune*?
LA MARCHANDE: Non, Monsieur. Je n'ai plus de journaux américains.
M. SMITH: Où est-ce que je peux acheter un journal américain, s'il vous plaît?
LA MARCHANDE: Il faut aller à la gare.
M. SMITH: Pourquoi à la gare?
LA MARCHANDE: Parce qu'on vend des journaux d'autres pays à la gare.
M. SMITH: Merci, Madame.
LA MARCHANDE: Je vous en prie, Monsieur.

QUESTIONS
1. Quelle sorte de journal Monsieur Smith cherche-t-il?
2. La marchande vend-elle des journaux?
3. A-t-elle le *Herald Tribune*? Expliquez.
4. Où Monsieur Smith va-t-il aller? Pourquoi?
5. Où vend-on des journaux dans votre ville?
6. Quel journal préférez-vous?

3 **À vous.** Répondez.

1. Où vend-on des cigarettes dans votre pays?
2. Qu'est-ce que les pharmaciens vendent dans votre pays?
3. À qui rendez-vous visite pendant les vacances?
4. Attendez-vous les vacances avec impatience? Pourquoi (pas)?
5. Dans quelles circonstances perdez-vous patience?
6. Est-ce que vous répondez rapidement aux lettres de vos amis?
7. À qui avez-vous répondu récemment?

ENTRE AMIS

À la pharmacie

Your partner will play the role of a pharmacist.

1. Find out if your partner sells stamps. (S/he doesn't.)
2. Ask if s/he sells postcards.
3. S/he will say that s/he is sorry, but s/he doesn't.
4. Ask where you can buy stamps and postcards.
5. Your partner will explain where these items are sold.
6. Ask your partner for directions.
7. Be sure to say thanks.

Buts communicatifs • *deux cent quarante-neuf* **249**

2. Describing an Illness or Injury

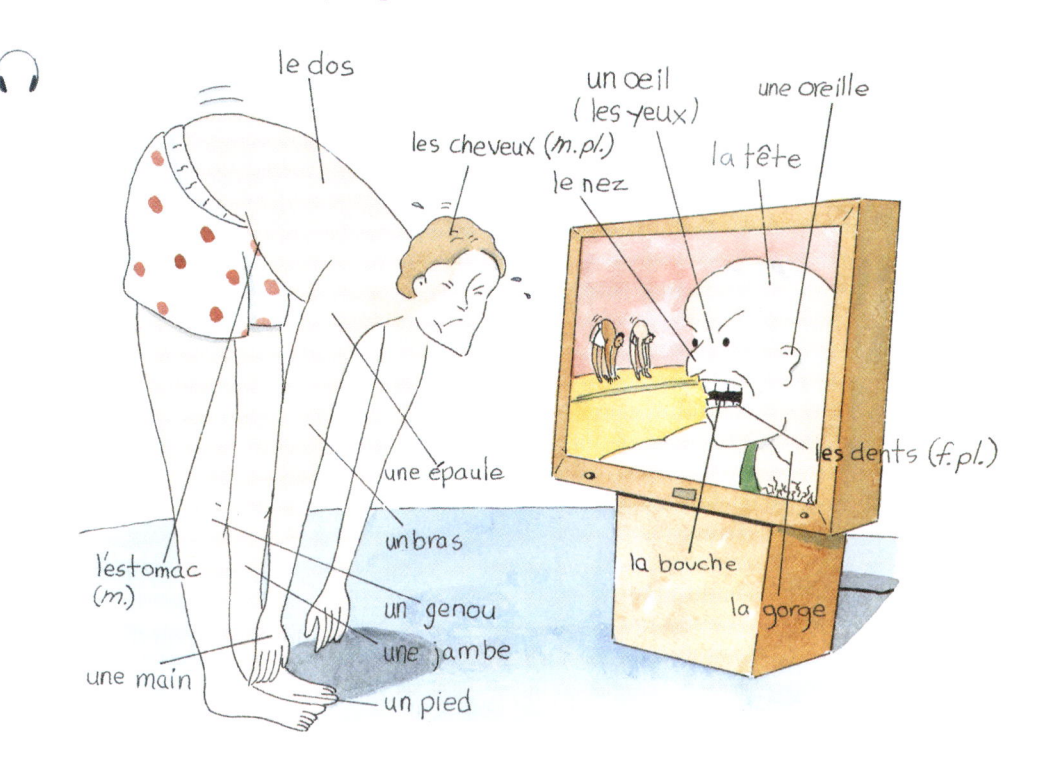

Labeled diagram vocabulary:
- le dos
- les cheveux (m.pl.)
- un œil (les yeux)
- une oreille
- la tête
- le nez
- les dents (f.pl.)
- une épaule
- un bras
- la bouche
- la gorge
- l'estomac (m.)
- un genou
- une jambe
- une main
- un pied

Jacques, qu'est-ce que tu as?° Tu as l'air° malade.   *what's the matter with you? /*
J'ai mal au dos° depuis° hier. J'ai trop fait   *You look / My back hurts /*
de gymnastique.   *since*
Oh là là! Moi aussi, mais j'ai mal aux jambes, moi!

▶ **Et vous?** Avez-vous eu la grippe cette année? Avez-vous souvent mal à la tête?
Et les étudiants? S'ils étudient trop, ont-ils mal aux yeux?

REMARQUES

1. Like the word **tabac**, **estomac** has a silent final **-c.**
2. **Si** *(if)* becomes **s'** only before the words **il** and **ils**. Before other words beginning with vowels, it does not elide.

   Si on a mal à la tête, on prend des cachets d'aspirine.
   Si elle est malade, elle doit rester au lit.
   But: **S'il** est malade, il doit rester au lit.

3. **Avoir mal à** is used with the definite article and a part of the body to express that one has a sore hand, arm, etc.

Mon fils **a mal au bras.**	*My son's arm hurts.*
J'**ai mal à la gorge.**	*I have a sore throat.*
Avez-vous **mal aux dents?**	*Do you have a toothache?*

4. **Avoir l'air** *(to seem, appear, look)* is often followed by an adjective.

   Hélène **a l'air sportive.**   Jean-Yves **a l'air fatigué.**

Review the contractions on p. 127.

VOCABULAIRE

Qu'est-ce que vous avez?

Je suis malade.	I'm sick.
J'ai de la fièvre.	I have a fever.
J'ai un rhume.	I have a cold.
J'ai la grippe.	I have the flu.
J'ai le nez qui coule.	I have a runny nose.
Je tousse.	I am coughing.

J'ai mal ...
à l'estomac.	I have a stomachache. My stomach hurts.
aux oreilles.	My ears hurt.
au pied.	I have a sore foot. My foot hurts.

Je suis ...
déçu(e).	I'm disappointed.
déprimé(e).	I'm depressed.
triste.	I'm sad.

4 Ça ne va pas. Complétez les phrases suivantes.

MODÈLE: Si on a de la fièvre, ...
Si on a de la fièvre, on est malade.
ou
Si on a de la fièvre, on a peut-être la grippe.

1. Si on regarde trop la télévision, ...
2. Si on danse trop souvent, ...
3. Si on boit trop, ...
4. Si on a le nez qui coule, ...
5. Si on tousse beaucoup, ...
6. Si on mange trop, ...
7. Si on fume trop, ...
8. Si on écrit trop, ...
9. Si on étudie trop, ...
10. Si on fait une trop longue promenade, ...
11. Si on entend trop de bruit, ...
12. Si on mange trop de bonbons, ..
13. Si on skie mal, ...
14. Si on passe trop d'examens, ...

5 Pauvres étudiants! Répondez aux questions suivantes.

1. Que prenez-vous si vous avez la grippe?
2. Est-ce que vous restez au lit si vous êtes malade?
3. Qu'est-ce que vous faites si vous avez un rhume?
4. Quand les étudiants ont-ils mal à la tête?
5. Quand les étudiants ont-ils mal aux pieds?
6. Quand les étudiants ont-ils mal à l'estomac?
7. Fumez-vous des cigarettes? Pourquoi ou pourquoi pas?

6 **Aïe!** Utilisez les expressions suivantes pour faire des phrases, mais ajoutez une explication *(add an explanation)* avec **si** ou **parce que**.

MODÈLES: **Les étudiants ont mal aux yeux s'ils étudient trop.**
J'ai mal à la tête parce que je passe trop d'examens.

les étudiants je un(e) de mes ami(e)s	avoir mal	la tête le dos les bras les yeux la main les jambes les pieds les dents la gorge l'estomac le nez l'épaule le genou	si … parce que …

B. *Depuis*

Depuis combien de temps habites-tu ici?	*How long (for how much time) have you been living here?*
J'habite ici **depuis un an**.	*I've been living here for a year.*
Depuis quand étudies-tu le français?	*How long (since when) have you been studying French?*
J'étudie le français **depuis septembre**.	*I've been studying French since September.*

■ Use **depuis combien de temps** or **depuis quand** with the present tense to ask about something that has already begun but is *still continuing*. **Depuis combien de temps** asks for the length of time so far and **depuis quand** asks for the starting date.

verb (present tense) + **depuis** + { length of time
starting date

Depuis combien de temps … ?	*For how much time … ?*
Depuis quand … ?	*Since when … ?*

Review expressions of time in Ch. 6, p. 162.

- In the affirmative, the English translation of the present tense verb and **depuis** is usually *has (have) been ... ing for* a certain length of time or *since* a certain date.

    Chantal **habite** à Chicago **depuis un an.** *Chantal has been living in Chicago for a year.*

    Chantal **habite** à Chicago **depuis février dernier.** *Chantal has been living in Chicago since last February.*

- To state that something has *not* happened for a period of time, however, the negative of the passé composé is used with **depuis**.

    Je **n'ai pas été** malade **depuis** six mois. *I haven't been sick for six months.*

    Mes parents **n'ont pas écrit depuis** deux semaines. *My parents haven't written for two weeks.*

ATTENTION

Depuis is used to talk about situations that are still going on. To ask or state how much time was spent doing something that has already been *completed*, use **pendant** with the passé composé.

   J'étudie depuis deux heures. *I've been studying for two hours (and I haven't finished yet).*

But: **J'ai étudié pendant** deux heures. *I studied for two hours (and now I'm finished).*

7 Ils sont tous malades. Qu'est-ce qu'ils doivent faire?

D'abord utilisez les expressions entre parenthèses pour indiquer depuis combien de temps chaque personne est malade. Ensuite répondez aux questions qui suivent.

MODÈLE: Virginie (pieds / deux jours)
Virginie a mal aux pieds depuis deux jours.
Qui doit changer de chaussures?
Virginie doit changer de chaussures.

1. Michel (gorge / deux heures).
2. Madame Matté (dents / une semaine).
3. Anne (yeux / un mois).
4. Monsieur Monneau (fièvre / ce matin).
5. Guy (genou / trois mois).

QUESTIONS

1. Qui doit changer de lunettes?
2. Qui doit se coucher et doit rester au lit?
3. Qui ne doit plus jouer au tennis?
4. Qui ne doit plus fumer et doit prendre des pastilles?
5. Qui doit aller chez le dentiste?

8 Comment allez-vous? Utilisez les expressions suivantes pour faire des phrases.

MODÈLES: **Mon frère est malade depuis trois mois.**

Je n'ai pas été malade depuis cinq ans.

Je n'ai pas eu mal à la tête depuis cinq ans.

je		malade	
		rhume	
ma sœur	(ne ... pas) avoir	fièvre	depuis ...
mon frère	(ne ... pas) être	déprimé(e)	
un(e) de mes ami(e)s		mal ...	
		fatigué(e)	

9 Une interview. Posez des questions logiques avec **depuis** ou **pendant**. Votre partenaire va répondre.

MODÈLES: parler français
    VOUS: **Depuis combien de temps parles-tu français?**
VOTRE PARTENAIRE: **Je parle français depuis six mois.**

regarder la télé hier soir
    VOUS: **Pendant combien de temps as-tu regardé la télé hier soir?**
VOTRE PARTENAIRE: **J'ai regardé la télé pendant une heure.**

1. étudier le français
2. étudier hier soir
3. habiter à l'adresse que tu as maintenant
4. écouter la radio ce matin
5. être étudiant(e) à cette université
6. faire cet exercice

ENTRE AMIS

Tu es malade depuis longtemps?

1. Greet your partner and inquire about his/her health. (S/he is sick.)
2. Find out what the matter is.
3. Find out how long s/he has been sick.
4. Suggest a remedy.

3. Making a Purchase

Où vas-tu Alain?
    Je vais faire des achats.
De quoi as-tu besoin?°   *What do you need?*
    J'ai besoin de toutes sortes de choses.°   *I need all kinds of things.*
    J'ai besoin de pain, de bœuf, de saucisses°,   *sausages*
      de légumes et de fruits.
    J'ai besoin d'un livre et de fleurs° aussi.   *flowers*
    Je vais acheter° ...   *to buy*
      du pain à la boulangerie,
      du bœuf à la boucherie,
      des saucisses à la charcuterie°,   *delicatessen*
      des légumes et des fruits à l'épicerie,
      des fleurs chez un fleuriste
      et un livre à la librairie.
    Alors, j'ai besoin d'argent° pour payer   *money*
      tout cela.°   *that*

▶ **Et vous?**   De quoi avez-vous besoin?

NOTE CULTURELLE
Les deux premiers chiffres (*numbers*) dans un numéro de téléphone indiquent une région de France et les deux suivants représentent un département à l'intérieur de cette région. 02 ici représente la zone à l'ouest de Paris; 41 est le Maine-et-Loire où se trouve la ville d'Angers.

Boucherie   Charcuterie
Traiteur
Les trésors gourmands
Dominique CHAMEAU
Brissac-Quincé   02 41 54 22 33

REMARQUES

1. **Avoir besoin** *(to need)* works much like **avoir envie**. It is used with **de** and an infinitive or a noun. If **avoir besoin** is used with a noun, the definite article is usually omitted.

   J'**ai besoin d'**étudier.   *I need to study.*
   Nous **avons besoin de** légumes et   *We need vegetables and mineral*
     d'eau minérale.   *water.*

2. Use **un (une)** with **avoir besoin d'** to say that *one* item is needed.

   Vous **avez besoin d'une** feuille   *You need a sheet of paper.*
     de papier.

Buts communicatifs • *deux cent cinquante-cinq* **255**

Tu as besoin d'autre chose?

10 **Où faut-il aller?** Où est-ce qu'on trouve les produits suivants? Suivez *(follow)* le modèle.

MODÈLE: pâté **Si on a besoin de pâté, il faut aller à la charcuterie.**

1. épinards
2. médicaments
3. un kilo d'oranges
4. un rôti de bœuf
5. croissants
6. fleurs
7. jambon
8. un livre
9. cigarettes

C. Le verbe *acheter*

Mon père va **acheter** une autre voiture.

Nous **achetons** nos livres à la librairie.

On **achète** un journal au bureau de tabac.

J'**ai acheté** cinq kilos de pommes de terre.

Review the formation of **préférer,** p. 232.

■ As you have already learned with **préférer,** certain verbs change their spelling of the verb stem of the present tense depending on whether or not the ending is pronounced.

Vous préf**é**rez le blanc ou le rouge?
Je préf**è**re le rouge.

■ The verb **acheter** also contains a spelling change in the verb stem of the present tense. When the ending is not pronounced, the **-e-** before the **-t-** becomes **-è**.

acheter *(to buy)*			
silent endings		*pronounced endings*	
j'	achèt~~e~~	nous	achetons
tu	achèt~~es~~	vous	achetez
il/elle/on	achèt~~e~~		
ils/elles	achèt~~ent~~		

passé composé: j'**ai acheté**

Nous achetons tout ça. On fait des achats. Utilisez les expressions suivantes pour faire des phrases. Utilisez la forme négative, si vous voulez.

MODÈLES: **J'achète de la glace pour mes amis.**

Nous n'achetons jamais de cigarettes pour nos amis.

Review the possessive adjectives on p. 79.

je		glace		amis
nous		cigarettes		classe *(f.)*
le professeur		cachets d'aspirine		parents
mes amis	acheter	magazines	pour	professeur
ma mère		pommes		famille
mon père		timbres		moi
les étudiants		pain		nous
		bonbons		
		médicaments		
		fleurs		

Téléfleurs

Vos **émotions**, nos **créations**, voyageons **ensemble**

12 Pourquoi y vont-ils? Demandez ce que ces personnes achètent. Votre partenaire va répondre.

MODÈLE: Je vais au bureau de tabac.

    VOUS: **Qu'est-ce que tu achètes au bureau de tabac?**
 VOTRE PARTENAIRE: **J'achète des timbres.**

1. Je vais à la boucherie.
2. Nous allons à la pharmacie.
3. Mon père va au supermarché.
4. Nous allons dans un grand magasin.
5. Les étudiants vont à la boulangerie.
6. Paul va à l'épicerie.
7. Ces deux femmes vont au bureau de tabac.
8. Marie va à la librairie près de l'université.
9. Je vais chez un fleuriste.

Both **un** and **une** may be used with fleuriste.

Réalités culturelles

L'Union européenne

En 1957, six pays européens (la France, l'Allemagne, l'Italie, la Belgique, les Pays-Bas et le Luxembourg) signent le traité de Rome et une sorte de marché commun est né. Petit à petit, cette communauté économique européenne va s'élargir avec de nouveaux membres. En 1992, le traité de Maastricht donne le coup d'envoi d'une union économique et monétaire qui s'appelle l'Union européenne (UE). En 1995, il y a déjà quinze membres de l'UE et, en 2004, dix autres viennent se joindre au groupe. Le Parlement européen, qui se réunit à Strasbourg, et la Cour de Justice, qui est à Luxembourg, sont deux des grandes institutions de l'UE.

Depuis 2002, l'euro est la seule monnaie officielle de la France et de la plupart des pays de l'Union européenne. Il existe huit pièces de monnaie et sept billets, d'une pièce de 1 cent jusqu'à un billet de 500 euros. On peut les utiliser pour faire ses achats dans presque tous les pays de l'UE.

Vocabulaire: traité *treaty,* coup d'envoi *kickoff,* presque *almost,* se réunit *meets*

Consult the **Entre amis** web site to find the list of the current members of the European Union.

VOCABULAIRE

Pour payer les achats

de l'argent (m.)	money	une carte de crédit	credit card
un billet	bill (paper money)	un chèque	check
la monnaie	change; currency	un chèque de voyage	traveler's check
une pièce (de monnaie)	coin	coûter	to cost
un euro	euro	payer	to pay
un dollar	dollar	Environ combien?	About how much?

NOTE: **Payer** is often found with a spelling change. Before silent endings, the **-y-** becomes **-i-: je pai∉, tu pai∉s,** etc. But: **nous pay**ons, **vous pay**ez.

13 **Un petit sketch: Au bureau de tabac de la gare.** Lisez ou jouez le sketch. Ensuite répondez aux questions.

Grayson Smith parle avec un marchand de journaux au bureau de tabac de la gare.

M. Smith: Vous vendez des journaux américains?
Le Marchand: Ça dépend du journal.
M. Smith: Avez-vous le *Herald Tribune*?
Le Marchand: Oui, nous l'avons.
M. Smith: Bien. Je vous dois combien?
Le Marchand: Un euro dix.
M. Smith: Voilà, Monsieur.
Le Marchand: C'est parfait, Monsieur. Merci.
M. Smith: Au revoir, Monsieur. Bonne journée.
Le Marchand: Merci. Vous aussi, Monsieur.

QUESTIONS
1. Où achète-t-il son journal?
2. Quel journal demande-t-il?
3. Est-ce que le marchand a ce journal?
4. Combien coûte le journal?
5. Est-ce que Monsieur Smith l'achète?

VOCABULAIRE

Mots utiles pour faire des achats

une barquette	small box; mini crate
une boîte	box; can
un bouquet	bouquet
une bouteille	bottle
un kilo	kilogram (2.2 pounds)
un litre	liter
une livre	pound
un paquet	package

Buts communicatifs • *deux cent cinquante-neuf* **259**

14 Ça coûte combien? Demandez combien coûte l'objet. Votre partenaire va donner la réponse en euros.

MODÈLE: bonbons (3€ le paquet)
VOUS: **Combien coûte un paquet de bonbons?**
VOTRE PARTENAIRE: **Les bonbons coûtent environ trois euros le paquet.**

> Notice the use of the *indefinite* article in the question and the *definite* article in the answer.

1. bordeaux (7€ le litre)
2. fromage Pont l'Évêque (3€ la livre)
3. fraises d'Espagne (1€ la barquette)
4. orangina (2€ la bouteille)
5. jambon de Bayonne (10€ le kilo)
6. cigarettes (5€ le paquet)
7. œufs (2€ la douzaine)
8. fleurs (8€ le bouquet)

15 En ville. Vous avez besoin de plusieurs *(several)* choses. Utilisez les deux listes suivantes pour trouver l'adresse et le numéro de téléphone des magasins nécessaires.

MODÈLE: pour acheter des médicaments
Pour acheter des médicaments, l'adresse est un, place de la Laiterie. Téléphonez au zéro deux/quarante et un/quatre-vingt-sept/cinquante-huit/trente-neuf.

1. pour acheter un kilo de bœuf
2. pour acheter un paquet de cigarettes
3. pour acheter du pain
4. pour demander à quelle heure le film va commencer
5. pour acheter un bouquet de fleurs
6. pour réserver une table pour dîner
7. pour acheter un pull ou un pantalon
8. pour acheter du saumon
9. pour acheter des euros si on a des dollars

> Review numbers on pp. 3 & 66.
>
> See the *Note Culturelle*, p. 254, regarding French telephone numbers.

Place de la Laiterie		Rue de la Gare	
1 PHARMACIE GODARD	02.41.87.58.39	1 PHOTO PLUS	02.41.87.67.31
4 CHEVALIER, Yves		2 MOD COIFFURE	02.41.88.00.03
bureau de tabac	02.41.87.48.37	3 CRÉDIT AGRICOLE	02.41.88.12.56
5 BANQUE NATIONALE DE PARIS	02.41.88.00.23	4 CATFISH	
7 ARMORIC POISSONNERIE	02.41.88.39.84	restaurant grill	02.41.87.14.87
9 BOUCHERIE DU RONCERAY	02.41.87.57.28	5 PHARMACIE DE LA GARE	02.41.87.66.67
11 FAÏENCERIE DU RONCERAY	02.41.87.40.29	6 LE FLORENTIN	
15 SALOUD, Gérard		fleuriste	02.41.87.41.72
assurances	02.41.87.50.27	7 LE RELAIS	
18 COLIN, Jean		hôtel	02.41.88.42.51
boulangerie-pâtisserie	02.41.88.01.62	8 CINÉMA LE FRANÇAIS	02.41.87.66.66
19 VERNAUDON, Michel		9 LE PEN DUICK	
vêtements	02.41.87.01.96	restaurant	02.41.87.46.59
21 DACTYL BURO ANJOU		10 BAR BRASSERIE LE SIGNAL	02.41.87.49.41
machines bureaux	02.41.88.59.52		

16 Une révision des nombres. Répondez.

1. Quelle est votre adresse?
2. Quel est votre code postal?
3. Quel est votre numéro de téléphone?
4. Quel est le numéro de téléphone de votre meilleur(e) ami(e)?
5. En quelle année êtes-vous né(e)?
6. Combien de jours y a-t-il dans une année?
7. Combien de pages y a-t-il dans ce livre de français?
8. Combien de minutes y a-t-il dans une journée?
9. En quelle année Christophe Colomb est-il arrivé au Nouveau Monde?
10. Combien d'étudiants y a-t-il sur ce campus?

D. Les pronoms relatifs

- Relative pronouns like *who, whom, which,* and *that* relate or tie two clauses together. They refer to a word in the first clause.

    Le cadeau est sur la table. Il est pour ma sœur.

    La cadeau **qui** est sur la table est pour ma sœur.   *The gift (that is) on the table is for my sister.*

    Le cadeau est pour ma sœur. Je l'ai acheté ce matin.

    Le cadeau **que** j'ai acheté ce matin est pour ma sœur.   *The gift (that) I bought this morning is for my sister.*

- The choice of the relative pronoun **qui** or **que** depends on its function as subject or object.

- **Qui** *(who, that, which)* replaces a person or a thing that is the *subject* of a relative clause.

    Une boulangerie est un magasin **qui** vend du pain.

- **Que/qu'** *(whom, that, which)* replaces a person or a thing that is the *object* of a relative clause.

    Le Monde est un journal **que** je lis avec intérêt.

    Le Monde est un journal **qu'**on achète souvent.

    Voilà un professeur **que** les étudiants aiment beaucoup.

- Although the relative pronoun may be omitted in English, it is never omitted in French.

    C'est le magasin **que** je préfère.   *It's the store (that) I prefer.*

FOR RECOGNITION ONLY

> The relative pronoun **dont** *(whose, of which, about which)* is normally used when the French expression would require the preposition **de.** In the following example, one needs to remember that **besoin** is used with **de.**
>
> C'est le livre **dont** j'ai besoin.   *It's the book (that) I need.*

17 Identifications. Identifiez la personne ou la chose qui correspond à la description.

MODÈLE: quelqu'un qui parle français depuis longtemps
Le professeur de français est quelqu'un qui parle français depuis longtemps.

1. un magasin qui vend des médicaments
2. quelque chose qu'on vend à l'épicerie
3. un restaurant que vous recommandez pour sa cuisine italienne
4. un livre que vous avez déjà lu et que vous recommandez
5. quelque chose que vous mangez souvent
6. quelque chose dont on a besoin pour payer ses achats au centre commercial
7. quelqu'un qui parle français avec vous
8. une personne qui vend des fleurs
9. quelque chose qu'on achète à la librairie
10. quelque chose dont les étudiants ont besoin pour être heureux

18 Définitions. Décrivez les personnes ou les choses suivantes.

MODÈLES: un McDo   **C'est un restaurant qui vend des Big Macs.**
un professeur **C'est une personne qui enseigne.**
ma mère   **C'est une personne que j'aime.**

1. un bureau de tabac
2. une pizza aux anchois
3. une pharmacienne
4. la France
5. mon professeur de français
6. un francophone
7. un supermarché

ENTRE AMIS

Je voudrais faire quelques courses.

You have recently arrived in France. Speak to a member of your host family (your partner) to find out where things are sold.

1. Greet your host and say, "Excuse me for bothering you."
2. Say that you are going shopping.
3. Tell him/her what you need.
4. Ask where to buy each item you need.
5. Add that you are also looking for the *New York Times*. Explain what this is.
6. Be sure to express your gratitude.

Intégration

Révision

A **Des renseignements.** Préparez une liste de cinq renseignements pour des touristes qui vont en France.

MODÈLE: Si on a besoin de pain, on peut aller à la boulangerie.

B **Je fais des achats.** En groupes de deux ou trois. Un membre du groupe fait une liste de cinq endroits différents où il va faire des achats et, pour chaque endroit, la chose qu'il va acheter. Les autres membres du groupe vont deviner *(guess)* 1. où il va faire ses achats, et 2. ce qu'il achète. Il répond seulement par oui ou par non.

MODÈLE: Est-ce que tu achètes quelque chose à la librairie?
Est-ce que tu achètes un livre?

C **Début de rédaction.** Faites deux listes, dont une pour la France et une autre pour votre pays. Dans chaque liste indiquez cinq magasins différents et, pour chaque magasin, mentionnez une ou deux choses qu'on y achète. Indiquez aussi combien coûte chaque chose que vous mentionnez.

MODÈLE: Le savon est une chose qu'on achète dans une pharmacie française. Il coûte environ 1 €.

D **À vous.** Répondez.

1. Êtes-vous souvent malade?
2. Que prenez-vous si vous avez la grippe?
3. Que faites-vous quand vous avez mal à la tête?
4. Aimez-vous les cigarettes? Fumez-vous? Si oui, depuis combien de temps? Si non, avez-vous déjà fumé? Pendant combien de temps?
5. Dans quel magasin faites-vous vos courses? Qu'est-ce que vous y achetez?
6. Quelle est votre adresse? Depuis quand y habitez-vous?
7. Comment s'appelle le magasin qui vend du pain?
8. Qu'est-ce que c'est qu'une épicerie?

Négociations: **Nos achats.** Interviewez votre partenaire pour trouver les renseignements qui manquent. Il y a trois paires de cartes; les cartes B sont dans l'appendice D. Comme partenaires, A1 travaille avec B1, A2 avec B2, etc.

MODÈLE: Qu'est-ce qu'on achète à la gare?
Où est-ce qu'on achète des fleurs?

A1

achat	endroit
journal	
porc	
	épicerie
	pharmacie
pain	
	épicerie
livre	
	grand magasin
	kiosque
fruits	
cadeau	
	marché
pilules	
	supermarché

A2

achat	endroit
	supermarché
fleurs	
savon	
	librairie
	marché
cigarettes	
	gare
	pharmacie
bœuf	
croissants	
	marché
timbres	
	marché aux puces
carte postale	

A3

achat	endroit
	librairie
	marché
carte postale	
dentifrice	
	boutique
fromage	
	charcuterie
pain	
	bureau de tabac
porc	
	supermarché
bœuf	
	bureau de poste
cravate	

Lecture I

A **Étude du vocabulaire.** Étudiez les phrases suivantes et choisissez les mots anglais qui correspondent aux mots français en caractères gras: *grief, love, hate, rain, roofs, gentle, ground, heart.*

1. J'aime le son de la **pluie** qui tombe sur les **toits** des maisons.
2. L'**amour** et la **haine** sont deux émotions opposées. Quand on aime, c'est l'**amour** et quand on déteste, c'est la **haine.**
3. Le **cœur** fait circuler le sang dans les veines et les artères.
4. La **terre** noire de l'Iowa est très fertile.
5. La mort du président nous a plongés dans le **deuil.**
6. Une voix **douce** est agréable à entendre.

B **Anticipez le contenu.** Avant de lire le poème, répondez aux questions suivantes.

1. Aimez-vous la pluie?
2. Pleut-il souvent là où vous habitez?
3. Quand il pleut, êtes-vous content(e), triste ou indifférent(e)? Expliquez.

Il pleure dans mon cœur

Il pleure dans mon cœur
Comme il pleut sur la ville,
Quelle est cette langueur
Qui pénètre mon cœur?

Ô bruit doux de la pluie
Par terre et sur les toits!
Pour un cœur qui s'ennuie[1]
Ô le chant de la pluie!

Il pleure sans raison
Dans ce cœur qui s'écœure[2].
Quoi! nulle trahison[3]?
Ce deuil est sans raison.

C'est bien la pire peine[4]
De ne savoir[5] pourquoi,
Sans amour et sans haine,
Mon cœur a tant de peine.

Paul Verlaine

---

1. *is languishing* 2. *is heartsickened* 3. *no treason* 4. *the worst suffering* 5. *not to know*

Discussion

1. Quelle est la réaction du poète à la pluie? Quelles expressions utilise-t-il pour exprimer cette émotion?
2. Est-ce que le poète sait pourquoi il a cette réaction à la pluie? Expliquez.

Familles de mots.
Essayez de deviner le sens des mots suivants.

1. pleuvoir, la pluie, pluvieux (pluvieuse)
2. aimer, l'amour, aimable, amoureux (amoureuse)
3. s'ennuyer, l'ennui, ennuyeux (ennuyeuse)
4. peiner, la peine, pénible

Lecture II

Étude du vocabulaire.
Étudiez les phrases suivantes et choisissez les mots anglais qui correspondent aux mots français en caractères gras: *flight, sponsoring, places, beat, billboard, sidewalks, samples, building.*

1. Nos joueurs de basket-ball espèrent **battre** leurs adversaires.
2. Un **vol** est un voyage en avion.
3. Un **immeuble** est un grand bâtiment où les gens travaillent ou habitent.
4. Les gens restent sur les **trottoirs** parce que les rues sont dangereuses.
5. Le mot **lieux** est souvent un synonyme pour le mot *endroits.*
6. Les représentants commerciaux donnent des **échantillons** pour encourager les gens à acheter leurs produits.
7. Sur le **panneau d'affichage** de la bande dessinée, on peut lire: «Le tabac tue».
8. Le **parrainage** d'une équipe de football coûte quelquefois très cher à une entreprise.

B **Devinez de quoi il s'agit.** Lisez rapidement le titre et la première phrase de chaque article pour identifier le sujet des articles et les deux pays dont il s'agit.

Hystérie anti-tabac

Le Canada est en train de battre les États-Unis en matière d'hystérie anti-tabac. Le conseil municipal de Toronto—la capitale économique et financière du pays—a adopté un règlement draconien contre les fumeurs: depuis le 1er janvier 1997, le Torontois a seulement sa maison, sa voiture ou la rue pour prendre sa bouffée[1] de nicotine. La croisade contre[2] la cigarette ne date pas d'hier. La compagnie aérienne nationale Air Canada a été la première à l'interdire[3] sur les vols transatlantiques. Dans les hôtels, le principe des chambres fumeurs et non fumeurs est en vigueur. Les immeubles du gouvernement fédéral sont des zones strictement non-fumeurs. On voit, sur les trottoirs des grandes villes, les fumeurs irréductibles faire la pause cigarette avant de regagner leur bureau[4].

Les mesures du président

Principales mesures annoncées par la Maison-Blanche, pour limiter l'accès des adolescents au tabac:
- les distributeurs automatiques sont interdits dans certains lieux fréquentés par les jeunes;
- les échantillons et paquets de moins de 20 cigarettes sont interdits;
- les publicités pour le tabac sont interdites dans un rayon[5] de 500 mètres autour des établissements scolaires et des terrains de jeux;
- sauf[6] dans les lieux interdits aux moins de 18 ans, et à condition qu'elles ne soient[7] pas visibles de l'extérieur, les publicités sur les panneaux d'affichage et les lieux de vente doivent se limiter à des textes en noir et blanc;
- la publicité dans les publications dont les lecteurs sont constitués en grande partie d'adolescents (plus de 15%) doit se limiter à des textes en noir et blanc;
- le parrainage d'événements sportifs est interdit.

D'après *Le Point*

---

1. *puff* 2. *crusade against* 3. *to forbid it* 4. *go back to their office* 5. *in a radius* 6. *except*
7. *provided that they are*

C **Dans quel article?** Relisez les deux articles et décidez si les idées suivantes se trouvent dans l'article sur le Canada ou dans l'article sur les États-Unis.

1. On n'accepte pas d'annonces publicitaires pour les cigarettes près des écoles.
2. Certains fumeurs continuent à fumer avant d'entrer dans le bâtiment où ils travaillent.
3. Il n'y a plus de publicité en couleur pour les cigarettes dans les magazines lus par les jeunes.
4. Cette mesure stricte a été appliquée juste après Noël.
5. On ne permet plus que les entreprises qui vendent du tabac sponsorisent les matchs de tennis, de base-ball, etc.
6. Dans les endroits où vont les jeunes, on ne vend plus de cigarettes dans des machines.
7. On n'accepte plus depuis longtemps que les gens fument dans les avions s'ils font un voyage dans un autre pays.
8. Il n'est plus permis de donner des cigarettes gratuites pour encourager les individus à fumer.

B **Familles de mots.** Essayez de deviner le sens des mots suivants.

1. interdire, interdit(e), une interdiction
2. vendre, la vente, un vendeur, une vendeuse
3. fumer, un fumeur, une fumeuse, la fumée
4. conseiller, le conseil, un conseiller, une conseillère
5. distribuer, un distributeur, la distribution

VOCABULAIRE ACTIF

Practice this vocabulary with the flashcards on the *Entre amis* web site.

Argent
l'argent (m.) *money*
un billet *bill (paper money)*
une carte de crédit *credit card*
un centime *centime*
un chèque *check*
un chèque de voyage *traveler's check*
un dollar *dollar*
un euro *euro*
la monnaie *change; currency*
une pièce (de monnaie) *coin*

Adjectifs
aimable *kind; nice*
déçu(e) *disappointed*
déprimé(e) *depressed*
désolé(e) *sorry*
long (longue) *long*

Magasins
une boucherie *butcher shop*
une boutique *(gift, clothing, etc.) shop*
une charcuterie *pork butcher's; delicatessen*
un grand magasin *department store*
un kiosque *newsstand*
un marché *(open-air) market*
un marché aux puces *flea market*
une pâtisserie *pastry shop; pastry*
un supermarché *supermarket*

À la pharmacie
un cachet d'aspirine *aspirin tablet*
du dentifrice *toothpaste*
un médicament *medicine*
une pastille *lozenge*

une pilule *pill*
un savon *bar of soap*

Parties du corps
la bouche *mouth*
un bras *arm*
une dent *tooth*
le dos *back*
une épaule *shoulder*
l'estomac (m.) *stomach*
un genou *knee*
la gorge *throat*
une jambe *leg*
une main *hand*
le nez *nose*
un œil *eye*
une oreille *ear*
un pied *foot*
la tête *head*

D'autres noms
un achat *purchase*
une barquette *small box*
un billet *ticket*
un bouquet *bouquet*
un bruit *noise*
un cadeau *gift*
un code postal *zip code*
un coin *corner*
une feuille *leaf; sheet (of paper)*
une fièvre *fever*
une fleur *flower*
un(e) fleuriste *florist*
l'impatience (f.) *impatience*
un litre *liter*
une livre *pound*
un(e) marchand(e) *merchant*
le papier *paper*
un paquet *package; pack*
un rhume *a cold*
une rue *street*
une sardine *sardine*
une saucisse *sausage*
le tabac *tobacco; tobacconist's shop*
un timbre *stamp*
une valise *suitcase*

Verbes
acheter *to buy*
attendre *to wait (for)*
avoir besoin de *to need*
avoir l'air *to seem, appear, look*
avoir mal (à) *to be sore, to have a pain (in)*
coûter *to cost*
dépendre *to depend*
entendre *to hear*
payer *to pay (for)*
perdre *to lose*
perdre patience *to lose (one's) patience*
rendre *to give back*
rendre visite à quelqu'un *to visit someone*
répondre (à) *to answer*
réserver *to reserve*
tousser *to cough*
vendre *to sell*

Préposition
depuis *for; since*

Expressions utiles
avec intérêt *with interest*
Ça dépend. *That depends.*
cela *that*
C'est bien simple. *It's quite simple.*
De quoi avez-vous besoin? *What do you need?*
Depuis combien de temps? *For how much time?*
Depuis quand? *Since when?*
Environ combien? *About how much?*
je peux *I can*
le nez qui coule *runny nose*
Oh là là! *Oh dear!*
on peut *one can*
Pouvez-vous me dire … ? *Can you tell me … ?*
Qu'est-ce que tu as? *What's the matter (with you)?*
Qu'est-ce que vous dites? *What are you saying?*
Vous n'en avez pas? *Don't you have any?*

Dans la rue et sur la route

Chapitre 10

Buts communicatifs
Giving reasons and making excuses
Expressing familiarity and judgment
Giving orders and advice
Describing ways of doing things

Structures utiles
Les verbes **vouloir** et **pouvoir**
Le verbe **connaître**
Les pronoms objets directs (suite)
L'impératif (suite)
Les pronoms à l'impératif
Les nombres ordinaux
Le verbe **conduire**
Les adverbes

Culture

• *À propos*
Conduire en France
Les expressions de tendresse

• *Il y a un geste*
Chut!
Tais-toi!
Mon œil!
Invitation à danser
À toute vitesse

• *Lectures*
«La France au volant»
Automobiles

deux cent soixante-dix • **CHAPITRE 10** Dans la rue et sur la route

Coup d'envoi

Prise de contact **Les indications**

> Review the directions in Ch. 5, p. 138.

Pardon, pouvez-vous me dire où se trouve la pharmacie?

Oui, c'est dans la rue Mirabeau.
Prenez la rue Danton.
Continuez jusqu'au feu°. *until the traffic light*
Puis, tournez à gauche. C'est la rue Victor-Hugo.
Ensuite, la rue Mirabeau est la première rue à droite après le stop°. *stop sign*

▶ **Et vous?**

Pouvez-vous me dire où se trouve la poste?
Où se trouve le cinéma, s'il vous plaît?
Pour la bibliothèque, s'il vous plaît?

Conversation

La leçon de conduite

Catherine apprend à conduire°. Son père, Michel, est nerveux et parle continuellement pendant la leçon de conduite°. °to drive
 °driving lesson

CATHERINE: Papa, est-ce que je peux conduire?
MICHEL: Tu veux° conduire, ma chérie°? °You want/honey
 Eh bien, attache ta ceinture de sécurité° et °seat belt
 prends le volant°. Mais fais attention! °steering wheel
CATHERINE: Chut!° Pas de commentaires, s'il te plaît. °Shh!
 Laisse-moi tranquille.° °Leave me alone.
MICHEL: D'accord, tu es prête°? Euh, démarre°. Regarde °ready/start
 à gauche, à droite et dans ton rétroviseur°. °rearview mirror
 Avance lentement°, ma fille. °slowly
 Change de vitesse.° Continue tout droit. °Shift; change speed.
 Ne conduis pas si vite°. °so fast
 (un peu plus tard)
 Ne prends pas le sens interdit°. °one-way street
 Prends la première rue à gauche.
 Et ne regarde pas les garçons qui passent.
CATHERINE: Mais, tais-toi!° Tu n'arrêtes° pas de parler! °keep quiet!/stop
MICHEL: Excuse-moi, ma puce°. Je suis un °(lit.) flea
 peu nerveux. C'est promis, plus un mot°. °not one more word
CATHERINE: Plus un mot, mon œil!° Je te connais° trop °my eye!/I know you
 bien.

▶ **Jouez ces rôles.** Répétez la conversation avec votre partenaire. Changez ensuite de rôle: c'est un fils qui demande à sa maman s'il peut conduire. Faites les changements nécessaires: par exemple, la mère appelle son fils «mon chéri» et «mon grand».

Il y a un geste

Chut! The index finger is raised to the lips to indicate that silence is in order.

Tais-toi! The thumb and fingers are alternately opened and closed to tell someone to "shut up."

Mon œil! There is a gesture meaning that one does not believe what was said. The index finger is placed under an eyelid and pulls down slightly on the skin.

À propos

Pourquoi est-ce que Michel est nerveux?

a. Sa fille conduit très mal.
b. Tous les pères sont nerveux.
c. On conduit vite en France et il est important d'être prudent.

Michel appelle sa fille «ma puce». Pourquoi?

a. C'est une expression de tendresse *(term of endearment)*.
b. Il est sexiste. Les puces sont petites et il pense que sa fille est inférieure.
c. Les Français aiment beaucoup les insectes.

Conduire en France

One of the most unsettling discoveries one makes on a trip to France is the speed at which most people drive. Much has already been written about the French **appétit de la vitesse.** For example, Daninos's Major Thompson (see the **Lecture,** page 291) complains about the "peaceful citizen" who "can change in front of your eyes into a demonic pilot." That this can be the case, in spite of a very demanding driver's license test, a very elaborate and expensive training period in **l'auto-école,** the fact that one must be eighteen to get a license, and the fact that one must be at least sixteen years old to have a learner's permit and be accompanied by someone who is at least twenty-eight years old while learning to drive, may justify Major Thompson's comment that **Les Français conduisent plutôt bien, mais follement** *(The French drive rather well, but wildly).*

Les expressions de tendresse

Ma chérie, ma puce, mon chéri, and **mon grand** are common terms of endearment, but there are many others. Among couples, **mon chou** *(honey, literally my cabbage)* is very frequent. It is most likely a shortened form of **chou à la crème** *(cream puff).* In French families such expressions seem to be more frequently used than is the case among members of North American families. Terms of endearment are perhaps the verbal equivalent of the greater amount of physical contact found in France.

VOCABULAIRE

Quelques expressions de tendresse

femme	*homme*	*femme ou homme*
ma chérie	mon chéri	mon chou
ma puce *(flea)*	mon grand	mon cœur *(heart)*
ma biche *(deer)*	mon lapin *(rabbit)*	mon ange *(angel)*
		mon bijou *(jewel)*

▶ **À vous.** Votre ami(e) apprend à conduire. Répondez à ses questions.

1. Est-ce que je peux conduire?
2. Tu vas attacher ta ceinture de sécurité?
3. Où allons-nous?
4. Où se trouve cet endroit?

ENTRE AMIS

Votre partenaire conduit.

1. Ask if your partner wants to drive. (S/he does.)
2. Tell your partner to take the wheel.
3. Tell him/her to start the car.
4. Tell him/her to look left and right.
5. Tell him/her to move ahead slowly.
6. Tell him/her to take the first street on the right.
7. Ask if s/he is nervous.

Prononciation

La lettre *h*

■ The letter **h** is never pronounced in French. There are, however, two categories of **h-** words:

1. Some **h-** words act *as if they began with a vowel:* These words are said to begin with **h muet** *(mute h).* Elision (dropping a final vowel and replacing it with an apostrophe) and liaison (pronouncing a normally silent final consonant and linking it to the next word) both occur before **h muet,** just as they would with a word beginning with a vowel.

   d'habitude   **l'**heure   **j'**habite
   un [n]homme   elle est [t]heureuse   deux [z]heures

2. Some **h-** words act *as if they began with a consonant:* These words are said to begin with **h aspiré** *(aspirate h).* Elision and liaison do not occur before **h aspiré.**

   pas **de** haricots   **le** huit décembre   **le** hockey
   un/hamburger   les/haricots   des/hors-d'œuvre

■ In addition, note that the combination **-th-** is pronounced [t].

   thé   **Th**omas   a**th**lète
   biblio**th**èque   ma**th**s

NOTE CULTURELLE

Les jeunes Américains sortent souvent en couples. Il n'y a pas d'équivalent français pour le terme américain "dating." En effet, les jeunes Français sortent le plus souvent en groupes et n'ont pas besoin d'arriver à une boum avec une personne du sexe opposé.

Il y a un geste

Invitation à danser. When inviting someone to dance, the index finger is pointed toward the floor and makes a small circular motion.

Buts communicatifs

1. Giving Reasons and Making Excuses

Tu vas à la boum°, Brigitte? *to the party*
Oui, j'ai envie de danser.
Oui, je veux m'amuser.
Oui, je veux être avec mes amis.
Je regrette. Je ne peux pas° sortir ce soir. *I am unable to, I can't*

▶ **Et vous?** Voulez-vous aller danser?
Je veux bien! J'adore danser.
Je regrette. Je ne sais pas danser.
Merci, je suis trop fatigué(e).
Je voudrais bien, mais j'ai besoin d'étudier.
Voulez-vous sortir ce soir? Pourquoi ou pourquoi pas?

Review the gesture for **Merci** *on p. 30.*

A. Les verbes *vouloir* et *pouvoir*

Mes amis veulent sortir tous les soirs.	*My friends want to go out every night.*
Mais **ils ne peuvent pas.**	*But they can't.*
As-tu pu parler avec Paul?	*Were you able to talk to Paul?*
J'ai voulu mais **je n'ai pas pu.**	*I wanted to (I tried to) but I wasn't able to.*

Veux and **peux** are pronounced like **deux.**

vouloir (to want; to wish)		pouvoir (to be able; to be allowed)	
je	**veux**	je	**peux**
tu	**veux**	tu	**peux**
il/elle/on	**veut**	il/elle/on	**peut**
nous	**voulons**	nous	**pouvons**
vous	**voulez**	vous	**pouvez**
ils/elles	**veulent**	ils/elles	**peuvent**
passé composé: j'**ai voulu**		*passé composé:* j'**ai pu**	

■ **Vouloir** and **pouvoir** are frequently followed by an infinitive.

Qui **veut sortir** ce soir?	*Who wants to go out tonight?*
Je **ne peux pas sortir** ce soir.	*I can't go out tonight.*

■ The passé composé of **vouloir, j'ai voulu,** means *I tried*. The passé composé of **pouvoir, j'ai pu,** means *I succeeded,* and the negative **je n'ai pas pu** means *I failed.*

■ **Vouloir** can also be used with a noun or pronoun, often to offer something or to make a request.

Voulez-vous **quelque chose** à boire?   *Do you want something to drink?*

NOTE — When making requests, it is more polite to use **je voudrais** instead of **je veux**.

Je voudrais un verre d'eau.   *I'd like a glass of water.*

1 **Pourquoi y vont-ils?** Expliquez où vont les personnes suivantes et pourquoi. Utilisez le verbe **aller** et le verbe **vouloir** dans chaque phrase.

MODÈLE: Les étudiants vont à la boum parce qu'ils veulent danser.

		à la résidence		étudier
		à la bibliothèque		acheter quelque chose
		à la boum		danser
		au restaurant		écouter un sermon
on		aux cours		dormir
je		à l'église		parler avec des amis
nous		dans la rue		manger
tu	aller	Bourbon	vouloir	écouter du jazz
vous		à la piscine		prendre un avion
les étudiants		à la patinoire		patiner
		au cinéma		nager
		au centre commercial		voir un film
				visiter des monuments
		en France		apprendre quelque
		à l'aéroport		chose

2 **Un petit sketch.** Lisez ou jouez le sketch suivant. Répondez ensuite aux questions.

Deux étudiants parlent de leurs activités.

JACQUES: Je peux porter ta veste grise?
CHRISTOPHE: Oui, si tu veux. Pourquoi?
JACQUES: Ce soir je sors.
CHRISTOPHE: Je vais être indiscret. Et tu vas où?
JACQUES: Les étudiants organisent une boum.
CHRISTOPHE: Tu y vas avec qui?
JACQUES: J'y vais seul, mais je crois que Sandrine a l'intention d'y aller aussi.
CHRISTOPHE: Et tu vas pouvoir l'inviter à danser, bien sûr?
JACQUES: Je voudrais bien danser avec elle. Mais elle a beaucoup d'admirateurs.
CHRISTOPHE: Tu as pu danser avec elle la dernière fois?
JACQUES: Non, elle n'a pas voulu. Mais cette fois, ça va être différent.

QUESTIONS
1. Qui va à la boum?
2. Avec qui y va-t-il?
3. Quels vêtements veut-il porter?
4. Avec qui Jacques veut-il danser?
5. Pourquoi est-ce qu'il n'a pas pu danser avec Sandrine la dernière fois?

3 **Pourquoi pas?** Utilisez le verbe **pouvoir** à la forme négative et l'expression **parce que** pour expliquer pourquoi quelque chose n'est pas possible.

MODÈLE: **Tu ne peux pas sortir parce que tu es trop fatigué(e).**

tu		aller à un concert	avoir la grippe
vous		sortir	avoir un rhume
mes amis	ne pas pouvoir	dîner	être malade(s)
mon ami(e)		voyager	être trop fatigué(e)(s)
je		jouer aux cartes	ne pas avoir d'argent
nous		étudier	avoir sommeil
les étudiants		venir au cours	avoir besoin d'étudier
		danser	être occupé(e)(s)
		regarder la télévision	ne pas avoir le temps
		skier	avoir mal aux yeux
			avoir mal aux pieds
			ne pas être libre(s)

4 **Qu'est-ce qu'il a?** Raymond répond toujours «non». Utilisez les expressions suivantes avec **vouloir** ou **pouvoir** pour expliquer quelle excuse il peut avoir.

MODÈLE: Si nous l'invitons à manger quelque chose, ...
Si nous l'invitons à manger quelque chose, Raymond va répondre qu'il ne veut pas manger parce qu'il n'a pas faim.

1. Si nous l'invitons à boire quelque chose, ...
2. Si nous l'invitons à chanter une chanson, ...
3. Si nous l'invitons à danser la valse, ...
4. Si nous l'invitons à la fête du mardi gras, ...
5. Si nous l'invitons à aller à un match de football, ...
6. Si nous l'invitons à faire du ski, ...
7. Si nous l'invitons à dîner chez nous, ...
8. Si nous l'invitons à étudier avec nous, ...

ENTRE AMIS

Pourquoi pas?

1. Ask if your partner can go to a movie with you. (S/he can't.)
2. Find out why not.
3. Suggest other activities. How many excuses can s/he find?

2. Expressing Familiarity and Judgment

Tu connais Éric, Céline?
> Oui, je le connais.

Tu connais ses parents?
> Je les connais mais pas très bien.

Tu connais la Nouvelle-Orléans?
> Non, je ne la connais pas.

▶ **Et vous?** Vous connaissez l'histoire de la Louisiane?
Vous connaissez le Québec?

Le **Québec** refers to the province of Quebec. *Quebec City* is referred to simply as **Québec.** See p. 84.

B. Le verbe *connaître*

Est-ce que **vous connaissez** Paris?	*Do you know Paris?*
Anne ne **connaît** pas cette ville.	*Anne doesn't know that city.*
Je connais cet homme.	*I know that man.*
J'ai connu cet homme à Paris.	*I met that man in Paris.*

connaître
(to know, be acquainted with, be familiar with)

je	connais
tu	connais
il/elle/on	connaît
nous	connaissons
vous	connaissez
ils/elles	connaissent

passé composé: j'**ai connu**

■ There is a circumflex accent on the **-i-** only in the verb stem of the **il/elle/on** form and in the infinitive.

Je **connais** bien la mentalité américaine.
But: Il ne **connaît** pas l'histoire des Acadiens.

■ **Connaître** denotes familiarity and means *to know, be acquainted with (a person, a place, a concept, a thing).* It is always accompanied by a direct object and cannot stand alone.

| Connaissez-vous **les parents de Thomas?** | *Do you know Thomas's parents?* |
| Non, mais je connais **leur maison.** | *No, but I'm familiar with their house.* |

NOTE In the passé composé, **connaître** denotes a first meeting.

J'**ai connu** Robert en janvier.   *I met Robert in January.*

> **Review the direct object pronouns on p. 228.**

C. Les pronoms objets directs (suite)

Connais-tu Christelle?	*Do you know Christelle?*
Non, je ne **la** connais pas personnellement.	*No, I don't know her personally.*
Est-ce qu'elle **te** connaît?	*Does she know you?*
Non, elle ne **me** connaît pas.	*No, she doesn't know me.*
Tu **nous** invites chez toi?	*Are you inviting us to your house?*
Non, ce soir je ne peux pas **vous** inviter.	*No, tonight I can't invite you.*
As-tu acheté ton livre?	*Did you buy your book?*
Je **l'**ai acheté mais je ne **l'**ai pas encore lu.	*I bought it but I haven't read it yet.*

> **See Appendix C to review the meaning of grammatical terms.**

Pronoms objets directs

singulier		pluriel	
me (m')	*me*	**nous**	*us*
te (t')	*you*	**vous**	*you*
le (l')	*him; it*	**les**	*them*
la (l')	*her; it*		

- Remember that object pronouns are placed directly in front of the verb.

Aimes-tu *les sandwichs*?	Oui, je **les** aime.
Connais-tu *ma mère*?	Non, je ne **la** connais pas.

- When used with a verb followed by an infinitive, direct object pronouns are put directly in front of the verb to which they are related (usually the infinitive).

Pascale veut **me** connaître?	Oui, elle veut **vous** connaître.
Je vais demander *l'addition*.	Je vais **la** demander.
Nous ne pouvons pas regarder *la télévision*.	Nous ne pouvons pas **la** regarder.
J'ai envie d'écouter *la radio*.	J'ai envie de **l'**écouter.

- Direct object pronouns can be used with **voici** and **voilà.**

Où est Robert? **Le** voilà!	*Where is Robert? There he is!*
Vous venez? **Nous** voilà!	*Are you coming? Here we are.*

- In the passé composé, object pronouns are placed directly in front of the auxiliary verb.

Marc a acheté *son livre*?	Oui, il **l'**a acheté.
As-tu aimé *le film*?	Non, je ne **l'**ai pas aimé.

Buts communicatifs • *deux cent soixante-dix-neuf* **279**

> **FOR RECOGNITION ONLY**
>
> The past participle agrees in gender and number with a *preceding* direct object.
>
> Tu n'as pas **écouté** *la radio*.
>
> *But:* Tu ne *l'*as pas écouté**e**.
>
> Nous avons **attendu** nos amis.
>
> *But:* Nous *les* avons attendu**s**.

5 **C'est vrai?** D'abord utilisez le verbe **connaître** pour faire des phrases à la forme affirmative. Ensuite utilisez un pronom objet dans une deuxième phrase pour dire si c'est vrai ou faux.

MODÈLE: je / la rue Bourbon
**Je connais la rue Bourbon.
C'est faux. Je ne la connais pas.**
ou
C'est vrai. Je la connais.

1. nos parents / notre professeur de français
2. notre professeur de français / nos parents
3. nous / l'avenue des Champs-Élysées
4. je / les amis de mes parents
5. mon ami(e) ... / le musée du Louvre
6. les étudiants / le (la) président(e) de l'université

6 **Qui les connaît?** Interviewez un(e) partenaire. Utilisez le verbe **connaître**. Employez un pronom objet dans votre réponse.

MODÈLES: tu / mes amis
VOUS: **Est-ce que tu connais mes amis?**
VOTRE PARTENAIRE: **Oui, je les connais.** ou
Non, je ne les connais pas.

tes amis / me
VOUS: **Est-ce que tes amis me connaissent?**
VOTRE PARTENAIRE: **Oui, ils te connaissent.** ou
Non, ils ne te connaissent pas.

1. tu / mes parents
2. tes parents / me
3. tes amis / le professeur de français
4. le professeur de français / tes amis
5. tu / les autres étudiants de notre cours de français
6. les autres étudiants de notre cours de français / te
7. le (la) président(e) de notre université / nous
8. nous / le (la) président(e) de notre université

Réalités culturelles

Le français en Louisiane

Le français est la deuxième langue officielle de l'état de Louisiane et 21 pour cent de la population (899.000 personnes) se déclare d'ascendance française, dont 600.000 personnes d'origine acadienne. C'est du mot «acadien» qu'est venu le mot «cajun», pour désigner les francophones de la Louisiane. En plus, la Louisiane est le seul état américain qui utilise le Code Napoléon, le système légal créé par Napoléon 1er et utilisé au dix-neuvième siècle dans la plupart des pays d'Europe et d'Amérique latine. Grâce à son héritage français et catholique, la Louisiane est aussi le seul état divisé en paroisses au lieu de comtés. À La Nouvelle-Orléans, la fête du mardi gras est un exemple célèbre des origines françaises de la ville.

Quelques dates

- 1682 Robert de la Salle descend le Mississippi et donne à cette région le nom de Louisiane en l'honneur du roi, Louis XIV.
- 1698 Des colons et de nombreux soldats arrivent de France.
- 1719 Environ 500 esclaves arrivent d'Afrique. Aujourd'hui, 31 pour cent de la population de cet état est afro-américain.
- 1755 Les Acadiens sont déportés de la Nouvelle-Écosse par les Anglais parce qu'ils refusent de prêter serment de fidélité au roi d'Angleterre. C'est ce qu'on appelle le Grand Dérangement.
- 1803 Napoléon Bonaparte vend la Louisiane aux États-Unis pour 15 millions de dollars.
- 1812 La Louisiane devient un état.

Vocabulaire: colons *colonists,* comtés *counties,* esclaves *slaves,* paroisses *parishes,* prêter serment *to swear an oath,* roi *king*

---

7 **Pourquoi ou pourquoi pas?** Répondez en utilisant un pronom objet direct. Ensuite expliquez votre réponse.

MODÈLES: Aimez-vous étudier le français?
Oui, j'aime l'étudier parce que j'ai envie de le parler.

Voulez-vous faire la vaisselle?
Non, je ne veux pas la faire parce que c'est ennuyeux.

1. Aimez-vous faire les courses?
2. Allez-vous regarder la télévision ce soir?
3. Voulez-vous connaître la ville de Shreveport?
4. Pouvez-vous chanter *la Marseillaise*?
5. Préférez-vous faire vos devoirs à la bibliothèque?
6. Comprenez-vous l'espagnol?
7. Me comprenez-vous?

Buts communicatifs • *deux cent quatre-vingt-un* **281**

8 **Une devinette** *(A riddle).* À quoi correspond le pronom? Devinez!

MODÈLE: On le trouve dans la classe de français.
On trouve le livre de français dans la classe de français. ou
On trouve Mike dans la classe de français.

1. On le prend le matin.
2. On la regarde quelquefois.
3. On l'écoute souvent.
4. On peut les faire à la bibliothèque.
5. On le lit pour préparer ce cours.
6. On aime le parler avec le professeur.
7. Les étudiants l'adorent.
8. On la fait après le dîner.
9. On les achète à la librairie.

ENTRE AMIS

Tu connais … ?

Your partner should use an object pronoun whenever possible.

1. Ask if your partner knows a specific TV program. (Pick one that's on TV tonight.)
2. Find out if s/he is going to watch it this evening.
3. Ask if your partner is going to do the French homework this evening.
4. Depending on the answer, ask why or why not.
5. Inquire if s/he watches TV while s/he does homework.
6. Tell what you are going to do tonight. Explain why.

3. Giving Orders and Advice

Quelqu'un parle au chauffeur°: *driver*

Démarrez!
Changez de vitesse!
Continuez tout droit!
Prenez à droite!
Arrêtez-vous au stop!
Reculez!° *Back up!*
Faites attention aux voitures!

Le chauffeur répond:

Taisez-vous!° *Keep quiet!*

Taisez-vous is the **vous** form of the imperative **tais-toi**, used on p. 271.

▶ **Et vous?** Parlez au chauffeur!

D. L'impératif (suite)

Fais attention!	*Pay attention!*
Faites attention!	*Pay attention!*
Faisons attention!	*Let's pay attention!*
Ne sors pas!	*Don't go out!*
Ne sortez pas!	*Don't go out!*
Ne sortons pas!	*Let's not go out!*

Review the imperative on p. 141.

■ The imperative is used to give commands and to make suggestions. The forms are usually the same as the present tense for **tu, vous,** and **nous.**

■ **Être** and **avoir** have irregular imperatives:

être	avoir
sois	aie
soyez	ayez
soyons	ayons

Sois gentil!	*Be nice!*
Soyons sérieux!	*Let's be serious!*
Ayez pitié de nous!	*Have pity on us!*
N'**aie** pas peur!	*Don't be afraid!*

9 **Le pauvre professeur.** Les étudiants refusent de faire ce qu'il veut. Utilisez **Mais je ne veux pas ...** et répondez.

MODÈLE: Écoutez!
Mais je ne veux pas écouter.

1. Allez en classe!
2. Prenez ce livre!
3. Écrivez votre dissertation!
4. Lisez ce roman!
5. Parlez à votre professeur!
6. Soyez raisonnable!
7. Arrêtez de parler!
8. Ayez pitié de vos professeurs!
9. Faites attention!
10. Sortez de cette classe!

10 **Un père exaspéré.** Michel trouve que sa fille n'est pas raisonnable. Il décide que sa fille peut faire ce qu'elle veut.

MODÈLE: Je veux aller au cinéma.
Alors, va au cinéma!

Remember that the final -s is omitted from the tu form of the imperative if the infinitive ends in -er.

1. Je ne peux rien manger.
2. Je ne veux pas faire la vaisselle.
3. Je veux regarder la télévision.
4. Je ne veux pas étudier.
5. Je ne peux pas écrire de rédaction.
6. Je ne veux pas avoir de bonnes notes en français.
7. Je ne veux pas être raisonnable.

11 Des touristes. Vous aidez des touristes francophones près de votre campus. Répondez et expliquez aux touristes où il faut aller.

MODÈLE: Où est le centre commercial, s'il vous plaît?
Prenez la rue Main. Ensuite tournez à gauche dans la rue Madison.

1. Pouvez-vous me dire où je peux trouver un supermarché?
2. Je voudrais trouver une pharmacie, s'il vous plaît.
3. Y a-t-il un bureau de poste dans cette ville?
4. Y a-t-il un arrêt d'autobus près d'ici?
5. Où sont les toilettes, s'il vous plaît?
6. Connaissez-vous un restaurant près d'ici?

E. Les pronoms à l'impératif

Allez-y and Vas-y are often used to mean Go ahead.

- In an affirmative sentence, an object pronoun follows the imperative.

Je peux prendre la voiture?	**Prends-la!**	**Prenez-la!**
Je veux acheter ce livre.	**Achète-le!**	**Achetez-le!**
Je vais porter ces chaussures.	**Porte-les!**	**Portez-les!**
Je vais au cinéma.	**Vas-y!**	**Allez-y!**
Je m'amuse bien.	**Amuse-toi!**	**Amusez-vous!**
Je me lève.	**Lève-toi!**	**Levez-vous!**

While the final -s of the tu form of verbs that end in -er is dropped in the imperative (see p. 141), it is retained when it is followed by a pronoun beginning with a vowel: Vas-y!

NOTE Used after a verb, **me** and **te** become **moi** and **toi**.

Regardez-**moi**! *Look at me!*   Écoute-**moi**!   *Listen to me!*

- If the sentence is negative, the object pronoun precedes the verb.

Je ne veux pas acheter ce livre.	**Ne l'achète pas!**	**Ne l'achetez pas!**
Je ne veux pas porter ces chaussures.	**Ne les porte pas!**	**Ne les portez pas!**
Vous me regardez tout le temps.	**Ne me regarde pas!**	**Ne me regardez pas!**
Je ne veux pas aller au cinéma.	**N'y va pas!**	**N'y allez pas!**
Je ne me lève pas.	**Ne te lève pas!**	**Ne vous levez pas!**

12 La voix de ma conscience (*The voice of my conscience*). Qu'est-ce que votre conscience vous dit de faire ou de ne pas faire? Utilisez un pronom objet avec l'impératif.

MODÈLE: Je vais manger ces bonbons.   **Mange-les!**   ou
Ne les mange pas!

*Votre conscience est une bonne amie. Alors, quand elle vous parle, elle utilise **tu**.*

1. Je ne vais pas faire mes devoirs.
2. Je veux prendre la voiture de mon ami(e).
3. Je ne veux pas attacher ma ceinture de sécurité.
4. Je vais boire cette bouteille de vin.
5. Je veux acheter ces vêtements.
6. Je veux faire la sieste.
7. Je ne veux pas me lever pour aller au cours.
8. Je vais regarder la télévision.
9. Je peux aller au cinéma?
10. Je vais m'amuser ce soir.

F. Les nombres ordinaux

Prends la **première** rue à gauche.
C'est la **deuxième** fois que je viens en France.
Elle habite dans la **quatrième** maison.
Victor Hugo est né au **dix-neuvième** siècle *(century)*.

■ To form most ordinal numbers, one simply adds **-ième** to the cardinal number. The abbreviated form is a numeral followed by a raised **e**.

deux ⟶ **deuxième** 2ᵉ
trois ⟶ **troisième** 3ᵉ

■ There are a few exceptions.

> For cardinal numbers such as **vingt et un,** the ordinal number is formed according to the normal rule: **vingt et un → vingt et unième (21ᵉ).**

1. The ordinal number for **un (une)** is **premier (première).** It is the only ordinal number whose ending is altered to show gender agreement with the noun it modifies.

   un (une) ⟶ **premier (première)** 1ᵉʳ (1ʳᵉ)

2. **Cinq** and numbers built on **cinq** add a **-u-** before the ending.

   cinq ⟶ **cin*u*ième** 5ᵉ

3. **Neuf** and numbers built on **neuf** change the **-f-** to **-v-** before the ending.

   neuf ⟶ **neu*v*ième** 9ᵉ

4. Cardinal numbers ending in **-e** drop the **-e** before the ending.

   quatre ⟶ **quatrième** 4ᵉ
   onze ⟶ **onzième** 11ᵉ
   douze ⟶ **douzième** 12ᵉ

■ In dates, **le premier** is used, as in English, to express the meaning *the first,* but the cardinal numbers are used for the rest of the days in the month.

le **premier** mai   *But:* le **deux** mai, le **trois** mai

> Remember that **Premier** agrees in the feminine: Elizabeth **Première.**

■ This is also true when talking about monarchs. **Premier (Première)** is used for *the First,* but the cardinal numbers are used thereafter. Note that the definite article is not used in French.

François **Premier**   *But:* Henri **Quatre**

13 Prononcez et écrivez. Lisez ces expressions et écrivez en toutes lettres.

MODÈLE: le 21ᵉ siècle
le vingt et unième siècle

1. Henri Iᵉʳ
2. la 2ᵉ année consécutive
3. la 3ᵉ fois
4. le 1ᵉʳ mois de l'année
5. Louis XV
6. la 6ᵉ fois
7. le 20ᵉ siècle
8. la 1ʳᵉ rue à droite
9. le 25 décembre

14 Le calendrier. Répondez.

MODÈLE: Quelle est la date de Noël?
C'est le vingt-cinq décembre.

Review days, p. 134, and months, p. 198.

1. Quelle est la date d'aujourd'hui?
2. Quelle est la date du Jour de l'An?
3. Quelles sont les dates de votre fête nationale et de la fête nationale française?
4. Quelle est la date de votre anniversaire?
5. Quelle est la date de l'anniversaire de mariage de vos parents?
6. Quel est le troisième mois de l'année?
7. Quel est le dernier jour de l'année?
8. Quel est le cinquième jour de la semaine en France?
9. Quel est le cinquième jour de la semaine pour vous?

ENTRE AMIS

Excusez-moi de vous déranger.

You are visiting a French-speaking city.

1. Stop a native and explain that you don't know the city.
2. Ask for directions to a good restaurant, a good hotel, and a post office.
3. Be sure to thank the native properly.

4. Describing Ways of Doing Things

À quelle vitesse conduisez-vous?

Moi, je conduis ...
    comme un escargot°.   *like a snail*
    lentement.
    tranquillement°.   *calmly*
    prudemment°.   *prudently*
    vite.
    à toute vitesse°.   *at top speed*
    comme un fou (une folle)°.   *like a crazy person*

▶ **Et vous?**
Comment est-ce que vous conduisez?
Comment est-ce que vos amis conduisent?

Il y a un geste

À toute vitesse. A closed fist is held at chest level and moved horizontally away from the body and back in a few rapid motions. This suggests a rapid speed. It may also be used to describe someone who has a "hard-driving" personality.

G. Le verbe *conduire*

Est-ce que tu as peur de **conduire**?
Je conduis très souvent.
Hier, **nous avons conduit** une voiture de sport.

conduire *(to drive)*	
je	**conduis**
tu	**conduis**
il/elle/on	**conduit**
nous	**conduisons**
vous	**conduisez**
ils/elles	**conduisent**

passé composé: j'**ai conduit**

■ The verb **conduire** is not used to tell that you drive to a destination. It is used alone or with adverbs or direct objects. To tell *where* you are driving, use **aller en voiture**.

    Il **conduit** une Ford.   *He drives a Ford.*

But: Il **va** en Louisiane **en voiture**.   *He is driving to Louisiana.*

15 **Comment ces gens conduisent-ils?** Votre partenaire va vous poser des questions. Répondez. Si vous ne savez pas, inventez une réponse.

MODÈLE: votre tante
    VOTRE PARTENAIRE: Comment votre tante conduit-elle?
    VOUS: Ma tante conduit à toute vitesse.

1. les étudiants de cette université
2. le professeur de français
3. les professeurs (en général)
4. les femmes
5. les hommes
6. les Français
7. les Américains
8. votre meilleur(e) ami(e)
9. vous

> Consult Appendix C to review the distinction between an adjective and an adverb.

H. Les adverbes

■ While there are exceptions, most French adverbs end in **-ment**.

Avance **lentement!**

Tu vas trop **rapidement.**

■ If the masculine singular form of the adjective ends in a consonant, **-ment** is added to the feminine form.

premier (première)	→	**premièrement**	*first*
sérieux (sérieuse)	→	**sérieusement**	*seriously*
attentif (attentive)	→	**attentivement**	*attentively*
personnel (personnelle)	→	**personnellement**	*personally*

■ The suffix **-ment** is added to the masculine singular form of an adjective if it ends in a vowel.

vrai	→	**vraiment**	*truly*
facile	→	**facilement**	*easily*
absolu	→	**absolument**	*absolutely*

EXCEPTION — fou (folle) → **follement** *crazily*

■ For masculine adjectives ending in **-ant** or **-ent**, the adverbs will end in **-amment** or **-emment** respectively. The first vowel in both spellings is pronounced [a].

constant	→	**constamment**	*constantly*
patient	→	**patiemment**	*patiently*
prudent	→	**prudemment**	*prudently*

■ Several of the most common adverbs are completely different from their corresponding adjectives.

bon	→	**bien**	*well*	Loïc danse **bien.**
mauvais	→	**mal**	*poorly*	Il chante **mal.**
petit	→	**peu**	*little*	Et il mange très **peu.**

NOTE — **Rapide** has two corresponding adverbs: **rapidement** and **vite**.

16 Tout le monde est chauffeur. Décrivez les chauffeurs suivants. Pour chaque adjectif, faites une phrase avec le verbe **être** et un adjectif, et puis une autre phrase, avec le verbe **conduire** et un adverbe.

MODÈLE: ma tante/lent   **Ma tante est lente. Elle conduit lentement.**

nous (les étudiants)	rapide
mon oncle	sérieux
ma tante	bon
mon père	prudent
ma mère	patient
je	nerveux
le professeur	admirable
les hommes	raisonnable
les femmes	parfait
	tranquille
	attentif
	fou

17 Identification. Identifiez des personnes qui correspondent aux questions suivantes.

MODÈLE: Qui conduit lentement?
Mes parents conduisent lentement. ou
Mon oncle conduit lentement.

1. Qui conduit nerveusement?
2. Qui parle rapidement le français?
3. Qui fait bien la cuisine?
4. Qui parle constamment?
5. Qui apprend facilement les maths?
6. Qui travaille sérieusement?
7. Qui écoute patiemment?
8. Qui étudie attentivement?
9. Qui chante mal?
10. Qui écrit peu?

ENTRE AMIS

Vous êtes journaliste.

Your partner will respond as factually as possible to your questions. However, if s/he doesn't know the answer, s/he should guess.

1. Find out if your partner speaks French.
2. Tell your partner that you are sorry to bother him/her.
3. Explain that you are a reporter for a magazine called *Marie-Claire*.
4. Say that you are studying French teachers.
5. Inquire if your partner knows a French teacher.
6. Ask how French teachers drive, sing, play golf, etc.
7. Verify answers you received by checking with your French teacher.

Intégration

Révision

A **Des indications.** Aidez un(e) touriste francophone qui cherche ...

1. un restaurant
2. un bureau de poste
3. une pharmacie

B **Jacques a dit** *(Simon says).* Faites l'action ou le geste indiqué par le professeur, s'il commence par «Jacques a dit». Si le professeur n'utilise pas l'expression «Jacques a dit», ne faites pas l'action ou le geste décrit.

Frappez à la porte!	Mon œil!	Reculez!
Taisez-vous!	Comme ci, comme ça.	Prenez le volant!
Dites bonjour!	Comptez sur une main!	Conduisez!
Mangez!	Regardez à gauche!	Changez de vitesse!
Buvez!	Regardez à droite!	Asseyez-vous!
Invitez-moi à danser!	Avancez!	

C **Les étudiants sérieux.** Décidez si les étudiants sérieux font ou ne font pas les choses suivantes. Utilisez un pronom objet direct dans chaque réponse.

MODÈLE: regarder la télé pendant des heures
Ils ne la regardent pas pendant des heures.

1. oublier leurs livres dans leur chambre
2. conduire follement la voiture de leurs parents
3. pouvoir facilement apprendre le subjonctif
4. vouloir étudier le français
5. faire toujours leurs devoirs
6. passer la nuit à regarder la télévision

D **Début de rédaction.** Faites une liste d'au moins dix conseils que vous donnez aux chauffeurs prudents.

MODÈLE: **Ne parlez jamais au téléphone portable pendant que vous conduisez.**

E **À vous.** Répondez. Attention, si vous ne pouvez pas conduire, inventez des réponses pour une personne que vous connaissez.

1. Est-ce que vous conduisez prudemment?
2. À quelle vitesse est-ce que vous conduisez d'habitude?
3. Est-ce que vous attachez toujours votre ceinture de sécurité?
4. Est-ce que vous vous arrêtez toujours au stop?
5. Est-ce que vous parlez quelquefois au téléphone portable pendant que vous conduisez?
6. À quel âge avez-vous conduit une voiture pour la première fois?
7. Depuis combien de temps avez-vous votre permis de conduire?

Négociations: **La formule 1.** Interviewez votre partenaire pour trouver les renseignements qui manquent. La copie de votre partenaire est dans l'appendice D.

> MODÈLE: Quelle sorte de véhicule est-ce que mémé conduit?
> Comment conduit-elle?

All of the vehicles in this activity are feminine.

NOTE CULTURELLE

Les francophones ont beaucoup d'expressions, utilisées principalement par les enfants ou par les adultes quand ils parlent aux enfants, pour désigner les membres d'une famille. Pour parler de ses parents on dit **maman** et **papa**. Pour sa grand-mère on dit souvent **mémé** ou **mamie** et pour son grand-père **pépé** ou **papi**. L'oncle et la tante deviennent **tonton** et **tatie** ou **tata**.

A

nom	conduire	comment?	pourquoi comme ça?
Michael Schumacher			C'est un pilote professionnel allemand.
Jacques Villeneuve	Honda	très rapidement	
Alain Prost			C'est un pilote professionnel français.
tonton Paul	Peugeot		Il veut toujours aller vite.
tatie Agnès			Elle apprend à conduire une moto.
papi	Mercedes	comme un escargot	
mémé		prudemment	
vous			
votre partenaire			

Lecture 1

A **Étude du vocabulaire.** Étudiez les phrases suivantes et choisissez les mots anglais qui correspondent aux mots français en caractères gras: *more, convinced, rather, hates, approximately, those, latecomer, less, thus, bother.*

1. Un avion est **plus** rapide qu'un train.
2. L'état de Rhode Island est **moins** grand que le Texas.
3. Notre professeur **exècre** le tabac. Les cigarettes le rendent malade.
4. Pourquoi est-ce que vous me parlez **ainsi**? Qu'est-ce que je vous ai fait?
5. C'est un **retardataire.** Il n'arrive jamais à l'heure.
6. Est-ce que cela vous **dérange** si je fume?
7. **Ceux** qui étudient sont **ceux** qui ont les meilleures notes.
8. Christian chante **plutôt** mal, mais il aime chanter quand même.
9. Il y a **à peu près** trente personnes au restaurant.
10. Je suis **convaincu** que le professeur veut que j'étudie beaucoup.

B **Qu'en pensez-vous?** Quelle est la réputation des Français au volant? Quelle est la réputation des chauffeurs californiens? des chauffeurs new-yorkais? Et vous, comment conduisez-vous?

La France au volant

Il faut se méfier des[1] Français en général, mais sur la route en particulier. Pour un Anglais qui arrive en France, il est indispensable de savoir d'abord qu'il existe deux sortes de Français: les à-pied et les en-voiture. Les à-pied exècrent les en-voiture, et les en-voiture terrorisent les à-pied, les premiers passant instantanément dans le camp des seconds si on leur met un volant entre les mains. (Il en est ainsi au théâtre avec les retardataires qui, après avoir dérangé douze personnes pour s'asseoir, sont les premiers à protester contre ceux qui ont le toupet[2] d'arriver plus tard.)

Les Anglais conduisent plutôt mal, mais prudemment. Les Français conduisent plutôt bien, mais follement. La proportion des accidents est à peu près la même dans les deux pays. Mais je me sens[3] plus tranquille avec des gens qui font mal des choses bien[4] qu'avec ceux qui font bien de mauvaises choses.

Les Anglais (et les Américains) sont depuis longtemps convaincus que la voiture va moins vite que l'avion. Les Français (et la plupart des Latins) semblent encore vouloir prouver le contraire.

Pierre Daninos, *Les Carnets du Major Thompson*

---

1. *watch out for* 2. *nerve* 3. *feel* 4. *do good things poorly*

C **Vrai ou faux?** Décidez si les phrases suivantes sont vraies ou fausses d'après la lecture. Si une phrase est fausse, corrigez-la.

1. Les Français sont dangereux quand ils conduisent.
2. Les Anglais sont de bons conducteurs *(drivers)* mais ils conduisent plutôt vite.
3. En France, ceux qui marchent n'apprécient pas beaucoup ceux qui sont au volant.
4. Ceux qui conduisent adorent les à-pied.
5. Les Anglais ont moins d'accidents que les Français.
6. L'avion va plus vite que la voiture mais les Américains ne le comprennent pas encore.

D Questions. Répondez.

1. Pourquoi dit-on qu'il y a deux sortes de Français?
2. Quelle transformation y a-t-il quand un Français prend le volant?
3. Les retardataires sont-ils hypocrites? Expliquez votre réponse.
4. Quelles différences y a-t-il entre les Anglais et les Français?
5. Qui sont les Latins?
6. Qui sont ceux qui font mal des choses qui sont bonnes?

E Familles de mots. Essayez de deviner le sens des mots suivants.

1. conduire, un conducteur, une conductrice, la conduite
2. exister, l'existence, l'existentialisme
3. retarder, un(e) retardataire, un retard
4. terroriser, un(e) terroriste, le terrorisme, la terreur

Lecture II

A Les voitures françaises. Lisez la lecture suivante et identifiez deux marques *(makes)* de voitures françaises.

AUTOMOBILES	
Vends Renault Espace RN 21 Turbo D, mod 96, 48.000 kms, bleue, climatisée, airbag, radio. Tél. 02.43.81.75.79 ap. 18h.	Vds Renault Twingo, 6 mois, noire, toit ouvrant, bag, 3.200 kms, 10.000€. Tél. 02.43.75.64.98.
Vends Renault 9 GTL, 68.000 kms, 5 vitesses, vitres teintées électriques, gris métallique, direction assistée, toit ouvrant. Tél. 02.41.34.63.23 après 20h.	Vends Laguna ii TD 2.2 RXE 7 cv, janvier 1999, 75.000 km, ABS, climatisation automatique, airbags, direction assistée, vitres électriques avant. Pare-brise athermique. Radio commande au volant. Etat neuf. 20.000€. Tél. 02.41.58.87.18 le soir.
Vds Mercedes C 250 D Élégance 95, 1ᵉ main, 94.000 kms, état neuf, clim, radio (Sony), alarme, radiocommandée, vert métal. Tél. 02.41.64.35.70.	Vds. Citroën C25 Camping car, 145.000 kms. Diesel, bon état moteur. Aménagement intérieur: 9 places assises, table et miroir maquillage, penderies, placards, wc, frigo, groupe électrogène 3.6 kw Honda; store extérieur dépliable. Tél. le soir au 02.41.19.53.66.
VDS R5 pour pièces détachées, roulante mais accidentée, petit prix. Tél. 02.41.32.51.61.	

B Pouvez-vous décider?

1. Quelle est probablement la plus vieille voiture?
2. Quelle voiture est probablement la plus chère?
3. Quelle voiture est probablement la moins chère?
4. Quelle voiture n'est pas française?
5. Dans quelle voiture est-ce qu'on peut dormir confortablement?
6. Quelles voitures sont confortables quand il fait chaud?
7. Quels propriétaires ne sont pas chez eux pendant la journée?

C Une voiture à vendre. Écrivez une petite annonce pour une voiture que vous voulez vendre.

VOCABULAIRE ACTIF

Sur la route
un arrêt (d'autobus) *(bus) stop*
(s')arrêter *to stop*
à toute vitesse *at top speed*
attacher *to attach; to put on*
avancer *to advance*
une ceinture de sécurité *safety belt, seat belt*
changer (de) *to change*
un chauffeur *driver*
comme un fou *like a crazy person*
conduire *to drive*
la conduite *driving*
démarrer *to start a car*
un feu *traffic light*
jusqu'au feu *until the traffic light*
un permis de conduire *driver's license*
reculer *to back up*
un rétroviseur *rearview mirror*
une route *highway*
le sens interdit *one-way street*
un stop *stop sign*
la vitesse *speed*
un volant *steering wheel*

D'autres noms
l'année scolaire *(f.) school year*
un anniversaire de mariage *wedding anniversary*
une boum *party*
un commentaire *commentary*
un conseil *(piece of) advice*
un escargot *snail*
un fou (une folle) *fool; crazy person*
une leçon *lesson*
un match *game*
une patinoire *skating rink*
un(e) propriétaire *owner*
un siècle *century*

Adjectifs
attentif (attentive) *attentive*
constant(e) *constant*
fou (folle) *crazy; mad*
lent(e) *slow*
neuf (neuve) *brand-new*
prêt(e) *ready*
prudent(e) *cautious*
raisonnable *reasonable*
rapide *rapid; fast*
sérieux (sérieuse) *serious*
tranquille *calm*

Verbes
avoir pitié (de qqn.) *to have pity (on s.o.); to feel sorry (for s.o.)*
connaître *to know; be acquainted with; be familiar with*
inviter *to invite*
laisser *to leave; to let*
pouvoir *to be able; to be allowed*
vouloir *to want; to wish*

Adverbes
absolument *absolutely*
constamment *constantly*
follement *in a crazy manner*
lentement *slowly*
patiemment *patiently*
personnellement *personally*
prudemment *prudently*
rapidement *rapidly*
sérieusement *seriously*
si *so*
vite *quickly; fast*

Pronoms objets directs
me *me*
te *you*
le *him; it*
la *her; it*
nous *us*
vous *you*
les *them*

Expressions utiles
C'est promis. *It's a promise.*
Chut! *Shh!*
je veux m'amuser *I want to have fun*
Laisse-moi (Laissez-moi) tranquille! *Leave me alone!*
(mon/ma) chéri(e) *(my) dear, honey*
Mon œil! *My eye!*
ma puce *honey (lit. my flea)*
Plus un mot. *Not one more word.*
Tais-toi! (Taisez-vous!) *Keep quiet!*

Chapitre 11

Comme si c'était hier

Buts communicatifs
Describing conditions and feelings in the past
Setting the scene in the past
Making comparisons

Structures utiles
L'imparfait
Ne ... que
L'imparfait et le passé composé
Le comparatif des adverbes
Le comparatif des adjectifs
Le comparatif (suite)
Le superlatif

Culture

• *À propos*
Les jeunes
Le mariage en France
L'union libre

• *Il y a un geste*
J'en ai assez

• *Lectures*
«La grand-mère Aïda»
Le mariage, oui ou non?

294 *deux cent quatre-vingt-quatorze*

Coup d'envoi

Prise de contact — **Quand vous étiez jeune**

Qu'est-ce que tu faisais° quand tu avais seize ans°, Caroline?   *used to do / were sixteen*

J'allais au lycée°.   *high school*
J'étudiais l'anglais et les mathématiques.
J'habitais une petite maison.
Je sortais quelquefois avec mes amis.
Nous allions au cinéma ensemble.
Mais je n'avais pas encore mon permis de conduire.

▶ **Et vous?**
Qu'est-ce que vous faisiez quand vous aviez seize ans?

Conversation

This and all Conversations are recorded for your convenience on the Student Audio.

L'album de photos

Lori et son amie Denise sont en train de° regarder un album de photos. — in the process of

LORI: C'est une photo de toi?
DENISE: Oui, c'était° au mariage de ma sœur. — it was
LORI: Elle est plus âgée que° toi? — older than
DENISE: Oui, de deux ans.
LORI: Ah! La voilà en robe de mariée°, n'est-ce pas? — wedding dress
Comme elle était belle!° — How beautiful she was!
DENISE: Tu vois° la photo de ce jeune homme en — You see
smoking°? C'est mon beau-frère. — in a tuxedo
LORI: Il avait l'air jeune.
DENISE: Il n'avait que vingt ans.° — He was only twenty.
À mon avis°, il en avait assez de° porter son — In my opinion / he was fed up with
smoking.
LORI: Il faisait chaud?
DENISE: Très! Et il avait déjà porté° son smoking — had already worn
pour le mariage à la mairie°. — town hall
LORI: Quand est-ce que ce mariage a eu lieu°? — took place
DENISE: Il y a deux ans.
LORI: Alors, c'est ton tour°. Quand est-ce que tu — turn
vas épouser° ton petit ami? — marry
(Elles rient.°) — They laugh.
DENISE: Lori, occupe-toi de tes oignons!° — mind your own business!

▶ **Jouez ces rôles.** Répétez la conversation avec votre partenaire. Remplacez «mariage de ma sœur» par «mariage de mon frère». Faites tous les changements nécessaires.

Il y a un geste

J'en ai assez. The right hand is raised near the left temple. The hand is open but bent at a right angle to the wrist. The gesture is made by twisting the wrist so that the hand passes over your forehead, implying that you are "fed up to here."

À propos

Pourquoi le beau-frère avait-il déjà porté son smoking à la mairie?

   a. Il aimait beaucoup porter un smoking.
   b. C'est normal. On porte toujours des vêtements élégants à la mairie.
   c. Il y a eu deux cérémonies de mariage: à la mairie et à l'église.

Les jeunes

High unemployment (recently as high as 12 percent) and the increasing length of their studies have meant that few young adults are able to become financially independent of their families. At age twenty-two, 60 percent of French men and 45 percent of French women are still living with their parents. Very few students, for example, are able to have a part-time job or purchase a car. Fortunately public transportation is widely available and universities are inexpensive.

Le mariage en France

In order to be legally married in France, all couples are wed in a civil ceremony at the town hall. The mayor (**le maire**), or the mayor's representative, performs the ceremony and the couples express their consent by saying **oui**. Many couples choose to have a religious ceremony as well. This takes place at the church, temple, or mosque, after the civil ceremony.

Currently the average age for marriage is approximately 30 for men and 28 for women. (See **Lecture II, «Le Mariage, oui ou non?»**, page 317.) Since after marriage two women out of three continue to work and the birth rate has fallen to 1.8 children per family, attempts have been made by the government to help couples who have children. There are paid maternity (or paternity) leaves, public day care centers, and subsidies to families with more than two children.

Nursery schools accept children as young as two years of age and, if parents wish, will supervise the children, at school, from 7:30 A.M. until 7:00 P.M.

L'union libre

Today in France, an increasing number of couples live together without being married (**l'union libre** or **la cohabitation**), and many unmarried couples have had children. A recent law, the PACS (**le Pacte civil de solidarité**), confers legal status on unmarried couples, both heterosexual and homosexual, who choose to sign a contract guaranteeing them the same rights as married couples.

▶ **À vous.** Répondez.

1. Où habitiez-vous quand vous aviez seize ans?
2. Comment s'appelaient vos amis?
3. À quelle école alliez-vous?
4. Qu'est-ce que vous étudiiez?

ENTRE AMIS

Une vieille photo

1. Show your partner an old photo of a group of people.
2. Tell who the people are.
3. Tell how old each one was in the photo.
4. Describe what they were wearing.
5. Tell where they lived.

Prononciation

Use the Student Audio to help practice pronunciation.

Les sons [i] et [j]

■ Two related sounds in French are the pure vowel sound [i] (as in the English word *teeth*), and the semi-consonant/semi-vowel [j] (as in the English word *yes*). Practice saying the following words after your instructor, paying particular attention to the highlighted sound. As you pronounce the words for one sound, look at how that sound is spelled and in what kinds of letter combinations it appears. What patterns do you notice?

[i]
- il, ici, riz, pizza, politique, aspirine
- suis, fruit, depuis, truite, conduire, juillet
- brie, amie, Sophie
- Sylvie, bicyclette, y

[j]
- marié, janvier, hier, miam, kiosque, national, monsieur, bien
- détail, sommeil, œil, travaille, Marseille, feuille
- gentille, fille, pastille, vanille, juillet
- yeux, essayer, payer

■ The [i] sound is represented by written **-i-** or **-y-** in the following situations:

1. **i** not in combination with another vowel: merci, avril, fille
2. **i** following a **u**: puis, bruit, truite
3. final **-ie**: brie, étudie
4. **-y-** between two consonants: il y va, Sylvie

■ The [j] sound is required in the following circumstances:

1. **i-** before a pronounced vowel in the same syllable: pied, viande, mariage
2. **-il, -ill** after a pronounced vowel in the same syllable: travail, conseiller, œil
3. **-ll** after [i]: fille, juillet

> **EXCEPTIONS:** million, milliard, mille, ville, village, tranquille

4. initial **y-** before a vowel, **-y-** between two vowels: yeux, essayer.

> **NOTE:** Between the sound [i] at the end of one syllable and another vowel at the beginning of the next syllable, [j] is pronounced even though there is no letter representing the sound.
>
> quatrième [ka tRi jɛm]

Listen and repeat:

1. Sylvie, yeux, bicyclette, y, payer
2. télévision, brioche, nuit, addition, cuisine, principal, délicieux, insister, feuille
3. pitié, amie, papier, pièce, prier, pâtisserie, client, habitiez, impatient, oublier
4. milliard, juillet, ville, fille, bouteille, travail, travaille, conseil, allions, vanille, mille, œil, oreille, tranquille, gentil, gentille, million
5. entrions, entriez

Buts communicatifs

1. Describing Conditions and Feelings in the Past

Quand vous étiez jeune, ...

	oui	non
aviez-vous un chien ou un chat?	___	___
étiez-vous souvent malade?	___	___
habitiez-vous une grande ville?	___	___
aviez-vous beaucoup d'amis?	___	___
regardiez-vous beaucoup la télé?	___	___

Que faisiez-vous après l'école?
Comment s'appelaient vos voisins°? *neighbors*
À votre avis, quelle était la meilleure émission° *best program*
 de télé?

Faisiez is pronounced [fəzje]; see also p. 110.

A. L'imparfait

■ You have already been using one past tense, the passé composé, to relate what happened in the past. The imperfect (**l'imparfait**) is a past tense used to describe conditions and feelings and to express habitual actions.

1. Describing conditions

    Ma sœur **était** belle. *My sister was beautiful.*
    Mon beau-frère **avait** l'air jeune. *My brother-in-law seemed young.*
    Léa **portait** une jolie robe. *Léa was wearing a pretty dress.*
    Anne **était** malade. *Anne was sick.*
    Il **pleuvait.** *It was raining.*
    Il y **avait** trois chambres dans notre maison. *There were three bedrooms in our house.*

2. Describing feelings

    Ma sœur **était** nerveuse. *My sister was nervous.*
    Mon beau-frère en **avait** assez. *My brother-in-law was fed up.*
    Je **détestais** les épinards. *I used to hate spinach.*
    Tout le monde **était** heureux. *Everybody was happy.*

3. **Expressing habitual past actions**

Nous **regardions** des dessins animés le samedi.	We used to watch cartoons on Saturday.
À cette époque, Marie **sortait** avec Paul.	Back then, Marie used to go out with Paul.
But: Nous **avons regardé** des dessins animés samedi.	We watched cartoons (last) Saturday. (once, not a repeated event)
Marie **est sortie** avec Paul vendredi dernier.	Marie went out with Paul last Friday. (one day, not habitually)

Review uses of the passé composé, pp. 160–161.

■ To form the imperfect tense, take the **nous** form of the present tense, drop the **-ons** ending, and add the endings **-ais, -ais, -ait, -ions, -iez, -aient**.

jouer (jou̶o̶n̶s̶)

je	jou	ais
tu	jou	ais
il/elle/on	jou	ait
nous	jou	ions
vous	jou	iez
ils/elles	jou	aient

avoir (av̶o̶n̶s̶)

j'	av	ais
tu	av	ais
il/elle/on	av	ait
nous	av	ions
vous	av	iez
ils/elles	av	aient

aller (all̶o̶n̶s̶)

j'	all	ais
tu	all	ais
il/elle/on	all	ait
nous	all	ions
vous	all	iez
ils/elles	all	aient

■ Impersonal expressions also have imperfect tense forms.

infinitive	present	imperfect	
neiger	il neige	**il neigeait**	it was snowing
pleuvoir	il pleut	**il pleuvait**	it was raining
falloir	il faut	**il fallait**	it was necessary
valoir mieux	il vaut mieux	**il valait mieux**	it was better

■ **Être** is the only verb that has an irregular stem: **ét-**. The endings are regular.

J'**étais** malade.

Nous **étions** désolés.

■ The **je, tu, il/elle/on,** and **ils/elles** forms of the imperfect all sound alike because the endings are all pronounced the same.

je **jouais**   tu **jouais**   il **jouait**   elles **jouaient**

■ The **-ions** and **-iez** endings are pronounced as one syllable, with the letter **-i-** pronounced [j].

vous habit**iez**   [a bi tje]

nous all**ions**   [a ljɔ̃]

- You have already learned that if the present tense stem of a verb ends in **-g,** an **-e-** is added before endings beginning with **-o-**. This is also true in other tenses before endings beginning with **-a-** or **-u-**.

    present: nous mang**e**ons

    imperfect: je mang**e**ais   tu mang**e**ais   il mang**e**ait   ils mang**e**aient

    But: nous mangions   vous mangiez

- Similarly, if the stem of a verb ends in **-c,** a **-ç-** is used instead before endings beginning with **-a-, -o-,** or **-u-**.

    present: nous commen**ç**ons

    imperfect: je commen**ç**ais   tu commen**ç**ais   il commen**ç**ait

    But: nous commencions   vous commenciez

I Quand ils étaient jeunes. Qu'est-ce que ces personnes faisaient ou ne faisaient pas quand elles étaient jeunes? Si vous ne savez pas, devinez. Utilisez **et** ou **mais** et la forme négative pour les décrire.

MODÈLE: mes amis / aller à l'école / conduire
Quand mes amis étaient jeunes, ils allaient à l'école mais ils ne conduisaient pas.

1. mes amis / regarder souvent des dessins animés / lire beaucoup
2. nous / aller à l'école / faire toujours nos devoirs
3. je / manger beaucoup de bonbons / avoir souvent mal aux dents
4. je / me coucher tôt / être toujours raisonnable
5. mes amis / jouer souvent aux jeux vidéo / regarder *Pokémon* à la télé
6. le professeur de français / avoir de bonnes notes / aller souvent à la bibliothèque

Les petits Français commencent l'école plus tôt que les petits Américains. Ils peuvent entrer à l'école maternelle à l'âge de deux ans.

2 Ma grand-mère. Transformez le paragraphe suivant à l'imparfait.

Ma grand-mère habite dans une petite maison qui est très jolie et qui a deux chambres. Dans cette région, il pleut souvent et en hiver, quand il neige, on reste à la maison. Ma grand-mère est fragile et elle travaille très peu. Elle est petite et assez vieille. Elle a soixante-quinze ans et elle est seule à la maison depuis la mort de mon grand-père. Mais quand je vais chez elle, nous parlons de beaucoup de choses et quelquefois nous chantons. Elle veut toujours nous préparer quelque chose à manger, mais je fais la cuisine moi-même. Ensuite nous mangeons ensemble. Je l'aime beaucoup et elle m'aime beaucoup aussi.

3 Quand vous aviez quatorze ans. Répondez.

1. Qui était président des États-Unis quand vous aviez quatorze ans?
2. Quelles émissions regardiez-vous à la télé?
3. Quels acteurs et quelles actrices étaient populaires?
4. À quel jeu vidéo est-ce que vous jouiez?
5. Qu'est-ce que vous faisiez le vendredi soir?
6. Qu'est-ce que vous aimiez manger? Qu'est-ce que vous détestiez?
7. Qui faisait la cuisine pour vous?
8. À quelle école alliez-vous?
9. Comment s'appelaient vos voisins?

B. Ne ... que

Sylvie **n'**a **que** dix-huit ans.	*Sylvie is only eighteen.*
Ses parents **n'**ont **qu'**une fille.	*Her parents have only one daughter.*
Il **n'**y a **que** trois personnes dans la famille.	*There are only three people in the family.*

■ **Ne ... que,** a synonym of **seulement,** is used to express a limitation. **Ne** comes before the verb and **que** is placed directly before the expression that it limits.

Il **ne** sort **qu'**avec Renée.	*He goes out only with Renée.*
Il **ne** sort avec Renée **que** le vendredi soir.	*He goes out with Renée on Friday nights only.*

*Review **il y a** + expressions of time, p. 162.*

4 Quel âge avaient-ils il y a cinq ans? Décidez quel âge tout le monde avait il y a cinq ans. Si vous ne savez pas *(If you don't know),* devinez. Utilisez **ne ... que.**

MODÈLE: votre frère
Il y a cinq ans, mon frère n'avait que seize ans.

1. vous
2. votre meilleur(e) ami(e)
3. votre mère ou votre père
4. les étudiants de cette classe
5. votre acteur préféré
6. votre actrice préférée
7. le professeur de français (Imaginez.)

ENTRE AMIS

Quand tu étais enfant.

1. Find out where your partner lived ten years ago.
2. Ask how old s/he was.
3. Ask what s/he did on Saturdays.
4. Find out what her/his school's name was.
5. Ask if s/he had a dog or a cat. If so, find out its name.
6. Find out who his/her neighbors were.

2. Setting the Scene in the Past

Quand vous êtes arrivé(e) sur ce campus pour la première fois …

> c'était en quelle saison?
> c'était quel mois?
> quel âge aviez-vous?
> étiez-vous seul(e) ou avec des amis?
> quel temps faisait-il?
> quels vêtements portiez-vous?

C. L'imparfait et le passé composé

Review the passé composé, pp. 160 & 189–191.

■ The **imparfait** is often used to give background information that "sets the scene" for some other verb in the past. This scene-setting information describes what was going on. It describes the conditions surrounding some other action. If the other verb specifies what *happened*, it is in the **passé composé**.

J'étais en train de faire mes devoirs quand **Alain a téléphoné.**	*I was (busy) doing my homework when Alain telephoned.*
Il était huit heures quand **Renée est arrivée.**	*It was eight o'clock when Renée arrived.*
Jeanne avait quinze ans quand **elle a commencé** à fréquenter les garçons.	*Jeanne was fifteen when she started dating boys.*

■ For weather expressions:

- Use the **imperfect** when the weather sets the scene for another past action.

Il faisait beau quand **nous sommes sortis.**	*It was nice outside when we went out.*
Il pleuvait quand **nous sommes rentrés.**	*It was raining when we got home.*
Il neigeait. Alors **Karine a décidé** de porter ses bottes.	*It was snowing. So Karine decided to wear her boots.*

- Use the **passé composé** when you simply state what the weather was like at a specific time.

Hier, **il a plu** à Paris, mais **il a neigé** dans les montagnes. **Il a fait beau** à Nice.

5 Qu'est-ce qu'elle faisait?
Utilisez les expressions suivantes pour créer des phrases logiques.

MODÈLE: **Léa faisait du ski quand elle est tombée.**

| Léa | être en train d'étudier
regarder la télévision
être en train de lire
conduire
manger
boire
faire la sieste
écrire une lettre
prendre le petit déjeuner
descendre d'une voiture | quand | son fiancé
ses parents
je
elle
nous
ses amis | entrer
partir
arriver
tomber
avoir un accident
perdre patience
téléphoner |

6 Les Lauprête ont fait un voyage.
Quel temps faisait-il? Complétez les phrases suivantes.

MODÈLE: faire du vent / sortir de chez eux
Il faisait du vent quand les Lauprête sont sortis de chez eux.

1. pleuvoir / prendre le taxi
2. faire beau / arriver à l'aéroport
3. faire chaud / monter dans l'avion
4. faire froid / descendre de l'avion
5. neiger / commencer à faire du ski

7 Dernière sortie au restaurant.
Décrivez la dernière fois que vous êtes allé(e) au restaurant.

1. Quel jour est-ce que c'était?
2. Quel temps faisait-il?
3. Quels vêtements portiez-vous?
4. Quelle heure était-il quand vous êtes arrivé(e)?
5. Étiez-vous seul(e)? Si non, qui était avec vous?
6. Environ combien de personnes y avait-il au restaurant?
7. Quelle était la spécialité du restaurant?
8. Comment était le serveur (la serveuse)?
9. Aviez-vous très faim?
10. Qu'est-ce que vous avez commandé?
11. Comment était le repas?

8 Renseignements. Écrivez un petit paragraphe pour chaque numéro. Expliquez les conditions et ce qui est arrivé.

MODÈLE: Quand je suis tombé(e), ...
(Qu'est-ce que vous faisiez? Avec qui étiez-vous? Qu'est-ce que vous avez dit?)
Quand je suis tombé(e), je faisais du ski. J'étais seul(e) et j'ai dit «Aïe!».

1. Quand j'ai trouvé mon ami, ...
   (Qu'est-ce qu'il portait? Où allait-il? Avec qui était-il? Qu'est-ce que vous avez fait?)
2. Quand ma mère a téléphoné, ...
   (Quelle heure était-il? Que faisiez-vous? Qu'est-ce qu'elle voulait? Qu'est-ce que vous avez répondu?)
3. Quand mon cousin (mon ami(e), mon frère, etc.) a eu son accident, ...
   (Où était-il? Qu'est-ce qu'il faisait? Quel âge avait-il? Quel temps faisait-il? Qu'est-ce qu'il a fait après?)
4. Quand je suis entré(e) dans la classe, ...
   (Quelles personnes étaient là? Qu'est-ce qu'elles portaient? Quelle heure était-il? Avec qui avez-vous parlé?)

ENTRE AMIS

Tu t'es bien amusé(e)?

1. Find out when the last time was that your partner went out.
2. Ask where s/he went and what s/he did.
3. Find out what s/he was wearing.
4. Find out what the weather was like.
5. Ask if s/he had fun.
6. Ask at what time s/he got home.
7. Find out if s/he was tired when s/he got home.

3. Making Comparisons

Est-ce que ta vie était différente quand tu avais seize ans, Christine?

Pas vraiment. À cette époque°, je travaillais autant° que maintenant. Et j'étudiais aussi° souvent que maintenant. Mais j'étais plus° active. J'étais moins stressée°, parce que j'avais moins de soucis°.

Back then
as much
as

more
less stressed
fewer worries

▶ Et vous?

Quand vous n'aviez que seize ans, ...

est-ce que vous étudiiez moins que maintenant?
faisiez-vous autant de sport?
aviez-vous plus de temps libre que maintenant?
est-ce que vous aviez moins de soucis?
étiez-vous plus heureux (heureuse) que maintenant?
étiez-vous aussi grand(e)?
sortiez-vous plus souvent que maintenant?

D. Le comparatif des adverbes

■ To make comparisons with adverbs, the French use the expressions **plus** (*more*), **moins** (*less*), and **aussi** (*as*). All comparisons may be followed by **que** (*than, as*) and a second term of comparison. When a personal pronoun is required after **que**, a stressed pronoun must be used.

> Review the forms of stressed pronouns, p. 172.

Anne conduit **plus** lentement **que** Pierre. *Anne drives slower than Pierre.*
Elle conduit **moins** rapidement **que lui**. *She drives less fast than he (does).*
Il chante **aussi** bien **qu'elle**. *He sings as well as she (does).*

■ The comparative forms of the adverb **bien** are **moins bien, aussi bien,** and **mieux**.

Je nage **moins bien** que ma sœur. *I don't swim as well as my sister.*
Mais je danse **mieux** qu'elle. *But I dance better than she (does).*
Elle patine **aussi bien** que moi. *She skates as well as I (do).*

9 Une comparaison. Répondez aux questions suivantes. Si vous ne savez pas la réponse, devinez.

MODÈLE: Qui chante mieux, votre meilleur(e) ami(e) ou vous?
Je chante aussi bien que lui (qu'elle). ou
Il (Elle) chante mieux que moi.

1. Qui conduit plus lentement, votre professeur de français ou vous?
2. Qui fait mieux la cuisine, votre mère ou votre père?
3. Qui travaille moins sérieusement, un bon étudiant ou un mauvais étudiant?
4. Qui danse mieux, les hommes ou les femmes?
5. Qui mange moins rapidement, votre meilleur(e) ami(e) ou vous?
6. Qui sort plus souvent le soir, votre meilleur(e) ami(e) ou vous?

E. Le comparatif des adjectifs

■ You have already learned to use **plus**, **moins**, and **aussi** to make comparisons with adverbs. These words are also used to make comparisons with adjectives.

Haïti est **plus** pauvre que la République dominicaine. *Haiti is poorer than the Dominican Republic.*
Ce pays est **moins** grand que la République dominicaine. *This country is smaller than the Dominican Republic.*
Aïda est **aussi** belle que sa fille. *Aïda is as beautiful as her daughter.*

■ The comparative forms of the adjective **bon(ne)** are **moins bon(ne), aussi bon(ne)**, and **meilleur(e)**.

Denise est **aussi bonne** que sa sœur?	*Is Denise as good as her sister?*
Non, comme étudiante, elle est **moins bonne**.	*No, as a student, she's worse.*
Sa sœur est **meilleure** qu'elle.	*Her sister is better than she (is).*

Synthèse: *bon et bien; mieux et meilleur*

adjectifs		adverbes	
bon(ne)	*good*	**bien**	*well*
meilleur(e)	*better*	**mieux**	*better*

In English, the comparative form of both *good* and *well* is the same word: *better*. In French there is a separate word for each.

Tom est un **meilleur** étudiant.   Tom parle **mieux** le français.
*Tom is a **better** student.*   *Tom speaks French **better**.*

---

10 Est-ce que je suis d'accord avec le professeur? Imaginez l'opinion du professeur. Ensuite donnez votre opinion. Attention aux adjectifs!

MODÈLE: la musique classique / la musique pop / beau
**Le professeur pense que la musique classique est plus belle que la musique pop.
À mon avis, la musique pop est aussi belle que la musique classique.**

1. la statue de la Liberté / la tour Eiffel / beau
2. le fromage français / le fromage américain / bon
3. la télévision / un livre / ennuyeux
4. les devoirs / les vacances / important
5. notre université / l'université de Paris / bon
6. les hommes / les femmes / travailleur

11 Deux frères. Pauvre François! Son frère David fait toujours mieux que lui. Comparez-les.

MODÈLE: François est bon en anglais.
Oui, mais son frère David est meilleur que lui en anglais.

1. François parle bien l'anglais.
2. François a une bonne voiture.
3. François a une bonne note en anglais.
4. François joue bien au tennis.
5. François conduit attentivement.
6. François est un bon étudiant.
7. François chante bien.
8. François est intelligent.

12 **Nos meilleurs amis et nous.** D'abord faites une comparaison entre vous et votre meilleur(e) ami(e). Ensuite encouragez votre partenaire à faire la même chose.

MODÈLE: chanter bien
VOUS: Moi, je chante mieux que mon meilleur ami (ma meilleure amie). Et toi?
VOTRE PARTENAIRE: Moi, je chante moins bien que lui (qu'elle).

1. être bon(ne) en maths
2. parler bien le français
3. être patient(e)
4. conduire bien
5. être un(e) bon(ne) étudiant(e)
6. être grand(e)
7. danser bien
8. être bavard(e)

F. Le comparatif (suite)

■ To compare how much of a particular action people do, the words **plus, moins,** and **autant** (*as much, as many*) are used *after a verb*.

René **parle plus** que son père.	*René talks more than his father.*
Il **parle moins** que sa mère.	*He talks less than his mother.*
Il **parle autant** que moi.	*He talks as much as I (do).*

Review the use of expressions of quantity, Ch. 8, p. 223.

■ To compare how much of something one has, eats, drinks, etc., the expressions **plus de, moins de,** and **autant de** are used *before a noun*.

Haïti a **moins de** touristes que la Martinique.	*Haiti has fewer tourists than Martinique.*
Les Haïtiens ont **plus de** soucis que moi.	*Haitians have more worries than I (do).*
Ils n'ont pas **autant d'**argent que moi.	*They don't have as much money as I (do).*

13 **Une comparaison.** Répondez aux questions suivantes. Si vous ne savez pas la réponse, devinez.

MODÈLE: Qui a plus de soucis, un étudiant ou un professeur?
Un étudiant a plus de soucis qu'un professeur.
ou
Un étudiant a autant de soucis qu'un professeur.

1. Qui a moins d'argent, vous ou vos parents?
2. Qui a plus de responsabilités, un homme ou une femme?
3. Qui a moins de temps libre, un étudiant ou un professeur?
4. Qui a plus de travail, un pilote ou une hôtesse de l'air?

14 **Monique a quinze jours de vacances.** Décidez si Monique a plus, moins ou autant de vacances que les autres.

MODÈLE: Ses parents ont un mois de vacances.
Monique a moins de vacances qu'eux.

NOTE CULTURELLE
Les Français utilisent souvent l'expression **huit jours** comme synonyme d'**une semaine.** De la même manière, on utilise l'expression **quinze jours** à la place de **deux semaines.**

1. Alice a huit jours de vacances.
2. Nous avons deux mois de vacances.
3. Tu as un jour de vacances.
4. Son frère a deux semaines de vacances.
5. Vous avez trente jours de vacances.
6. Je n'ai pas de vacances.
7. Michel et Jean ont trois mois de vacances.
8. Philippe a une semaine de vacances.
9. Ses amies ont quinze jours de vacances.

G. Le superlatif

■ Superlatives normally use the definite article plus the words **plus** or **moins**. They may be used with an expression including **de** (*of, in*) plus a noun to make the extent of the superlative clear.

Mathusalem est la personne **la plus âgée** (**de** la Bible).	*Methuselah is the oldest person (in the Bible).*
Le Rhode Island est **le plus petit** état (**des** États-Unis).	*Rhode Island is the smallest state (in the United States).*
Les Canadiens sont **les meilleurs** joueurs de hockey.	*Canadians are the best hockey players.*

■ With the superlative of an adverb, **le** is always used.

C'est Anne qui danse **le mieux** (de toutes mes amies). *Anne dances the best (of all of my friends).*

■ With a superlative *adjective*, the definite article agrees with the adjective.

le plus petit   la plus petite
le moins grand   la moins grande

les plus petits   les plus petites
les moins grands   les moins grandes

NOTE Superlative adjectives are placed either before or after the noun according to where they would be placed normally.

Review the adjectives that normally precede a noun, Ch. 4, p. 107.

1. If the adjective follows the noun, the definite article must be repeated.

   Haïti est *le pays le plus pauvre* de l'Amérique latine.
   Les romans policiers sont *les romans les plus intéressants.*
   Sandrine est *l'étudiante la moins paresseuse.*

2. If the adjective precedes the noun, only one definite article is used.

   Paris et Lyon sont *les plus grandes villes* de France.
   Le français est *la plus belle langue* du monde.
   C'est *le moins bon restaurant* de la ville.

15 Quelle exagération! Aimez-vous votre cours de français? Exagérez un peu. Utilisez le superlatif dans les phrases suivantes.

MODÈLE: C'est un cours important.
C'est le cours le plus important du monde!

> Try to use other endings besides **du monde.** For instance, **de l'université, des États-Unis,** etc.

1. C'est un cours intéressant.
2. C'est un bon cours.
3. C'est un professeur intelligent.
4. Ce sont des étudiants travailleurs.
5. Ce sont de bons étudiants.
6. Ce sont de belles étudiantes.
7. Ce sont de beaux étudiants.
8. C'est un livre bizarre.

16 Quel est le plus … ? Répondez à ces questions. Si vous ne savez pas, devinez.

MODÈLE: Quel est le plus grand état des États-Unis?
L'Alaska est le plus grand état des États-Unis.

1. Quelle est la plus grande ville des États-Unis? du Canada?
2. Quelle est la plus grande ville francophone du monde après Paris?
3. Qui est la meilleure actrice de votre pays?
4. Quel est le film le plus ennuyeux de cette année?
5. Quelle est la carte Pokémon la plus importante, à votre avis?
6. Qui est la personne la moins âgée de cette classe?
7. Quelle est l'émission de télévision la plus intéressante le jeudi soir?
8. Qui sont les meilleurs joueurs de hockey?

Les Canadiens de Montréal en action

17 Rien que des superlatifs! Donnez votre opinion personnelle. Faites des phrases au superlatif.

MODÈLES: un bon restaurant (de la ville)
Joe's Diner est le meilleur restaurant de la ville.

un sport intéressant (du monde)
Le golf est le sport le plus intéressant du monde.

1. une bonne actrice (de mon pays)
2. un professeur charmant (de cette université)
3. un film ennuyeux (de cette année)
4. un bel acteur (de mon pays)
5. une mauvaise chanson (de cette année)
6. une personne amusante (de ma famille)

18 Microconversation: Tu n'es jamais d'accord *(in agreement)* **avec moi.** Utilisez les expressions suivantes pour compléter la conversation.

Review the gesture for **non**, Ch. 2, p. 30.

MODÈLE: le meilleur restaurant
VOTRE PARTENAIRE: **Quel est le meilleur restaurant de la ville?**
VOUS: **C'est le restaurant qui s'appelle *Chez Tony*.**
VOTRE PARTENAIRE: **Mais non! C'est le plus mauvais restaurant.**
VOUS: **Tu n'es jamais d'accord avec moi!**

1. le meilleur bistro de la ville
2. le cours le plus intéressant de cette université
3. le bâtiment le plus laid de cette université
4. la plus belle ville du pays
5. le meilleur supermarché de la ville
6. le professeur le plus charmant de cette université

ENTRE AMIS

Comparaison des membres d'une famille

1. Find out how many people there are in your partner's family.
2. Find out who is the oldest, the tallest, the shortest, the youngest.
3. Find out who drives the best.
4. Find out who is the most generous, the most stingy.
5. Describe your own family.

Intégration

Révision

A. Quelles différences!

1. Nommez trois choses que vous faisiez quand vous étiez à l'école secondaire et que vous ne faites plus maintenant.
2. Nommez trois différences entre vous et un autre membre de votre famille.
3. Quelles différences y a-t-il entre un chien et un chat?
4. Quelles différences y a-t-il entre un avion et un train?

B. Un sondage *(A poll).* Demandez aux autres étudiants d'identifier …

1. le plus bel homme du monde
2. la plus belle femme du monde
3. le meilleur groupe rock
4. le jeu vidéo le plus difficile
5. le jeu électronique que vous aimez le mieux
6. la meilleure émission de télévision
7. l'émission la moins intéressante
8. le meilleur film
9. le livre le plus intéressant
10. le sport que vous aimez le mieux
11. la personne que vous admirez le plus
12. le moment le plus ennuyeux de votre journée

C. Début de rédaction.
Vous êtes allé(e) à une boum. Faites deux listes.

Dans la première vous devez faire une description à l'aide de *l'imparfait.* Indiquez la date et l'endroit; décrivez les vêtements, etc. (C'était quel jour? Où se trouvait la boum? Que portiez-vous? Qui était là?)

Dans l'autre liste, vous devez utiliser *le passé composé.*
Expliquez à quelle heure vous êtes arrivé(e), avec qui vous avez parlé, ce que vous avez mangé et bu, à quelle heure vous êtes parti(e), etc.

D. À vous. Répondez.

1. Quel âge aviez-vous quand vous avez commencé vos études au lycée?
2. Où habitiez-vous à cette époque?
3. Avez-vous changé d'adresse depuis?
4. Combien de personnes y avait-il dans votre famille?
5. Quelle était votre émission de télévision préférée?
6. Comment s'appelait votre meilleur(e) ami(e)?
7. Quelle était la chanson la plus populaire quand vous étiez au lycée?
8. Quel cours aimiez-vous le moins quand vous étiez au lycée? Pourquoi?
9. Écoutiez-vous la radio aussi souvent que maintenant?

Négociations:

Hier et quand j'avais 10 ans. Interviewez autant d'étudiants que possible pour trouver des gens qui répondent *oui* aux questions.

> MODÈLE: Est-ce que tu as beaucoup étudié hier?
> Est-ce que tu étudiais beaucoup quand tu avais dix ans?

> Be careful to choose between the passé composé and the imperfect. No *one* student's initials should be written more than twice.

regarder des dessins animés _____ hier _____ à 10 ans	téléphoner à des amis _____ hier _____ à 10 ans	lire des bandes dessinées _____ hier _____ à 10 ans
parler une autre langue _____ hier _____ à 10 ans	sortir avec des amis _____ hier _____ à 10 ans	nettoyer ta chambre _____ hier _____ à 10 ans
te lever tôt _____ hier _____ à 10 ans	étudier beaucoup _____ hier _____ à 10 ans	aller au cinéma _____ hier _____ à 10 ans
porter un jean _____ hier _____ à 10 ans	t'amuser beaucoup _____ hier _____ à 10 ans	perdre patience _____ hier _____ à 10 ans
te coucher tôt _____ hier _____ à 10 ans	boire du lait _____ hier _____ à 10 ans	faire du sport _____ hier _____ à 10 ans

Réalités culturelles

Haïti

L'esclavage et la colonisation française continuent à marquer la structure sociale d'Haïti. Ce pays, qui était la plus riche des colonies françaises, est devenu un des pays les plus pauvres. Un héros, Toussaint Louverture, a inspiré son peuple et Haïti est devenu, en 1803, la première république des Amériques à pouvoir se libérer de son colonisateur. C'est ainsi que le 1er janvier 2004, jour de la fête nationale, Haïti a pu célébrer le bicentenaire de son indépendance. Mais l'instabilité politique, des rébellions, massacres et dictatures successives déchirent ce pays depuis longtemps. En 1990, une série d'élections démocratiques et l'arrivée au pouvoir d'un prêtre catholique, le père Jean-Bertrand Aristide, ont donné un nouvel espoir aux Haïtiens. Cependant, l'invasion de la drogue, des maladies infectieuses comme le SIDA et la tuberculose, des querelles politiques, la corruption, l'absence d'investisseurs étrangers et un embargo de l'aide financière promise font souffrir gravement ce pays. Le peuple haïtien, accueillant et croyant, mérite notre soutien moral, médical et économique.

Repères: Haïti

Statut politique: république
Superficie: 27.750 km² (équivalente à celle du Maryland)
Population: 8.100.000
Langue officielle: français et créole (depuis 1987); 20% de la population parle français
Religion: catholique, protestant, vaudou
Capitale: Port-au-Prince
Ressources: tourisme, agriculture (bananes, canne à sucre, café, mangues), minéraux (bauxite, magnésium)

Vocabulaire: accueillant *hospitable,* cependant *however,* croyant *faith-filled,* déchirer *to tear apart,* esclavage *slavery,* espoir *hope,* mangues *mangoes,* prêtre *priest,* SIDA *AIDS,* soutien *help*

Lecture 1

A Étude du vocabulaire. Étudiez les phrases suivantes et choisissez les mots anglais qui correspondent aux mots français en caractères gras: *especially, earth, when, rather, beyond, around, full, happiness.*

1. Quel **bonheur lorsque** les étudiants sont en vacances!
2. Elle était fatiguée **au-delà** des limites de ses forces.
3. Les tasses étaient **remplies** de café.
4. Il faisait froid? Non, il faisait **plutôt** chaud.
5. La **terre** de l'Iowa est fertile, **surtout** quand elle est noire.
6. Marc a regardé **autour** de lui pour voir s'il connaissait des gens.

B Parcourez cette sélection. Lisez rapidement la lecture suivante pour trouver un ou deux exemples de l'amour et du courage d'Aïda.

La grand-mère Aïda

*Marie-Célie Agnant est née à Port-au-Prince, en Haïti, mais habite actuellement à Montréal. Dans **La Dot de Sara** (Sara's Dowry) elle raconte l'histoire de quatre générations de femmes haïtiennes.*

Grand-mère Aïda c'était comme la bonne terre. Amoureuse de la vie, généreuse et intelligente. Elle donnait, donnait, la femme Aïda, pour le plaisir de donner, pour l'amour de l'amour, l'amour de la tendresse, pour l'amour sans raison d'aimer, au-delà de la raison et de l'amour, cet amour de la vie pour ce qu'elle est véritablement: trésor, mystère, beauté, bonheur simple dans le tourbillon[1] de l'existence, au milieu des siens[2]: enfants, petits-enfants, nièces et neveux. Aïda, les jupes toujours remplies d'enfants. Et lorsque j'y pense, au fait, qu'avait-elle d'autre, qu'avions-nous d'autre? ...

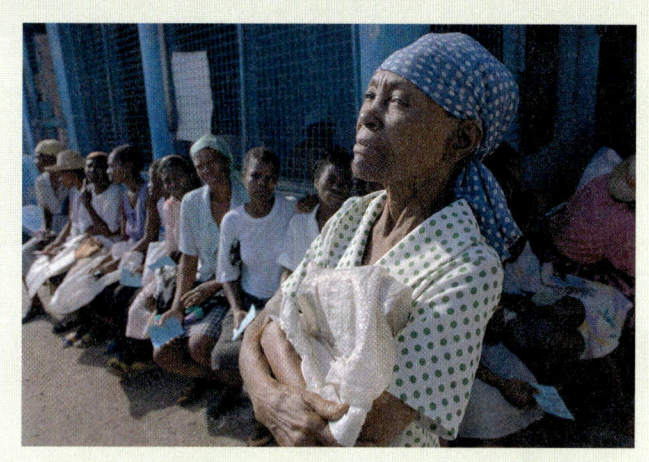

Grand-mère Aïda m'avait élevée au doigt et à la baguette[3], comme cela se faisait dans ce temps-là. Ma mère à moi, Man Clarisse, n'avait pas survécu à ma naissance[4]. Elle avait été emportée par une septicémie[5], dit-on, quelque temps après que je sois née et n'avait jamais voulu révéler le nom de celui qui l'avait mise en mal d'enfant[6]. Elle avait alors vingt ans. Comme tant d'autres, elle avait dû se dire que les enfants, c'est plutôt l'affaire des femmes. Il y avait autour de nous et avec nous cette communauté de commères, matantes et marraines[7], qui étaient pour moi comme autant de mamans. Elle avait tenu[8], grand-mère, à m'envoyer à l'école. À l'époque, c'était un grand pas[9], comme on dit, car les petites filles—et croyez-moi, cela n'a pas beaucoup changé—on les gardait surtout pour aider à la maison, ou à faire marcher le commerce. L'école, lorsqu'on le pouvait, on y envoyait plutôt les futurs messieurs. S'il y avait quelque argent à investir, mieux valait l'employer à garnir la caboche[10] des petits hommes, ceux qui, pensait-on, devaient par la suite sauver la famille de la faim en devenant agronomes[11], avocats, ingénieurs, et peut-être même médecins.

Envoyer les enfants à l'école, c'était, disait-on, comme mettre de l'argent en banque. J'y suis allée, moi, jusqu'à la deuxième année du secondaire, puis à l'école d'économie domestique du bourg, chez madame Souffrant. C'était énorme.

Marie-Célie Agnant, *La Dot de Sara*

---

1. *whirlwind* 2. *surrounded by her family* 3. *had raised me strictly* 4. *hadn't survived my birth*
5. *blood poisoning* 6. *the one who had made her pregnant* 7. *neighbors, aunts and godmothers*
8. *had insisted on* 9. *step* 10. *head* 11. *by becoming agricultural specialists*

C **Vrai ou faux?** Décidez si les phrases suivantes sont vraies ou fausses. Si une phrase est fausse, corrigez-la.

1. La narratrice est la fille d'Aïda.
2. On sait le nom du père de la narratrice.
3. Elle a sans doute appris à faire la cuisine dans une école spécialisée.
4. Sa mère était assez âgée quand elle est morte.
5. Les garçons devaient, plus tard, gagner de l'argent pour la famille.
6. Il était normal que les filles fassent des études.
7. Aïda s'occupait de beaucoup d'enfants.

D **Discussion.** Relisez la lecture et cherchez des exemples ...

1. pour comparer Aïda et les grands-mères que vous avez connues.
2. de généralisations/stéréotypes en ce qui concerne les hommes et les femmes.
3. de ressemblances ou de différences entre la culture haïtienne et la culture de votre pays.

E **Familles de mots.** Essayez de deviner le sens des mots suivants.

1. aimer, l'amour, aimable, amoureux (amoureuse)
2. naître, la naissance, né(e)
3. raisonner, la raison, raisonnable
4. la vérité, véritable, véritablement, vrai(e)

Lecture II

A **Étude du vocabulaire.** Étudiez les phrases suivantes et choisissez les mots anglais qui correspondent aux mots français en caractères gras: *live, birth, leave, out of, single-parent, close relatives, day care center, nanny, make easy.*

1. La **naissance** d'un enfant est une joie pour la famille.
2. Le **congé** de maternité vous permet de rester à la maison pendant plusieurs mois.
3. Les parents cherchent souvent une **crèche** pour garder leur enfant.
4. Il y a aussi des jeunes filles **au pair** qui **vivent** avec la famille.
5. Les enfants bien disciplinés **facilitent** le travail de leurs parents.
6. Les **parents proches** n'ont pas le droit de se marier.
7. Les familles **monoparentales** ne sont pas rares.
8. La machine ne marche pas; elle est **hors** service.

B **Parcourez la lecture.** Lisez rapidement la lecture qui suit pour trouver:

1. trois types de famille
2. les mots français pour *maternity leave, public day care,* et *nursery school*
3. ce que c'est qu'un PACS

Le mariage, oui ou non?

À quel âge se marient-ils? L'âge légal du mariage est fixé à dix-huit ans, et une jeune fille peut se marier à quinze ans avec l'accord de ses parents. Mais les jeunes se marient de plus en plus tard.

	hommes	*femmes*
en 1968	25 ans	23 ans
aujourd'hui	30 ans	28 ans

D'après le Quid

De nouveaux modèles de la famille. Le modèle traditionnel de la famille, avec un couple marié et des enfants issus du mariage, coexiste de plus en plus avec des modèles nouveaux. Avec le développement de la cohabitation il y a une augmentation du nombre des enfants hors mariage: près de 40% des naissances aujourd'hui. Le résultat des divorces (un divorce sur trois mariages en France et un sur deux à Paris) augmente le nombre des familles monoparentales: 9% des enfants vivent avec un seul de leurs parents. Les remariages multiplient les situations où des enfants vivent avec d'autres enfants issus d'un ou de plusieurs mariages précédents: 11% des enfants vivent dans des familles recomposées.

D'après Francoscopie

Si la mère travaille. Il y a, en France, des conditions qui facilitent la situation de la femme qui continue de travailler après la naissance de son enfant. La femme qui travaille peut avoir un congé de maternité où elle est rémunérée à 84% de son salaire. Elle peut rester à la maison pendant seize semaines: six semaines avant la naissance du bébé et dix semaines après. Pour une femme qui a trois enfants ou plus, la période du congé de maternité est plus longue: huit semaines avant et dix-huit semaines après la naissance.

Après son congé de maternité, quand la femme recommence à travailler, elle peut confier son enfant à une crèche collective publique ou choisir une autre solution comme le système des jeunes filles au pair. À deux ans, son enfant peut aller à l'école maternelle où il y a souvent un service de garderie le matin à partir de 7 heures 30 et le soir jusqu'à 19 heures.

Qu'est-ce que le PACS? Le PACS est un contrat conclu entre deux personnes majeures, de sexe différent ou de même sexe, pour organiser leur vie commune. Il crée des droits et obligations pour les partenaires, notamment «une aide mutuelle et matérielle». Deux personnes majeures peuvent signer un PACS, excepté dans les cas suivants :

- entre parents proches
- si l'une est déjà mariée
- si l'une a déjà conclu un PACS avec une autre personne
- si l'une est mineure

D'après www.france.diplomatie.fr et La Civilisation française en évolution II

C Questions. Répondez.

1. Quel est l'âge légal pour le mariage?
2. Y a-t-il des exceptions?
3. Quel est le pourcentage des divorces à Paris?
4. Est-ce que le nombre de familles avec un seul parent augmente ou diminue?
5. Quel pourcentage des enfants n'ont pas de parents mariés?
6. Quelle est la période du congé de maternité pour une femme qui a trois enfants?
7. Quel âge faut-il avoir pour aller à l'école en France?
8. Qui peut signer un PACS?

D Discussions. Relisez la lecture pour trouver les renseignements suivants.

1. the change in family structure in France
2. maternity leave and day care
3. the average age for marriage
4. the legal status of living together without being married

VOCABULAIRE ACTIF

Noms
un chanteur/une chanteuse *singer*
un dessin animé *cartoon*
une émission (de télé) *(TV) program*
une équipe *team*
une hôtesse de l'air *(female) flight attendant*
un lycée *senior high school*
le maire *mayor*
la mairie *town hall*
le mariage *marriage; wedding*
un pilote *pilot*
une responsabilité *responsibility*
une robe de mariée *wedding dress*
un smoking *tuxedo*
un souci *worry; care*
une statue *statue*
un tour *turn, tour*
une tour *tower*
un voisin/une voisine *neighbor*

Pour faire une comparaison
aussi … *as …*
autant *as much*
mieux *better*
moins *less*
plus *more*

Adjectifs
âgé(e) *old*
amusant(e) *amusing, funny; fun*
dangereux (dangereuse) *dangerous*
meilleur(e) *better*
pauvre *poor*
populaire *popular*
préféré(e) *favorite*
sincère *sincere*
stressé(e) *stressed*

Verbes
avoir lieu *to take place*
en avoir assez *to be fed up*
épouser (quelqu'un) *to marry (someone)*
être en train de *to be in the process of*
fréquenter (quelqu'un) *to date (someone)*
neiger *to snow*
pleuvoir *to rain*

Expressions utiles
à cette époque *at that time; back then*
à mon (ton, etc.) avis *in my (your, etc.) opinion*
Comme il (elle) était … ! *How … he (she) was!*
huit jours *one week*
il neigeait *it was snowing*
il pleuvait *it was raining*
j'aime le mieux (le plus) *I like best*
j'aime le moins *I like least*
ne … que *only*
Occupe-toi de tes oignons! *Mind your own business!*
quinze jours *two weeks*
toute la famille *the whole family*
tu vois *you see*

Les réservations

Chapitre 12

Buts communicatifs
Making a request
Making a restaurant or hotel reservation
Making a transportation reservation

Structures utiles
Le verbe **savoir**
Les verbes réguliers en **-ir (-iss-)**
L'adjectif **tout**
Le futur
Le futur avec **si** et **quand**

Culture

• *À propos*
Pour répondre au téléphone
La politesse (rappel)
À l'hôtel
Mince!

• *Il y a un geste*
Qu'est-ce que je vais faire?

• *Lectures*
L'horaire des trains (Paris–Nantes)
Séjours organisés au Sénégal

trois cent dix-neuf **319**

320 *trois cent vingt* • **CHAPITRE 12** Les réservations

Coup d'envoi

Prise de contact **Au restaurant ou à l'hôtel**

Puis-je° réserver une table? *May I*
Pour combien de personnes?
Pour quel jour?
Et pour quelle heure?
À quel nom°, s'il vous plaît? *In what name*

Puis-je réserver une chambre?
Pour combien de personnes?
Pour quelle(s) nuit(s)?
À quel nom, s'il vous plaît?

Conversation

Une réservation par téléphone

Grayson Smith téléphone pour réserver une table pour demain soir dans un restaurant à Angers. Mais le restaurant sera° fermé demain. — *will be*

Mme Dupont: Allô! Ici le restaurant La Pyramide. J'écoute.

M. Smith: Bonjour, Madame. Je voudrais réserver une table pour demain soir.

Mme Dupont: Je regrette, Monsieur. Nous serons fermés demain.

M. Smith: Mince!° Je n'ai pas de chance°! Je ne savais pas° que vous fermiez le mardi. Qu'est-ce que je vais faire? Vous serez ouvert après-demain?° — *Darn it! / luck ; I didn't know ; You will be open the day after tomorrow?*

Mme Dupont: Mais oui, Monsieur.

M. Smith: Bien, alors puis-je réserver une table pour après-demain?

Mme Dupont: Oui, c'est pour combien de personnes?

M. Smith: Cinq. Une table pour cinq personnes.

Mme Dupont: À quel nom, s'il vous plaît?

M. Smith: Au nom de Smith.

Mme Dupont: Pouvez-vous épeler° le nom, s'il vous plaît? — *spell*

M. Smith: S-M-I-T-H.

Mme Dupont: Et pour quelle heure?

M. Smith: Pour huit heures, si possible.

Mme Dupont: Très bien, Monsieur. C'est entendu°. Une table pour cinq pour vingt heures. — *agreed*

M. Smith: Je vous remercie° beaucoup. Au revoir, Madame. — *thank*

Mme Dupont: Au revoir, Monsieur. À mercredi soir.

Review the French alphabet on p. 4.

▶ **Jouez ces rôles.** Répétez la conversation avec votre partenaire. Utilisez vos propres *(own)* noms et demandez une réservation pour neuf heures. Faites tous les changements nécessaires.

Il y a un geste

Qu'est-ce que je vais faire? The mouth is open, with a look of exasperation. An alternate gesture is to expel air through slightly pursed lips.

À propos

Comment dit-on «second floor» en français?

a. le premier étage
b. le deuxième étage
c. le troisième étage

Pourquoi est-ce que Monsieur Smith dit «Mince!»?

a. Il n'est pas gros.
b. Il mange trop et doit maigrir *(lose weight)*.
c. Il regrette que le restaurant ferme le mardi.

Pour répondre au téléphone

Allô is only used, in French, when responding to the phone. Likewise, **J'écoute** *(lit. I'm listening)* and **Qui est à l'appareil?** *(Who is on the phone?)* are appropriate in this context.

La politesse (rappel)

Remember to use **je voudrais,** and not **je veux,** when making a polite request. Respect and politeness will not fail to make a good impression in France. Conversely, impatience and lack of courtesy will be met with similar treatment. Review the polite expressions on p. 10.

À l'hôtel

Most French hotels have private bathrooms, but there are exceptions. It is still possible to find hotels in which the toilet and the showers are located down the hall from the room. However, every room will have a sink of its own.

The first floor of any French building is called **le rez-de-chaussée** and the second floor is **le premier étage.** If your room is **au deuxième étage,** you will need to climb two flights of stairs, not one. In an elevator, you must remember to press **RC** and not **1** if you wish to get to the ground floor.

In order to conserve electricity, many French hotels have installed **minuteries.** These are hall lights that stay lit for only one minute. Unsuspecting tourists are occasionally surprised to have the hall light go off before they can get their door key in the lock.

Mince!

This is one of a number of euphemisms used to avoid another "five-letter word." Other inoffensive expressions used to express disappointment are **zut!** and **flûte!** *(darn, shucks).*

Coup d'envoi • *trois cent vingt-trois* **323**

▶ **À vous.** Vous avez téléphoné à l'hôtel de Champagne pour réserver une chambre. Parlez avec la réceptionniste.

Réceptionniste: Allô! Ici l'hôtel de Champagne.
Vous: _____
Réceptionniste: Ce soir?
Vous: _____
Réceptionniste: Pour combien de personnes?
Vous: _____
Réceptionniste: Et à quel nom?
Vous: _____
Réceptionniste: Épelez le nom, s'il vous plaît.
Vous: _____
Réceptionniste: Très bien. C'est entendu.
Vous: _____

ENTRE AMIS

Vous êtes hôte/hôtesse au restaurant.

You are speaking on the telephone to a customer. Your partner will take the role of the customer.

1. Ask if s/he wants to reserve a table.
2. Find out how many people there are.
3. Find out at what time s/he wishes to dine.
4. Find out his/her name.
5. Find out how to spell the name.
6. Repeat back the information you received.

Prononciation

Les sons [l] et [j]

■ You learned in Chapter 11 that the letter **l** in certain situations is pronounced [j], as in the English word *yes*. However, in many cases it is pronounced [l], as in the French word **la**.

■ While the [l] sound is somewhat close to the sound of **l** in the English word *like*, it is far from that in the English word *bull*. Special attention is therefore necessary when pronouncing [l], especially at the end of a word. To produce the [l] sound, the tongue must be in a curved, convex position. Practice saying the following words:

la   pilote   bleu
quel   elle

Use the Student Audio to help practice pronunciation.

▶ Now practice saying the following words after your instructor, paying particular attention to the highlighted sound. As you pronounce the words for one sound, look at how that sound is spelled and in what kinds of letter combinations it appears. What patterns do you notice?

[j]
- déta**il**, somme**il**, œ**il**, sole**il**, trava**ille**, ore**ille**, feu**ille**, me**ille**ur
- gent**ille**, f**ille**, past**ille**, van**ille**, fam**ille**, céd**ille**, ju**ille**t, b**ille**t

[l]
- **l**e, **l**a, **l**es, **l**'air, **l**à, **l**ycée, **l**aisser, **l**ent, **l**entement, **l**ongue
- pi**l**ote, déso**l**é, faci**l**e, popu**l**aire, fidè**l**e, fo**l**ie, vo**l**ant, épau**l**e, pi**l**u**l**e
- i**l**, ba**l**, posta**l**, que**l**
- p**l**eut, p**l**us, b**l**eu, c**l**ient
- do**ll**ar, inte**ll**igent, a**ll**emand, appe**ll**e, e**ll**e, fo**ll**e, mademoise**ll**e

■ Remember that the [j] sound is required for the letter **l** in the following circumstances:

1. **-il** or **-ill** after a pronounced vowel in the same syllable: trava**il**, conse**ill**er
2. **-ll** after [i]: f**ill**e, ju**ill**et

EXCEPTIONS — m**ill**ion, m**ill**iard, m**ill**e, v**ill**e, tranqu**ill**e, v**ill**age

■ In a few words, the letter **l** is silent: genti**l**, fi**l**s

■ In all other cases, the letter **l** or the combination **ll** is pronounced as [l]—that is, at the beginning or end of a word, between two vowels, or following a consonant.

le   il   pilule   inutile   pleut   dollar

> Be sure to distinguish between **gentil** [ʒɑ̃ti] and **gentille** [ʒɑ̃tij].

▶ **Listen and repeat:**

1. Les lilas sont merveilleux.
2. Il habite dans un village près de Marseille.
3. Le soleil m'a fait mal aux yeux.
4. Aïe! J'ai mal à l'oreille!
5. Ma fille Hélène travaille au lycée.

Buts communicatifs

1. Making a Request

—C'est ici le bureau des renseignements°?   *information*
—Oui.
—Puis-je vous demander quelques renseignements?
—Mais certainement. Allez-y.
—Pourriez-vous me dire° où sont les toilettes?   *Could you tell me*
—Elles sont dans le couloir.
—Pouvez-vous m'indiquer où se trouve la gare?

—Oui, elle est tout près°. Quand vous sortirez, *very near*
 tournez à gauche dans la rue.
—Savez-vous° si le bureau de poste est ouvert toute *Do you know*
 la journée°? *all day long*
—Oui, il reste ouvert. Il ne ferme pas à midi.
—Je voudrais savoir à quelle heure les banques ferment.
—Elles ferment à 17 heures.
—La pharmacie est ouverte jusqu'à quelle heure?
—Jusqu'à 19 heures.
—Merci, vous êtes très aimable.
—De rien.° Je suis là pour ça. *You're welcome.*

> The final **-e** in **Puis-je ...** is silent: [pɥiʒ]. When inverted, **je** does not change before a vowel.

REMARQUE

When asking permission to do something, you may use **Est-ce que je peux ... ?** or **Puis-je ... ?**

Est-ce que je peux conduire? *May I drive?*
Puis-je avoir un verre d'eau? *May I have a glass of water?*

VOCABULAIRE

Pour demander un service

faire une demande	to make a request
poser une question	to ask a question
demander un renseignement	to ask for information
réserver une place	to reserve a seat
louer une voiture	to rent a car
recommander un bon restaurant	to recommend a good restaurant
commander un repas	to order a meal
confirmer un départ	to confirm a departure
vérifier le numéro d'un vol	to check a flight number

I Allez-y! Utilisez la liste suivante pour faire une demande. Votre partenaire va vous donner la permission.

MODÈLE: ask you for information
 VOUS: **Est-ce que je peux vous demander un renseignement, s'il vous plaît?**
 VOTRE PARTENAIRE: **Mais certainement.** ou **Allez-y!**

1. speak with you
2. ask a question
3. ask something
4. read your newspaper
5. have a glass of water
6. order something
7. watch television

2 **Il n'y en a plus** *(There are no more).* Utilisez les listes suivantes pour faire des demandes. Ensuite votre partenaire va expliquer qu'il n'y en a plus.

MODÈLE: VOUS: **Puis-je réserver une table?**
VOTRE PARTENAIRE: **Je regrette. Il n'y a plus de tables.**

	réserver	un journal
	louer	un verre d'eau
	commander	une chambre
puis-je	avoir	un vélo
	acheter	une tasse de café
	demander	une voiture
	boire	une place

> The word **carte** has various meanings depending on the context: **carte postale** *(postcard)*, **jouer aux cartes** *(cards)*, **carte** *(map)* **de France**. In Ch. 13, it will be used in a restaurant setting: **à la carte.**

3 **Microconversation: Pour aller au château de Rigny.**
Utilisez la carte *(map)* suivante pour expliquer quelles routes il faut prendre pour aller des villes indiquées au château de Rigny.

MODÈLE: la route de Paris au château de Rigny
TOURISTE: **Puis-je vous demander un renseignement?**
GUIDE: **Certainement. Allez-y.**
TOURISTE: **Pouvez-vous m'indiquer la route de Paris au château de Rigny?**
GUIDE: **Oui, regardez la carte. Prenez l'autoroute A6 et l'autoroute A38 jusqu'à Dijon et ensuite prenez la départementale D70 jusqu'au château de Rigny.**
TOURISTE: **Je vous remercie. Vous êtes bien aimable.**

> **NOTE CULTURELLE**
> Les routes de France sont marquées **A** pour autoroute, **N** pour route nationale et **D** pour route départementale. On dit, par exemple, **l'autoroute A six, la nationale cinquante-sept** ou **la départementale quatre cent soixante-quinze**. Il faut payer pour utiliser l'autoroute.

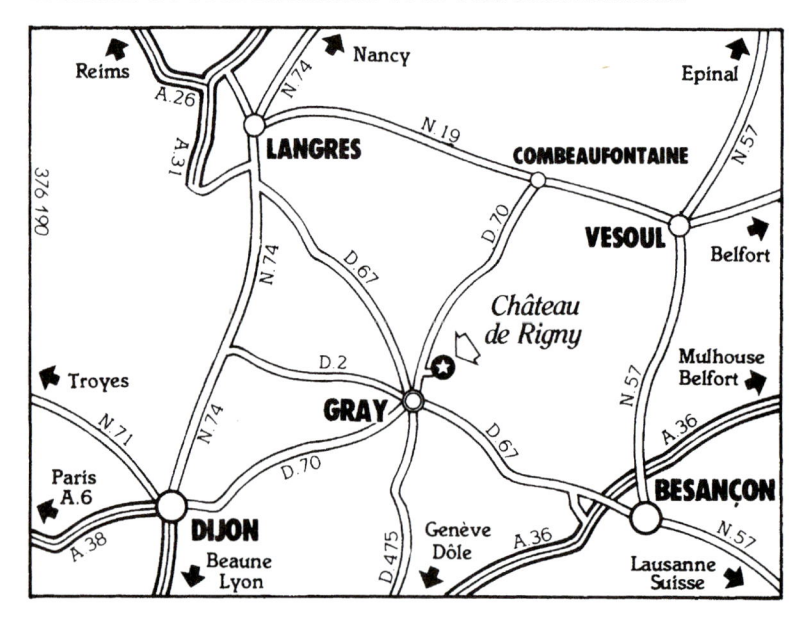

1. la route de Besançon au château de Rigny
2. la route de Langres au château de Rigny
3. la route de Vesoul au château de Rigny
4. la route de Troyes au château de Rigny
5. la route de Belfort au château de Rigny
6. la route de Nancy au château de Rigny

A. Le verbe *savoir*

Cette femme **sait** bien **danser**.	*That woman really knows how to dance.*
Savez-vous **comment** elle s'appelle?	*Do you know her name?*
Je **sais que** son prénom est Sophie.	*I know her first name is Sophie.*
Je ne **sais** pas **si** elle est célibataire.	*I don't know if she is single.*

savoir *(to know)*

je	**sais**	nous	**savons**
tu	**sais**	vous	**savez**
il/elle/on	**sait**	ils/elles	**savent**

passé composé: j'**ai su** *(I found out, I learned)*

■ The verb **savoir** *(to know)* is used to express a skill or knowledge of a fact. It is used alone (**Je sais /Je ne sais pas**), or is followed by an infinitive, by the words **que** *(that)* or **si** *(if, whether),* or by question words such as **où, comment, combien, pourquoi, quand, quel.**

Je ne **savais** pas **que** tu venais.	*I didn't know that you were coming.*
Je ne **savais** pas **si** tu venais.	*I didn't know whether you were coming.*
Je ne **savais** pas **quand** tu venais.	*I didn't know when you were coming.*

NOTE Followed by an infinitive, **savoir** means *to know how (to do something).*

Savez-vous parler espagnol?   *Do you know how to speak Spanish?*

Review the use of **connaître**, Ch. 10, p. 277.

■ The verbs **connaître** and **savoir** are used in different circumstances. Both are used with direct objects, but **connaître** (which means *to know* in the sense of *to be acquainted with, to be familiar with*) is used in general with people and places, while **savoir** is used with facts.

Vous **connaissez** ma sœur?	*Do you know my sister?*
Je ne **sais** pas son nom.	*I don't know her name.*

■ The passé composé of **savoir** means *found out, learned.*

Je l'**ai su** hier.   *I found it out yesterday.*

4 **C'est inutile** *(It's useless).* On suggère que vous demandiez quelques renseignements. Répondez que c'est inutile. Ensuite utilisez le verbe **savoir** pour expliquer pourquoi c'est inutile.

MODÈLE: Demandons à Jacques comment s'appelle cette jeune fille.
C'est inutile! Jacques ne sait pas comment elle s'appelle.

1. Demandons à Jacques si Jeanne va à la boum.
2. Demandons à nos amis où habite le professeur.
3. Demandons au professeur le nom de cette voiture.
4. Demandons à ces personnes quand le film va commencer.
5. Demandons à Jean-Michel où sont les toilettes.
6. Demandons à Françoise la date du concert.
7. Demandons à nos amis pourquoi ils sont déprimés.

5 **Une interview.** Interviewez votre partenaire. Attention aux verbes **savoir** et **connaître**.

MODÈLES: où j'habite
　　　　　　　　VOUS: **Sais-tu où j'habite?**
　　VOTRE PARTENAIRE: **Non, je ne sais pas où tu habites.**　ou
　　　　　　　　　　　Oui, je sais où tu habites.

mes parents
　　　　　　　　VOUS: **Connais-tu mes parents?**
　　VOTRE PARTENAIRE: **Non, je ne les connais pas.**　ou
　　　　　　　　　　　Oui, je les connais.

1. danser le tango
2. quelle heure il est
3. la famille du professeur
4. parler espagnol
5. la ville de Québec
6. mon adresse
7. pourquoi tu étudies le français
8. la différence entre **savoir** et **connaître**

6 **Un petit sketch: À la boum.** Lisez ou jouez le sketch suivant et ensuite répondez aux questions.

Georges parle avec son ami Thomas à la boum. Ils regardent une jeune fille.

GEORGES: Est-ce que tu connais cette jeune fille?
THOMAS: Oui, je la connais, mais je ne sais pas comment elle s'appelle.
GEORGES: Elle est jolie, n'est-ce pas?
THOMAS: Oui. Sais-tu si elle danse bien?
GEORGES: Je ne sais pas mais je vais l'inviter.
THOMAS: Bonne chance!

QUESTIONS (Répondez à l'imparfait):

1. Qui connaissait la jeune fille?
2. Savait-il comment elle s'appelait?
3. Qu'est-ce que Thomas voulait savoir?
4. Qu'est-ce que Georges allait faire?

7 **Vous connaissez ce restaurant?** Complétez les phrases suivantes avec la forme convenable de **savoir** ou de **connaître**.

1. _____-vous s'il y a un bon restaurant près d'ici?
2. Oui, je _____ un restaurant qui est excellent, mais je ne _____ pas s'il est ouvert le mardi.
3. Je vais téléphoner à mon frère. Il _____ bien la ville et il va certainement _____ quel jour le restaurant est fermé. Est-ce que vous _____ mon frère?
4. Je le _____ un peu, mais je ne _____ pas comment il s'appelle.
5. Il s'appelle Paul. Vous _____ où nous habitons, n'est-ce pas?
6. Non, mais je _____ que ce n'est pas loin d'ici.

8 **À vous.** Répondez.

1. Connaissez-vous le président (la présidente) de votre université?
2. Savez-vous comment il (elle) s'appelle?
3. Vos parents savent-ils que vous étudiez le français?
4. Savent-ils à quelle heure vous allez au cours de français?
5. Connaissent-ils vos amis?
6. Vos amis savent-ils faire du ski?
7. Savez-vous s'ils étudient le français?
8. Connaissiez-vous ces amis quand vous étiez au lycée?
9. Est-ce qu'ils savent la date de votre anniversaire?
10. Saviez-vous parler français quand vous étiez au lycée?

ENTRE AMIS

Dans un magasin à Paris

You are a tourist, and your partner is Parisian.

1. Politely get permission to ask a question.
2. Ask if s/he knows how to speak English. (S/he doesn't.)
3. Tell who you are and where you are from.
4. Ask if there is a hotel nearby. (There is.)
5. Get directions to the hotel.
6. Ask if s/he knows if there's a restaurant nearby. (S/he does.)
7. Find out if s/he knows this restaurant well. (S/he does.)
8. Get directions to the restaurant.
9. Say thanks and tell your partner s/he is very kind.

2. Making a Restaurant or Hotel Reservation

Il vous reste° des chambres, s'il vous plaît? — *Do you still have*
   Oui, pour combien de personnes?
   Non, je regrette. Nous sommes complets°. — *full*
Quel est le prix° d'une chambre avec salle de bain? — *price*
   ... euros par nuit.
Est-ce que le petit déjeuner est compris dans le prix de la chambre?
   Oui, tout est compris.
   Non, il y a un supplément° de 3 euros. — *extra charge*
Puis-je demander d'autres serviettes°? — *towels*
   Mais certainement.
   Je regrette. Il n'y en a plus.° — *There are no more.*

VOCABULAIRE

Review the distinction between **les toilettes** and **la salle de bain**, p. 157.

À l'hôtel

une clé	key	une serviette	towel
un couloir	hallway	un supplément	extra charge
une douche	shower	les toilettes	restroom, toilet
le premier étage	second floor		
le rez-de-chaussée	first floor	complet (complète)	full
une salle de bain	bathroom	compris(e)	included

9 **Microconversation: Il vous reste des chambres?** Complétez la conversation avec les détails suivants. Décidez ensuite combien de chambres il vous faut.

MODÈLE: trois personnes / une nuit / 50€ (60€) / p.déj. (4€)
   TOURISTE: **Il vous reste des chambres?**
   HÔTELIER: **Oui, pour combien de personnes?**
   TOURISTE: **Pour trois personnes.**
   HÔTELIER: **Très bien. Pour combien de nuits?**
   TOURISTE: **Pour une seule nuit. Quel est le prix des chambres, s'il vous plaît?**
   HÔTELIER: **Cinquante euros pour une chambre pour une personne ou soixante euros pour une chambre pour deux personnes.**
   TOURISTE: **Est-ce que le petit déjeuner est compris?**
   HÔTELIER: **Non, il y a un supplément de quatre euros.**
   TOURISTE: **Très bien. Je vais prendre une chambre pour une personne et une chambre pour deux personnes.**

1. une personne / deux nuits / 40€ / p.déj. 5€
2. quatre personnes / une semaine / 45€ (60€) / tout compris
3. deux personnes / une nuit / 40€ (50€) / p.déj. 4€
4. vingt-cinq étudiants / un mois / 25€ (30€) / tout compris

10 **Si vous allez à l'hôtel.** Posez des questions. Votre partenaire va donner une réponse appropriée.

MODÈLE: You want to know if there are any rooms left.
VOUS: **Est-ce qu'il vous reste des chambres?** ou
Avez-vous encore des chambres?
VOTRE PARTENAIRE: **Oui, certainement.**

You want to know ...

1. where the toilet is.
2. if there is a bathroom in the room.
3. if there is a shower in the bathroom.
4. if you can have extra towels.
5. how much the room costs.
6. if breakfast is included in the price.
7. at what time you can have breakfast.
8. if there is a television set in the room.

Réalités culturelles

The title **France, mère des arts** comes from a famous poem by the 16th-century poet Joachim du Bellay.

La France, mère des arts

La France est le premier pays touristique du monde. Ce n'est pas seulement dû à la richesse de son passé. C'est aussi grâce au talent de ses écrivains et de ses artistes et au génie de ses hommes et femmes illustres.

Pour certains, la France, c'est les «vieilles pierres», comme on dit. Ce sont des cathédrales comme Chartres, Reims et Notre-Dame de Paris. Il y a ensuite des palais somptueux, comme le château de Versailles, et des châteaux de la Renaissance, comme Chenonceau. Mais il y en a d'autres, plus massifs, qui servaient à la défense et qu'on appelle des châteaux forts, comme Angers.

La France, c'est aussi un pays de plus de mille musées qui contiennent des trésors inestimables d'art, de sculpture et d'objets qui nous renseignent sur l'histoire des peuples du monde entier. Il faut d'abord mentionner, dans ce domaine, le musée du Louvre, un des plus célèbres du monde. Là, on peut admirer des collections d'œuvres qui datent de la naissance des grandes civilisations antiques du bassin méditerranéen jusqu'à la première moitié du dix-neuvième siècle. Viennent ensuite, à Paris, le musée d'Orsay, où on admire l'art de la seconde moitié du dix-neuvième siècle et du début du vingtième, dont les impressionnistes, et le Centre Georges-Pompidou, dit Beaubourg, qui est un musée d'art moderne. En 2004, on a inauguré le musée du quai Branly pour donner aux arts d'Afrique, d'Asie, d'Océanie et des Amériques leur juste place dans les musées français.

Vocabulaire: **forts** *strong,* **génie** *genius,* **grâce à** *thanks to,* **moitié** *half,* **œuvres** *works,* **pierres** *stones*

B. Les verbes réguliers en *-ir (-iss-)*

Qu'est-ce que vous **choisissez?**	*What do you choose?*
J'**ai** déjà **choisi** une pâtisserie.	*I have already chosen a pastry.*
Nous **finissons** à cinq heures.	*We finish at five o'clock.*
Obéis à ta mère!	*Obey your mother!*
Ralentissez, s'il vous plaît.	*Please slow down.*
Avez-vous **réussi** à votre examen?	*Did you pass your test?*

■ You have already learned several French verbs whose infinitives end in **-ir.**

sortir	je sors	nous sortons	ils sortent
partir	je pars	nous partons	ils partent
dormir	je dors	nous dormons	ils dorment

■ There is a larger group of French verbs that also have infinitives ending in **-ir** but that are conjugated differently.

choisir (to choose)

je	chois	is
tu	chois	is
il/elle/on	chois	it
nous	chois	issons
vous	chois	issez
ils/elles	chois	issent

passé composé: j'**ai choisi**

■ Because there are a number of verbs formed in this way, these **-ir** verbs are said to be *regular*. The following verbs are conjugated like **choisir.**

VOCABULAIRE

Quelques verbes réguliers en *-ir (-iss-)*

finir	*to finish*
grossir	*to put on weight*
maigrir	*to take off weight*
obéir (à quelqu'un)	*to obey (someone)*
ralentir	*to slow down*
réussir (à un examen)	*to succeed; to pass (an exam)*

- When used with an infinitive, **finir** and **choisir** are followed by **de,** and **réussir** is followed by **à.**

    Nous **avons fini de** manger. — *We finished eating.*

    Karine **a choisi d'**aller au centre commercial. — *Karine decided to go to the mall.*

    Elle **a réussi à** trouver des desserts délicieux. — *She succeeded in finding delicious desserts.*

- The past participle of regular **-ir (-iss-)** verbs is formed by adding **-i** to the present tense verb stem.

    choisi
    fini
    obéi

*Choisissez une orientation pour votre épargne.
Nos spécialistes feront le reste.*

SOCIETE GENERALE

11 Qu'est-ce qu'ils choisissent d'habitude? Posez la question et votre partenaire va répondre.

Review the partitive article, p. 217.

MODÈLE: tu / pâté ou soupe à l'oignon?
   VOUS: Est-ce que tu choisis du pâté ou de la soupe à l'oignon, d'habitude?
   VOTRE PARTENAIRE: D'habitude je choisis du pâté.

1. tu / crudités, soupe ou pâté?
2. les végétariens / viande ou poisson?
3. les enfants / épinards ou frites?
4. le professeur de français / camembert ou fromage américain?
5. tes amis / glace, fruits, tarte ou gâteau?
6. tu / café ou thé?

12 À vous. Répondez.

1. Est-ce que vous choisissez un dessert d'habitude?
2. Qu'est-ce que vous avez choisi comme dessert la dernière fois que vous avez dîné au restaurant?
3. Qu'est-ce que vos amis choisissent comme dessert?
4. Est-ce que vous avez tendance à grossir?
5. Réussissez-vous à maigrir quand vous voulez?
6. Que peut-on choisir au restaurant si on veut grossir?
7. Que peut-on choisir au restaurant si on veut maigrir?
8. Finissez-vous toujours votre repas?
9. Finissez-vous toujours votre repas quand vous étiez jeune?

C. L'adjectif *tout*

Il y a des toilettes dans **toutes** les chambres.	There are toilets in all the rooms.
Je parle avec mes amis **tous** les jours.	I speak with my friends every day.
Nous regardons la télévision **tous** les soirs.	We watch television every evening.
J'ai passé **toute** la journée à la bibliothèque.	I spent the whole day at the library.
Tout le monde aime dîner au restaurant.	Everybody likes to dine out.

■ **Tout** (*all, every, each, the whole*) is often used as an adjective. In those cases it is usually followed by one of the determiners: **le, un, ce,** or **mon, ton, son, notre, votre, leur.** Both **tout** and the determiner agree with the noun they modify.

	masculin	féminin
singulier	tout	toute
pluriel	tous	toutes

■ In the singular, the meaning of **tout** is usually *the whole* or *all . . . (long).*

toute la journée	*all day (long)*
toute l'année	*all year*
toute la classe	*the whole class*
tout le temps	*all the time*
tout le monde	*everybody* (literally, *the whole world*)

■ In the plural, the meaning of **tout** is usually *all* or *every.*

tous mes amis	*all my friends*
tous les hommes et **toutes** les femmes	*all (the) men and all (the) women*
tous les deux	*both (masc.)*
toutes les deux	*both (fem.)*
toutes ces personnes	*all these people*
toutes sortes de choses	*all sorts of things*
tous les jours	*every day*
toutes les semaines	*every week*
tous les ans	*every year*

■ Only when **tous** is used as a pronoun is the final **-s** pronounced.

Mes amis sont **tous** ici.   [tus]   *My friends are all here.*

13 Toute la famille Jeantet.
Complétez les phrases avec la forme convenable de l'adjectif **tout**.

1. Monsieur et Madame Jeantet parlent anglais, _____ les deux.
2. _____ le monde dit qu'ils sont très gentils.
3. _____ leurs filles ont les yeux bleus.
4. Elles passent _____ leur temps à regarder la télévision.
5. _____ la famille va en Angleterre _____ les ans.
6. Ils achètent _____ sortes de choses.
7. Les filles Jeantet écrivent une carte postale à _____ leurs amis.
8. Elles sont contentes de voyager, _____ les trois.

14 À votre avis.
Ajoutez **tout** et posez une question. Votre partenaire va décider ensuite si la généralisation est vraie ou fausse.

MODÈLE: Les hommes sont beaux.
VOUS: **Est-ce que tous les hommes sont beaux?**
VOTRE PARTENAIRE: **Oui, à mon avis tous les hommes sont beaux.** ou **Non, à mon avis tous les hommes ne sont pas beaux.**

1. Les femmes sont belles.
2. Les repas au restaurant universitaire sont délicieux.
3. Les professeurs sont gentils.
4. Le campus est très beau.
5. Tes amis adorent parler français.
6. Ta famille chante bien.
7. Tes cours sont intéressants.

ENTRE AMIS

La Pyramide

Call the restaurant La Pyramide and ask if the restaurant is open every day. Then make a reservation.

Restaurant LA PYRAMIDE

Cuisine française traditionnelle
Recommandé par les meilleurs guides

Réservation: 02-41-83-15-15

Restaurant non fumeur
Ouvert tous les jours

3. Making a Transportation Reservation

Bonjour, Madame.
    Bonjour, Monsieur. Puis-je avoir un billet° *ticket*
        pour Strasbourg, s'il vous plaît?
Un aller simple°? *one way*
    Oui, un aller simple.
    Non, un aller-retour°. *round trip*
En quelle classe?
    En première.
    En seconde.
Fumeur° ou non fumeur? *Smoking*
    Fumeur.
    Non fumeur.
Quand partirez-vous?° *When will you leave?*
    Tout de suite.° *Right away.*
    Bientôt.
    Dans quelques jours.
Très bien. N'oubliez pas de composter° votre billet. *punch, stamp*

NOTE CULTURELLE
Les billets de train peuvent être utilisés pendant quelques mois. Il est donc nécessaire de composter le billet le jour où on prend le train. Si on oublie de le composter, on peut être obligé de payer une amende (*fine*).

REMARQUE

Second(e) is normally used in place of **deuxième** when there are only two in a series. Note that the **c** is pronounced [g].

Un billet en **seconde** classe, s'il vous plaît.

15 **Microconversation: Nous prenons le train.** Réservez des places dans le train. Complétez la conversation avec les catégories suivantes.

Modèle: 1 / Paris 17 h / ven. / 1re / vous ne fumez pas

    Vous: Puis-je réserver une place?
Employé(e): Dans quel train, s'il vous plaît?
    Vous: Le train pour Paris qui part à 17 heures.
Employé(e): Quel jour, s'il vous plaît?
    Vous: Vendredi.
Employé(e): Et en quelle classe?
    Vous: En première.
Employé(e): Fumeur ou non fumeur?
    Vous: Non fumeur.
Employé(e): Très bien, une place en première classe non fumeur dans le train pour Paris qui part à 17 heures vendredi.

1. 1 / Marseille 11 h / lun. / 2e / vous ne fumez pas
2. 4 / Dijon 18 h / dim. / 2e / vous fumez
3. 15 / Biarritz 8 h / sam. / 2e / vous ne fumez pas
4. 2 / Madrid 23 h / merc. / 1re / vous ne fumez pas

Bonjour, Madame. Puis-je avoir un billet?

D. Le futur

Nous **aurons** notre diplôme en juin.   *We will get our diplomas in June.*
Nous **irons** en France l'été prochain.   *We will go to France next summer.*
Nous **prendrons** l'avion pour Paris.   *We will take the plane to Paris.*
J'espère qu'il ne **pleuvra** pas.   *I hope it won't rain.*
Nous **passerons** une nuit à l'hôtel Ibis.   *We will spend a night at the Ibis Hotel.*

> Review the formation of the near future, Ch. 5, p. 130.

■ You have already learned to express future time by using **aller** plus an infinitive.

    Ils **vont sortir** ensemble.   *They are going to go out together.*

■ Another way to express what will take place is by using the future tense.

    Ils **sortiront** ensemble.   *They will go out together.*

> The future has only three different pronounced endings: [e] **-ai, -ez**; [a] **-as, -a**; and [ɔ̃] **-ons, -ont**.

■ To form the future tense for most verbs, take the infinitive and add the endings **-ai, -as, -a, -ons, -ez, -ont.** For infinitives ending in **-e,** drop the **-e** before adding the endings. Note that the future endings are similar to the present tense of the verb **avoir.**

finir

je	**finir**	ai
tu	**finir**	as
il/elle/on	**finir**	a
nous	**finir**	ons
vous	**finir**	ez
ils/elles	**finir**	ont

vendre

je	**vendr**	ai
tu	**vendr**	as
il/elle/on	**vendr**	a
nous	**vendr**	ons
vous	**vendr**	ez
ils/elles	**vendr**	ont

> Review the formation of **acheter**, Ch. 9, p. 256.

■ Verbs like **acheter** keep their spelling change in the future, even for the **nous** and **vous** forms.

J'achèterai une voiture l'année prochaine.

Nous achèterons une Renault.

Les étudiants **se lèveront** tard pendant les vacances.

■ All future stems end in **-r** and the future endings are always the same. There are, however, a number of verbs with irregular stems.

infinitive	stem	future
être	ser-	je serai
avoir	aur-	j'aurai
faire	fer-	je ferai
aller	ir-	j'irai
venir (devenir)	viendr- (deviendr-)	je viendrai (je deviendrai)
pouvoir	pourr-	je pourrai
savoir	saur-	je saurai
vouloir	voudr-	je voudrai

■ Here are the future forms of two impersonal expressions.

infinitive	present	future
pleuvoir	il pleut	**il pleuvra**
falloir	il faut	**il faudra**

16 **Pendant les vacances.** Qu'est-ce que tout le monde fera? Utilisez le futur au lieu *(in place)* du verbe **aller** plus l'infinitif.

MODÈLE: Nous n'allons pas étudier.   **Nous n'étudierons pas.**

1. Joe va voyager avec ses parents.
2. Ils vont faire un voyage en France.
3. Ils vont visiter le château de Chenonceau.
4. Je vais les accompagner.
5. Nous allons prendre un avion.
6. Nous allons partir bientôt.
7. Une semaine à l'hôtel à Paris va coûter cher.
8. Je vais acheter des souvenirs.
9. Il va falloir que j'achète une autre valise.
10. Il ne va pas pleuvoir.

17 **À vous.** Répondez.

1. Est-ce que vous resterez sur le campus l'été prochain?
2. Est-ce que vous travaillerez? Si oui, où? Si non, pourquoi pas?
3. Est-ce que vous ferez un voyage? Si oui, où?
4. Qu'est-ce que vous lirez?
5. Qu'est-ce que vous regarderez à la télévision?
6. À qui rendrez-vous visite?
7. Sortirez-vous avec des amis? Si oui, où irez-vous probablement?
8. Serez-vous fatigué(e) à la fin des vacances?

E. Le futur avec *si* et *quand*

> The **si**-clause may either precede or follow the main clause.

■ When a main clause containing a *future* tense verb is combined with a clause introduced by **si** *(if)*, the verb in the **si**-clause is in the *present* tense. English works the same way.

Nous ferons un pique-nique demain **s'il fait beau.**
We will have a picnic tomorrow if it is nice out.

Si tu veux, nous sortirons vendredi soir.
If you want, we will go out on Friday night.

Si tu travailles cet été, est-ce que tu gagneras beaucoup d'argent?
If you work this summer, will you earn a lot of money?

■ However, when a main clause with a future tense verb is combined with a clause introduced by **quand,** the verb in the **quand** clause is in the *future*. Be careful not to allow English to influence your choice of verb tense. English uses the present in this case.

> **NOTE LEXICALE**
> Faites attention aux différents sens du mot **gagner.** Ce verbe veut dire *to earn* et *to win.*
>
> Marie a travaillé pour **gagner de l'argent.** *Marie worked to earn money.*
>
> Anne a **gagné à la loterie.** *Anne won the lottery.*

Quand il fera beau, nous ferons un pique-nique.
When it is nice out, we will have a picnic.

Aurez-vous beaucoup d'enfants **quand vous serez marié(e)?**
Will you have a lot of children when you are married?

Quand j'aurai le temps, j'écrirai.
When I have time, I will write.

Quand je gagnerai à la loterie, je ferai un long voyage.
When I win the lottery, I will take a long trip.

Beaucoup d'étudiants feront les vendanges *(grape harvest)* en automne. Ils veulent gagner de l'argent.

18 **Si nous gagnons beaucoup d'argent.** Utilisez **si** avec l'expression **gagner beaucoup d'argent** et complétez les phrases suivantes.

MODÈLE: moi / acheter des vêtements
Si je gagne beaucoup d'argent, j'achèterai des vêtements.

1. mes amis / être très contents
2. le professeur de français / habiter dans un château
3. les étudiants du cours de français / aller en France
4. nous / dîner dans les meilleurs restaurants
5. moi / arrêter de travailler
6. ma meilleure amie / faire un long voyage

19 Quand ferons-nous tout cela? Combien de phrases logiques pouvez-vous faire? Chaque phrase commence par **quand**.

MODÈLE: Quand j'aurai faim, j'irai au restaurant.

| quand | mes amis
je
mon ami(e)
nous
les étudiants | réussir aux examens
avoir faim
avoir un diplôme
être riche(s)
parler bien le français
avoir soif
finir d'étudier
gagner de l'argent | avoir ... ans
boire ...
acheter ...
(ne ... pas) travailler
aller ...
chanter
être fatigué(e)(s)
manger ...
faire un voyage ... |

20 Qu'est-ce que tu feras? Utilisez les expressions suivantes pour interviewer votre partenaire.

MODÈLE: quand / avoir le temps / écrire à tes parents
  VOUS: Quand tu auras le temps, écriras-tu à tes parents?
  VOTRE PARTENAIRE: Oui, quand j'aurai le temps, j'écrirai à mes parents.

1. si / être libre / écrire à tes parents
2. quand / finir tes études / avoir quel âge
3. quand / travailler / gagner beaucoup d'argent
4. si / être marié(e) / faire la cuisine
5. quand / faire la cuisine / préparer des spécialités françaises
6. si / avoir des enfants / être très content(e)
7. quand / parler français / penser à cette classe

21 Un petit sketch: On confirme un départ. Lisez ou jouez le sketch et ensuite répondez aux questions.

Un touriste téléphone à la compagnie Air France.

L'EMPLOYÉ: Allô, Air France. J'écoute.
LE TOURISTE: Bonjour, Monsieur. Je voudrais confirmer un départ, s'il vous plaît.
L'EMPLOYÉ: Très bien, Monsieur. Votre nom, s'il vous plaît?
LE TOURISTE: Paul Schmitdz.
L'EMPLOYÉ: Comment? Pouvez-vous épeler votre nom, s'il vous plaît?
LE TOURISTE: S-C-H-M-I-T-D-Z.
L'EMPLOYÉ: Très bien. Votre jour de départ et le numéro de votre vol?
LE TOURISTE: Mardi prochain, et c'est le vol 307.
L'EMPLOYÉ: Très bien, Monsieur Schmitdz. Votre départ est confirmé.
LE TOURISTE: Merci beaucoup.
L'EMPLOYÉ: À votre service, Monsieur.

QUESTIONS (Répondez au passé.)

1. Pour quelle compagnie l'employé travaillait-il?
2. Quelle était la première question de l'employé?
3. Quand le vol partait-il?
4. Quel était le numéro du vol?

ENTRE AMIS

Confirmez votre départ.

1. Call Air Canada.
2. State that you wish to confirm your departure.
3. Identify yourself and your flight number.
4. Verify the time of departure.
5. Find out at what time you need to arrive at the airport.
6. End the conversation appropriately.

Intégration

Révision

A **Au téléphone.** «Téléphonez» à votre partenaire et jouez les rôles suivants.

1. Réservez une table au restaurant.
2. Réservez une place dans un train.
3. Confirmez un départ en avion.
4. Réservez une chambre d'hôtel.

B **Diseur (diseuse) de bonne aventure** *(fortuneteller).* Écrivez cinq phrases pour prédire l'avenir *(predict the future)* d'un(e) de vos camarades de classe.

MODÈLE: **Tu parleras français comme un Français.**

C **Début de rédaction.** Vous êtes au Sénégal. Faites deux listes: une pour une chambre d'hôtel et une seconde pour une table de restaurant. Dans chaque liste vous devez donner toutes les précisions possibles (au moins 10 pour chaque liste). Par exemple, indiquez la date, l'heure d'arrivée, le nombre de personnes, etc.

D **À vous.** Répondez.

1. En quelle année avez-vous fini vos études au lycée?
2. Saviez-vous déjà parler français?
3. Est-ce que vous réussissiez toujours à vos examens quand vous étiez au lycée?
4. Quand finirez-vous vos études universitaires?
5. Qu'est-ce que vous ferez quand vous aurez votre diplôme?
6. Où irez-vous si vous faites un voyage?
7. Quelles villes visiterez-vous si vous avez le temps?
8. Qui fera le ménage quand vous serez marié(e)?

Négociations: **Savoir ou connaître?** Interviewez autant d'étudiants que possible pour trouver des gens qui répondent **oui** aux questions.

MODÈLE: Est-ce que tu sais conjuguer le verbe *connaître?*

> Be careful when choosing between **savoir** and **connaître**. No one student's initials should be written more than twice.

où se trouve la tour Eiffel	faire du ski	danser la valse
comment s'appelle notre professeur	le prix d'un billet de cinéma	le musée d'Orsay
l'avenue des Champs-Élysées	conduire une moto	tous les étudiants de ce cours
à quelle heure ce cours finit	la musique de Céline Dion	jouer à la pétanque
s'il va faire beau demain	mon (ma) meilleur(e) ami(e)	une famille française
le Premier ministre de France	parler espagnol	conjuguer le verbe **connaître**

Lecture 1

A **Étude du vocabulaire.** Étudiez les phrases suivantes et choisissez les mots anglais qui correspondent aux mots français en caractères gras: *holiday, until, schedule, except, beginning on, run.*

1. J'ai téléphoné à l'aéroport pour savoir l'**horaire** des vols.
2. Nous serons en France **à partir du** 10 juin.
3. Certains trains ne **circulent** pas le week-end.
4. Tout le monde est venu **sauf** Christian. Pourquoi est-ce qu'il n'est pas venu?
5. Le magasin est ouvert **jusqu'à** dix-huit heures.
6. Le quatorze juillet est la **fête** nationale en France.

Intégration • *trois cent quarante-trois* **343**

> **B Parcourez l'horaire.** Lisez rapidement pour trouver le nom de la gare d'Angers et le nombre de trains qui vont de Montparnasse à Angers.

L'horaire des trains (Paris–Nantes)

Numéro de train		3741	3741	8849	8955	8957	13557	86743	6816/7	8859	86745	86745	86745	3789	8863	8967	8869	8975	8879	566/7
Notes à consulter		1	2	3	4	5	6	7	8	9	10	11	12	13	4	14	9	15	16	9
				TGV	TGV	TGV			TGV						TGV	TGV	TGV	TGV	TGV	TGV
Paris-Montparnasse 1-2	D	16.43	16.43	16.50	17.25	17.30			17.50					18.10	18.25	18.40	**18.45**	19.25	19.50	
Massy	D																			21.02
Versailles-Chantiers	D																			
Chartres	D	17.30	17.30																	
Le Mans	A	18.27	18.27	17.44					18.44					19.55		**19.39**				
Le Mans	D			17.46			17.53	18.27	**18.46**	18.54	18.54	19.21	19.57			**19.41**				
Sablé	A						18.16	19.00		19.29	19.29	19.56	20.21			**20.00**				
Angers-St-Laud	A			18.24					19.02	**19.23**		20.02		20.46			**20.21**			22.28
Ancenis	A													21.20			**20.45**			
Nantes	A				19.01	19.27	19.29		19.43	**20.01**				21.39	20.27	20.39	**21.03**	21.27	21.49	**23.04**

Notes :

1. Circule : jusqu'au 3 juil : les ven;les 4, 11, 18 et 25 sept - Départ de Paris Montp 3 Vaug.- 🍽 ♿ assuré certains jours.
2. Circule : du 10 juil au 28 août : les ven- 🍽.
3. Circule : tous les jours sauf les sam, dim et fêtes et sauf le 13 juil - 🍽 ♿.
4. Circule : les ven- 🍽 ♿.
5. Circulation périodique- 🍽 ♿.
6. Circule : les lun, mar, mer, jeu sauf les 8 juin, 13 et 14 juil - 🚲.
7. Circule : tous les jours sauf les sam, dim et fêtes- 🚲.
8. Circule : jusqu'au 3 juil : les ven, dim et fêtes sauf le 7 juin ;Circule du 4 juil au 6 sept : tous les jours;à partir du 11 sept : les ven et dim- 🍽 ♿.
9. 🍽 ♿.
10. Circule : tous les jours sauf les ven, dim et fêtes- 🚲.
11. Circule : les dim et fêtes- 🚲.
12. Circule : les ven- 🚲.
13. Circule : les ven- 🍽.
14. Circule : tous les jours sauf les ven, dim et fêtes;Circule les 7 juin, 12 juil et 15 août - ▫1reCL assuré certains jours- 🍽 ♿.
15. Circule : les ven- ▫1reCL- 🍽 ♿.
16. Circulation périodique- ▫1reCL assuré certains jours- 🍽 ♿.

> **C Questions.** Répondez.
>
> 1. Quel est le train le plus rapide entre Paris-Montparnasse et Angers?
> 2. Quel est le train le moins rapide entre Paris-Montparnasse et Angers? Pourquoi?
> 3. Combien d'arrêts y a-t-il pour ce train?
> 4. Combien de temps le TGV prend-il entre Massy et Angers?
> 5. Quels sont les trains qui offrent des facilités aux handicapés?
> 6. Quels trains ne circulent pas le samedi?
> 7. Si on est au Mans, quels trains peut-on prendre pour Angers?
> 8. Si on part de Paris-Montparnasse, quels trains peut-on prendre si on veut arriver pour dîner à Angers à vingt heures?

Réalités culturelles

Le Sénégal

République indépendante depuis 1960, le Sénégal est situé à l'extrême ouest du continent africain. Ce pays a un climat tropical caractérisé par deux saisons: une saison sèche de novembre à juin et une saison des pluies de juillet à octobre. La grande ville de Dakar, qui compte une population de deux millions, est devenue en 1958 la capitale du Sénégal. Presqu'île située sur la côte atlantique, Dakar est aujourd'hui un véritable carrefour de routes maritimes et aériennes. Tout près de Dakar se trouve l'île de Gorée, de triste mémoire, où on détenait des esclaves avant de les embarquer pour un voyage sans retour.

La population du Sénégal est de 10 millions et représente des ethnies diverses, parmi lesquelles on peut citer les Wolofs, les Peuls, et les Sérers. Le français est la langue officielle, mais on entend parler aussi plusieurs langues nationales, dont le wolof. Quatre-vingt-quatorze pour cent de la population pratiquent l'islam, cinq pour cent le christianisme et un pour cent des religions traditionnelles.

Mais on ne peut pas parler du Sénégal sans parler de son premier président, Léopold Sédar Senghor (1906–2001). Poète, professeur, membre de l'Académie française, Senghor a créé, avec d'autres écrivains comme Aimé Césaire, le mouvement de la francophonie et le mouvement de la négritude.

Vocabulaire: carrefour *crossroads*, esclaves *slaves*, parmi lesquelles *among which*, sèche *dry*

Lecture II

A **Étude du vocabulaire.** Étudiez les phrases suivantes et choisissez les mots anglais qui correspondent aux mots français en caractères gras: *full board, huts, dugout canoe, housing, mattress, bush country, river, water skiing, wind surfing, beach.*

1. Les Sénégalais circulent beaucoup en **pirogue** le long de leurs rivières.
2. Un **fleuve** est une grande rivière qui rejoint la mer.
3. La **brousse** est une région qui se trouve loin des villes.
4. Les habitants des villages africains vivent dans des **cases.**
5. Sur le lac, les plus sportifs peuvent faire du **ski nautique** ou, quand il y a du vent, de la **planche à voile.**
6. L'**hébergement** pendant le séjour peut se faire dans un hôtel ou dans des bungalows près de l'hôtel.
7. À l'hôtel, on peut choisir la **pension complète** ou prendre ses repas dans les restaurants de la ville.
8. En vacances, de nombreux touristes aiment passer leur temps au bord de la mer à la **plage.**
9. Si on ne veut pas avoir mal au dos, il vaut mieux avoir un **matelas** sur son lit.

B **Parcourez la lecture.** Lisez rapidement la lecture pour trouver ...

1. quatre types de transport.
2. cinq endroits à visiter qui se trouvent sur la carte.

Séjours organisés au Sénégal

Brousse et plage

Une semaine: 3 nuits en brousse en pension complète à l'hôtel Le Pélican/4 nuits à l'hôtel Village Club Les Filaos.

L'hôtel Le Pélican à 2 h 30 de Dakar au bord du fleuve Saloum joint le confort aux charmes de la vie africaine. Un site géographique exceptionnel, la province du Siné Saloum est réputée pour la richesse de sa faune et de sa flore.

L'hôtel Village Club Les Filaos se trouve à 73 kilomètres au sud de Dakar, en bordure de plage. Ses bungalows sont entièrement équipés, notamment avec salle de bain et toilettes privées. Restaurants, piscines. Sports et loisirs gratuits: tennis, planche à voile, volley-ball, pétanque. Sports et loisirs payants: ski nautique, excursions.

Le Circuit Cap Vert

Deux semaines. Ce circuit traverse une très belle région du Sénégal, sauvage et peu fréquentée par les touristes: le pays Bassari. Le déplacement se fait en minibus. Ce type de voyage vous fera côtoyer en permanence les habitants du pays et favorisera les contacts avec une population toujours accueillante. Il procure un confort limité. Les voyageurs sont hébergés dans des cases, des écoles ou en bivouac. Un sac de couchage et un petit matelas de mousse sont indispensables. Une réunion de préparation avec votre accompagnateur aura lieu deux à trois semaines avant le départ.

Itinéraire type: Visite de Dakar et de l'île de Gorée, descente en taxi-brousse sur Thiès (visite du marché), Saint-Louis (marché), Mlomp (cases à étages), Elinkine (promenade en pirogue), île de Karabane (baignade), parc de Basse Casamance, Gambie, région du Siné Saloum (promenade en pirogue), Toubakouta, Kaolack, M'Bour-Dakar.

Le prix comprend:

- l'assistance à l'aéroport
- les transports au Sénégal, la nourriture et l'hébergement (petits hôtels, chez l'habitant)
- un accompagnateur
- l'assurance

Le prix ne comprend pas:

- le transport aérien
- les boissons

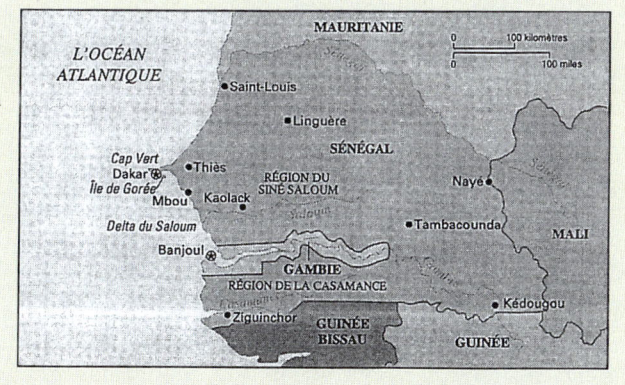

C Vrai ou faux? Décidez si les phrases suivantes sont vraies ou fausses. Si une phrase n'est pas vraie, corrigez-la.

1. L'hôtel Le Pélican se trouve à Dakar.
2. Il y a beaucoup d'animaux et de plantes dans la région du Siné Saloum.
3. Il ne sera pas nécessaire de payer pour faire usage de la planche à voile.
4. Les participants seront hébergés dans des hôtels de luxe pour toute la durée du circuit Cap Vert.
5. Beaucoup de touristes ont déjà fait ce voyage et connaissent le pays Bassari.
6. Il est peu probable qu'on doive passer la nuit dans des cases pendant le circuit.
7. Le voyage en avion est compris dans le prix du circuit.
8. Les repas sont compris dans le prix du circuit, mais pour les boissons il faudra payer un supplément.

D Discussion. Lequel des deux séjours préférez-vous? Expliquez votre réponse.

Practice this vocabulary with the flashcards on the *Entre amis* web site.

VOCABULAIRE ACTIF

Les voyages
un aller-retour *round-trip ticket*
un aller simple *one-way ticket*
l'autoroute (f.) *turnpike, through-way, highway*
un billet *ticket*
une carte *map*
composter (un billet) *to punch (a ticket)*
confirmer (un départ) *to confirm (a departure)*
le départ *departure*
en première *in first class*
en seconde *in second class*
fumeur *smoking (car)*
non fumeur *non-smoking (car)*
ralentir *to slow down*
un renseignement *item of information*
la route *route, way, road*
le vol *flight*

Adjectifs
complet (complète) *full; complete*
inutile *useless*
ouvert(e) *open*
riche *rich*
tout (toute/tous/toutes) *all; every; the whole*

D'autres noms
la chance *luck*
une demande *request*
un diplôme *diploma*
un pique-nique *picnic*

Expressions utiles
Allez-y. *Go ahead.*
Allô! *Hello! (on the phone)*
après-demain *day after tomorrow*
À quel nom ... ? *In whose name ... ?*
avoir tendance à *to tend to*
Comment je vais faire? *What am I going to do?*
De rien *You're welcome*
entendu *agreed; understood; O.K.*
Il n'y en a plus. *There is (are) no more.*
Il vous reste ... ? *Do you still have ... ?*
Mince! *Darn it!*
Pourriez-vous me dire ... ? *Could you tell me ... ?*
Puis-je ... ? *May I ... ?*
tous (toutes) les deux *both*
tout de suite *right away*
tout près *very near*

À l'hôtel
une clé *key*
une douche *shower*
un étage *floor*
le prix *price*
le rez-de-chaussée *ground floor*
une serviette *towel*
un supplément *extra charge; supplement*

Verbes
choisir *to choose*
épeler *to spell*
faire une demande *to make a request*
finir *to finish*
gagner (à la loterie) *to win (the lottery)*
gagner (de l'argent) *to earn (money)*
grossir *to put on weight*
indiquer *to tell; to indicate; to point out*
louer *to rent*
maigrir *to lose weight*
obéir *to obey*
poser une question *to ask a question*
recommander *to recommend*
remercier *to thank*
réussir *to succeed; to pass*
savoir *to know*
vérifier *to check*

Ma journée

Chapitre 13

Buts communicatifs
Describing a table setting
Describing one's day
Describing past activities
Expressing one's will

Structures utiles
Le verbe **mettre**
Les verbes pronominaux (suite)
Les verbes se **promener, s'inquiéter, s'appeler** et **s'asseoir**
Le passé des verbes pronominaux
Le subjonctif

Culture
• *À propos*
Au menu ou à la carte?
Relativité culturelle: L'étiquette à table

• *Il y a un geste*
Il n'y a pas de quoi

• *Lectures*
«Les feuilles mortes»
Une lettre du Burkina Faso

trois cent quarante-sept **347**

Coup d'envoi

Prise de contact — Bon appétit!

Avant de manger

Mettez° une nappe° sur la table.	*Put / tablecloth*
Mettez des assiettes sur la nappe.	
Mettez un verre et une cuiller° devant chaque assiette.	*spoon*
Mettez une fourchette° à gauche de l'assiette.	*fork*
Mettez un couteau° à droite de l'assiette.	*knife*

À table

Asseyez-vous.	
Mettez une serviette° sur vos genoux°.	*napkin / lap*
Coupez° le pain.	*Cut*
Mettez un morceau de pain sur la nappe à côté de l'assiette.	
Versez° du vin dans le verre.	*Pour*
Levez° votre verre et admirez la couleur du vin.	*Lift*
Humez° le vin.	*Smell*
Goûtez-le.°	*Taste it.*
Bon appétit!	

> You learned in Ch. 9 that **genou** means *knee*. In the plural, it can refer to either *lap* or *knees*.

Conversation

Nous nous mettons à table

Monsieur et Madame Smith et Monsieur et Madame Martin sont arrivés au restaurant, mais Lori n'est pas encore là.

Maître d'hôtel:	Bonsoir, Messieurs, Bonsoir, Mesdames. Vous avez réservé?	
M. Smith:	Oui, Monsieur, au nom de Smith.	
Maître d'hôtel:	Très bien, un instant, s'il vous plaît. *(Il vérifie sa liste.)* C'est pour cinq personnes, n'est-ce pas?	
Mme Smith:	C'est exact.°	*That's right.*
Maître d'hôtel:	Vous voulez vous asseoir°?	*to sit down*
M. Smith:	Volontiers, notre amie ne va pas tarder°.	*won't be long*
Maître d'hôtel:	Par ici, s'il vous plaît. *(ensuite)* Voici votre table. *(Ils s'asseyent.°)*	*They sit down.*
M. Smith:	Merci beaucoup, Monsieur. *(Le maître d'hôtel sourit° mais ne répond pas. Il s'en va°.)*	*smiles* *leaves*
Mme Martin:	C'est très gentil à vous de nous inviter.	
Mme Smith:	Mais c'est un plaisir pour nous.	
M. Martin:	Voilà Lori qui arrive. Bonsoir, Lori. *(Lori serre la main à Monsieur et Madame Martin et fait la bise à Monsieur et Madame Smith.)*	
Lori Becker:	Excusez-moi d'être en retard.	
Mme Martin:	Ne vous inquiétez pas°, Lori. Nous venons d'arriver.	*Don't worry*

▶ **Jouez ces rôles.** Répétez la conversation avec vos partenaires. Ensuite imaginez une excuse pour Lori. Pourquoi est-elle arrivée en retard?

Il y a un geste

Il n'y a pas de quoi. Although the French have numerous spoken formulae that convey the idea of *You're welcome* (**Il n'y a pas de quoi, De rien, Je vous en prie,** etc.), they frequently respond with only a discreet smile. This smile is often unnoticed by North Americans, who may interpret the lack of a verbal response to their "thank you" as less than polite.

À propos

Quelle est la différence entre un menu et une carte dans un restaurant?

a. C'est la même chose, mais un menu est plus élégant qu'une carte.
b. C'est la même chose, mais une carte est plus élégante qu'un menu.
c. Un menu propose deux ou trois repas à prix fixe. Une carte donne la liste de tous les plats.

Au menu ou à la carte?

La carte lists all of the dishes that the restaurant prepares. Customers can choose any combination of items they wish (**à la carte**). **Le menu** has one or more set (complete) lunches or dinners at a set price. There might, for example, be **le menu à 15€** and **le menu à 20€**. Each **menu** will include three or more courses, with or without beverage. Menus are usually by far the less expensive way to order food in France.

Relativité culturelle: L'étiquette à table

When the Smiths and the Martins arrive at their table in the restaurant, the table is set, as in North America, with the forks to the left and the knives to the right. But there are differences: forks are often turned tines down; glasses are above the plate rather than to one side; teaspoons are placed between the glass and the plate. If

En France, on boit beaucoup d'eau minérale.

soup is served, the soup spoon is not held sideways but rather placed tip first in the mouth.

The French do not pick up a slice of bread and bite off a piece. Rather, they break off a small bite-sized piece and may even use this as a utensil to guide food onto the fork. From time to time, this piece is eaten and another piece broken off.

A few contrasts between table customs in France and North America are shown in the chart below.

In France	In North America
Ice cubes are not readily available at restaurants.	Ice water is often served automatically with meals. Cold drinks are very common.
Dinner is often at 8:00 P.M. or later.	Dinner is sometimes at 6:00 P.M. or even earlier.
Meals may last two hours or more.	Meals may last only 20 or 25 minutes.
Bread is placed on the tablecloth instead of on a plate.	Bread is not always served with a meal. When it is served, it is always kept on the plate.
People keep both hands on the table while eating.	People put one hand in their lap while eating.
The service charge, or tip, is already included in the bill (**le service est compris**).	The tip is often not included in the bill.

Review *Relativité culturelle: Un repas français*, pp. 212–213.

▶ **À vous.** Répondez au maître d'hôtel.

1. Bonsoir, Monsieur (Madame / Mademoiselle). Vous avez réservé?
2. Pour deux personnes?
3. Vous voulez vous asseoir?
4. Par ici, s'il vous plaît. Voici votre table.

ENTRE AMIS

Au restaurant

You are the maître d'hôtel at a restaurant. Your partner is a customer.

1. Ask if s/he has made a reservation. (S/he has.)
2. Find out for how many people.
3. Ask if the others have already arrived.
4. Ask him/her if s/he wants to sit down.
5. Tell him/her "This way, please."

Prononciation

Les voyelles arrondies [ø] et [œ]

■ Lip rounding plays a much greater role in the accurate pronunciation of French than it does in English. French has rounded vowels that are produced in the front part of the mouth, a combination that does not exist in English. Use the word **euh** to practice. This word is prevalent and is very characteristic of the normal position for French pronunciation: the lips are rounded and the tongue is behind the lower teeth.

■ For the [ø] sound in **euh**, round your lips and then try to say **et**. For the [œ] sound in **neuf**, the lips are more open than for **euh**. There is, moreover, always a pronounced consonant after the vowel sound in words like **neuf, sœur,** etc.

[ø] • **eu**h, d**eu**x, v**eu**t, p**eu**t
bl**eu**, ennuy**eu**x, pl**eu**t

[œ] • n**eu**f, s**œu**r
b**eu**rre, profess**eu**r
h**eu**re, v**eu**lent
p**eu**vent, pl**eu**re

▶ **Listen and repeat:**

1. Est-ce que je peux vous aider?
2. La sœur du professeur arrive à neuf heures.
3. Ils veulent du beurre sur leur pain.
4. Les deux portent un pull bleu.
5. «Il pleure dans mon cœur comme il pleut sur la ville.» *(Verlaine)*

Buts communicatifs

1. Describing a Table Setting

Où est-ce qu'on met la nappe?	On la met sur la table.
Où est-ce qu'on met l'assiette?	On la met sur la nappe.
Où est-ce qu'on met le couteau?	On le met à droite de l'assiette.
Où est-ce qu'on met la cuiller?	On la met entre l'assiette et le verre.
Où est-ce qu'on met la serviette?	On la met sur ses genoux.
Où est-ce qu'on met les mains?	On les met sur la table.
Où est-ce qu'on met le pain?	On le met sur la nappe, à côté de l'assiette.

Et vous? Chez vous, qu'est-ce qu'on met à gauche de l'assiette?
Chez vous, où est-ce qu'on met les verres?

A. Le verbe *mettre*

Je vais **mettre** mon pyjama.	I'm going to put on my pajamas.
Nous **mettons** un maillot de bain pour aller à la piscine.	We put on a bathing suit to go to the pool.
J'**ai mis** le sel, le poivre et le sucre sur la table.	I put the salt, pepper, and sugar on the table.

> Notice that, like the **-re** verbs, p. 246, the endings for **mettre** are **-s, -s, —, -ons, -ez, -ent.** The plural stem, however, has **-tt-**.

mettre *(to put, place, lay; to put on)*

je	mets	nous	mettons
tu	mets	vous	mettez
il/elle/on	met	ils/elles	mettent

passé composé: j'**ai mis**

■ **Mettre** can also mean *to turn on* (the radio, the heat, etc.) and is used in the expression **mettre la table** to mean *to set the table.*

Qui **a mis** la table ce soir?	Who set the table this evening?
Mets le chauffage; j'ai froid.	Turn on the heat; I'm cold.
Mais je viens de **mettre** la climatisation.	But I just turned on the air conditioning.

VOCABULAIRE

Des choses à mettre

mettre un maillot de bain / un pyjama	to put on a swimsuit / pajamas
mettre le chauffage / la climatisation	to turn on the heat / the air conditioning
mettre la table	to set the table

Buts communicatifs • *trois cent cinquante-trois* **353**

1 **Qu'est-ce qu'ils mettent?** Indiquez les vêtements que mettent les personnes suivantes.

MODÈLES: Qu'est-ce que vos amis mettent pour nager?
Ils mettent un maillot de bain.

Review articles of clothing on pp. 90 & 99.

1. Qu'est-ce que les étudiants mettent pour aller à leurs cours?
2. Qu'est-ce que le professeur de français met pour aller au cours de français?
3. Qu'est-ce que vous mettez s'il neige?
4. Qu'est-ce que vous mettez s'il fait chaud?
5. Qu'est-ce qu'on met pour faire du jogging?
6. Qu'est-ce que vos amis mettent s'ils vont à une boum?
7. Que mettez-vous si vous allez dîner dans un restaurant très chic?

2 **Un petit test de votre savoir-vivre.** Choisissez une réponse pour chaque question et ensuite lisez l'analyse de vos réponses.

1. Que mettez-vous quand vous allez dîner au restaurant?
   a. des vêtements chic
   b. un jean et des baskets
   c. un bikini
   d. rien

2. Que buvez-vous pendant le repas?
   a. du vin ou de l'eau
   b. du lait ou du café
   c. du whisky
   d. de l'eau dans un bol

3. Où mettez-vous le pain pendant le repas?
   a. sur la nappe à côté de l'assiette
   b. dans mon assiette
   c. dans l'assiette de mon (ma) voisin(e)
   d. sous la table

4. Où est votre main gauche pendant que vous mangez?
   a. sur la table
   b. sur mes genoux
   c. sur le genou de mon (ma) voisin(e)
   d. sous la table

5. Combien de temps passez-vous à table?
   a. entre une et deux heures
   b. entre 25 et 45 minutes
   c. Ça dépend du charme de mon (ma) voisin(e).
   d. cinq minutes

6. Que dites-vous à la fin du repas?
   a. C'était très bon.
   b. Je suis plein(e).
   c. Veux-tu faire une promenade, chéri(e)?
   d. Oua! oua! *(bow-wow!)*

*Remember that you learned in Ch. 8 not to say **Je suis plein(e)**, literally I am full, because in French it can mean either I am drunk or, referring to an animal, pregnant.*

RÉSULTATS

a. Si vous avez répondu **a** à toutes les questions, vous êtes peut-être français(e) ou vous méritez de l'être.
b. Si vous avez répondu **b,** vous êtes probablement américain(e), comme la personne qui a écrit ce questionnaire.
c. Si votre réponse est **c,** vous êtes trop entreprenant(e) *(forward, bold)* et vous dérangez beaucoup votre voisin(e).
d. Si votre réponse est **d,** vous vous identifiez beaucoup aux chiens.

Réalités culturelles

Le vocabulaire de la cuisine

La langue anglaise a beaucoup d'expressions qui viennent du français. Cela est surtout vrai dans le domaine de la cuisine. Il est utile de connaître les expressions suivantes parce qu'on pourra les trouver sur les menus et les cartes anglophones.

au gratin	topped with cheese or breadcrumbs and then baked
au jus	with meat juice
bisque	seasoned shellfish purée, white wine, cognac, and cream; used to make soup
casserole	a baking dish of glass or pottery
chocolat fondu	a dessert: melted chocolate with fruit to dip
coq au vin	chicken in red wine sauce
crème brûlée	rich custard topped with caramelized sugar
croissant	a dinner or breakfast roll of leavened bread shaped in a crescent
croûtons	small pieces of fried or toasted bread, used in soups or as a garnish
éclair	finger-shaped cream puff, filled with whipped cream or custard, usually topped with icing
flambé	flamed with alcohol
fondue	melted cheese and seasonings, served with pieces of bread for dipping
julienne	a way to cut meat or vegetables into thin strips
mousse	dessert of flavored custard or fruit purée, mixed with whipped cream
parfait	a dessert of layered ice cream, fruit, dessert sauce, and whipped cream
pâté	cooked meat, usually duck or goose liver, made into a spread
purée	cooked and strained food
quiche	a pie of cheese and custard, with ham, bacon, or spinach sometimes added
roquefort	strongly flavored cheese, veined with mold; ripens in a cave in the town of Roquefort in southern France
salade niçoise	salad with tomatoes, garlic, oil, and dark olives
sauter	to cook quickly in a hot pan, tossing the food so that it "jumps"
tarte	French pie

Vocabulaire: brûler *to burn,* croûton *crust,* fondre *to melt,* gratter *to scratch,* niçoise *in the style of Nice,* parfait *perfect,* sauter *to jump*

3 **À vous.** Répondez.

1. Mettez-vous du sucre ou de la crème dans votre café?
2. Que mettez-vous dans une tasse de thé?
3. Où met-on le pain quand on mange à la française?
4. Que faut-il faire pour mettre la table?
5. À quel moment de l'année met-on le chauffage dans la région où vous habitez? À quel moment de l'année met-on la climatisation?
6. En quelle saison met-on un gros manteau?
7. Quels vêtements les étudiants mettent-ils d'habitude sur votre campus?
8. Quels vêtements avez-vous mis hier? Pourquoi avez-vous décidé de porter ces vêtements-là?

Buts communicatifs • *trois cent cinquante-cinq* **355**

ENTRE AMIS

L'éducation d'un(e) enfant

You are a French parent instructing your child (your partner) on table manners. Remember to use **tu.**

1. Tell your child to put the napkin on his/her lap.
2. Tell him/her to put a piece of bread on the table.
3. Tell him/her not to play with the bread.
4. Tell him/her to put water in his/her glass.
5. Find out what s/he did at school today.

2. Describing One's Day

Le matin

7 h	Je me réveille tôt et je me lève.
7 h 10	Je me lave ou je prends une douche.
7 h 25	Je m'habille.
7 h 35	Je me brosse les cheveux.
7 h 50	Après avoir mangé°, je me brosse les dents. *After eating*

L'après-midi

| 3 h | Je me repose. |
| 5 h | Je m'amuse avec mon chien. |

Le soir

| 11 h | Je me couche assez tard et je m'endors. |

▶ **Et vous?** À quelle heure vous réveillez-vous?
Que faites-vous le matin? l'après-midi? le soir?

REMARQUE

Review pp. 168 & 190.

Tôt and **tard** mean *early* and *late* in the day. They should not be confused with **en avance** and **en retard,** which mean *early* and *late* for a specific meeting, class, etc.

Il se lève **tard!** (à midi)
Il est **en retard.** (pour son cours de français)

VOCABULAIRE

Quelques verbes pronominaux

se réveiller	to wake up
se laver	to get washed
se brosser (les dents, les cheveux)	to brush (one's teeth, one's hair)
s'habiller	to get dressed
s'amuser	to have fun
se souvenir (de)	to remember
s'inquiéter	to worry
s'asseoir	to sit down
se promener	to take a walk, ride
se dépêcher	to hurry
s'appeler	to be named
s'endormir	to fall asleep
se reposer	to rest

Review **Les verbes pronominaux,** Ch. 6, p. 169.

B. Les verbes pronominaux (*suite*)

■ Remember that the reflexive pronouns are **me, te, se, nous, vous,** and **se.**

se laver (*to get washed, to wash oneself*)

je	**me** lave	nous	**nous** lavons
tu	**te** laves	vous	**vous** lavez
il/elle/on	**se** lave	ils/elles	**se** lavent

s'endormir (*to fall asleep*)

je	**m'**endors	nous	**nous** endormons
tu	**t'**endors	vous	**vous** endormez
il/elle/on	**s'**endort	ils/elles	**s'**endorment

NOTE

The reflexive pronoun always changes form as necessary to agree with the subject of the verb, even when it is part of an infinitive construction.

Je vais **m'**amuser.   **Tu** vas **t'**amuser aussi.   **Nous** allons **nous** amuser!

- Many verbs can be used reflexively or nonreflexively, depending on whether the object of the verb is the same as the subject or not.

            Jean **se lave** avant de manger. (*Jean* is the subject *and* the object.)
Mais: Jean **lave sa voiture.** (*Jean* is the subject but *sa voiture* is the object.)

            Noëlle adore **se promener.** (*Noëlle* is the subject *and* the object.)
Mais: Noëlle refuse de **promener le chien.** (*Noëlle* is the subject but *le chien* is the object.)

- Like all other object pronouns, the reflexive pronoun is always placed immediately before the verb (except in an affirmative command). This rule is true no matter whether the verb is in an affirmative, interrogative, negative, or infinitive form.

Comment **vous** appelez-vous?	*What is your name?*
Tu veux **t'**asseoir?	*Do you want to sit down?*
Ne **s'**amusent-ils pas en classe?	*Don't they have fun in class?*
Je ne **m'**appelle pas Aude.	*My name is not Aude.*
Roman ne **se** réveille jamais très tôt.	*Roman never wakes up very early.*
Nous allons **nous** promener.	*We are going to take a walk.*
J'ai décidé de ne pas **me** lever.	*I decided not to get up.*

> Review the imperative with pronouns, Ch. 10, p. 283. Remember that when **me** and **te** follow the verb they become **moi** and **toi.**

- As you have already seen (see Ch. 10), when the imperative is affirmative, the object pronoun is placed after the verb. This is true even when the object pronoun is a reflexive pronoun.

Dépêche-**toi**!	*Hurry (up)!*
Dépêchez-**vous**!	*Hurry (up)!*
Dépêchons-**nous**!	*Let's hurry!*

- You also know that if the imperative is negative, normal word order is followed and the object pronoun precedes the verb.

Ne **te** dépêche pas.	*Don't hurry.*
Ne **vous** dépêchez pas.	*Don't hurry.*
Ne **nous** dépêchons pas.	*Let's not hurry.*

4 **Vrai ou faux?** Décidez si les phrases suivantes sont vraies. Si elles ne sont pas vraies, corrigez-les.

MODÈLE: Vous vous réveillez toujours tôt le matin.
               C'est faux. Je ne me réveille pas toujours tôt le matin.

1. Vous vous brossez les dents avant le petit déjeuner.
2. On se lave avec de l'eau froide normalement.
3. Les étudiants de votre université se douchent une fois par semaine.
4. Ils s'habillent avant la douche.
5. Vous vous endormez quelquefois en classe.
6. Vous vous reposez toujours après les repas.
7. D'habitude, on se brosse les cheveux avec une brosse à dents.
8. Les professeurs se souviennent toujours des noms de leurs étudiants.

5 Nos activités de chaque jour. Faites des phrases logiques. Vous pouvez utiliser la forme négative.

MODÈLE: **Ma sœur se brosse les cheveux trois fois par jour.**

	se laver	tôt
	s'amuser	tard
	se dépêcher	le matin
nous	se coucher	le soir
les étudiants	prendre une douche	dans un fauteuil
mon père	s'habiller	dans la salle de bain
ma mère	s'endormir	avec de l'eau chaude
je	se réveiller	avec de l'eau froide
ma sœur	se brosser les cheveux	une (deux, etc.) fois par jour
mon frère	se brosser les dents	avec une brosse à cheveux
	se mettre à table	avec une brosse à dents
	se reposer	

6 Fais ce que tu veux. Utilisez l'impératif et l'expression **Eh bien, ...** pour encourager les autres à faire ce qu'ils veulent.

MODÈLES: Je voudrais m'asseoir.
Eh bien, assieds-toi.

Je ne voudrais pas me lever.
Eh bien, ne te lève pas.

1. Je voudrais me coucher.
2. Je ne voudrais pas me dépêcher.
3. Je ne voudrais pas me brosser les dents.
4. Je voudrais m'amuser.
5. Je ne voudrais pas me lever à 7 heures.
6. Je ne voudrais pas étudier.
7. Je voudrais sortir avec mes amis.
8. Je voudrais m'endormir en classe.

On s'assure les uns les autres. **GROUPAMA** 1ère MUTUELLE D'ASSURANCE
www.groupama.fr

Buts communicatifs • *trois cent cinquante-neuf* **359**

C. Les verbes *se promener, s'inquiéter, s'appeler* et *s'asseoir*

- Some reflexive verbs contain spelling changes in the verb stem of the present tense.

- Like **se lever** and **acheter, se promener** changes **-e-** to **-è-** before silent endings.

> Review **se lever,** p. 169, **préférer,** p. 232, & **acheter,** p. 256.

se promener *(to take a walk, ride)*

je	me prom**è**ne	nous	nous promenons
tu	te prom**è**nes	vous	vous promenez
il/elle/on	se prom**è**ne		
ils/elles	se prom**è**nent		

- Like **préférer, s'inquiéter** changes **-é-** to **-è-** before silent endings.

s'inquiéter *(to worry)*

je	m'inqui**è**te	nous	nous inquiétons
tu	t'inqui**è**tes	vous	vous inquiétez
il/elle/on	s'inqui**è**te		
ils/elles	s'inqui**è**tent		

- **S'appeler** changes **-l-** to **-ll-** before silent endings.

s'appeler *(to be named)*

je	m'appe**ll**e	nous	nous appelons
tu	t'appe**ll**es	vous	vous appelez
il/elle/on	s'appe**ll**e		
ils/elles	s'appe**ll**ent		

NOTE — **S'asseoir** is irregular and is conjugated as follows:

s'asseoir *(to sit down)*

je	m'**assieds**
tu	t'**assieds**
il/elle/on	s'**assied**
nous	nous **asseyons**
vous	vous **asseyez**
ils/elles	s'**asseyent**

7 La journée des étudiants. Utilisez les verbes pronominaux **s'amuser, se coucher, se dépêcher, s'endormir, s'habiller, s'inquiéter, se lever** et **se réveiller** pour compléter les phrases suivantes.

MODÈLE: Nous _____ à nos places.
Nous nous asseyons à nos places.

1. Le soir, les étudiants ne _____ pas avant minuit parce qu'ils ont beaucoup de travail.
2. S'ils sont en retard pour un cours, ils _____.
3. Ils _____ s'il y a un examen.
4. Le week-end, les étudiants _____.
5. Le samedi matin, ils restent au lit; ils ne _____ pas avant 10 heures.
6. Ils _____ très tard et ils _____ tard aussi.
7. Ils _____ en jean normalement parce que les jeans sont confortables.

8 Pour avoir du succès à l'université. Vous êtes très docile et vous répondez systématiquement que vous êtes d'accord. Utilisez le futur.

MODÈLE: Ne vous couchez pas trop tard.
D'accord, je ne me coucherai pas trop tard.

> Review the future on p. 337.

1. Ne vous endormez pas pendant le cours de français.
2. Ne vous lavez pas avec de l'eau froide.
3. Amusez-vous bien pendant le week-end.
4. Dépêchez-vous pour ne pas être en retard.
5. Levez-vous avant 8 heures.
6. Ne vous inquiétez pas quand vous avez un examen.
7. Ne vous promenez pas après 22 heures.

9 Un petit sondage *(A small poll).* Vous êtes journaliste. Interviewez une autre personne (votre partenaire). Demandez ...

MODÈLE: s'il (si elle) se lève tôt
VOUS: **Est-ce que vous vous levez tôt le samedi matin?**
VOTRE PARTENAIRE: **Non, je me lève assez tard.**

1. s'il (si elle) parle français
2. comment il (elle) s'appelle
3. comment il (elle) va
4. s'il (si elle) est fatigué(e)
5. à quelle heure il (elle) se lève en semaine
6. à quelle heure il (elle) se couche
7. s'il (si elle) se lève tôt ou tard le samedi matin
8. s'il (si elle) s'endort à la bibliothèque
9. avec quel dentifrice il (elle) se brosse les dents
10. s'il (si elle) s'inquiète quand il y a un examen
11. depuis quand il (elle) étudie le français

ENTRE AMIS

Et ta journée?

Interview your partner about his/her typical day.

1. Find out at what time your partner wakes up.
2. Find out what s/he does during the day.
3. Find out at what time your partner goes to bed.
4. Double-check the information by repeating what your partner has told you.

3. Describing Past Activities

La dernière fois que j'ai dîné au restaurant avec des amis …

	oui	non
ils y sont arrivés avant moi.	___	___
je me suis dépêché(e) pour arriver à l'heure.	___	___
mes amis s'inquiétaient parce que j'étais en retard.	___	___
nous nous sommes mis à table à huit heures.	___	___
je me suis bien amusé(e).	___	___
nous nous sommes promenés après le repas.	___	___
je me suis couché(e) assez tôt.	___	___

D. Le passé des verbes pronominaux

■ The imperfect tense of reflexive verbs is formed in the same way as that of simple verbs. The reflexive pronoun precedes the verb.

*There are no spelling changes in the imperfect for stem-changing verbs; **s'appeler**: Il s'appelait Pierre; **se lever**: Je me levais tôt.*

s'inquiéter (inquiétons)

je	m'inquiétais	nous	nous inquiétions
tu	t'inquiétais	vous	vous inquiétiez
il/elle/on	s'inquiétait	ils/elles	s'inquiétaient

*Review the passé composé of **se coucher** in Ch. 7, p. 191.*

■ All reflexive verbs use the auxiliary **être** to form the passé composé. The past participle agrees in gender and number with the preceding direct object (usually the reflexive pronoun).

se reposer

je	me	suis	reposé(e)
tu	t'	es	reposé(e)
il/on	s'	est	reposé
elle	s'	est	reposée
nous	nous	sommes	reposé(e)s
vous	vous	êtes	reposé(e)(s)
ils	se	sont	reposés
elles	se	sont	reposées

*The past participle of stem changing verbs is not affected by spelling changes; it is based on the infinitive: **promené, inquiété, appelé.***

Delphine **s'est couchée** tôt parce qu'elle était fatiguée.

Nous **nous sommes** bien **amusé(e)s** le week-end dernier.

NOTE — Except for **s'asseoir,** the past participles of reflexive verbs are formed by the normal rules. The past participle of **s'asseoir** is **assis.**

Les deux femmes se sont **assises** à côté de moi.

- In the negative, **ne … pas** (**jamais,** etc.) are placed around the reflexive pronoun and the auxiliary verb.

    Les enfants **ne** se sont **pas** couchés.
    Je **ne** me suis **jamais** endormi(e) en classe.

- In questions with inversion, as in all cases of inversion, the *subject* pronoun is placed after the auxiliary verb. The *reflexive* pronoun always directly precedes the auxiliary verb.

    À quelle heure **t'**es-**tu** couchée, Christelle?
    Vos amies **se** sont-**elles** reposées?

Reflexive pronouns are object pronouns, just like **le, la, les.** *They follow the same general placement rules. See Ch. 10, p. 278.*

FOR RECOGNITION ONLY

The past participle of a reflexive verb agrees with a preceding direct object. In most cases, the direct object is the reflexive pronoun, which precedes the past participle.

Claire **s'**est lavée.	*Claire washed **herself.***
Nous **nous** sommes amusés.	*We had a good time. (We amused **ourselves**.)*

However, with some reflexive verbs (such as **se laver** and **se brosser**), the direct object often follows the verb and the reflexive pronoun is not the direct object. The past participle *does not agree* with a reflexive pronoun that is not a direct object.

Claire s'est lavé **les cheveux.**	*Claire washed **her hair.***
Elle s'est brossé **les dents.**	*She brushed **her teeth.***

Le professeur et ses étudiants s'amusent après le cours.

10 Mais oui, Maman. Madame Cousineau pose beaucoup de questions à sa fille. Utilisez l'expression entre parenthèses pour répondre à ces questions.

MODÈLE: Tu t'es réveillée à 7 heures? (mais oui)
Mais oui, je me suis réveillée à 7 heures.

1. Est-ce que tu t'es lavée ce matin? (mais oui)
2. Tu ne t'es pas dépêchée? (mais si!)
3. As-tu pris le petit déjeuner? (mais oui)
4. À quelle heure es-tu partie pour l'école? (à 7 heures 45)
5. Est-ce que tu t'es amusée à l'école? (non)
6. Tu ne t'es pas endormie en classe? (mais non)
7. À quelle heure es-tu rentrée de l'école? (à 5 heures)
8. Est-ce que tu as fait tes devoirs? (euh ... non)

11 Vous aussi? Décidez si les phrases suivantes sont vraies pour vous. Utilisez **Moi aussi, Moi non plus** ou **Pas moi** pour répondre. Si vous choisissez **Pas moi,** ajoutez une explication.

MODÈLE: Les professeurs se sont bien amusés le week-end dernier.
Pas moi, je ne me suis pas amusé(e). J'ai étudié pendant tout le week-end.

1. Les professeurs se sont couchés avant minuit hier.
2. Ils se sont réveillés à 8 heures ce matin.
3. Ils ont pris le petit déjeuner.
4. Ils ont pris une douche ensuite.
5. Ils sont allés à leur premier cours à 9 heures.
6. Ils ne se sont pas assis pendant leurs cours.
7. Ils se sont bien amusés en classe.
8. Ils ont bu du café après le cours.

12 Votre vie sur le campus. Vous êtes journaliste. Interviewez un(e) étudiant(e). Demandez ...

MODÈLES: s'il (si elle) s'est levé(e) tôt ce matin.
Vous êtes-vous levé(e) tôt ce matin?

ce qu'il (elle) a mangé.
Qu'est-ce que vous avez mangé?

1. s'il (si elle) arrive quelque fois en retard en classe.
2. s'il (si elle) s'est dépêché(e) ce matin.
3. où il (elle) va pour s'amuser.
4. ce qu'il (elle) a fait hier soir.
5. s'il (si elle) s'est amusé(e) hier soir.
6. à quelle heure il (elle) s'est couché(e).
7. s'il (si elle) s'est endormi(e) tout de suite.
8. combien d'heures il (elle) a dormi.
9. s'il (si elle) se repose d'habitude l'après-midi.
10. s'il (si elle) s'inquiète avant un examen.

CHAPITRE 13 Ma journée

ENTRE AMIS

Hier

1. Find out at what time your partner got up yesterday.
2. Find out what clothing s/he put on.
3. Ask if s/he took a walk.
4. Find out what else s/he did.
5. Ask if s/he had fun.
6. Find out at what time s/he went to bed.

4. Expressing One's Will

Que voulez-vous que le professeur fasse°? *What do you want the teacher to do?*

Je voudrais que le professeur ...

	vrai	faux
donne moins de devoirs.	_____	_____
soit plus patient.	_____	_____
fasse la cuisine pour la classe.	_____	_____
s'amuse moins en classe.	_____	_____
chante avec ses étudiants.	_____	_____
parle plus lentement.	_____	_____
me donne une bonne note.	_____	_____

E. Le subjonctif

- You have learned to use the infinitive after a number of verbal expressions. This happens when both verbs have the same subject or when the first verb is an impersonal expression with no specific subject.

    Je veux parler français.   *I want to speak French.*

    Il faut étudier.   *One (You, We, etc.) must study.*

- Expressions that are used to express one's will, however, are frequently followed by **que** plus the subject and its verb in a form called **le subjonctif** (the subjunctive).

    Je veux **que vous parliez** français.   *I want you to speak French.*

    Il faut **qu'on étudie.**   *One (You, We, etc.) must study.*

- The stem of the subjunctive is usually the same as the stem of the **ils/elles** form of the present tense. Except for **avoir** and **être,** the endings of the subjunctive are the same for all verbs.

    -e   -ions

    -es   -iez

    -e   -ent

- For regular **-er** verbs, the subjunctive forms for **je, tu, il/elle/on,** and **ils/elles** look and sound the same as the present tense.

    Je veux que les professeurs **donnent** moins de devoirs. *I want teachers to give less homework.*
    Il faut que je **parle** avec eux. *I must speak to them.*

- The **nous** and **vous** forms of the subjunctive look and sound different from the present tense because of the **-i-** in their endings.

    Je veux **que vous donniez** moins de devoirs. *I want you to give less homework.*
    Il faut **que nous parlions.** *We need to speak.*

chanter (ils chantent)

que je	chant	e
que tu	chant	es
qu'il/elle/on	chant	e
que nous	chant	ions
que vous	chant	iez
qu'ils/elles	chant	ent

vendre (ils vendent)

que je	vend	e
que tu	vend	es
qu'il/elle/on	vend	e
que nous	vend	ions
que vous	vend	iez
qu'ils/elles	vend	ent

choisir (ils choisissent)

que je	choisiss	e
que tu	choisiss	es
qu'il/elle/on	choisiss	e
que nous	choisiss	ions
que vous	choisiss	iez
qu'ils/elles	choisiss	ent

NOTE — Even many irregular verbs follow the two basic rules above.

écrire	(ils écrivent)	que j'**écrive,** que nous **écrivions**
lire	(ils lisent)	que je **lise,** que nous **lisions**
partir	(ils partent)	que je **parte,** que nous **partions**
connaître	(ils connaissent)	que je **connaisse,** que nous **connaissions**
conduire	(ils conduisent)	que je **conduise,** que nous **conduisions**
mettre	(ils mettent)	que je **mette,** que nous **mettions**

- Some verbs have one stem for **je, tu, il/elle/on,** and **ils/elles** forms and another stem for **nous** and **vous.** Many of these are the same verbs that have two stems in the present tense. Some verbs of this type that you have already learned are **venir, prendre, boire, devoir, préférer, acheter,** and **se lever.**

venir

(ils	viennent)		(nous	venons)	
que je	vienn	e	que nous	ven	ions
que tu	vienn	es	que vous	ven	iez
qu'il/elle/on	vienn	e			
qu'ils/elles	vienn	ent			

> **NOTE** — **Aller** also has two stems (**aill-,** which is irregular, and **all-**).

Aille, ailles, aille, and **aillent** are pronounced like **aïe!** *(ouch!)* and **ail** *(garlic):* [aj].

aller					
	(aill-)		(nous	all~~ons~~)	
que j'	aill	e	que nous	all	ions
que tu	aill	es	que vous	all	iez
qu'il/elle/on	aill	e			
qu'ils/elles	aill	ent			

■ Some verbs have totally irregular stems. Their endings, however, are regular.

faire (fass-)		
que je	fass	e
que tu	fass	es
qu'il/elle/on	fass	e
que nous	fass	ions
que vous	fass	iez
qu'ils/elles	fass	ent

savoir (sach-)		
que je	sach	e
que tu	sach	es
qu'il/elle/on	sach	e
que nous	sach	ions
que vous	sach	iez
qu'ils/elles	sach	ent

Aie, aies, ait, and **aient** are pronounced [ɛ], like **est** *(is).*

■ Only **être** and **avoir** have irregular stems *and* endings.

être	
que je	sois
que tu	sois
qu'il/elle/on	soit
que nous	soyons
que vous	soyez
qu'ils/elles	soient

avoir	
que j'	aie
que tu	aies
qu'il/elle/on	ait
que nous	ayons
que vous	ayez
qu'ils/elles	aient

VOCABULAIRE

La volonté

il est essentiel que	it is essential that
il est important que	it is important that
il est indispensable que	it is essential that
il est nécessaire que	it is necessary that
il faut que	it is necessary that; (someone) must
il ne faut pas que	(someone) must not
il vaut mieux que	it is preferable that; it is better that
je désire que	I want
j'exige que	I demand that
je préfère que	I prefer that
je souhaite que	I wish that; I hope that
je veux que	I want
je voudrais que	I would like

■ With the above expressions, it is important to remember that, if there is no change of subjects, the infinitive is used. The preposition **de** is, however, required after **il est essentiel/important/indispensable/nécessaire.**

| Je ne veux pas **perdre** mon temps. | *I don't want to waste my time.* |
| Il est important d'**étudier** beaucoup. | *It's important to study a lot.* |

■ When the above expressions are followed by **que** and a change of subjects, the subjunctive must be used.

| Ma mère ne veut pas **que je perde** mon temps. | *My mother doesn't want me to waste my time.* |
| Il est important **que j'étudie** beaucoup. | *It's important that I study a lot.* |

Il faut qu'elles se dépêchent parce qu'elles vont bientôt se mettre à table.

13 Ils veulent que je fasse tout ça? Tout le monde vous demande de faire quelque chose. Décidez si vous êtes d'accord.

MODÈLE: Votre père veut que vous étudiiez beaucoup.
Très bien, je vais étudier beaucoup. ou
Mais je ne veux pas étudier beaucoup.

1. Vos parents veulent que vous restiez à la maison.
2. Votre mère veut que vous rendiez visite à vos grands-parents.
3. Vos parents ne veulent pas que vous vendiez vos livres.
4. Vos parents ne veulent pas que vous sortiez tous les soirs.
5. Votre professeur veut que vous ayez «A» à votre examen de français.
6. Vos parents ne veulent pas que vous fumiez.
7. Vos professeurs ne veulent pas que vous perdiez vos devoirs.
8. Vos parents veulent que vous attachiez votre ceinture de sécurité.

14 Nos professeurs sont si exigeants! *(Our teachers are so demanding!)* Utilisez les expressions suivantes pour faire des phrases.

MODÈLE: les professeurs / vouloir / les étudiants / venir aux cours
Les professeurs veulent que les étudiants viennent aux cours.

1. les professeurs / désirer / les étudiants / faire leurs devoirs
2. les professeurs / vouloir / les étudiants / avoir de bonnes notes
3. les professeurs / exiger / les étudiants / être à l'heure
4. notre professeur / vouloir absolument / nous / parler français en classe
5. notre professeur / désirer / nous / réussir
6. notre professeur / souhaiter / nous / aller en France
7. notre professeur / préférer / nous / habiter chez une famille française
8. notre professeur / souhaiter / nous / savoir parler comme les Français

15 Que veulent-ils que je fasse? Tout le monde veut que vous fassiez quelque chose. Faites des phrases pour expliquer ce qu'ils veulent. Vous pouvez utiliser la forme négative si vous voulez.

MODÈLES: **Mes amis désirent que je sorte tous les soirs.**
Ma mère ne veut pas que je conduise vite.
Mon père préfère que je n'aie pas de voiture.

mes amis	exiger		étudier beaucoup
	vouloir		sortir tous les soirs
mon père	désirer	que je	aller au bistro
ma mère	souhaiter		tomber malade
	préférer		être heureux/heureuse
			avoir une voiture
			conduire vite
			faire la cuisine
			partir en vacances
			m'amuser beaucoup
			m'inquiéter quand il y a un examen
			acheter moins de vêtements

Buts communicatifs

16 Un petit sketch: Une fille au pair. Lisez ou jouez le sketch suivant et répondez ensuite aux questions.

MME MARTIN: Je serai absente toute la journée.
LORI: Très bien, Madame. Que voulez-vous que je fasse aujourd'hui?
MME MARTIN: Je préparerai le dîner, mais je voudrais que vous alliez au marché.
LORI: D'accord.
MME MARTIN: Vous pouvez aussi y envoyer les enfants. J'ai laissé ma liste sur la table de la cuisine.

(Elle regarde sa montre.)
Aïe! Il faut que je parte. Au revoir, Lori. Au revoir, les enfants.

(après le départ de Mme Martin)
LORI: David! Sylvie! Dépêchez-vous! Votre mère veut que vous achetiez six tomates et un kilo de pommes de terre. Et n'oubliez pas de dire «s'il vous plaît» et «merci» à la dame au marché.
DAVID ET SYLVIE: Mais Lori!
LORI: Dépêchez-vous! Et mettez vos manteaux! Il pleut.
DAVID ET SYLVIE: Où est l'argent?
LORI: Attendez, le voilà. *(Elle donne l'argent aux enfants.)* Allez-y! Il ne faut pas que vous oubliiez la monnaie.

QUESTIONS
1. Que faut-il que Lori fasse?
2. Est-il nécessaire qu'elle aille au marché elle-même?
3. Pourquoi veut-elle que les enfants mettent leurs manteaux?
4. Pourquoi les enfants ne partent-ils pas tout de suite?

17 Fais comme il faut. Madame Martin donne des conseils à sa fille Céline. Utilisez un verbe de volonté avec **que** et le subjonctif. Qu'est-ce qu'elle dit?

MODÈLES: ne pas t'endormir en classe
Je souhaite que tu ne t'endormes pas en classe.

conduire lentement
J'exige que tu conduises lentement.

1. prendre le petit déjeuner
2. ne pas boire de bière
3. mettre un chapeau s'il fait froid
4. aller aux cours tous les jours
5. savoir l'importance d'une bonne éducation
6. ne sortir avec tes amis que le week-end
7. être prudente
8. rentrer tôt
9. ne pas te lever tard

Réalités culturelles

Le Burkina Faso

Situé au cœur de l'Afrique occidentale, le Burkina Faso est un peu plus grand que l'état de Colorado. Sa capitale est Ouagadougou. Il y a environ 12.200.000 Burkinabè, comme on appelle ses habitants. La langue officielle du pays est le français, mais il y a beaucoup de langues régionales. Les religions principales sont l'islam, le catholicisme, le protestantisme et des croyances traditionnelles. Quatre-vingt-douze pour cent des Burkinabè travaillent dans le domaine de l'agriculture.

Ce pays est devenu une colonie française au dix-neuvième siècle. Il s'appelait la Haute-Volta lorsqu'en 1960 il a gagné son indépendance. Mais en 1984 il a changé de nom pour devenir le Burkina Faso, nom qui signifie la «terre des hommes intègres». La devise du pays, «Unité, Progrès, Justice», semble bien décrire les Burkinabè parce que, pour eux, les qualités humaines les plus importantes sont l'hospitalité, l'humilité, la loyauté, la politesse et le respect du bien commun. Ces traits sont souvent célébrés dans leurs contes, leurs chants, leurs danses, leurs films et leurs représentations théâtrales. C'est d'ailleurs à Ouagadougou qu'a lieu le FESPACO, le plus grand festival du film africain.

Vocabulaire: contes *tales,* croyances *beliefs,* d'ailleurs *besides,* devise *motto,* intègres *honest,* lorsque *when*

> Use the map on the inside back cover to locate this country.

18 À vous. Répondez.

1. Que voulez-vous que vos parents fassent pour vous?
2. Qu'est-ce qu'ils veulent que vous fassiez pour eux?
3. Où voulez-vous que vos amis aillent avec vous?
4. Que voulez-vous que vos amis vous donnent pour votre anniversaire?
5. Quels vêtements préférez-vous mettre pour aller à vos cours?
6. Quels vêtements préférez-vous que le professeur mette?
7. Qu'est-ce que le professeur veut que vous fassiez?

ENTRE AMIS

Un voyage d'études au Burkina Faso

1. Tell your partner that your teacher wants you to go to Burkina Faso with the class.
2. Tell your partner that you want him/her to come too.
3. Explain that you have to speak French there.
4. Explain why you want to visit that country.

Intégration

Révision

A Pour mettre la table. Que faut-il qu'on fasse pour mettre la table à la française? Donnez une description complète.

MODÈLE: **Il faut qu'on mette une nappe sur la table.**

B Ma journée. D'abord décrivez votre journée habituelle. Ensuite décrivez votre journée d'hier.

C Trouvez quelqu'un qui... Interviewez les autres étudiants pour trouver quelqu'un qui …

MODÈLE: se lève avant 7 heures du matin
Est-ce que tu te lèves avant 7 heures du matin?

1. s'inquiète s'il y a un examen
2. ne s'endort jamais en classe
3. s'est couché après minuit hier soir
4. veut que le professeur donne moins de devoirs
5. se promène le matin
6. promène souvent son chien
7. s'assied toujours à la même place au cours de français

D Début de rédaction. Faites une liste de dix choses qu'il faut que vous fassiez la semaine prochaine.

MODÈLE: **Lundi il faut que je me lève tôt.**

E À vous. Répondez.

1. Que font les étudiants de votre université pour s'amuser?
2. Qu'est-ce que les professeurs veulent que leurs étudiants fassent?
3. Qu'est-ce que vos parents ne veulent pas que vous fassiez?
4. Dans quelles circonstances vous dépêchez-vous?
5. À quel(s) moment(s) de la journée vous brossez-vous les dents?
6. Avez-vous quelquefois envie de vous endormir en classe? Pourquoi ou pourquoi pas?

Lecture I

A Étude du

Est-ce que vos parents ne veulent pas que vous alliez au café?

Négociations: **Il manque quelque chose.** Interviewez les autres étudiants pour trouver les choses qui manquent. Il y a sept cartes différentes en tout. Les autres cartes sont dans l'appendice D.

MODÈLE: Est-ce que tu as un(e) … sur ta table?
Moi, j'ai un(e) …, mais je n'ai pas de (d') …

You should be able to identify a specific classmate for each of the missing items.

A

vocabulaire. Étudiez les phrases suivantes et choisissez les mots qui correspondent aux mots français en caractères gras: *sand, those, burning, gently, shovel, lived, erased, pick up, sea.*

1. Le professeur a écrit une phrase au tableau et ensuite il a **effacé** la phrase.
2. Marie, regarde ta chambre! Tu as laissé tes vêtements sur ton lit. **Ramasse**-les tout de suite!
3. **Ceux** qui habitent près de la **mer** peuvent souvent s'amuser dans l'eau.
4. Quand nous étions jeunes, nous **vivions** heureux avec notre famille.
5. En été, les enfants aimaient bien nager dans la **mer** ou jouer avec une **pelle** dans le **sable.**
6. Quand il faisait très chaud, le **sable** était **brûlant.** On ne pouvait pas marcher sans chaussures.
7. Parlez **doucement!** Les enfants dorment.

B **Pensez à la saison.** À quelle saison pensez-vous quand vous entendez les expressions suivantes?

1. la mer et le sable

Les feuilles mortes

Oh! Je voudrais tant que tu te souviennes
Des jours heureux où nous étions amis.
En ce temps-là la vie était plus belle
Et le soleil plus brûlant qu'aujourd'hui.
Les feuilles mortes se ramassent à la
    pelle,
Tu vois, je n'ai pas oublié.
Les feuilles mortes se ramassent à la
    pelle,
Les souvenirs et les regrets aussi
Et le vent du nord les emporte[1]
Dans la nuit froide de l'oubli.
Tu vois, je n'ai pas oublié
La chanson que tu me chantais.

C'est une chanson qui nous ressemble,
Toi, tu m'aimais, et je t'aimais.
Nous vivions tous les deux ensemble,
Toi, qui m'aimais; moi, qui t'aimais.
Mais la vie sépare ceux qui s'aiment
Tout doucement, sans faire de bruit
Et la mer efface sur le sable
Les pas des amants désunis.[2]

Jacques Prévert

---

1. *carries away*   2. *the footprints of separated lovers*

2. le soleil brûlant
3. les feuilles mortes
4. le vent du nord
5. la belle vie
6. la nuit froide
7. les jours heureux

C À votre avis. Relisez le poème et faites deux listes: (1) des expressions qui vous semblent tristes ou nostalgiques et (2) des expressions qui vous semblent plus heureuses.

Lecture II

A Étude du vocabulaire. Étudiez les phrases suivantes et choisissez les mots qui correspondent aux mots français en caractères gras: *corn, dry, dust, maid, rooms, harvest.*

1. C'était une maison avec quatre **pièces:** deux chambres, une cuisine et une salle de séjour.

2. Il y a longtemps que j'ai nettoyé cette chambre. Les meubles sont couverts de **poussière.**
3. Sans pluie, toute la région était **sèche.**
4. L'automne est la saison de la **récolte** du **maïs** dans l'Iowa.
5. Quelquefois les familles ont une **bonne** pour les aider au ménage.

B **Situez ces expressions.** Étudiez les expressions suivantes qui sont utilisées dans la lettre que Madame Nabi a envoyée du Burkina Faso. Ensuite cherchez-les dans sa lettre.

barrage *dam,* bouillie de mil *millet porridge,* dolo *a type of punch,* ignames *yams,* marmite *large pot,* occasions de rencontre *chances to meet others,* oseille *sorrel,* pagne *(grass) skirt,* Pâques *Easter,* prière *prayer,* tamarin *tamarind fruit,* tarissent *dry up,* tuteurs, *legal guardians,* volaille *poultry*

Une lettre du Burkina Faso

Madame Nabi adresse une lettre à son amie américaine où elle lui parle de sa vie au Burkina Faso. Madame Nabi et son mari s'occupent d'un CSPS, Centre de santé et de promotion sociale, pour procurer à leurs compatriotes aide et conseils au point de vue santé.

Zitenga, le 3 avril 2005

À Madame Baer

Je suis ravie de vous écrire cette lettre. Vous avez le bonjour de mon mari, M. Nabi, et de mon bébé, Wen Danga Benaja (puissance de Dieu, en mooré), qui a quatre mois. Mon bonjour également à toute votre famille et à tous ceux et celles qui vous sont chers. Nous vous ferons découvrir le Burkina par notre correspondance.

Nous habitons à Zitenga, qui est à 53 km au nord de la ville d'Ouagadougou, capitale du Burkina Faso. Ce village se trouve dans la province d'Oubritenga, une des 45 provinces du pays. Nous avons un climat sahélien[1]: il pleut de juin à octobre, il fait froid de novembre à janvier et chaud de février à mai. Pendant la saison froide, le vent, qu'on appelle le Harmattan et qui vient du désert, couvre tout de poussière. Les villageois sont des cultivateurs, surtout de mil, d'arachides et de riz, et des éleveurs de moutons, de bœufs et de volailles. En saison sèche, on fait du jardinage et du commerce.

Le village respecte la hiérarchie traditionnelle. Le chef est généralement le plus vieux de la tribu et c'est lui qui est gardien de la tradition. Parmi les principales religions, l'animisme, la plus ancienne, est en voie de disparaître. Les gens qui la pratiquent adorent des idoles et placent leur confiance dans les ancêtres. Il y a aussi des catholiques, des protestants et des musulmans; ces derniers

Les notables du village habillés pour la fête

sont les plus nombreux. Les ethnies existantes sont les Mossis, qui sont en majorité, et les Peuhls qui sont nomades. On parle le mooré, le foulfouldé (peuhl) et le français.

Les occasions de rencontre sont surtout les fêtes traditionnelles mossis, dont le Basga, fête des récoltes où les vieux animistes préparent des boissons comme le dolo fait à base de sorgho rouge. Il y a aussi la fête musulmane du Ramadan et la Tabaski, fête des moutons. Les Chrétiens fêtent Noël et Pâques. Après un décès dans le village, on se réunit pour fêter le mort et demander à Dieu de l'accepter dans sa maison. On prépare un repas avec poulet et mouton, on boit le dolo, et on assiste à la danse des masques, exécutée au rythme des tams-tams. Ces masques sont des objets sacrés qui ne sortent que pour les funérailles et certaines fêtes mossis. Les jours de grands marchés, tous les 21 jours, le vendredi, les jeunes organisent des fêtes, les Damandassés, qui sont l'occasion pour eux de montrer leurs beaux habits, leurs belles robes et pagnes. C'est l'occasion aussi pour garçons et filles de se lier d'une amitié qui peut souvent aller jusqu'au mariage. Les Damandassés commencent après les récoltes à quatre heures de l'après-midi et durent jusqu'au petit matin.

Les maisons sont construites en "banco" ou terre séchée au soleil. Notre maison a deux pièces et un salon. J'y habite avec mon mari, mon bébé, ainsi que la femme d'un grand frère de mon mari, trois élèves (ma petite sœur qui fait la sixième, et une fille et un garçon qui font la cinquième, dont nous sommes les tuteurs), deux garçons qui nous aident pour les travaux domestiques et la construction, une bonne et un homme de 45 ans qui est chez nous depuis trois mois. En tout nous sommes onze dans la famille.

Nous commençons chaque journée par une prière protestante de 6h à 6h30. Puis, mon mari et moi, nous allons au Centre de santé et de promotion sociale[2], où nous sommes agents de santé. À 12h30 c'est le déjeuner, et de 15h à 17h nous repartons au CSPS. Vers 19h c'est le dîner. Nous nous couchons chaque soir vers 22h, si nous n'avons pas de malade à surveiller au dispensaire. Quand on a un peu de temps, on lit un bon roman.

Le repas du matin, c'est la bouillie de mil préparée avec le jus de tamarin, cuite avec du sucre. Très rarement, on prend du café, du lait ou du pain. À midi, on prépare du riz avec sauce ou haricots; ou bien des ignames avec sauce tomate ou simplement salées, avec de l'huile d'arachide. Le soir, on mange du tô. Le tô est fait avec de la farine de maïs ou de mil, de l'eau et du jus de tamarin. On y ajoute une sauce faite avec des légumes tels que de l'oseille, des oignons, des tomates, ou de la viande ou du poisson fumé. On utilise aussi l'huile ou la pâte

Mme Nabi et sa petite sœur dans les champs

d'arachide. On mange assis par terre autour de la marmite et on prend la nourriture avec la main droite. Les femmes et les hommes mangent séparément.

Nous cherchons l'eau de boisson à un forage (une pompe) assez loin de chez nous, parce que le forage du dispensaire est en panne et nous n'avons pas les moyens suffisants pour le réparer. En plus des forages, les habitants puisent l'eau des puits, des mares ou des marigots[3]. Malheureusement ces sources d'eau tarissent très vite. Les femmes portent l'eau sur leur tête. Ceux qui ont les moyens vont à l'eau avec des charrettes. Les légumes frais, qu'on achète au marché, viennent des

---

1. climate of transition between the desert and damper regions 2. M. Nabi is head of the Center, but not a doctor. His wife has nursing skills. Two midwives do pre-natal and post-natal counseling, including family planning. A second man does vaccination tours, and a third is a fix-it person and also gives shots and does circumcisions.
3. dead branch of a river bed

villages environnants où il y a des barrages et donc des terres irriguées. Le problème de l'eau est crucial à Zitenga.

Je remercie Madame Baer des cadeaux qu'elle a offerts à mon bébé. Si vous voulez d'autres détails, vous pouvez nous écrire. Nous vous souhaitons courage dans votre travail et surtout bonne réception de cette lettre.

Madame Nabi, née Ouedraogo Abzèta, Zitenga

C **Vrai ou faux?** Décidez si les phrases suivantes sont vraies ou fausses d'après la lecture. Si une phrase est fausse, corrigez-la.

1. Madame Nabi habite une grande maison.
2. Il y a plus de protestants que de membres d'autres religions.
3. On ne parle que le français au Burkina Faso.
4. La famille se met à table pour manger.
5. On utilise une fourchette, un couteau et une cuiller et on mange «à la française».
6. Les légumes frais viennent du jardin des Nabi.
7. Madame Nabi et son mari travaillent dans une sorte de clinique.
8. Ils se lèvent avant six heures du matin.
9. Pour avoir de l'eau, on doit simplement ouvrir le robinet dans la cuisine.

D **Questions.** Répondez.

1. Combien d'hommes et combien de femmes habitent la maison de Madame Nabi?
2. D'après cette lettre, combien de langues est-ce qu'on parle au Burkina Faso?
3. Quelles sont les quatre religions dont parle Madame Nabi?
4. Quelles sont les différentes sortes de viande mentionnées dans cette lettre?

VOCABULAIRE ACTIF

À table
un bol *bowl*
un couteau *knife*
une cuiller *spoon*
une fourchette *fork*
une nappe *tablecloth*
le poivre *pepper*
le sel *salt*
une serviette *napkin*
le sucre *sugar*

Au restaurant
une carte *(à la carte) menu*
un menu *(fixed price) menu*

D'autres noms
une brosse à cheveux (à dents) *hairbrush (toothbrush)*
le chauffage *heat*
la climatisation *air conditioning*
une dame *lady*
les genoux *(m. pl.) lap; knees*
un maillot de bain *bathing suit*
un pyjama *(pair of) pajamas*
des skis *(m.) skis*
une soirée *evening party*
un sourire *smile*

La routine quotidienne
se brosser (les dents) *to brush (one's teeth)*
se coucher *to go to bed*
s'endormir *to fall asleep*
s'habiller *to get dressed*
se laver *to get washed; to wash up*
se lever *to get up; to stand up*
se mettre à table *to sit down to eat*
se promener *to take a walk, ride*
se reposer *to rest*
se réveiller *to wake up*

La volonté
il est essentiel que *it is essential that*
il est important que *it is important that*
il est indispensable que *it is essential that*
il est nécessaire que *it is necessary that*
il faut que *it is necessary that; (someone) must*
il ne faut pas que *(someone) must not*
il vaut mieux que *it is preferable that; it is better that*
je désire que *I want*
j'exige que *I demand that*
je préfère que *I prefer that*
je souhaite que *I wish that; I hope that*
je veux que *I want*
je voudrais que *I would like*

Expressions utiles
à la française *in the French style*
Bon appétit! *Have a good meal!*
C'est exact. *That's right.*
de rien *you're welcome; don't mention it; not at all*
Excusez-moi (nous, etc.) d'être en retard. *Excuse me (us, etc.) for being late.*
Il n'y a pas de quoi. *Don't mention it.; Not at all.*
il sourit *he smiles*

Verbes
s'appeler *to be named; to be called*
s'asseoir *to sit down*
couper *to cut*
se dépêcher *to hurry*
goûter *to taste*
s'inquiéter *to worry*
laver *to wash*
lever *to lift; to raise*
mettre *to put; to place; to lay*
mettre le chauffage *to turn on the heat*
mettre la table *to set the table*
se souvenir (de) *to remember*
tarder *to be a long time coming*
verser *to pour*

Chapitre 14
Quelle histoire!

Buts communicatifs
Describing interpersonal relationships
Describing television programs
Expressing emotion

Structures utiles
Le verbe **dire**
Les pronoms objets indirects
Les verbes **voir** et **croire**
Les interrogatifs **quel** et **lequel**
Les pronoms relatifs (suite)
Le subjonctif (suite)
Le pronom **en**

Culture
• *À propos*
La télévision française
Les faux amis

• *Il y a un geste*
Je te le jure
Quelle histoire!

• *Lectures*
À la télévision
Au cinéma

Coup d'envoi

Prise de contact

Une histoire d'amour

David et Marie sortent ensemble.

Ils s'entendent° très bien. — *get along*
Ils s'embrassent°. — *kiss*
Ils s'aiment.
Il lui° a demandé si elle voulait l'épouser. — *her*
Elle lui° a répondu que oui. — *him*
Il lui a acheté une très belle bague de fiançailles°. — *engagement ring*
Ils vont se marier.

▶ Et vous?

Connaissez-vous des couples célèbres° qui sont fiancés? — *famous*
Connaissez-vous des couples célèbres qui sont mariés?
Connaissez-vous des couples célèbres qui sont divorcés?

M. et Mme Jean-Pierre Delataille   M. et Mme Émile Baron

ont l'honneur de vous annoncer le mariage de leurs enfants

Marie et David

et vous prient d'assister ou de vous unir d'intention à la Messe de Mariage
qui sera célébrée le samedi 16 juillet 2005 à 17 heures, en l'Église St-Gervais.

27, rue Mahler - 75004 Paris   27, rue des Tournelles - 75004 Paris

Conversation

Je te le jure

Lori et son amie Denise sont assises à la terrasse d'un café. Denise lui demande si elle a regardé le feuilleton° d'hier soir. — soap opera, series

DENISE: Encore à boire, Lori?
LORI: Non, vraiment, sans façon.
DENISE: Au fait, tu as regardé le feuilleton hier à la télé?
LORI: Lequel?° — Which one?
DENISE: *Nos chers enfants.*
LORI: Non. Qu'est-ce qui est arrivé?° — What happened?
DENISE: David et Marie ne s'aiment plus. Marie a un petit ami maintenant.
LORI: Eh! ça devient sérieux.
DENISE: Tu ne sais pas tout. Ils vont divorcer. David lui a dit qu'il allait partir.
LORI: Il est sans doute très malheureux°, n'est-ce pas? — unhappy
DENISE: Bien sûr. Il dit que le mariage est une loterie. Pour se consoler le plus vite possible, il a mis une annonce° dans le journal local. — advertisement
LORI: Ça, c'est original°. Et il y a des candidates? — a novel idea
DENISE: Oui, trois femmes lui ont répondu et veulent le rencontrer°. — meet
LORI: Sans blague?° — No kidding?
DENISE: Je te le jure.° C'est passionnant! — I swear.
LORI: Quelle histoire!

▶ **Jouez ces rôles.** Répétez la conversation avec votre partenaire. Remplacez ensuite *David* par *Marie* et *Marie* par *David*, par exemple: **Elle lui a dit qu'elle allait partir.** Faites tous les changements nécessaires.

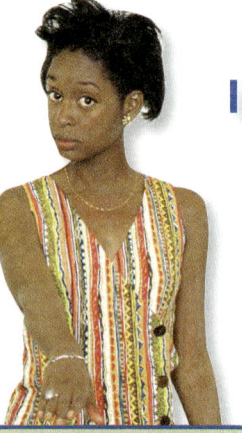

Il y a un geste

Je te le jure. An outstretched hand, palm down, means *I swear*, perhaps originally meaning "I would put my hand in the fire (if it were not true)."

Quelle histoire! To indicate that something is amazing, exaggerated, or far-fetched, the French hold the hand open with fingers pointing down and shake the wrist several times. Other expressions used with this gesture are **Oh là là!** *(Wow!, Oh dear!)* and **Mon Dieu!** *(My goodness!)*.

À propos

Comment dit-on «passionnant» en anglais?

  a. passionate   b. amazing   c. exciting

Que veut dire «sans doute»?

  a. certainement   b. probablement   c. peut-être

En France il y a cinq chaînes *(channels)* de télévision nationales. Sur ces cinq, _____ sont des chaînes publiques.

  a. deux   b. trois   c. quatre

La télévision française

Until recently, commercials **(la publicité),** if allowed at all, were grouped into relatively lengthy segments and shown between programs. Today, however, commercials often interrupt programs, especially on the private channels. As in North America, many viewers cope by channel "surfing" **(zapper).**

Of the five major channels available to all, only two **(TF1** and **M6)** are private. The others **(France 2, France 3,** and **Arte/La 5)** are public. In addition to commercials and government subsidies, public television is financed in France (and in most European countries) by a user tax. Everyone who has a color TV set, currently 96 percent of French households, must pay well over 100 euros per year.

France 2 programming, especially the evening news **(le Journal de vingt heures),** is made available throughout the francophone world and in most other countries. It may be found on the French-language channels in Canada and on SCOLA and the International channel in the United States.

Recently, Internet use has increased considerably in France. French has become, after English, the second language of the World Wide Web.

Les faux amis *(False cognates)*

It is estimated that as much as 50 percent of our English-language vocabulary comes from French. Most of these words are true cognates and facilitate comprehension. There are, however, a number of false cognates whose meaning *in a given context* is quite different from what we might expect. Some examples are given below.

Review the concepts of *cognate,* p. 25, and *false cognate,* p. 52.

VOCABULAIRE

Quelques faux amis

actuellement	*now*	une histoire	*story*
une annonce	*advertisement*	un journal	*newspaper*
arriver	*to happen*	original(e)	*novel, odd; different*
assister (à)	*to attend*	par hasard	*by chance*
attendre	*to wait for*	passer un examen	*to take a test*
un avertissement	*warning*	passionnant(e)	*exciting, fascinating*
compréhensif (-ve)	*understanding*	des plaisanteries	*jokes*
un conducteur	*driver*	rester	*to stay*
confus(e)	*ashamed, embarrassed*	sans doute	*probably*
demander	*to ask*	sensible	*sensitive*
une émission	*program*	un smoking	*a tuxedo*
formidable	*wonderful*		

▶ **À vous.** Répondez.

1. Avez-vous un feuilleton préféré? Si oui, lequel?
2. Que pensez-vous des feuilletons en général?
3. Quel feuilleton aimez-vous le moins?

ENTRE AMIS

Ton émission préférée

1. Find out if your partner watches TV.
2. If so, ask what his/her favorite TV program is.
3. Find out if your partner listens to the radio.
4. If so, ask what his/her favorite radio program is.
5. If your partner has responded affirmatively, find out the date and time of his/her favorite programs.
6. If your partner has responded no, find out why s/he doesn't watch TV or listen to the radio.

Prononciation

La tension

■ There is much more tension in the facial muscles when speaking French than when speaking English. Two important phenomena result from this greater tension.

1. *There are no diphthongs (glides from one vowel sound to another) in French.* French vowels are said to be "pure." The positions of mouth and tongue remain stable during the pronunciation of a vowel, and therefore one vowel sound does not "glide" into another as often happens in English.

▶ **Contrast:**

English	French
d**ay**	d**es**
aut**o**	aut**o**

■ Notice that in the English word *day,* the **a** glides into an **ee** sound at the end, and that in the English word *auto,* the **o** glides to **oo**.

▶ Now practice "holding steady" the sound of each of the vowels in the following French words.

étudiant, am**é**ricain
sant**é**, soir**ée**
dans**er**, parl**ez**
l**es**, j'**ai**

ch**o**se, styl**o**
tr**o**p, zér**o**
aussi, ch**au**d
b**eau**, mant**eau**

2. *Final consonants are completely released.* The pronunciation of final French consonants is much more "complete" than is the case for those of American English.

■ Note that in American English, the final consonants are often neither dropped nor firmly enunciated. In similar French words, the final consonants are all clearly pronounced.

▶ **Contrast:**

English	French
ro**b**	ro**be**
gran**d**	gran**de**
ba**g**	ba**gue**
be**ll**	be**lle**
ho**me**	ho**mme**
America**n**	américai**ne**
gri**p**	gri**ppe**
intelligen**t**	intelligen**te**

▶ Now practice "releasing" the highlighted final consonant sounds below so that you can hear them clearly.

1. u**ne** gran**de** fi**lle**
2. E**lle** s'appe**lle** Michè**le**.
3. un pi**que**-ni**que**
4. une ba**gue** de fiançai**lles**
5. un ho**mme** et une fe**mme**
6. sa ju**pe** ver**te**

L'homme qu'on interviewe parle au micro.

Réalités culturelles

Les Petites Antilles françaises

Situées en zone tropicale, les Petites Antilles françaises sont un archipel en forme d'arc de cercle où se trouvent la Martinique (mot qui veut dire «île aux fleurs») et la Guadeloupe («île aux belles eaux»). Cette dernière est composée de deux îles principales, qui forment un papillon, Basse-Terre et Grande-Terre. C'est à la Martinique, au village des Trois-Îlets, que la future impératrice Joséphine, femme de Napoléon Ier, est née.

Mais ces îles de rêve ont leur côté sombre. Chaque année, des ouragans violents frappent la région. Ces îles volcaniques sont à la merci d'éruptions, comme celle qui en 1902 a détruit Saint-Pierre à la Martinique. Elles sont aussi menacées de tremblements de terre qui peuvent faire disparaître des portions d'île entières. Au cours de leur histoire, ces îles ont connu l'exploitation, la violence et la misère. Aujourd'hui encore, le chômage est très élevé: 23,5 pour cent à la Martinique, plus élevé encore en Guadeloupe. Certains Antillais voudraient se séparer de la France. Aimé Césaire, célèbre poète de la négritude, qui est devenu maire de Fort-de-France, a déclaré que la Martinique «perdait son âme» en restant française et dépendante de la France. Par contre, une séparation de la France serait un désastre économique.

Repères:	La Martinique	La Guadeloupe
Statut politique:	départements français d'outre-mer	
Superficie:	1.106 km^2	1.780 km^2
Population:	385.000	426.000
Langue officielle:	français	français
Religion:	catholique	catholique
Chef-lieu:	Fort-de-France	Pointe-à-Pitre
Ressources:	subvention de l'État français, tourisme, industrie (rhum, sucre), agriculture (canne à sucre, bananes, ananas)	

Vocabulaire: *âme* soul, *chômage* unemployment, *ouragan* hurricane, *papillon* butterfly, *par contre* on the other hand, *rêve* dream, *tremblement de terre* earthquake

Buts communicatifs

1. Describing Interpersonal Relationships

L'histoire d'un divorce

David et Marie ne s'entendent plus très bien.
Ils se fâchent°.   *get angry*
Ils se disputent°.   *argue; fight*
Il ne lui envoie plus de fleurs.
Elle ne lui parle plus.
Il lui a dit° qu'il ne l'aime plus.   *He told her*
Ils vont se séparer.
Ils ont même° l'intention de divorcer.   *even*

▶ **Et vous?** Choisissez un couple (de Hollywood, de Washington, de vos amis, etc.) que vous connaissez. Comment s'appellent-ils? Est-ce qu'ils s'entendent bien? Est-ce qu'ils se disputent quelquefois? Décrivez ce couple.

A. Le verbe *dire*

David **dit** qu'il va partir.   *David says (that) he's going to leave.*
Dites à Marie de faire attention.   *Tell Marie to watch out.*

dire (to say; to tell)			
je	dis	nous	disons
tu	dis	vous	dites
il/elle/on	dit	ils/elles	disent

passé composé: j'**ai dit**

■ The verb **dire** should not be confused with the verb **parler**. Both can mean *to tell*, but they are used differently.

- **Dire** can be followed by a quote or by an item of information (sometimes contained in another clause introduced by **que**).

Bruno **dit bonjour** à Alissa.   *Bruno says hello to Alissa.*
Il **lui dit un secret.**   *He tells her a secret.*
Il **dit qu'il l'aime.**   *He says that he loves her.*
Il **dit** toujours **la vérité.**   *He always tells the truth.*

- **Parler** can stand alone or can be followed by an adverb, by **à** (or **avec**) and the person spoken to, or by **de** and the topic of conversation.

Bruno **parle** (lentement).   *Bruno is speaking (slowly).*
Il **parle à** Alissa.   *He is talking to Alissa.*
Il **parle de** lui-même.   *He is telling about himself.*

NOTE — When the meaning is *to tell (a story)*, the verb **raconter** is used.

Raconte-nous une histoire.   *Tell us a story.*

1 Qu'est-ce qu'ils disent? Quelles sont les opinions de chaque personne? Utilisez le verbe **dire** et le verbe **être** dans chaque phrase.

MODÈLE: Ma grand-mère / le rap / facile ou difficile à comprendre
Ma grand-mère dit que le rap est difficile à comprendre.

1. je / la publicité à la télé / très bonne ou très mauvaise
2. nos grands-parents / nous / charmants ou désagréables
3. nous / le cours de français / formidable ou ennuyeux
4. le professeur de français / nous / travailleurs ou paresseux
5. mes professeurs / je / intelligent(e) ou stupide
6. mes amis / le football à la télé / passionnant ou affreux

2 À vous. Répondez.

1. Que dites-vous quand vous avez une bonne note à un examen?
2. Que dit votre professeur de français quand vous entrez en classe?
3. Que dites-vous quand vous êtes en retard à un cours?
4. Que dites-vous à un(e) ami(e) qui vous téléphone à 6 heures du matin?
5. De quoi parlez-vous avec vos amis?
6. Vos professeurs racontent-ils quelquefois des histoires en classe? Si oui, quelle sorte d'histoires?
7. Comment dit-on «Oh dear!» en français?
8. Dites-vous toujours la vérité?

3 Le perroquet et la fourmi *(the parrot and the ant).* **Quelle histoire!** Utilisez les verbes **dire, parler** et **raconter** pour compléter le paragraphe suivant.

Mon frère _____ qu'il adore les histoires drôles. Hier soir, par exemple, il m'a _____ l'histoire d'une femme anglaise qui achète un perroquet qui ne _____ que le français. Mais la pauvre dame ne peut rien _____ en français et ne peut pas _____ avec lui. Un jour, la dame va boire un verre de lait mais dans le verre il y a une fourmi. Le perroquet veut _____ à la dame de ne pas boire le lait; il _____ FOURMI!! parce qu'il ne _____ pas anglais. La dame pense que le perroquet a _____ «For me!» et elle part chercher un verre de lait pour son perroquet. J'ai _____ à mon frère que je n'apprécie pas beaucoup les histoires qu'il _____.

B. Les pronoms objets indirects

David parle *à Marie*.	*David is speaking to Marie.*
Il **lui** dit qu'il l'aime.	*He tells **her** that he loves her.*
Il **lui** demande de l'épouser.	*He asks **her** to marry him.*
Il **lui** achète une bague de fiançailles.	*He buys **her** an engagement ring.*
Ils écrivent *à leurs parents*.	*They write to their parents.*
Ils **leur** disent qu'ils vont se marier.	*They tell **them** that they are going to get married.*

Buts communicatifs • *trois cent quatre-vingt-sept* **387**

Il lui a demandé si elle voulait se promener.

■ Indirect object nouns in French are preceded by the preposition **à**. Many verbs take indirect objects, either in addition to a direct object or with no direct object.

VOCABULAIRE

Quelques verbes qui prennent un objet indirect

acheter		to buy
demander		to ask
dire		to say; to tell
donner		to give
écrire		to write
emprunter	quelque chose **à quelqu'un**	to borrow
envoyer		to send
montrer		to show
prêter		to lend
raconter		to tell
rendre		to give back
vendre		to sell
obéir		to obey
parler	**à quelqu'un**	to speak, talk
répondre		to respond, answer
téléphoner		to telephone

Two additional expressions that you have already learned take a specific direct object plus an indirect object: **poser une question à quelqu'un; rendre visite à quelqu'un.** J'ai posé une question **au professeur.** *(I asked the teacher a question.)* Vas-tu rendre visite **à tes parents?** *(Are you going to visit your parents?)*

NOTE — Do not be confused by verbs that take an indirect object in French but a direct object in English.

Paul obéit **à ses parents.**   *Paul obeys his parents.*

Je téléphone **à Brigitte.**   *I call Brigitte.*

Marc rend visite **à ses amis.**   *Marc visits his friends.*

■ Indirect object nouns can be replaced in sentences by indirect object pronouns.

Review the direct object pronouns on pp. 228 & 278.

me (m')	(to) me	nous	(to) us
te (t')	(to) you	vous	(to) you
lui	(to) him; (to) her	leur	(to) them

NOTE — The indirect object pronouns **me, te, nous,** and **vous** are identical to the direct object pronouns. But unlike direct objects, **lui** is used for both *(to) him* and *(to) her,* and **leur** is used for *(to) them.*

Alain a-t-il téléphoné **à Pierre**? Oui, il **lui** a téléphoné.
A-t-il téléphoné aussi **à Anne**? Oui, il **lui** a téléphoné aussi.
A-t-il téléphoné **à Guy et à Ariel**? Oui, il **leur** a téléphoné après.
Vous a-t-il parlé de tout ça? Non, il ne **m'**a pas parlé de ça.
  Ariel **m'**a dit ça.

NOTE — Often in English, the preposition *to* is omitted. Also, in some contexts indirect object pronouns may mean *for* someone, *from* someone, etc.

Est-ce que je **t'**ai donné de l'argent? *Did I give* **you** *some money? (= to you)*
Mais non, tu **m'**as emprunté 5 dollars! *No, you borrowed 5 dollars* **from me**!
Alors, je **t'**achèterai quelque chose. *Then I'll buy* **you** *something. (= for you)*

■ Like a direct object pronoun, an indirect object pronoun is almost always placed directly *before* the verb.

Nous **lui** répondons tout de suite. *We answer him (her) right away.*
Ils ne **nous** ont pas téléphoné. *They didn't telephone us.*
Vous dit-elle la vérité? *Is she telling you the truth?*
Elle va **leur** rendre visite. *She is going to visit them.*
Ne **m'**écris pas. *Don't write to me.*

NOTE — Also like direct object pronouns, indirect object pronouns follow the verb *only* in affirmative commands, and in that case **me** and **te** become **moi** and **toi.**

Review the use of pronouns with the imperative, Ch. 10, p. 283.

Écris-**lui** immédiatement! *Write to him immediately!*
Donne-**moi** de l'eau, s'il te plaît. *Give me some water, please.*

Synthèse: object pronouns

direct:	me	te	le/la	nous	vous	les
indirect:	me	te	lui	nous	vous	leur
reflexive:	me	te	se	nous	vous	se

Carrefour vous simplifie la vie!
Tout en faisant vos courses, vous pouvez aussi...

4 **Le professeur et les étudiants.** Utilisez les expressions suivantes pour faire des phrases. Utilisez un pronom objet indirect dans chaque phrase et utilisez la forme négative si vous voulez.

MODÈLES: **Le professeur leur parle toujours en français.**

Les étudiants ne lui rendent jamais visite.

> In this activity **lui** refers to **le professeur,** and **leur** refers to **les étudiants.**

		dire bonjour	
		parler en français	
		écrire des lettres	toujours
		téléphoner	d'habitude
le professeur	leur	rendre visite	souvent
les étudiants	lui	poser des questions	quelquefois
		demander un conseil	rarement
		raconter des histoires	jamais
		obéir	
		donner des tests faciles	
		envoyer des messages	

5 **Vrai ou faux?** Décidez si les phrases suivantes sont vraies ou fausses. Ensuite répondez chaque fois avec un pronom objet indirect. Si une phrase est fausse, corrigez-la.

MODÈLES: Le professeur dit toujours bonjour aux étudiants.
C'est vrai. Il leur dit toujours bonjour.

Le président vous a téléphoné.
C'est faux. Il ne m'a pas téléphoné.

1. Le professeur de français ne donne pas beaucoup de devoirs aux étudiants.
2. Le professeur vous pose beaucoup de questions.
3. Les étudiants répondent toujours correctement au professeur.
4. Vous écrivez quelquefois des lettres à vos amis.
5. Vos amis vous répondent chaque fois.
6. Vous téléphonez souvent à votre meilleur(e) ami(e).
7. Vous ne rendez jamais visite à vos cousins.
8. Vous montrez toujours vos notes à vos parents.
9. Vos parents vous prêtent souvent leur voiture.

6 **Faites-le donc!** *(Then do it!)* Encouragez la personne d'après les modèles. Utilisez des pronoms objets indirects.

MODÈLES: Je vais rendre visite à Jean.
Eh bien, rendez-lui donc visite!

Je voudrais poser une question au professeur.
Eh bien, posez-lui donc une question!

1. Je vais parler à Claire.
2. Je voudrais répondre au professeur.
3. Je vais rendre visite à mes grands-parents.
4. Je vais prêter ma voiture à mon amie.
5. J'ai envie de vous poser une question.
6. Je voudrais dire bonjour à Thierry.
7. J'ai envie de téléphoner à mes parents.

7 **Non, ne le faites pas!** Employez encore les phrases de l'activité 6 pour dire à la personne de *ne pas* faire ce qu'elle veut faire. Utilisez des pronoms objets indirects.

MODÈLES: Je vais rendre visite à Jean.
Mais non, ne lui rendez pas visite!

Je voudrais poser une question au professeur.
Mais non, ne lui posez pas de question!

8 **La voiture de Paul.** Remplacez chaque expression en italique par un des pronoms suivants:
le, la, les, lui ou **leur.**

MODÈLES: Les parents de Paul ont acheté une voiture *à leur fils*.
Les parents de Paul lui ont acheté une voiture.

Ils aiment beaucoup *leur fils*.
Ils l'aiment beaucoup.

1. Il a dit merci *à ses parents*.
2. Georges a demandé *à Paul* s'il pouvait conduire *la voiture*.
3. Paul a prêté sa voiture *à Georges*.
4. Georges rend visite *à sa petite amie*.
5. Elle aime beaucoup *la voiture*.
6. Elle demande *à Georges* si elle peut conduire *la voiture*.
7. Il prête la voiture *à sa petite amie*. Elle dit merci *à Georges*.
8. Il dit *à son amie* de prendre *le volant*.
9. Elle va rendre la voiture *à Georges* la semaine prochaine.

9 Je vais le faire. Répondez affirmativement à chaque ordre par l'expression **Je vais** + un infinitif. Remplacez les expressions en italique par un pronom objet direct ou indirect.

MODÈLES: Il faut que vous téléphoniez *à Léa!*
D'accord, je vais lui téléphoner.

Il faut que vous écriviez *votre nom.*
D'accord, je vais l'écrire.

1. Il faut que vous obéissiez *à vos parents!*
2. Il faut que vous prêtiez votre livre *à votre voisine!*
3. Il faut que vous regardiez *cette émission!*
4. Il faut que vous écriviez une lettre *à vos grands-parents!*
5. Il faut que vous disiez *la vérité!*
6. Il ne faut pas que vous demandiez *à Agnès* quel âge elle a!
7. Il ne faut pas que vous buviez *ce verre de vin!*
8. Il faut que vous posiez une question *au professeur!*
9. Il faut que vous *me* répondiez!

10 À vous. Répondez.

1. Téléphonez-vous souvent à vos amis?
2. À qui avez-vous parlé récemment?
3. Qu'est-ce que vous lui avez dit?
4. Qu'est-ce que vous lui avez demandé?
5. Qu'est-ce qu'il ou elle vous a répondu?
6. Allez-vous rendre visite à des amis bientôt?
7. Si oui, quand est-ce que vous leur rendrez visite? Si non, comment les contacterez-vous?
8. Que prêtez-vous à vos amis?
9. Qu'est-ce que vous empruntez à vos parents?

ENTRE AMIS

Votre meilleur(e) ami(e)

Talk to your partner about his/her best friend. Use indirect object pronouns where appropriate.

1. Find out the name of your partner's best friend.
2. Ask if your partner wrote to him/her this week.
3. Ask if your partner visited him/her this week.
4. Ask if your partner called him/her this week.
5. If so, try to find out what your partner said to his/her friend.

2. Describing Television Programs

NOTE CULTURELLE
Si on ne considère que les chaînes nationales TF1, France 2, France 3, Arte/La Cinquième et M6, les Français regardent plus de 1.050 heures de programmes par an, dont 272 h. de fiction (feuilletons, etc.); 151 h. d'informations; 99 h. de publicité; 86 h. de jeux; 71 h. de sport; 31 h. d'émissions pour enfants (dessins animés).
D'après le Quid

Quelles émissions y a-t-il à la télévision?
Il y a …
    les informations, par exemple, *le Journal du soir*.
    la météorologie, par exemple, *le Bulletin météo*.
    les sports, par exemple, *le Tour de France*.
    les films, par exemple, *Tous les matins du monde*.
    les pièces, par exemple, *L'Avare* de Molière.
    les feuilletons, par exemple, *Le Fond du problème*.
    les dessins animés, par exemple, *Popeye*.
    les jeux, par exemple, *la Roue de la fortune*.
    la publicité, par exemple, les spots publicitaires pour Perrier, Coca-Cola.

Et vous? Qu'est-ce que vous regardez à la télévision?

À vous. Répondez.

1. Combien de temps par jour passez-vous à regarder la télévision?
2. Que regardez-vous à la télévision?
3. Quelles sont les émissions que vous ne regardez presque *(almost)* jamais?
4. Quelle émission trouvez-vous la plus drôle?
5. Quelle émission trouvez-vous la plus ennuyeuse?
6. Regardez-vous quelquefois des feuilletons? Si oui, quel feuilleton préférez-vous?
7. Que pensez-vous de la publicité à la télévision?
8. Voudriez-vous qu'il y ait plus, autant ou moins de sports à la télévision? Pourquoi?

Réalités culturelles

A total of 907 French people, with an average age of 19, responded to this Internet survey. They were asked to check the programs that they prefer to watch on TV. Many chose more than one type of program.

Qu'est-ce que les Français regardent à la télé?

En général, les Français regardent beaucoup la télévision. Dans cette enquête, 907 personnes ont choisi un ou plusieurs types d'émissions pour répondre à la question «La télé: Tu regardes surtout …?»

1. des films (825)
2. des séries (718)
3. des clips (555)
4. les divertissements (351)
5. les informations (323)
6. les feuilletons (315)
7. les dessins animés (306)
8. les jeux télévisés (300)
9. les émissions de variétés (291)
10. le sport (256)
11. les documentaires (229)
12. la météo (227)
13. les émissions culturelles (185)
14. les émissions occasionnelles (36)
15. les pubs (23)
16. les émissions de télé achat (15)

D'après membres.lycos.fr/maxisondages

C. Les verbes *voir* et *croire*

Je **crois** qu'il va neiger. Qu'en pensez-vous?	*I think it's going to snow. What do you think?*
On **verra**.	*We'll see.*
Je **crois** que je **vois** nos amis.	*I think (that) I see our friends.*
Avez-vous déjà **vu** ce film?	*Did you already see this film?*
Je **crois** que oui.	*I believe so.*
Non, je ne **crois** pas.	*No, I don't believe so.*

> Note the use of **que** in the expression **Je crois que oui.**

■ The verbs **voir** and **croire** have similar present tense conjugations.

voir *(to see)*		**croire** *(to believe, think)*	
je	vois	je	crois
tu	vois	tu	crois
il/elle/on	voit	il/elle/on	croit
nous	voyons	nous	croyons
vous	voyez	vous	croyez
ils/elles	voient	ils/elles	croient
passé composé: j'**ai vu**		*passé composé:* j'**ai cru**	

■ The future tense verb stem for **voir** is irregular: **verr-**. The future of **croire** is regular.

Je vous **verrai** demain.	*I will see you tomorrow.*
Mes amis ne me **croiront** pas.	*My friends won't believe me.*

■ The subjunctive forms of **voir** and **croire** have two stems just like other verbs that have two present tense stems.

Il faut que je le **voie**.	Il faut que vous le **voyiez** aussi.
Je veux qu'il me **croie**.	Je veux que vous me **croyiez**.

12 Que croient-ils? Tout le monde a son opinion. Utilisez le verbe **croire** et identifiez ce qui, à votre avis, correspond à la description donnée.

MODÈLE: mon père / la meilleure équipe de football
Mon père croit que les New York Giants sont la meilleure équipe de football.

1. je / l'émission la plus intéressante le jeudi soir
2. nous / le cours le plus ennuyeux
3. le professeur de français / les étudiants les plus travailleurs
4. mes parents / la chose la plus importante de ma vie
5. mes amis / le feuilleton le plus passionnant
6. je / le plus mauvais film de cette année

13 **Que croyez-vous?** Est-ce que la phrase est vraie pour la plupart des étudiants de votre cours de français? Si oui, répondez **Je crois que oui.** Si non, répondez **Je ne crois pas** et corrigez la phrase.

MODÈLE: La plupart des étudiants croient que le professeur de français est méchant.
Je ne crois pas. Ils croient que le professeur est très gentil.

1. La plupart des étudiants voient leurs parents tous les jours.
2. La plupart des étudiants verront un film le week-end prochain.
3. La plupart des étudiants ont déjà vu un film français.
4. La plupart des étudiants veulent voir un pays où on parle français.
5. La plupart des étudiants verront la tour Eiffel un jour.
6. La plupart des étudiants croient que les femmes conduisent mieux que les hommes.
7. La plupart des étudiants croyaient au Père Noël quand ils étaient petits.
8. La plupart des étudiants croient actuellement au Père Noël.

14 **À vous.** Répondez.

1. Quel film avez-vous vu la dernière fois que vous êtes allé(e) au cinéma?
2. Qui voyez-vous tous les jours?
3. Qui avez-vous vu hier?
4. Quelle note croyez-vous que vous aurez en français?
5. Quand croyez-vous que vous irez en Europe?
6. Qu'est-ce que vous verrez si vous y allez?
7. Qui croit au Père Noël?

D. Les interrogatifs *quel* et *lequel*

Review **quel**, p. 114.

■ You have already learned to use the adjective **quel** *(which? what?)*. **Quel** always occurs with a noun and agrees with that noun.

Quel feuilleton avez-vous vu?

De **quelle** actrice parlez-vous?

Quels acteurs préférez-vous?

Quelles sont vos émissions préférées?

■ **Lequel** *(which one)* replaces **quel** and the noun it modifies. Both parts of **lequel** show agreement.

Vous avez vu le feuilleton?	**Lequel?** (Quel feuilleton?)
Que pensez-vous de cette actrice?	**Laquelle?** (Quelle actrice?)
Ces acteurs sont formidables.	**Lesquels?** (Quels acteurs?)
Ce sont vos émissions préférées?	**Lesquelles?** (Quelles émissions?)

	singulier	pluriel
masculin	lequel	lesquels
féminin	laquelle	lesquelles

- Do not use the indefinite article (**un, une, des**) when **quel** is used in an exclamation.

    Quelle histoire!   *What a story!*
    Quel cours!   *What a course!*
    Quels étudiants!   *What students!*

- **Lequel** is often followed by the preposition **de** to name the group from which the choice is to be made.

    Laquelle *de vos amies* s'appelle Mimi?   *Which of your friends is named Mimi?*

    Lesquels *de vos professeurs* parlent français?   *Which of your teachers speak French?*

FOR RECOGNITION ONLY

When **lequel, lesquels,** and **lesquelles** are preceded by the prepositions **à** or **de,** the normal contractions are made. No contraction is made with **laquelle.**

à + lequel	→	**auquel**	de + lequel	→	**duquel**
à + lesquels	→	**auxquels**	de + lesquels	→	**desquels**
à + lesquelles	→	**auxquelles**	de + lesquelles	→	**desquelles**

Alexis parle d'un film, mais **duquel** parle-t-il?
Il parle aussi des émissions de télé, mais **desquelles?**
Auxquelles de ces émissions vous intéressez-vous?

15 **Dans une salle bruyante** *(In a noisy room).* On fait du bruit et vous n'entendez pas bien les réponses de votre partenaire. Demandez-lui de répéter. Utilisez une forme de **quel** dans la première question et une forme de **lequel** dans la deuxième.

MODÈLE: ville

    VOUS: **Quelle ville préfères-tu?**
VOTRE PARTENAIRE: **Je préfère Québec.**
    VOUS: **Laquelle?**
VOTRE PARTENAIRE: **Québec.**

1. émission
2. ville
3. dessin animé
4. film
5. voiture
6. acteurs
7. actrices
8. chanson
9. feuilleton
10. cours
11. dessert
12. sports

16 **Microconversation: Non, je n'ai pas pu.** Interviewez votre partenaire d'après le modèle. Faites tous les changements nécessaires.

MODÈLE: regarder le feuilleton
VOUS: **As-tu regardé le feuilleton hier?**
VOTRE PARTENAIRE: **Lequel?**
VOUS: **«Mes chers enfants».**
VOTRE PARTENAIRE: **Non, je n'ai pas pu le regarder.**

1. voir le match (de basket-ball, de base-ball, etc.)
2. regarder les informations
3. voir la pièce
4. regarder l'émission
5. regarder les dessins animés
6. voir le film

17 **À vous.** Répondez.

1. Y a-t-il des mois de l'année plus agréables que les autres? Lesquels?
2. Quel est le mois le moins agréable, à votre avis?
3. Lequel des membres de votre famille est le plus jeune?
4. Laquelle des actrices célèbres trouvez-vous la plus belle?
5. Lequel des acteurs célèbres trouvez-vous le plus beau?
6. Lesquels de vos amis voyez-vous tous les jours?
7. Auxquels envoyez-vous des messages électroniques?

E. Les pronoms relatifs (suite)

Review relative pronouns on p. 260.

■ Relative pronouns like *who, whom,* and *which* relate or tie two clauses together. They refer to a word in the first clause.

(J'ai des amis. Ils habitent en France.)
J'ai des amis **qui** habitent en France.   *I have friends who live in France.*
(J'ai des amis. Vous les connaissez bien.)
J'ai des amis **que** vous connaissez bien.   *I have friends whom you know well.*

■ The choice of the relative pronoun **qui** or **que** depends on its function as subject or object.

• **Qui** *(who, that, which)* replaces a person or a thing that is the *subject* of a relative clause.

«La Roue de la fortune» est une émission **qui** est très populaire.

• **Que** *(whom, that, which)* replaces a person or a thing that is the *object* of a relative clause.

Le film **que** j'ai vu était très intéressant.

Review agreement on p. 279.

■ Past participles conjugated with **avoir** agree with a preceding direct object. Therefore, a past participle will agree with **que** in a relative clause.

la pièce que j'ai vu**e**   *the play I saw*
la robe qu'elle a mis**e**   *the dress she put on*
les fleurs que tu as achet**ées**   *the flowers you bought*

- Although the relative pronoun may be omitted in English, it is never omitted in French.

    C'est l'émission **que** je préfère.   *It's the program (that) I prefer.*

> You have just learned to use **lequel, laquelle,** etc., (above) in questions.

- Preceded by a preposition, **qui** is normally used with persons and **lequel, laquelle,** etc., is used with things.

    la personne **avec qui** j'ai dansé   *the person with whom I danced*
    la question **à laquelle** j'ai déjà répondu   *the question I already answered*

- **Dont** *(whose, of which, about which)* is normally used to replace a relative pronoun and the preposition **de** that precedes it.

    l'émission **de laquelle** nous avons parlé
    l'émission **dont** nous avons parlé   *the program we spoke about*

    l'annonceur **de qui** je me souviens bien
    l'annonceur **dont** je me souviens bien   *the announcer I remember well*

NOS PARTENAIRES

buzz™

AÉROPORT DE BORDEAUX
Chambre de Commerce et d'Industrie de Bordeaux

La compagnie qui, sur Bordeaux-Londres, vous offre l'essentiel

18 **Identifiez-les.** Quelles sont les personnes ou les choses suivantes?

MODÈLE: une personne que vous avez vue à la télé
Jay Leno est une personne que j'ai vue à la télé.

1. une émission qui est très populaire à la télé
2. une émission que vous refusez de regarder à la télé
3. le dernier film que vous avez vu
4. une personne que vous connaissez qui n'aime pas regarder la télé
5. la publicité qui est la plus ennuyeuse de la télé
6. le dessin animé que vous trouvez le plus drôle
7. l'actrice ou l'acteur que vous préférez
8. une émission de télévision dont vous avez parlé avec vos amis
9. une personne avec qui vous êtes allé(e) au cinéma

ENTRE AMIS

À la télé

1. Find out if your partner likes soap operas.
2. If so, find out which one(s) and ask your partner to describe one of the soap operas.
3. If not, ask why not and inquire if there are other programs your partner watches on TV.
4. If so, choose one and ask your partner to describe what that program is about.

3. Expressing Emotion

Êtes-vous d'accord avec les sentiments exprimés dans les phrases suivantes? Qu'en pensez-vous?[1]

	oui	non
Je suis fâché(e) que les professeurs donnent tant de devoirs!	___	___
Je regrette que mes notes ne soient pas meilleures.	___	___
C'est dommage qu'il y ait tant d'émissions sportives à la télévision.	___	___
C'est ridicule qu'il y ait tant de publicité à la télévision.	___	___
Je suis désolé(e) que tant de gens n'aient pas assez à manger.	___	___
Le professeur est ravi que je fasse des progrès.	___	___

1. *What's your opinion (about them)?*

Review the forms and uses of the subjunctive in Ch. 13.

F. Le subjonctif (suite)

■ The subjunctive forms for **vouloir** and **pouvoir** are as follows:

vouloir

	(veuill-)				(nous voulons)	
que je	**veuill**	e	que nous	**voul**	ions
que tu	**veuill**	es	que vous	**voul**	iez
qu'il/elle/on	**veuill**	e			
qu'ils/elles	**veuill**	ent			

pouvoir (puiss-)

que je	**puiss**	e	que nous	**puiss**	ions
que tu	**puiss**	es	que vous	**puiss**	iez
qu'il/elle/on	**puiss**	e	qu'ils/elles	**puiss**	ent

■ In addition to expressing necessity and will, the subjunctive is also used to express emotion.

Je suis content(e) que vous **soyez** ici.   *I am happy (that) you are here.*
Je regrette que Luc ne **puisse** pas venir.   *I am sorry Luc can't come.*

■ If there is no change of subjects, the preposition **de** plus the infinitive is used instead of the subjunctive.

Je suis content(e) **d'être** ici.   *I am happy to be here.*
Luc regrette **de ne pas pouvoir** venir.   *Luc is sorry he can't come.*

VOCABULAIRE

Pour exprimer un sentiment

Je suis ravi(e) que	I am delighted that
C'est formidable que	It's great that
C'est chouette que	It's great that
Je suis content(e) que	I am happy that
Ce n'est pas possible que	It's not possible that
C'est incroyable que	It's unbelievable that
C'est dommage que	It's too bad that
C'est ridicule que	It's ridiculous that
Je suis triste que	I am sad that
Je regrette que	I am sorry that
Je suis désolé(e) que	I am very sorry that
Je suis fâché(e) que	I am angry that

19 Des réactions différentes. Décidez si votre professeur est content et si vous êtes content(e) aussi.

MODÈLE: J'ai beaucoup de devoirs.
**Mon professeur est content que j'aie beaucoup de devoirs.
Mais moi, je ne suis pas content(e) d'avoir beaucoup de devoirs.**

1. Je vais souvent à la bibliothèque.
2. Je sais parler français.
3. Je lis *Entre amis* tous les soirs.
4. Je suis un(e) bon(ne) étudiant(e).
5. J'ai «A» à mon examen.
6. Je sors tous les soirs.
7. Je fais régulièrement des rédactions.
8. Je peux aller en France cet été.
9. Je veux étudier le français en France.

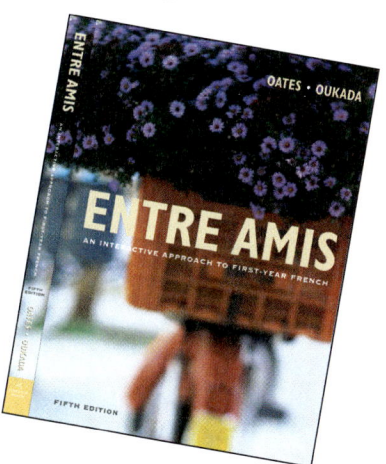

20 Votre réaction, s'il vous plaît. Choisissez une expression pour réagir *(react)* aux phrases suivantes.

MODÈLE: Véronique va en Floride. Mais il pleut.
C'est formidable qu'elle aille en Floride. Mais c'est dommage qu'il pleuve.

1. Les vacances commencent bientôt. Mais les examens vont avoir lieu avant les vacances.
2. Tous les professeurs sont généreux et charmants. Mais ils donnent beaucoup de devoirs.
3. Les étudiants de cette classe font toujours leurs devoirs. Mais ils sont fatigués.

21 Test psychologique. Expliquez les causes de vos réactions. Faites deux ou trois phrases chaque fois.

MODÈLE: Je suis triste ...
**Je suis triste que mon petit ami (ma petite amie) ne m'aime plus.
Je suis triste que tout le monde me déteste.
Je suis triste de ne pas avoir de bons amis.**

1. C'est ridicule ...
2. Nous regrettons ...
3. Je suis ravi(e) ...
4. C'est dommage ...
5. C'est chouette ...

22 En groupes *(3 ou 4 étudiants).* Une personne dira une phrase au présent ou au futur (par exemple: **J'ai chaud** ou **Je sortirai ce soir**). Une autre personne réagira (par exemple: **C'est dommage que tu aies chaud** ou **Je suis content(e) que tu sortes ce soir**). Combien de phrases pouvez-vous former?

G. Le pronom *en*

On vend des journaux ici?	*Do you sell newspapers here?*
Non, on n'**en** vend pas. Vous **en** trouverez à la gare.	*No, we don't sell any. You will find some at the station.*
Vous avez du brocoli?	*Do you have any broccoli?*
Oui, j'**en** ai.	*Yes, I have some.*
Il y a beaucoup de fruits cette année?	*Is there a lot of fruit this year?*
Oui, il y **en** a beaucoup.	*Yes, there is a lot (of it).*
Vous avez des oranges?	*Do you have any oranges?*
Oui. Combien **en** voulez-vous?	*Yes. How many (of them) do you want?*
J'**en** voudrais six.	*I would like six (of them).*

■ The pronoun **en** takes the place of a noun that is preceded by some form of **de** (e.g., **de, du, de la, de l', des**) or by a number (e.g., **un, une, deux, trois**), or by an expression of quantity (e.g., **beaucoup de, trop de**).

Vous avez **du** camembert?	Oui, j'**en** ai.
Noël a **une** voiture?	Oui, il **en** a une.
Nous avons **assez de** livres?	Oui, nous **en** avons assez.

■ When a noun is preceded by a number or a quantity word, the number or quantity word must be included in a sentence with **en**.

Vous avez **une** maison?	*Do you have a house?*
Oui, j'**en** ai **une**.	*Yes, I have one.*
Vous avez **deux** valises?	*Do you have two suitcases?*
Non, je n'**en** ai pas **deux**.	*No, I don't have two (of them).*
Je n'**en** ai qu'**une**.	*I have only one.*
Mon père **en** a **beaucoup**.	*My father has a lot (of them).*

> **NOTE** To say *I don't have any*, use **Je n'en ai pas.**

■ **En** is also used to replace **de** plus an infinitive or **de** plus a noun with expressions of emotion.

Hervé est triste **de partir**?	Oui, il **en** est triste.
Es-tu contente **de tes notes**?	Oui, j'**en** suis ravie.

23 Sondage (Poll). Utilisez les expressions suivantes pour interviewer votre partenaire. Il (elle) va utiliser **en** dans chaque réponse.

MODÈLE: voitures

> VOUS: **Combien de voitures as-tu?**
> VOTRE PARTENAIRE: **J'en ai une.** ou **Je n'en ai pas.**

1. frères
2. sœurs
3. enfants
4. camarades de chambre
5. professeurs
6. voitures
7. cours
8. cartes de crédit

24 Quelles réactions! Composez deux phrases affirmatives ou négatives. La première peut être au présent, à l'imparfait ou au passé composé. Utilisez **en** dans la deuxième.

MODÈLE: **Mes amis n'ont pas gagné à la loterie. Ils en sont désolés.**

	être fiancé(e)(s)	
	se marier	ravi
je	attendre un bébé	content
mes amis	réussir à un examen	triste
un(e) de mes ami(e)s	avoir une mauvaise note	désolé
	divorcer	fâché
	gagner à la loterie	confus
	arriver en retard	

*Remember that **confus** is a false cognate, p. 381.*

25 À vous. Répondez. Utilisez **en** dans chaque réponse.

1. Combien de tasses de café buvez-vous par jour?
2. Buvez-vous du thé?
3. Voulez-vous du chewing-gum?
4. Êtes-vous content(e) de vos notes?
5. Combien de personnes y a-t-il dans votre famille?
6. Combien de maillots de bain avez-vous?
7. Quelle est votre réaction quand vous avez «A» à l'examen?

ENTRE AMIS

Les examens finals

Use **en** whenever possible.

1. Find out how many courses your partner has this semester.
2. Ask if s/he is pleased (happy) with his/her courses.
3. Ask if s/he is pleased (happy) with his/her grades.
4. Find out how many final exams s/he will have.
5. Ask if s/he is afraid of them.

Intégration

Révision

A **Décrivez-les.** Inventez une description pour les couples suivants:

1. un couple qui va se marier.
2. un couple qui divorce.
3. un couple qui habite chez les parents du mari.

B **Un feuilleton.** Choisissez un feuilleton que vous connaissez. Décrivez-le à votre partenaire.

C **Mes réactions.** Quelles sont vos réactions aux circonstances suivantes?

MODÈLE: Le professeur vous annonce qu'il n'y aura pas de cours demain.
J'en suis ravi(e)! Je lui dis «Merci beaucoup!». C'est chouette qu'il n'y ait pas de cours.

1. Le professeur vous dit qu'il y aura un examen demain.
2. On vous téléphone pour vous annoncer que vous venez de gagner à la loterie.
3. Vous vous êtes disputé(e) avec votre ami(e) et il (elle) vous envoie un message électronique pour vous demander pardon.
4. Vos parents veulent vous parler de vos études et de ce que vous allez faire dans la vie.
5. Une amie vous annonce que son petit ami ne veut plus la voir.
6. Vous dormez et le téléphone sonne à trois heures du matin. Vous y répondez et une personne que vous ne connaissez pas vous demande si vous voulez acheter une encyclopédie.

D **Début de rédaction.** Faites d'abord une liste de cinq émissions de télé de votre pays. Essayez de varier votre liste et de ne pas choisir le même type d'émission pour toutes les cinq. Ensuite, pour chaque émission que vous avez choisie, donnez une petite description en français.

E **À vous.** Utilisez un pronom objet indirect dans chaque réponse.

MODÈLE: Qu'est-ce que vos amis vous envoient pour votre anniversaire?
Ils m'envoient une carte (des fleurs, un cadeau, des bonbons, etc.).
ou
Ils ne m'envoient rien.

1. Qu'est-ce que vous envoyez à vos amis pour leur anniversaire?
2. Qu'est-ce que vous dites à votre professeur de français quand vous arrivez au cours?
3. Qu'est-ce que votre professeur vous répond?
4. Posez-vous beaucoup de questions au professeur de français?
5. Est-ce que vous téléphonez quelquefois à vos amis?
6. Est-ce que vos amis vous écrivent souvent?

Négociations: Qu'est-ce qu'il (elle) en pense? Interviewez votre partenaire pour trouver les renseignements qui manquent. La copie de votre partenaire est dans l'appendice D.

MODÈLE: Quelle est la réaction de Catherine?
Pourquoi est-elle triste?

A

	Ce qui arrive	**Sa réaction**
Catherine	Son mari ne lui envoie pas de fleurs.	
Éric		Il en est content.
Alain		Il croit que c'est ridicule.
Chantal	Ses professeurs ne sont pas compréhensifs.	
Monique		Elle en est contente.
Jacques	Ses meilleurs amis divorcent.	
Christophe	Ses notes ne sont pas très bonnes.	
Nathalie		Elle en est désolée.
Véronique		Elle en est ravie.
Pierre	Sa petite amie et lui ne s'entendent pas très bien.	

Lecture I

A **Parcourez les listes d'émissions.** Lisez rapidement les listes d'émissions pour identifier (1) le jour de la semaine et (2) les différents sports qui sont mentionnés.

B **À vous de juger.** Relisez la lecture qui suit. Lesquelles des émissions intéresseront probablement une personne qui ...

1. pratique sa religion?
2. aime le sport?
3. aime l'émission américaine *ER*?
4. veut gagner de l'argent?
5. veut savoir le temps qu'il fera demain?
6. veut savoir ce qui se passe dans le monde?
7. aime les films?

404　*quatre cent quatre* • **CHAPITRE 14**　**Quelle histoire!**

À la télévision

Les deux colonnes suivantes sont tirées du site web de Yahoo! France.

TF1		France 2	
08h10	Disney! (dessin animé)	08h30	Les voix bouddhistes
09h57	Météo	08h45	Connaître l'Islam
10h00	Motocross: Championnat du Monde 250cc	09h15	À bible ouverte
11h00	Téléfoot: Championnat de France	09h30	Orthodoxie
12h15	Le juste prix (jeu)	10h00	Présence protestante
12h50	À vrai dire: Aménager la cuisine	10h30	Le jour du Seigneur
12h55	Météo	11h00	Messe célébrée en la cathédrale St.-Michel
13h00	Le journal	12h00	Chanter la vie
13h15	Au nom du sport	13h00	Le journal de treize heures
13h55	Formule 1: Grand Prix d'Italie	13h25	Météo 2
15h40	Dingue de toi (série, comédie)	13h30	Rapport du Loto
17h00	Dawson: La nouvelle Ève (série, comédie)	13h35	Ni vue ni connue
17h55	Le maillon faible	15h35	Ovnis, le secret américain
18h55	Qui veut gagner des millions?	16h35	Boston public
19h55	Être heureux comme (magazine, culturel)	17h20	Un gars, une fille
20h00	Le journal	18h15	Stade 2
20h35	Au nom du sport (magazine, sportif)	19h25	Championnat du monde
20h40	Le résultat des courses (magazine, sportif)	20h00	Le journal de vingt heures
20h45	Le temps d'un tournage (magazine, cinéma)	20h45	Météo 2
20h50	Météo	20h55	Urgences
20h55	Boomerang (film, comédie)	21h45	Urgences
23h00	Les films dans les salles (magazine, cinéma)	22h35	Urgences
23h05	Rob Roy (film historique)	23h20	New York 911

C **Inférence.** Relisez la lecture et cherchez des exemples qui aident à identifier une des chaînes comme privée et l'autre comme publique.

Lecture II

A **Étude du vocabulaire.** Étudiez les phrases suivantes et choisissez les mots qui correspondent aux mots français en caractères gras: *operation, healer, very attractive, wage a fierce struggle, lover, producer, although.*

1. Cet homme est gentil **quoiqu'**un peu bizarre.
2. Le **réalisateur** dirige toutes les opérations de préparation et de réalisation d'un film.
3. On a dû transporter le malade à l'hôpital et on lui a fait subir une **intervention chirurgicale.**
4. Un **amant** est un homme qui a des relations sexuelles avec une femme à laquelle il n'est pas marié.
5. Une **guérisseuse** fait profession de guérir sans avoir les qualités officielles d'un médecin.
6. L'armée va **mener une lutte acharnée** contre l'ennemi.
7. La jeune femme était **séduisante,** pleine de charme.

B **Avant de lire.** Répondez d'après les films que vous avez vus.

1. À votre avis, quel est le meilleur film de cette année?
2. Quel film trouvez-vous le plus bizarre?
3. Quel film trouvez-vous le plus comique?
4. Quel est le film le plus violent?
5. Combien de fois êtes-vous allé(e) au cinéma le mois dernier?
6. Quel est le dernier film que vous avez vu?

C **Parcourez la liste des films.** Lisez rapidement pour identifier les films et les acteurs que vous connaissez.

AU CINÉMA

«PÈRE ET FILS»: Léo, un vieux père de famille, ancien représentant de commerce, est prêt à tout pour retrouver l'affection de ses trois fils, David, Max et Simon. Il va même jusqu'à invoquer une maladie et une intervention chirurgicale pour les convaincre de l'accompagner dans un voyage au Canada, où il a l'intention de refaire l'unité du clan familial. Les quatre Français y feront la rencontre d'une guérisseuse et de sa fille. Avec Philippe Noiret, Charles Berling, Marie Tifo.

«TERMINATOR 3: LE SOULÈVEMENT DES MACHINES»: Dix ans ont passé depuis «Le Jugement dernier». Maintenant âgé de 22 ans, John Connor vit sans domicile, sans travail et sans identité. Mais les machines de Skynet parviennent à retrouver sa trace. Elles envoient alors vers le passé la T-X, une androïde nouvelle génération quasi-invulnérable, capable de disparaître, de se métamorphoser ou de devenir de la pure énergie, pour éliminer le futur leader de la résistance humaine mais également Kate Brewster, une jeune vétérinaire. Un autre Terminator, le T-101, est venu protéger la vie de John Connor. Ensemble, l'homme et la machine vont mener une lutte acharnée contre la T-X: de l'issue de ce combat dépendra le futur de l'humanité ... Avec Arnold Schwarzenegger, Kristanna Loken.

«LA PETITE LILI»: Mado, une actrice célèbre, passe ses vacances d'été dans sa propriété en Bretagne, en compagnie de son frère Simon, de son fils Julien qui veut devenir cinéaste et de Brice, son amant du moment, réalisateur de ses derniers films. Les relations de Julien avec sa mère sont très tumultueuses. Ce dernier est amoureux de Lili, une jeune fille de la région qui ambitionne d'être actrice. Celle-ci considère Julien avec tendresse mais elle est fascinée par Brice, qui semble sensible à sa grâce. Un jour, Lili lui propose de tout quitter pour l'emmener à Paris. Cinq ans plus tard, Lili est une actrice célèbre. Elle n'est plus avec Brice. Elle apprend par hasard que Julien va tourner son premier long métrage et qu'il parle d'elle ... Avec Ludivine Sagnier, Nicole Garcia.

«LA COUPE D'OR»: L'intrigue: au début du vingtième siècle, un beau prince italien follement amoureux d'une séduisante Américaine se voit dans l'obligation d'épouser la fille d'un richissime collectionneur new-yorkais. Mais la maîtresse, pugnace, parvient, pour ne pas s'éloigner de son amant, à se faire épouser du père de la mariée, compatriote fortuné et ... veuf bien conservé! Le jeu est dangereux et les quatre protagonistes ont beaucoup à perdre. Un drame britannique de James Ivory avec Kate Beckinsale, James Fox, Anjelica Huston et Nick Nolte.

«APPARENCES»: C'est une belle maison, près d'un lac du Vermont, quoiqu'un peu isolée. C'est un beau couple: lui, brillant et séduisant, mais un peu obsédé par le travail; elle, une belle femme qui-a-tout-pour-être-heureuse. Une porte qui s'ouvre seule, un visage apparu dans l'eau du bain et quelques murmures dans une pièce doivent-ils suffire à vous faire croire que votre nouvelle voisine est morte assassinée? Oui, dans ce film à suspense où le spectateur nage en plein mystère et en fausses déductions ... Un film de Robert Zemeckis avec Harrison Ford, Michelle Pfeiffer, Miranda Otto et James Remar.

«ENDURANCE»: C'est l'histoire incroyable mais authentique d'Haile Gebreselassie, ce jeune Éthiopien, pratiquement inconnu du grand public jusqu'aux Jeux Olympiques d'Atlanta, où il a remporté la course du 10.000 mètres, pulvérisant le précédent record. Derrière cet hommage au champion, interprété par lui-même, il y a un portrait de la vie en Afrique de l'Est. Une comédie dramatique de Leslie Woodhead avec Yonas Zergaw, Shawanness Gebreselassie et Tedesse Haile.

D Questions. Relisez la lecture et ensuite répondez aux questions suivantes.

1. Dans quel film est-ce que le personnage principal est un champion sportif?
2. Dans lequel est-ce que le personnage principal veut que ses enfants l'aiment?
3. Dans lequel est-ce que le héros est recherché par des machines?
4. Lesquels des films peuvent vous faire peur? Justifiez votre réponse.
5. Lequel a l'air le plus intéressant? Justifiez votre réponse.
6. Lequel a l'air le plus violent? Justifiez votre réponse.

VOCABULAIRE ACTIF

Practice this vocabulary with the flashcards on the *Entre amis* web site.

À propos de la télévision
une annonce *advertisement*
une chaîne (de télé) *(TV) channel*
un feuilleton *soap opera; series*
les informations (f. pl.) *news*
la météo(rologie) *weather forecast*
la publicité *publicity; commercial*

D'autres noms
un avertissement *warning*
un revenant *ghost*
la vérité *truth*

Adjectifs
célèbre *famous*
chouette *great (fam.)*
confus(e) *ashamed; embarrassed*
drôle *funny*
fâché(e) *angry*
formidable *terrific*
incroyable *unbelievable, incredible*
malheureux (malheureuse) *unhappy*
original(e) *different, novel; original*
passionnant(e) *exciting*
ravi(e) *delighted*
ridicule *ridiculous*

Relations personnelles
s'aimer *to love each other*
une bague (de fiançailles) (engagement) *ring*
un couple *couple*
se disputer *to argue*
un divorce *divorce*
divorcer *to get a divorce*
s'embrasser *to kiss*
s'entendre (avec) *to get along (with)*
se fâcher *to get angry*
se faire des amis *to make friends*
se marier (avec) *to marry*
rencontrer *to meet*
se séparer *to separate (from each other)*

D'autres verbes
assister (à) *to attend*
se consoler *to console oneself*
croire *to believe, think*
dire *to say; to tell*
emprunter *to borrow*
s'intéresser à *to be interested in*
montrer *to show*
prêter *to lend*
raconter (une histoire) *to tell (a story)*
regretter *to be sorry*
voir *to see*

Adverbes
actuellement *now*
même *even*
presque *almost*

Pronoms objets indirects
me *(to) me*
te *(to) you*
lui *(to) him; (to) her*
nous *(to) us*
vous *(to) you*
leur *(to) them*

D'autres pronoms
en *some; of it (them); about it (them)*
dont *whose, of which*
lequel/laquelle/lesquels/lesquelles *which*

Expressions utiles
C'est dommage. *That's (It's) too bad.*
Je crois que oui. *I think so.*
Je ne crois pas. *I don't think so.*
Je te le jure. *I swear (to you).*
Quelle histoire! *What a story!*
Qu'est-ce qui est arrivé? *What happened?*
Sans blague! *No kidding!*

Qu'est-ce que je devrais faire?

Chapitre 15

Buts communicatifs
Seeking and providing information
Making basic hypotheses

Structures utiles
L'imparfait, le passé composé (suite) et le plus-que-parfait
Le verbe **devoir** (suite)
Les pronoms interrogatifs
Ne … personne et **ne … rien**
Le conditionnel
Si hypothétique

Culture
- *À propos*

Les agents et les gendarmes
Les contraventions

- *Il y a un geste*

J'ai eu très peur
Quel imbécile!
Ivre

- *Lectures*

Deux accidents
«Le jardin»

Coup d'envoi

Prise de contact

Qu'est-ce qui est arrivé?

Qu'est-ce qui est arrivé, Emmanuelle?
    J'ai eu un accident.
        L'autre conducteur (conductrice)° n'a pas   *driver*
          vu ma voiture.
        Il (elle) a freiné° trop tard.   *braked*
        Sa voiture a dérapé°.   *skidded*
        Il (elle) a heurté° ma voiture.   *struck; hit*
Pourquoi l'accident a-t-il eu lieu?
        Le conducteur (la conductrice) ne faisait
          pas attention.
        Il (elle) croyait que personne° ne venait.   *nobody*
        Il (elle) ne regardait pas à droite.
        Il (elle) roulait° trop vite.   *was going*
        Il (elle) avait trop bu°.   *had had too much to drink*
        Il (elle) était ivre°.   *drunk*

▶ **Et vous?**   Avez-vous déjà eu un accident?
                Avez-vous déjà vu un accident?
                Si oui, qu'est-ce qui est arrivé?

VOTRE SÉCURITÉ

Sur route, sur mer, en montagne, la majorité des accidents sont dus à des imprudences caractérisées.

Alors soyez attentifs aux conseils que vous rappelleront la Sécurité Routière et la Gendarmerie Nationale.

Sur route

Méfiez-vous de la conduite en plein soleil après un repas, des routes de nuit après une journée d'activité. Bouclez votre ceinture, respectez les limitations de vitesse :
– pas plus de 60 km/h en agglomération,
– pas plus de 90 km/h sur route,
– pas plus de 130 km/h sur autoroute.
Minitel : 36 15 ROUTE.

Conversation

Un accident a eu lieu

James Davidson vient d'avoir un accident de voiture. Il en parle avec son voisin Maurice.

MAURICE: Mais qu'est-ce que tu as? Tu es tout pâle!
JAMES: C'est que j'ai eu très peur ce matin.
MAURICE: Qu'est-ce qui est arrivé?
JAMES: J'ai eu un accident de voiture.
MAURICE: Mon Dieu!
JAMES: J'allais au travail quand l'accident a eu lieu. L'autre ne faisait pas attention. Ce chauffard° avait brûlé un stop° parce qu'il allait trop vite. *bad driver / had run through a stop sign*
MAURICE: Quel imbécile!
JAMES: Oui, et nous sommes entrés en collision.
MAURICE: Quel idiot! Et personne n'a vu l'accident?
JAMES: Si! Heureusement il y avait deux témoins° et puis un gendarme qui était juste derrière moi. *witnesses*
MAURICE: Quelle chance! Qu'est-ce que le gendarme a fait?
JAMES: Il m'a assuré° qu'il avait tout vu° et que c'était la faute° de l'autre. *assured / had seen everything / fault*
MAURICE: J'espère que le gendarme lui a donné une bonne contravention°! *ticket*

▶ **Jouez ces rôles.** Répétez la conversation avec votre partenaire. Ensuite Maurice parle avec deux personnes (James et Karine étaient dans la voiture). Faites tous les changements nécessaires, par exemple **nous** à la place de **je**.

Il y a un geste

J'ai eu très peur. To indicate fear, the open hand is held fingers facing up; the hand is lowered with the fingers "trembling."

Quel imbécile! To indicate that someone has done something stupid, touch your index finger to your temple. The finger is either tapped on the temple or twisted back and forth.

Ivre. To indicate that someone has had too much to drink, one hand is cupped in a fist, and placed loosely on the nose and rotated.

À propos

Essayez de classer les infractions *(violations)* **suivantes d'après leur fréquence.**

a. Ne pas s'arrêter à un feu rouge ou à un stop.
b. Dépasser le degré légal d'alcool dans le sang *(blood)*.
c. Dépasser la limite de vitesse.
d. Ne pas porter de ceinture de sécurité.

Les agents et les gendarmes

The **agent de police** is often found directing traffic at major intersections in French cities. Since the **agents** are normally on foot, they are often stopped by tourists in need of information. The **gendarme**, often found in the countryside and in small towns, is actually part of the French military and is stationed in separate quarters in the **gendarmerie**. **Gendarmes** are similar to state police in that they are usually on motorcycles or in patrol cars. They would therefore normally be the ones to investigate an accident.

Les contraventions

There are approximately 15 million traffic tickets given in France per year. Of these, 9 million are for illegal parking and 1 million for exceeding the speed limit. The record for a speeding ticket is 243 KPH (over 150 MPH) for which the speeder received a year in prison and a 100,000 franc fine. In addition, approximately 660,000 tickets for not wearing a seat belt and 100,000 for drunken driving are given in an average year. Besides the parking tickets, the following were the most frequent traffic violations in France in a recent year: (1) speeding (43%), (2) not wearing a seat belt while riding in a car or a helmet when on a motorcycle (24%), (3) failure to give right of way or to stop at a light or a stop sign (13%), (4) failure to pass the alcohol test (7%). Eighty-one percent of those committing a traffic violation were men.

> Reread **Votre Sécurité** on p. 408 to determine the speed limits in France.

▶ **À vous.** Répondez.

1. Quand avez-vous eu peur?
2. Pour quelle raison avez-vous eu peur?
3. Qu'est-ce que vous avez fait?

ENTRE AMIS

C'était la faute du professeur.

1. Tell your partner that you had an accident.
2. Explain that you hit the teacher's car.
3. Say that it was the teacher's fault.
4. Explain that s/he was going too slowly.

Prononciation

La voyelle [ə]

■ As you have already learned, the letter **-e-** can stand for any one of the sounds [e], [ɛ], [ɑ̃], and [ɛ̃], depending on the spelling combinations of which it is a part. You have also seen, however, that the letter **-e-** sometimes represents the sound [ə]. The symbol [ə] stands for a vowel called "unstable **e**" or "mute **e**." It is called unstable because it is sometimes pronounced and sometimes not.

▶ Look at the following pairs of examples and then read them aloud. A highlighted **-e-** represents a pronounced [ə]. An **-e-** with a slash through it represents a silent [ə]. Compare especially changes you find in the same word from one sentence of the pair to the other.

L**e** voilà!	Mais l∉ voilà!
C**e** film est très bon.	Moi, j∉ n'aim∉ pas c∉ film.
D**e**main, vous l∉ trouv∉rez.	Vous l∉ trouv∉rez d**e**main.
D**e**nis∉ est américain∉?	Ell∉ est français∉.
R**e**gardez cett∉ femm∉.	Vous r**e**gardez cett∉ femm∉?
Nous pr**e**nons l∉ train vendr**e**di.	Nous arriv**e**rons sam∉di.
Votr∉ pèr∉ est charmant.	Votr∉ ami∉ est charmant∉.
Voilà un∉ tass∉ d**e** café.	Nous n∉ voulons pas d∉ café.
C'est un∉ bagu∉ d**e** fiançaill∉s.	Mais il n'y aura pas d∉ mariag∉.
Qu'est-c∉ qu**e** tu veux?	Elle a dit qu∉ tu voulais m∉ voir.
d**e** rien	Il finit d∉ rir∉.
vous s**e**riez	vous s∉rez

■ In general, [ə] is *silent* in the following circumstances.

1. at the end of a sentence
2. before or after a pronounced vowel
3. when it is preceded by only one pronounced consonant sound

412 *quatre cent douze* • **CHAPITRE 15**   Qu'est-ce que je devrais faire?

■ In general, [ə] is *pronounced* in the following circumstances.

1. when it is in the first syllable of a sentence
2. when it is preceded by two pronounced consonant sounds (even if there is an intervening silent [ə]) and followed by at least one pronounced consonant
3. when it precedes the combination [Rj]

NOTE   When the letter **-e-** is followed *in the same word* by two consonants or by **-x,** it is normally pronounced [ɛ].

| **e**lle | av**e**rtissement | c**e**tte | pr**e**nnent | v**e**rser | m**e**rci |
| **e**xiger | **e**xcusez-moi | **e**xact | **e**xamen | | |

▶ **Listen and repeat:**

1. L'autre conducteur ne faisait pas attention.
2. Qu'est-ce que votre frère a fait?
3. Est-ce que tu regardes des feuilletons le vendredi ou le samedi?
4. De quelle ville venez-vous?
5. Vous venez de Paris, n'est-ce pas?

Buts communicatifs

1. Seeking and Providing Information

Avez-vous entendu parler d'un accident?
Avez-vous vu un accident?
Est-ce que quelqu'un a été blessé°?   *wounded*
Est-ce que quelqu'un a été tué°?   *killed*
Est-ce qu'il y a eu beaucoup de morts°?   *deaths*
Où est-ce que l'accident a eu lieu?
Quelle heure était-il?
De quelle couleur étaient les voitures?
De quelle marque° étaient les voitures?   *make; brand*

De quelle année étaient les voitures?
Est-ce qu'il avait plu?°   *Had it rained?*
La chaussée° devait être glissante°,   *pavement / slippery*
  n'est-ce pas?
Y avait-il d'autres témoins?

A. L'imparfait, le passé composé (*suite*) et le plus-que-parfait

Review the comparison of the passé composé and imperfect, Ch. 11, p. 303.

■ It is perhaps helpful, when trying to remember whether to use the imperfect or the passé composé, to think of the analogy with a stage play.

- In a play, there is often scenery (trees, birds singing, the sun shining, etc.) and background action (minor characters strolling by, people playing, working, etc.). This scenery and background action are represented by the imperfect.

Il **était** tôt.   *It was early.*
Il **faisait** froid.   *It was cold out.*
James **allait** au travail.   *James was going to work.*
Un autre conducteur ne   *Another driver wasn't paying*
  faisait pas attention.   *attention.*

- Likewise, in a play, there are main actors upon whom the audience focuses, if even for a moment. They speak, move, become aware, act, and react. The narration of these past events requires the passé composé.

Qu'est-ce qui lui **est arrivé?**   *What happened to him?*
Il **a eu** un accident.   *He had an accident.*
Ils **sont entrés** en collision.   *They collided.*
Un gendarme lui **a donné**   *A policeman gave him a ticket.*
  une contravention.

■ The pluperfect (**le plus-que-parfait**) is used to describe a past event that took place prior to some other past event. This tense normally corresponds to the English *had* plus a past participle.

Il **avait plu** (avant l'accident).   *It had rained (before the accident).*
La dame **était arrivée** (avant moi).   *The lady had arrived (before me).*

■ To form the **plus-que-parfait,** use the **imparfait** of **avoir** or **être** and the past participle.

étudier	arriver	se lever
j'avais étudié	j'étais arrivé(e)	je m'étais levé(e)
tu avais étudié	tu étais arrivé(e)	tu t'étais levé(e)
il/on avait étudié	il/on était arrivé	il/on s'était levé
elle avait étudié	elle était arrivée	elle s'était levée
nous avions étudié	nous étions arrivé(e)s	nous nous étions levé(e)s
vous aviez étudié	vous étiez arrivé(e)(s)	vous vous étiez levé(e)(s)
ils avaient étudié	ils étaient arrivés	ils s'étaient levés
elles avaient étudié	elles étaient arrivées	elles s'étaient levées

Que faisaient les acteurs dans la pièce?

1 Voilà pourquoi. Répondez aux questions suivantes. Essayez de trouver des raisons logiques.

MODÈLE: Pourquoi Laurent a-t-il téléphoné à Mireille?
Il lui a téléphoné parce qu'il voulait sortir avec elle. ou
Il lui a téléphoné parce qu'il la trouvait gentille.

1. Pourquoi Laurent et Mireille sont-ils sortis samedi soir?
2. Pourquoi ont-ils mis leur manteau?
3. Pourquoi sont-ils allés au restaurant?
4. Pourquoi n'ont-ils pas pris de dessert?
5. Pourquoi ont-ils fait une promenade après?

2 Pourquoi pas, Amélie? Utilisez la forme négative. Expliquez pourquoi Amélie n'a pas fait les choses suivantes.

MODÈLE: prendre le petit déjeuner
Amélie n'a pas pris le petit déjeuner parce qu'elle n'avait pas faim. ou
Amélie n'a pas pris le petit déjeuner parce qu'elle a oublié.

1. aller au cinéma
2. étudier dans sa chambre
3. regarder son émission préférée
4. danser avec Gérard
5. nager
6. avoir un accident
7. boire du vin

3 Quel chauffard! Utilisez le plus-que-parfait pour indiquer ce que le mauvais chauffeur avait fait avant l'accident.

MODÈLE: ne pas être prudent
Il n'avait pas été prudent.

1. aller au bistro
2. boire de la bière
3. ne pas attacher sa ceinture
4. oublier de faire attention
5. brûler un stop
6. se regarder dans le rétroviseur

Réalités culturelles

La Croix-Rouge

Créé en 1863 par le Suisse Henri Dunant, le Comité International de la Croix-Rouge (CICR) est à l'origine du mouvement international de la Croix-Rouge et du Croissant-Rouge (pour les pays musulmans).

La première conférence internationale du CICR a eu lieu à Genève. Seize nations y ont participé, dont la France. Elles ont décidé de créer, dans chaque pays, des comités de secours et ont choisi un emblème: une croix rouge sur fond blanc. Les États ont adopté des règles internationales qui définissaient comment on devait traiter les gens non-combattants aux mains de l'ennemi. Ce sont les Conventions de Genève dont la première date du 22 août 1864.

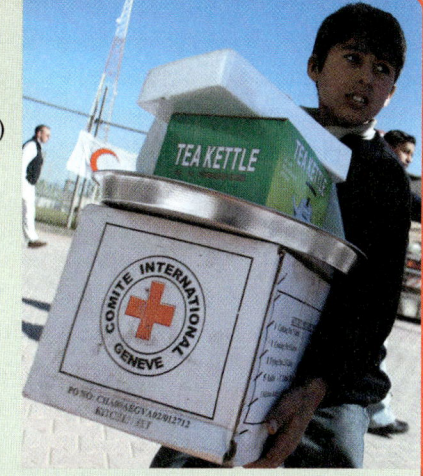

Aujourd'hui la Croix-Rouge est présente dans 181 pays et regroupe 97 millions d'hommes et de femmes. C'est la plus importante organisation humanitaire du monde.

Vocabulaire: croix *cross,* fond *background,* secours *help*

D'après *croix-rouge.fr*

Review **devoir**, Ch. 5, p. 138.

B. Le verbe *devoir* (suite)

Où est Céline?	Where is Céline?
Je ne sais pas. Elle **doit** être malade.	I don't know. She **must** be sick.
Mais elle **devait** apporter des fleurs pour le prof!	But she **was supposed to** bring flowers for the teacher!
Oui, je sais. Puisqu'elle n'est pas venue, j'**ai dû** aller les acheter.	Yes, I know. Since she didn't come, I **had to** go buy them.
Maintenant tout le monde me **doit** un euro pour le bouquet.	Now everybody **owes** me one euro for the bouquet.

■ The past participle of **devoir** is **dû.** When it has a feminine agreement, however, it loses the circumflex: **due.** This often occurs when the past participle is used as an adjective.

    l'argent **dû** à mon frère   la pollution **due** à l'industrie

■ The future tense verb stem for **devoir** is irregular: **devr-.**

    Elle **devra** travailler dur.   *She'll have to work hard.*

■ Like other verbs with two stems in the present tense, **devoir** has two stems in the subjunctive.

    que je **doive**   que nous **devions**

- The passé composé and the imperfect can both mean *had to* or *probably (must have)*. The choice of tense depends, as usual, on whether the verb is a specific action or a description or habitual condition.

Hier j'**ai dû** aller voir ma tante.	Yesterday, I **had to** go see my aunt.
En général, je **devais** faire mes devoirs avant de sortir.	In general, I **had to** do my homework before going out.
Il **a dû** oublier notre rendez-vous!	He **probably** forgot our date! (He **must have** forgotten our date!)
Il **devait** être très occupé.	He was **probably** very busy. (He **must have** been very busy.)

NOTE: When **devoir** means *was supposed to*, the imperfect is always used.

Nous **devions** dîner chez les Gilbert.   We **were supposed to** have dinner at the Gilberts'.

4 **C'est probable.** Utilisez **devoir** au passé composé d'après le modèle pour modifier les phrases suivantes.

MODÈLE: Delphine n'a probablement pas fait ses devoirs.
Elle n'a pas dû faire ses devoirs.

Remember that sans doute and probablement are synonyms. See p. 381.

1. Elle est sans doute sortie avec ses amis.
2. Elle n'a probablement pas étudié.
3. Elle a probablement eu une mauvaise note.
4. Elle a probablement pleuré.
5. Elle a sans doute parlé avec son professeur.
6. Elle a sans doute réussi la semaine d'après.

5 **Toutes ces obligations!** Traduisez *(translate)* la forme verbale anglaise entre parenthèses pour compléter la phrase.

MODÈLE: Chantal _____ étudier pendant le week-end. *(was supposed to)*
Chantal devait étudier pendant le week-end.

1. Mes parents _____ venir nous chercher il y a 30 minutes. *(were supposed to)*
2. Ils _____ oublier. *(must have)*
3. Non, ils _____ être déjà en route. *(must)*
4. Nous _____ leur téléphoner, s'ils n'arrivent pas bientôt. *(will have to)*
5. Il commence à faire froid. Tu _____ mettre ton manteau. *(must)*
6. Il est déjà midi. Je _____ être chez moi avant onze heures. *(was supposed to)*

C. Les pronoms interrogatifs

Review qui, que, and quel, Ch. 4, p. 114.

- Interrogative pronouns are used to ask questions. You have already learned to use several interrogative pronouns.

Qui est-ce?	Who is that?
Qu'est-ce que c'est?	What is that?

- As in English, interrogative pronouns in French change form depending on whether they refer to people or to things.

Qui voyez-vous?	*Whom do you see?*
Que voyez-vous?	*What do you see?*

- In addition, French interrogative pronouns change form depending on their function in the sentence. For example, the word *what* in English can take three different forms in French depending on whether it is the subject, the direct object, or the object of a preposition.

Qu'est-ce qui est à droite?	*What is on the right?*
Qu'est-ce que tu vois?	*What do you see?*
À **quoi** penses-tu?	*What are you thinking about?*

People

Subject

Qui	Qui parle?	*Who is speaking?*
Qui est-ce qui	Qui est-ce qui parle?	

Object

Qui (+ inversion)	Qui avez-vous vu?	*Whom did you see?*
Qui est-ce que	Qui est-ce que vous avez vu?	

After a preposition

… qui (+ inversion)	À qui écrivez-vous?	*To whom are you writing?*
… qui est-ce que	À qui est-ce que vous écrivez?	

Things

Subject

Qu'est-ce qui	Qu'est-ce qui fait ce bruit?	*What's making that noise?*

Object

Que (+ inversion)	Qu'avez-vous fait?	*What did you do?*
Qu'est-ce que	Qu'est-ce que vous avez fait?	

After a preposition

… quoi (+ inversion)	De quoi avez-vous besoin?	*What do you need?*
… quoi est-ce que	De quoi est-ce que vous avez besoin?	

- If the question involves a person, the pronoun will always begin with **qui.** If it is a question about a thing, the pronoun will begin with **que** or **quoi.** There is no elision with **qui** or **quoi,** but **que** becomes **qu'** before a vowel.

Qui a parlé?	*Who spoke?*
De **quoi** a-t-il parlé?	*What did he talk about?*
Qu'est-ce qu'il a dit?	*What did he say?*

- As shown in the charts above, there are two forms of each of these interrogative pronouns, except the subject pronoun **qu'est-ce qui.**

- When interrogative pronouns are used as subjects, the verb is normally singular.

    Mes parents ont téléphoné.   Qui **a** téléphoné?

QUOI DE NEUF, DOC?
SAVEZ-VOUS QUE BUGS BUNNY PARLE FRANÇAIS?

6 **Quelqu'un ou quelque chose?** Utilisez un pronom interrogatif pour poser une question.

MODÈLES: Quelqu'un m'a téléphoné.   Quelque chose m'intéresse.
Qui vous a téléphoné?   **Qu'est-ce qui vous intéresse?**

J'ai téléphoné à quelqu'un.   J'ai acheté quelque chose.
À qui avez-vous téléphoné?   **Qu'est-ce que vous avez acheté?**

1. J'ai fait quelque chose le week-end dernier.
2. Quelque chose m'est arrivé.
3. J'ai vu quelqu'un.
4. Quelqu'un m'a parlé.
5. J'ai dansé avec quelqu'un.
6. Nous avons bu quelque chose.
7. J'ai dû payer pour quelqu'un.
8. J'ai dit au revoir à quelqu'un.

7 Comment? Je n'ai pas compris. Votre partenaire vous a parlé mais vous n'avez pas bien entendu. Demandez qu'il (elle) répète. Remplacez l'expression en italique par un pronom interrogatif.

MODÈLES: *Mon frère* a acheté une voiture.
    VOUS: **Comment? Qui a acheté une voiture?**
    VOTRE PARTENAIRE: **Mon frère.**

J'ai lu *deux livres*.
    VOUS: **Comment? Qu'est-ce que tu as lu?**
    VOTRE PARTENAIRE: **Deux livres.**

1. *Sophie* a écrit une lettre à ses parents.
2. Elle avait besoin *d'argent*.
3. *Ses parents* ont lu la lettre.
4. Ils ont répondu *à Sophie*.
5. Ils lui ont envoyé *l'argent*.
6. Sa mère *lui* a téléphoné hier soir.
7. Elle lui a dit *que son frère était malade*.
8. Sophie aime beaucoup *son frère*.
9. *Sa maladie* lui fait peur.

D. *Ne ... personne* et *ne ... rien*

Qui avez-vous rencontré?	Je **n'**ai rencontré **personne**.
Qu'est-ce que vous avez fait?	Je **n'**ai **rien** fait.
Avec qui avez-vous dansé?	Je **n'**ai dansé avec **personne**.
De quoi avez-vous besoin?	Je **n'**ai besoin de **rien**.
Qui est venu?	**Personne n'**est venu.
Qu'est-ce qui est arrivé?	**Rien n'**est arrivé.

■ You have already learned that the opposite of **quelque chose** is **ne ... rien** *(nothing, not anything)*. The opposite of **quelqu'un** is **ne ... personne** *(no one, nobody, not anyone)*.

Review **ne ... rien**, Ch. 6, p. 165.

■ When used as a *direct object*, **ne ... personne**, like **ne ... rien**, is placed around the conjugated verb.

Entendez-vous quelque chose?   Non, je **n'**entends **rien**.
Voyez-vous quelqu'un?   Non, je **ne** vois **personne**.

NOTE Unlike **ne ... rien**, however, **ne ... personne** surrounds both the auxiliary verb *and* the past participle in the passé composé.

    Avez-vous entendu quelque chose?   Non, je **n'**ai **rien** entendu.
But: Avez-vous vu quelqu'un?   Non, je **n'**ai vu **personne**.

■ Both **rien** and **personne** can be used as the *object of a preposition*.

Avez-vous besoin de quelque chose?   Non, je **n'**ai besoin **de rien**.
Parlez-vous avec quelqu'un?   Non, je **ne** parle **avec personne**.

■ **Personne** and **rien** can also serve as the *subject* of a verb. In this case, **personne** and **rien** come before **ne**. **Ne** still comes before the conjugated verb.

Personne n'a téléphoné.   *Nobody telephoned.*
Personne ne va à cet endroit.   *No one goes to that place.*
Rien ne m'intéresse.   *Nothing interests me.*

■ Like **jamais** and **rien, personne** can be used alone to answer a question.

Qui est venu? **Personne.**
Qui avez-vous rencontré? **Personne.**

Si vous ne faites rien pour votre pension, que ferez-vous pendant votre pension?

Plans de pension.

8 Je n'ai rien fait à personne! Utilisez **rien** ou **personne** pour répondre aux questions suivantes.

MODÈLES: Qui avez-vous vu? Qu'avez-vous entendu?
Je n'ai vu personne. Je n'ai rien entendu.

1. Avec qui êtes-vous sorti(e)?
2. Qu'est-ce que vous avez fait?
3. Qu'est-ce que vous avez bu?
4. Qui est-ce que vous avez vu?
5. De quoi aviez-vous besoin?
6. À qui pensiez-vous?
7. À quoi pensiez-vous?
8. À qui est-ce que vous avez téléphoné?
9. Qu'avez-vous dit?

9 Personne n'a rien fait. Utilisez **rien** ou **personne** pour répondre aux questions suivantes.

MODÈLES: Qui a vu l'accident? Qu'est-ce qui vous intéresse?
Personne n'a vu l'accident. Rien ne m'intéresse.

1. Qui a pris ma voiture?
2. Qu'est-ce qui est arrivé hier soir?
3. Qui a écrit à Sylvie?
4. Qui lui a téléphoné?
5. Qu'est-ce qui lui est arrivé?
6. Qui est-ce qui est sorti avec elle?
7. Qui va faire ses devoirs ce soir?
8. Qu'est-ce qui va mal?
9. Qui a brûlé un stop?

10 **Ni rien ni personne.** Utilisez **rien** ou **personne** pour répondre aux questions suivantes.

1. Vous avez fait quelque chose le week-end dernier?
2. Quelque chose vous est arrivé?
3. Vous avez rencontré quelqu'un?
4. Quelqu'un vous a invité(e) à danser?
5. Vous avez dansé avec quelqu'un?
6. Après le bal quelqu'un vous a accompagné(e) au café?
7. Vous avez bu quelque chose?
8. Quelqu'un a payé pour vous?
9. Vous avez dit au revoir à quelqu'un?

ENTRE AMIS

Ma journée d'hier

1. Find out from your partner what happened yesterday.
2. Ask what s/he did.
3. Find out where s/he went and who was there.
4. Ask with whom s/he spoke.
5. What else can you find out?

2. Making Basic Hypotheses

Que feriez-vous[1] ...

	oui	non
... si vous n'aviez pas de devoirs?		
Je resterais dans ma chambre.	___	___
Je sortirais avec mes amis.	___	___
J'irais au cinéma.	___	___
Je m'amuserais.	___	___
... si, par hasard[2], vous gagniez à la loterie?		
J'achèterais une voiture.	___	___
Je paierais mes dettes[3].	___	___
Je donnerais de l'argent aux pauvres.	___	___
Je mettrais de l'argent à la banque.	___	___
... si vous n'étiez pas étudiant(e)?		
Je chercherais du travail.	___	___
Je gagnerais de l'argent.	___	___
Je voyagerais.	___	___
J'irais en France.	___	___

---

1. *What would you do* 2. *by chance* 3. *debts*

E. Le conditionnel

Je pourrais apporter quelque chose? *Could I bring something?*
J'aimerais inviter les Martin. *I would like to invite the Martins.*
Ils viendraient si tu leur téléphonais maintenant. *They would come if you called them now.*

■ The conditional is used to express hypotheses and also politely stated requests or wishes.

■ The conditional is formed by adding the imperfect endings (**-ais, -ais, -ait, -ions, -iez, -aient**) to the future stem (see Ch. 12).

aimer			vendre		
j'	aimer	ais	je	vendr	ais
tu	aimer	ais	tu	vendr	ais
il/elle/on	aimer	ait	il/elle/on	vendr	ait
nous	aimer	ions	nous	vendr	ions
vous	aimer	iez	vous	vendr	iez
ils/elles	aimer	aient	ils/elles	vendr	aient

■ Remember that a number of verbs have irregular future stems (see Ch. 12). These verbs use the same irregular stem in the conditional. The endings, however, are always regular.

être	**ser-**	je **serais**	*I would be*
avoir	**aur-**	j'**aurais**	*I would have*
faire	**fer-**	je **ferais**	*I would do*
aller	**ir-**	j'**irais**	*I would go*
venir	**viendr-**	je **viendrais**	*I would come*
devenir	**deviendr-**	je **deviendrais**	*I would become*
vouloir	**voudr-**	je **voudrais**	*I would like*
pouvoir	**pourr-**	je **pourrais**	*I could; I would be able*
devoir	**devr-**	je **devrais**	*I should; I ought to*
savoir	**saur-**	je **saurais**	*I would know*

■ Impersonal expressions also have conditional forms.

infinitive	present	conditional
pleuvoir	il pleut	**il pleuvrait**
falloir	il faut	**il faudrait**
valoir mieux	il vaut mieux	**il vaudrait mieux**

Review p. 411.

■ Since **-e-** is *pronounced* as [ə] before the sound combination [Rj], it is never dropped in the **nous** and **vous** forms of the conditional of **-er** verbs and of irregular verbs such as **vous feriez** and **nous serions**.

future	conditional
nous danserons	nous danserions
vous chanterez	vous chanteriez
nous serons	nous serions
vous ferez	vous feriez

In formal French (literature, speeches, etc.) **savoir** is often used in the conditional with the negative in place of **pouvoir**, with the meaning *would not be able; could not.* Normally the word **pas** is omitted in the negative in this literary usage: **La princesse ne saurait avoir de meilleur guide** *(The princess could not have a better guide).*

■ The conditional is used to make a polite request or suggestion because the present is often considered rather harsh or brusk. **Devoir** is often the verb used to make a polite suggestion.

Je **veux** une tasse de café.	I **want** a cup of coffee.
Je **voudrais** une tasse de café.	I **would like** a cup of coffee.
Vous **devez** faire attention.	You **must** pay attention.
Vous **devriez** faire attention.	You **should (ought to)** pay attention.

11 **Quelle audace!** *(What nerve!)* Mettez le verbe au conditionnel pour être plus poli(e).

MODÈLE: Vous devez parler plus fort *(loudly)*.
Vous devriez parler plus fort.

1. Je peux vous poser une question?
2. Avez-vous l'heure?
3. Pouvez-vous me dire votre nom?
4. Faites-vous la cuisine ce soir, par hasard?
5. C'est très gentil de m'inviter.
6. Je veux un steak-frites.

12 **Quel conseil donneriez-vous?** Utilisez le verbe **devoir** au conditionnel pour suggérer ce qu'il faudrait faire. Pourriez-vous donner deux suggestions pour chaque phrase?

MODÈLE: Nous n'avons pas de bonnes notes.
Vous devriez étudier.
Vous ne devriez pas sortir tous les soirs.

1. Marc a très faim.
2. Nos amis ont soif.
3. Nous sommes en retard.
4. Robert et Anne sont malades.
5. Gertrude est fatiguée.
6. Je n'ai pas envie de sortir ce soir.
7. Notre professeur donne beaucoup de devoirs.

F. *Si* hypothétique

Review si + present, Ch. 12, p. 339.

Si je gagne à la loterie, **j'irai** en Europe et en Asie.
Si je ne gagne pas à la loterie, **je resterai** ici.

REVIEW — Hypothetical statements about the future can be made by using **si** plus the present tense in conjunction with a clause in the future. Such a hypothesis will become a virtual certainty *if* the event described in the **si** clause actually occurs.

Si ma mère me **téléphone** ce soir, je lui **raconterai** cette histoire.
Je n'**irai** pas avec toi **si** tu **continues** à me parler comme ça.

■ To *suggest* what someone *might* do, **si** can be used with the imperfect as a question.

Si vous veniez à 8 heures?	*How about coming at 8 o'clock?*
Si j'allais au supermarché?	*What if I went to the supermarket?*
Si nous jouions aux cartes?	*How about a game of cards?*

■ Hypothetical statements referring to what would happen if something else were also to take place can be made by using **si** + imperfect with a clause in the conditional. Such hypotheses are not as certain actually to occur as those expressed by **si** + present with a clause in the future.

Si j'étais libre, **je sortirais** avec mes amis.	*If I were free, I would go out with my friends.*
Que **feriez-vous si vous étiez** riche?	*What would you do, if you were rich?*

Synthèse: *si* **clauses used with the future or the conditional**

Si + *le présent,*	→	*le futur*	S'il pleut, nous ne sortirons pas.
Si + *l'imparfait,*	→	*le conditionnel*	S'il pleuvait, nous ne sortirions pas.

---

13 Deux solutions. Pour chaque «problème» vous devez suggérer deux solutions.

MODÈLE: Nous avons faim.
   Si vous mangiez quelque chose?
   Si nous allions au restaurant?

1. Nous avons un examen demain.
2. Je suis malade.
3. Paul a besoin d'argent.
4. Je dois contacter mes amis.
5. J'ai soif.
6. Nous devons faire de l'exercice physique.
7. Nos amis sont tristes.

14 Que ferais-tu? Lisez ce questionnaire et répondez à chaque question. Interviewez ensuite votre partenaire en mettant les phrases à la forme interrogative avec **tu.** Comparez vos réponses.

MODÈLE:
    VOUS: Si tu avais besoin d'argent, est-ce que tu écrirais à tes parents?
    VOTRE PARTENAIRE: Non, je n'écrirais pas à mes parents. Et toi?

1. Si j'avais besoin d'argent, ...

	oui	non
j'écrirais à mes parents.	___	___
je chercherais du travail.	___	___
je vendrais mon livre de français.	___	___
j'irais voir mes amis.	___	___
je pleurerais.	___	___

2. Si j'avais «F» à l'examen, ...

je pleurerais.	___	___
je serais fâché(e).	___	___
je serais très triste.	___	___
je téléphonerais à mes parents.	___	___
je resterais dans ma chambre.	___	___
j'arrêterais mes études.	___	___

3. Si on m'offrait une Mercédès, ...

je l'accepterais.	___	___
je la garderais.	___	___
je la vendrais.	___	___
je la donnerais à mes parents.	___	___

15 À vous. Répondez.

1. Si vous étiez professeur, qu'est-ce que vous enseigneriez?
2. Donneriez-vous beaucoup de devoirs à vos étudiants? Pourquoi ou pourquoi pas?
3. Quels vêtements est-ce que vous porteriez en classe?
4. Que feriez-vous pendant les vacances?
5. Quelle marque de voiture auriez-vous?
6. Où iriez-vous dans cette voiture?

ENTRE AMIS

Des châteaux en Espagne *(Daydreams)*

1. Find out what your partner would do if s/he had a lot of money.
2. Ask where s/he would live.
3. Find out what s/he would buy.
4. Suggest two things your partner could do with the money.

Intégration

Révision

A **Le témoin.** Un ami francophone a vu un accident. Faites une liste de questions que vous pourriez lui poser.

B **Un remue-méninges (Brainstorming).** Faites une liste de choses que vous pourriez faire avec cinquante dollars.

C **Quelques suggestions.**

1. Citez trois choses qu'on pourrait donner à un(e) ami(e) pour son anniversaire.
2. De quoi les étudiants ont-ils besoin pour être heureux sur votre campus? (trois choses)
3. Faites trois suggestions pour les prochaines vacances.
4. Quelles sont trois choses que vous feriez si vous étiez en France?

D **Début de rédaction.** Faites une liste de cinq endroits que vous aimeriez visiter. Pour chaque endroit que vous choisissez, indiquez aussi trois choses que vous voudriez faire à cet endroit.

MODÈLE: J'aimerais visiter Paris. Là, je voudrais voir la tour Eiffel et visiter le musée du Louvre et la cathédrale Notre-Dame de Paris.

E **À vous.** Répondez.

1. Quelle serait votre réaction si vous gagniez à la loterie?
2. À qui est-ce que vous téléphoneriez?
3. Qu'est-ce que vous lui diriez?
4. Que feriez-vous de cet argent?
5. Qu'est-ce que vous ne feriez pas de cet argent?
6. Où iriez-vous?

PAR TÉLÉPHONE

Négociations:

Vous êtes témoin d'un accident. Vous jouerez le rôle de témoin. Complétez le formulaire suivant avant de répondre aux questions posées par le «gendarme». Votre partenaire jouera ce rôle et utilisera le formulaire dans l'appendice D.

A (témoin)

Date: _____ Lieu: _____

Heure: _____ Nombre de véhicules: _____

Conditions météorologiques: _____ beau temps _____ neige _____ pluie _____ brouillard (*fog*)

Chaussée: _____ glissante _____ sèche (*dry*)

Description du/des chauffeur(s):

Type(s) de véhicule(s):
_____ voiture(s) _____ camion(s) _____ vélo(s) _____ moto(s) _____ monospace(s) (*minivans*)
_____ mobylette(s) _____ autre (expliquer)

Numéro(s) de plaque d'immatriculation (*license plate*): _____

Marque(s): _____ Renault _____ Peugeot _____ Citroën _____ autre (expliquer)

Qu'est-ce que vous avez vu?

À votre avis, pourquoi cet accident a-t-il eu lieu?

Lecture 1

NOTE CULTURELLE
Environ huit mille personnes sont tuées tous les ans dans des accidents de la circulation (*traffic*) en France. Avec près de 150 décès par million d'habitants, la France a la quatrième place des pays de l'Union européenne, après le Portugal, la Grèce et le Luxembourg.
(D'après *Francoscopie*)

A **Étude du vocabulaire.** Étudiez les phrases suivantes et choisissez les mots anglais qui correspondent aux mots français en caractères gras: *unavoidable, when, chase, darted out, stone throwing, was astonished, lived, young girls, imprisoned, right away, around, court, cross, district*.

1. Il y avait plusieurs **fillettes** qui jouaient et riaient dans la cour de l'école.
2. Avant son mariage, Mme Dupont **demeurait** chez ses parents dans un **quartier** résidentiel.
3. Paul **s'est étonné** de ne pas voir beaucoup de gens dans les magasins **aux environs de** Noël.
4. Il fallait **traverser** la rue pour rentrer chez nous.
5. Après tous ses accidents, il était **inévitable** que cet homme perde son permis de conduire.
6. Le gendarme **s'est élancé** à la poursuite du criminel dont la voiture s'est écrasée contre un arbre. Le passager a été tué **sur le coup.**
7. **Lorsque** le **tribunal** a condamné le criminel, on l'a **écroué** dans une cellule de la prison.
8. Après une longue **course-poursuite** en voiture, les gendarmes ont réussi à arrêter le criminel.
9. Les **jets de pierre** sont formellement interdits par la police.

428 quatre cent vingt-huit • **CHAPITRE 15** Qu'est-ce que je devrais faire?

> Use pp. 412–413 to help you prepare these questions.

B **Une interrogation.** Vous êtes gendarmes et vous devez questionner deux automobilistes. Lisez d'abord les articles qui suivent et ensuite composez huit questions qui commencent par des mots interrogatifs (**Qui?, Qu'est-ce qui?,** etc.) dont quatre questions pour Madame Walther et quatre pour Monsieur Martin.

Deux accidents

Mulhouse. Sortie d'école tragique, hier, en fin de journée, à Habsheim, près de Mulhouse. Une fillette de onze ans a perdu la vie en rentrant à son domicile. Il était aux environs de 16 h 45. Monique Schoenhoffen se promenait le long de la route, lorsqu'elle s'est subitement élancée pour traverser la chaussée, devant la maison où elle demeurait, juste à l'entrée de la commune. Elle n'avait pas vu venir une voiture, qui arrivait de Mulhouse, et qui était pilotée par Mme Georgette Walther, domiciliée dans cette ville. Le choc était inévitable. La fillette a été tuée sur le coup. À l'arrivée des gendarmes, il n'y avait malheureusement plus rien à faire. À 20 h, la gendarmerie n'avait pas encore déterminé les circonstances exactes de ce drame.

Roanne. Un automobiliste de 25 ans, sans permis de conduire, qui avait engagé une course-poursuite avec la police à plus de 110 km/heure dans les rues de Roanne (Loire) et qui avait frappé les policiers après son arrestation, a été condamné mercredi à six mois de prison ferme par le tribunal correctionnel de la ville. M. Djaffar Martin, déjà condamné en mars dernier à quatre mois de prison, avait été reconnu, mardi après-midi, par une patrouille de police qui l'avait aussitôt pris en chasse. Le chauffard avait alors pris une rue du centre en sens interdit, à plus de 110 km/heure, puis brûlé cinq feux rouges, forçant les automobilistes à s'immobiliser, sans cependant provoquer d'accident. Il avait été finalement intercepté par la police dans son quartier. Il a alors violemment attaqué les policiers qui le questionnaient sous les jets de pierre d'une dizaine de jeunes du quartier. Le chauffard a été écroué à la prison de la Talaudière.

C **Une analyse des faits.** Relisez les deux articles et comparez-les. Ensuite choisissez l'accident (Mulhouse ou Roanne) qui correspond le mieux à chacune des descriptions suivantes.

1. L'automobiliste n'avait sans doute rien fait de mauvais.
2. L'automobiliste avait déjà été en prison.
3. Une personne est morte dans cet accident.
4. D'autres ont voulu aider l'automobiliste.
5. L'automobiliste allait trop vite.
6. L'automobiliste n'avait pas pu s'arrêter à temps.

D **À votre avis.** Relisez les deux articles. Ensuite décidez ce que vous feriez si vous étiez le juge (1) au procès *(lawsuit)* de Madame Walther; (2) au procès de Monsieur Martin.

Lecture II

A **Étude du vocabulaire:** Étudiez les phrases suivantes. Essayez de deviner le sens des mots en caractères gras.

1. Des **milliers** de personnes viennent écouter ce concert de musique pop.
2. Est-ce que cette grande salle de concert va **suffire** pour tous ces gens?
3. Avec toute la **lumière** beaucoup porteraient des lunettes de soleil.
4. Un **parc** est une sorte de grand **jardin** public, avec des fleurs et beaucoup d'arbres.

Review the use of **savoir** on p. 423.

Le jardin

Des milliers et des milliers d'années
Ne sauraient suffire
Pour dire
La petite seconde d'éternité
Où tu m'as embrassé
Où je t'ai embrassée
Un matin dans la lumière de l'hiver
Au parc Montsouris à Paris
À Paris
Sur la terre
La terre qui est un astre[1].

Jacques Prévert, *Paroles*

---

1. *star*

B **Questions**

1. À votre avis, qui sont ces gens?
2. À quel moment de la journée et en quelle saison se sont-ils embrassés?
3. Qui a embrassé le premier, l'homme ou la femme? Expliquez votre réponse.
4. Quel endroit le poète a-t-il choisi pour cette scène? Que pensez-vous de ce choix?
5. Pourquoi le poète appelle-t-il cette scène «une seconde d'éternité»? Que pensez-vous de cette description?
6. À votre avis, est-ce que le poète est triste, heureux ou les deux à la fois? Expliquez votre réponse.

VOCABULAIRE ACTIF

À propos d'un accident
un accident *accident*
un agent de police *police officer*
un(e) automobiliste *driver*
blessé(e) *wounded*
brûler un stop *to run a stop sign*
un chauffard *bad driver*
la chaussée *pavement*
un conducteur *driver (male)*
une conductrice *driver (female)*
une contravention *traffic ticket*
déraper *to skid*
entrer en collision *to hit; to collide*
freiner *to brake*
un gendarme *policeman*
glissant(e) *slippery*
heurter *to hit; to run into (something)*
ivre *drunk*
la mort *death*
rouler *to go; to roll*
un témoin *witness*
tuer *to kill*

Expressions utiles
juste derrière *right behind*
par hasard *by chance*
parler plus fort *to speak more loudly*
puisque *since*

Noms
une dette *debt*
les études (f. pl.) *studies*
une faute *fault; mistake*
un(e) idiot(e) *idiot*
un(e) imbécile *imbecile*
une marque *make, brand*

Adjectifs
pâle *pale*
physique *physical*

Verbes
accepter *to accept*
assurer *to assure; to insure*
entendre parler de *to hear about*

Pronom
personne (ne ... personne) *no one; nobody; not anyone*

Préposition
contre *against; (in exchange) for*

Références

Verbes   432

Appendice A. Phonetic symbols   442

Appendice B. Professions   444

Appendice C. Grammatical Terms   445

Appendice D. *Négociations* (Information Gap) activities   452

Vocabulaire français-anglais   464

Vocabulaire anglais-français   479

Index   493

Verbes

VERBES RÉGULIERS

Infinitif	Présent	Passé Composé	Imparfait
1. parler	je parle	j' ai parlé	je parlais
	tu parles	tu as parlé	tu parlais
	il/elle/on parle	il/elle/on a parlé	il/elle/on parlait
	nous parlons	nous avons parlé	nous parlions
	vous parlez	vous avez parlé	vous parliez
	ils/elles parlent	ils/elles ont parlé	ils/elles parlaient
2. finir	je finis	j' ai fini	je finissais
	tu finis	tu as fini	tu finissais
	il/elle/on finit	il/elle/on a fini	il/elle/on finissait
	nous finissons	nous avons fini	nous finissions
	vous finissez	vous avez fini	vous finissiez
	ils/elles finissent	ils/elles ont fini	ils/elles finissaient
3. attendre	j' attends	j' ai attendu	j' attendais
	tu attends	tu as attendu	tu attendais
	il/elle/on attend	il/elle/on a attendu	il/elle/on attendait
	nous attendons	nous avons attendu	nous attendions
	vous attendez	vous avez attendu	vous attendiez
	ils/elles attendent	ils/elles ont attendu	ils/elles attendaient
4. se laver	je me lave	je me suis lavé(e)	je me lavais
	tu te laves	tu t'es lavé(e)	tu te lavais
	il/on se lave	il/on s'est lavé	il/on se lavait
	elle se lave	elle s'est lavée	elle se lavait
	nous nous lavons	nous nous sommes lavé(e)s	nous nous lavions
	vous vous lavez	vous vous êtes lavé(e)(s)	vous vous laviez
	ils se lavent	ils se sont lavés	ils se lavaient
	elles se lavent	elles se sont lavées	elles se lavaient

Verbes réguliers • *quatre cent trente-trois* **433**

Impératif	Futur	Conditionnel	Subjonctif
parle	je parlerai	je parlerais	que je parle
parlons	tu parleras	tu parlerais	que tu parles
parlez	il/elle/on parlera	il/elle/on parlerait	qu'il/elle/on parle
	nous parlerons	nous parlerions	que nous parlions
	vous parlerez	vous parleriez	que vous parliez
	ils/elles parleront	ils/elles parleraient	qu'ils/elles parlent
finis	je finirai	je finirais	que je finisse
finissons	tu finiras	tu finirais	que tu finisses
finissez	il/elle/on finira	il/elle/on finirait	qu'il/elle/on finisse
	nous finirons	nous finirions	que nous finissions
	vous finirez	vous finiriez	que vous finissiez
	ils/elles finiront	ils/elles finiraient	qu'ils/elles finissent
attends	j' attendrai	j' attendrais	que j' attende
attendons	tu attendras	tu attendrais	que tu attendes
attendez	il/elle/on attendra	il/elle/on attendrait	qu'il/elle/on attende
	nous attendrons	nous attendrions	que nous attendions
	vous attendrez	vous attendriez	que vous attendiez
	ils/elles attendront	ils/elles attendraient	qu'ils/elles attendent
lave-toi	je me laverai	je me laverais	que je me lave
lavons-nous	tu te laveras	tu te laverais	que tu te laves
lavez-vous	il/on se lavera	il/on se laverait	qu'il/on se lave
	elle se lavera	elle se laverait	qu'elle se lave
	nous nous laverons	nous nous laverions	que nous nous lavions
	vous vous laverez	vous vous laveriez	que vous vous laviez
	ils se laveront	ils se laveraient	qu'ils se lavent
	elles se laveront	elles se laveraient	qu'elles se lavent

VERBES RÉGULIERS AVEC CHANGEMENTS ORTHOGRAPHIQUES

Infinitif	Présent		Passé Composé	Imparfait
1. manger	je mange tu manges il/elle/on mange	nous mang**e**ons vous mangez ils/elles mangent	j'ai mangé	je mang**e**ais
2. avancer	j' avance tu avances il/elle/on avance	nous avan**ç**ons vous avancez ils/elles avancent	j'ai avancé	j'avan**ç**ais
3. payer	je pa**i**e tu pa**i**es il/elle/on pa**i**e	nous payons vous payez ils/elles pa**i**ent	j'ai payé	je payais
4. préférer	je préf**è**re tu préf**è**res il/elle/on préf**è**re	nous préférons vous préférez ils/elles préf**è**rent	j'ai préféré	je préférais
5. acheter	j' ach**è**te tu ach**è**tes il/elle/on ach**è**te	nous achetons vous achetez ils/elles ach**è**tent	j'ai acheté	j'achetais
6. appeler	j' appe**ll**e tu appe**ll**es il/elle/on appe**ll**e	nous appelons vous appelez ils/elles appe**ll**ent	j'ai appelé	j'appelais

Verbes réguliers avec changements orthographiques

Impératif	Futur	Conditionnel	Subjonctif	*Autres verbes*
mange mang**e**ons mangez	je mangerai	je mangerais	que je mange que nous mangions	exiger nager neiger voyager
avance avan**ç**ons avancez	j'avancerai	j'avancerais	que j'avance que nous avancions	commencer divorcer
pa**i**e payons payez	je pa**i**erai	je pa**i**erais	que je pa**i**e que nous payions	essayer
préf**è**re préférons préférez	je préférerai	je préférerais	que je préf**è**re que nous préférions	espérer exagérer s'inquiéter répéter
ach**è**te achetons achetez	j'ach**è**terai	j'ach**è**terais	que j'ach**è**te que nous achetions	lever se lever se promener
appe**ll**e appelons appelez	j'appe**ll**erai	j'appe**ll**erais	que j'appe**ll**e que nous appelions	s'appeler épeler jeter

VERBES IRRÉGULIERS

To conjugate the irregular verbs on the top of the opposite page, consult the verbs conjugated in the same manner, using the number next to the verbs. The verbs preceded by a bullet are conjugated with the auxiliary verb **être**. Of course, when the verbs in this chart are used with a reflexive pronoun (as reflexive verbs), the auxiliary verb **être** must be used in compound tenses.

Infinitif	Présent				Passé Composé	Imparfait
1. aller	je	vais	nous	allons	je suis allé(e)	j'allais
	tu	vas	vous	allez		
	il/elle/on	va	ils/elles	vont		
2. s'asseoir	je	m'assieds	nous	nous asseyons	je me suis assis(e)	je m'asseyais
	tu	t'assieds	vous	vous asseyez		
	il/elle/on	s'assied	ils/elles	s'asseyent		
3. avoir	j'	ai	nous	avons	j'ai eu	j'avais
	tu	as	vous	avez		
	il/elle/on	a	ils/elles	ont		
4. battre	je	bats	nous	battons	j'ai battu	je battais
	tu	bats	vous	battez		
	il/elle/on	bat	ils/elles	battent		
5. boire	je	bois	nous	buvons	j'ai bu	je buvais
	tu	bois	vous	buvez		
	il/elle/on	boit	ils/elles	boivent		
6. conduire	je	conduis	nous	conduisons	j'ai conduit	je conduisais
	tu	conduis	vous	conduisez		
	il/elle/on	conduit	ils/elles	conduisent		
7. connaître	je	connais	nous	connaissons	j'ai connu	je connaissais
	tu	connais	vous	connaissez		
	il/elle/on	connaît	ils/elles	connaissent		
8. croire	je	crois	nous	croyons	j'ai cru	je croyais
	tu	crois	vous	croyez		
	il/elle/on	croit	ils/elles	croient		
9. devoir	je	dois	nous	devons	j'ai dû	je devais
	tu	dois	vous	devez		
	il/elle/on	doit	ils/elles	doivent		

Verbes irréguliers • *quatre cent trente-sept* **437**

apprendre 25
comprendre 25
couvrir 21
découvrir 21
décrire 11

détruire 6
• devenir 28
dormir 22
élire 16
• s'endormir 22

offrir 21
permettre 17
promettre 17
réduire 6

• repartir 22
• revenir 28
revoir 29
sentir 22

• sortir 22
sourire 26
traduire 6
valoir mieux 15

Impératif	Futur	Conditionnel	Subjonctif
va allons allez	j'irai	j'irais	que j'aille que nous allions
assieds-toi asseyons-nous asseyez-vous	je m'assiérai	je m'assiérais	que je m'asseye que nous nous asseyions
aie ayons ayez	j'aurai	j'aurais	que j'aie que nous ayons
bats battons battez	je battrai	je battrais	que je batte que nous battions
bois buvons buvez	je boirai	je boirais	que je boive que nous buvions
conduis conduisons conduisez	je conduirai	je conduirais	que je conduise que nous conduisions
connais connaissons connaissez	je connaîtrai	je connaîtrais	que je connaisse que nous connaissions
crois croyons croyez	je croirai	je croirais	que je croie que nous croyions
dois devons devez	je devrai	je devrais	que je doive que nous devions

Infinitif	Présent				Passé Composé	Imparfait
10. dire	je	dis	nous	disons	j'ai dit	je disais
	tu	dis	vous	dites		
	il/elle/on	dit	ils/elles	disent		
11. écrire	j'	écris	nous	écrivons	j'ai écrit	j'écrivais
	tu	écris	vous	écrivez		
	il/elle/on	écrit	ils/elles	écrivent		
12. envoyer	j'	envoie	nous	envoyons	j'ai envoyé	j'envoyais
	tu	envoies	vous	envoyez		
	il/elle/on	envoie	ils/elles	envoient		
13. être	je	suis	nous	sommes	j'ai été	j'étais
	tu	es	vous	êtes		
	il/elle/on	est	ils/elles	sont		
14. faire	je	fais	nous	faisons	j'ai fait	je faisais
	tu	fais	vous	faites		
	il/elle/on	fait	ils/elles	font		
15. falloir		il faut			il a fallu	il fallait
16. lire	je	lis	nous	lisons	j'ai lu	je lisais
	tu	lis	vous	lisez		
	il/elle/on	lit	ils/elles	lisent		
17. mettre	je	mets	nous	mettons	j'ai mis	je mettais
	tu	mets	vous	mettez		
	il/elle/on	met	ils/elles	mettent		
18. mourir	je	meurs	nous	mourons	je suis mort(e)	je mourais
	tu	meurs	vous	mourez		
	il/elle/on	meurt	ils/elles	meurent		
19. naître	je	nais	nous	naissons	je suis né(e)	je naissais
	tu	nais	vous	naissez		
	il/elle/on	naît	ils/elles	naissent		
20. nettoyer	je	nettoie	nous	nettoyons	j'ai nettoyé	je nettoyais
	tu	nettoies	vous	nettoyez		
	il/elle/on	nettoie	ils/elles	nettoient		
21. ouvrir	j'	ouvre	nous	ouvrons	j'ai ouvert	j'ouvrais
	tu	ouvres	vous	ouvrez		
	il/elle/on	ouvre	ils/elles	ouvrent		

Impératif	Futur	Conditionnel	Subjonctif
dis disons dites	je dirai	je dirais	que je dise que nous disions
écris écrivons écrivez	j'écrirai	j'écrirais	que j'écrive que nous écrivions
envoie envoyons envoyez	j'enverrai	j'enverrais	que j'envoie que nous envoyions
sois soyons soyez	je serai	je serais	que je sois que nous soyons
fais faisons faites	je ferai	je ferais	que je fasse que nous fassions
—	il faudra	il faudrait	qu'il faille
lis lisons lisez	je lirai	je lirais	que je lise que nous lisions
mets mettons mettez	je mettrai	je mettrais	que je mette que nous mettions
meurs mourons mourez	je mourrai	je mourrais	que je meure que nous mourions
nais naissons naissez	je naîtrai	je naîtrais	que je naisse que nous naissions
nettoie nettoyons nettoyez	je nettoierai	je nettoierais	que je nettoie que nous nettoyions
ouvre ouvrons ouvrez	j'ouvrirai	j'ouvrirais	que j'ouvre que nous ouvrions

Infinitif	Présent				Passé Composé	Imparfait
22. partir*	je	pars	nous	partons	je suis parti(e)*	je partais
	tu	pars	vous	partez		
	il/elle/on	part	ils/elles	partent		
23. pleuvoir		il pleut			il a plu	il pleuvait
24. pouvoir	je	peux**	nous	pouvons	j'ai pu	je pouvais
	tu	peux	vous	pouvez		
	il/elle/on	peut	ils/elles	peuvent		
25. prendre	je	prends	nous	prenons	j'ai pris	je prenais
	tu	prends	vous	prenez		
	il/elle/on	prend	ils/elles	prennent		
26. rire	je	ris	nous	rions	j'ai ri	je riais
	tu	ris	vous	riez		
	il/elle/on	rit	ils/elles	rient		
27. savoir	je	sais	nous	savons	j'ai su	je savais
	tu	sais	vous	savez		
	il/elle/on	sait	ils/elles	savent		
28. venir	je	viens	nous	venons	je suis venu(e)	je venais
	tu	viens	vous	venez		
	il/elle/on	vient	ils/elles	viennent		
29. voir	je	vois	nous	voyons	j'ai vu	je voyais
	tu	vois	vous	voyez		
	il/elle/on	voit	ils/elles	voient		
30. vouloir	je	veux	nous	voulons	j'ai voulu	je voulais
	tu	veux	vous	voulez		
	il/elle/on	veut	ils/elles	veulent		

***Dormir, sentir,** and **servir** are conjugated with **avoir** in the passé composé. **Partir, sortir,** and the reflexive **s'endormir** are conjugated with **être.**

The inverted form of **je peux is **puis-je … ?**

Impératif	Futur	Conditionnel	Subjonctif
pars partons partez	je partirai	je partirais	que je parte que nous partions
— 	il pleuvra	il pleuvrait	qu'il pleuve
— — —	je pourrai	je pourrais	que je puisse que nous puissions
prends prenons prenez	je prendrai	je prendrais	que je prenne que nous prenions
ris rions riez	je rirai	je rirais	que je rie que nous riions
sache sachons sachez	je saurai	je saurais	que je sache que nous sachions
viens venons venez	je viendrai	je viendrais	que je vienne que nous venions
vois voyons voyez	je verrai	je verrais	que je voie que nous voyions
veuille veuillons veuillez	je voudrai	je voudrais	que je veuille que nous voulions

Appendices

APPENDICE A

A list of International Phonetic Alphabet symbols

Voyelles

Son	Exemples	Pages: *Entre amis*
[i]	**i**l, **y**	93, 298
[e]	**et**, parl**é**, **ai**mer, ch**ez**	33, 39, 60, 382
[ɛ]	m**è**re, n**ei**ge, **ai**me, t**ê**te, ch**è**re, b**e**lle	33, 60, 412
[a]	l**a**, f**e**mme	60
[wa]	t**oi**, tr**oi**s, qu**oi**, v**oy**age	60
[ɔ]	f**o**lle, b**o**nne	188
[o]	**eau**, ch**au**d, n**o**s, ch**o**se	188, 382
[u]	v**ous**, **août**	158
[y]	**u**ne, r**u**e, **eu**	158, 160
[ø]	d**eu**x, v**eu**t, bl**eu**, ennuy**eu**se	351
[œ]	h**eu**re, v**eu**lent, s**œu**r	351
[ə]	l**e**, s**e**rons, f**ai**sons	60, 325, 411
[ã]	**an**, l**en**t, ch**am**bre, **en**semble	93
[ɔ̃]	m**on**, n**om**, s**on**t	39, 93
[ɛ̃]	m**ain**, f**aim**, exam**en**, **im**portant, v**in**, ch**ien**, s**ym**phonie, br**un***, parf**um***	93

*Some speakers pronounce written **un** and **um** as [œ̃].

Consonnes

Son	Exemples	
[p]	**p**ère, ju**p**e	383
[t]	**t**oute, gran**d** ami, quan**d** est-ce que …	67, 107, 145, 383
[k]	**c**omment, **qu**i	214
[b]	ro**b**e, **b**ien	383
[d]	**d**eux, ren**d**ent	383
[g]	**g**are, lon**gu**e, se**c**ond	336, 383
[f]	**f**ou, **ph**armacie, neu**f**	67
[s]	mer**c**i, profe**ss**eur, françai**s**, tenni**s**, démocra**t**ie	67, 214
[ʃ]	**ch**at, **sh**ort	214
[v]	**v**ous, neu**f** ans	67
[z]	**z**éro, ro**s**e	67, 107, 214

[ʒ]	**j**e, â**g**e, na**ge**ons	39, 214
[l]	**l**ire, vi**ll**e	323
[R]	**r**ue, sœu**r**	244
[m]	**m**es, ai**m**e, co**mm**ent	93
[n]	**n**on, américai**n**e, bo**nn**e	93
[ɲ]	monta**gn**e	214

Semiconsonnes

Son	Exemples	
[j]	f**ill**e, trava**il**, ch**i**en, vo**y**ez, **y**eux, h**i**er	298, 323
[w]	**ou**i, **w**eek-end	
[ɥ]	h**u**it, t**u**er	325

APPENDICE B

Professions

The following professions are in addition to those taught in Ch. 4, p. 112.

agent *m.* **d'assurances** insurance agent
agent *m.* **de police** police officer
agent *m.* **de voyages** travel agent
agent *m.* **immobilier** real-estate agent
artisan *m.* craftsperson
assistant(e) social(e) social worker
avocat(e) lawyer
banquier *m.* banker
boucher/bouchère butcher
boulanger/boulangère baker
caissier/caissière cashier
chanteur/chanteuse singer
charcutier/charcutière pork butcher, delicatessen owner
chauffeur *m.* driver
chercheur/chercheuse researcher
chirurgien(ne) surgeon
commerçant(e) shopkeeper
conférencier/conférencière lecturer
conseiller/conseillère counsellor; advisor
cuisinier/cuisinière cook
dentiste *m./f.* dentist
douanier/douanière customs officer
électricien(ne) electrician
épicier/épicière grocer
expert-comptable *m.* CPA
facteur/factrice letter carrier
femme de ménage *f.* cleaning lady
fleuriste *m./f.* florist
garagiste *m./f.* garage owner; mechanic
homme/femme politique politician
hôtelier/hôtelière hotelkeeper
hôtesse de l'air *f.* stewardess

informaticien(ne) data processor
instituteur/institutrice elementary-school teacher
jardinier/jardinière gardener
joueur/joueuse (de golf, etc.) (golf, etc.) player
maire *m.* mayor
mannequin *m.* fashion model
mécanicien(ne) mechanic
ménagère *f.* housewife
militaire *m.* serviceman/servicewoman
moniteur/monitrice (de ski) (ski) instructor
musicien(ne) musician
opticien(ne) optician
PDG *m./f.* CEO (chairperson)
pasteur *m.* (Protestant) minister
peintre *m./f.* painter
photographe *m./f.* photographer
pilote *m.* pilot
plombier *m.* plumber
pompier *m.* firefighter
prêtre *m.* priest
psychologue *m./f.* psychologist
rabbin *m.* rabbi
religieuse *f.* nun
reporter *m.* reporter
représentant(e) de commerce traveling salesperson
restaurateur/restauratrice restaurant owner
savant *m.* scientist; scholar
sculpteur *m.* sculptor
serveur/serveuse waiter/waitress
traducteur/traductrice translator
vétérinaire *m./f.* vet

APPENDICE C

Glossary of Grammatical Terms

Term	Definition	Example(s)
accord *(agreement)* 16, 22–23, 71	Articles, adjectives, pronouns, etc. are said to agree with the noun they modify when they "adopt" the gender and number of the noun.	*La voisine de Patrick est allemande. C'est une jeune fille très gentille. Elle est partie en vacances.*
adjectif *(adjective)* 16, 22, 96	A word that describes or modifies a noun or a pronoun, specifying size, color, number, or other qualities. (See **adjectif démonstratif, adjectif interrogatif, adjectif possessif.**)	*Lori Becker n'est pas mariée. Nous sommes américains. Le professeur a une voiture noire. C'est une belle voiture.*
adjectif démonstratif *(demonstrative adjective)* 103	A noun determiner (see **déterminant**) that identifies and *demonstrates* a person or a thing.	*Regarde les couleurs de cette robe et de ce blouson!*
adjectif interrogatif *(interrogative adjective)* 114, 394	An adjective that introduces a question. In French, the word **quel** *(which* or *what)* is used as an interrogative adjective and agrees in gender and number with the noun it modifies.	*Quelle heure est-il? Quels vêtements portez-vous?*
adjectif possessif *(possessive adjective)* 71, 78	A noun determiner that indicates *possession* or *ownership*. Agreement depends on the gender of the noun and not on the sex of the possessor, as in English *(his/her)*.	*Où est mon livre? Comment s'appelle son père?*
adverbe *(adverb)* 97, 287	An invariable word that describes a verb, an adjective, or another adverb. It answers the question *when?* (time), *where?* (place), or *how? how much?* (manner).	*Mon père conduit lentement.* (how?) *On va regarder un match de foot demain.* (when?) *J'habite ici.* (where?)
adverbe interrogatif *(interrogative adverb)* 145	An adverb that introduces a question about time, location, manner, number, or cause.	*Où sont mes lunettes? Comment est-ce que Lori a trouvé le film? Pourquoi est-ce que tu fumes?*

Term	Definition	Example(s)
article *(article)* 44, 63, 217	A word used to signal that a noun follows, and to specify the noun as to its *gender* and *number*, as well as whether it is general, particular, or part of a larger whole. (See **article défini, article indéfini,** and **article partitif**.)	
article défini *(definite article)* 44, 46, 309	The definite articles in French are **le, la, l',** and **les.** They are used to refer to a specific noun, or to things in general, in an abstract sense.	*Le professeur est dans la salle de classe. Le lait est bon pour la santé. J'aime les concerts de jazz.*
article indéfini *(indefinite article)* 63	The indefinite articles in French are **un, une,** and **des.** They are used to designate unspecified nouns.	*Lori Becker a un frère et une sœur. J'ai des amis qui habitent à Paris.*
article partitif *(partitive article)* 217	The partitive articles in French are **du, de la, de l',** and **des.** They are used to refer to *part* of a larger whole, or to things that cannot be counted.	*Je vais acheter du fromage. Tu veux de la soupe?*
comparatif *(comparison)* 306–308	When comparing people or things, these comparative forms are used: **plus** *(more)*, **moins** *(less)*, **aussi** *(as ... as)*, and **autant** *(as much as)*.	*Le métro est plus rapide que le bus. Il neige moins souvent en Espagne qu'en France. Ma sœur parle aussi bien le français que moi. Elle gagne autant d'argent que moi.*
conditionnel *(conditional)* 422	A verb form used when stating hypotheses or expressing polite requests.	*Tu devrais faire attention. Je voudrais une tasse de café.*
conjugaison *(conjugation)* 38	An expression used to refer to the various forms of a verb that reflect *person* (1st, 2nd, or 3rd person), *number* (singular or plural), *tense* (present, past, or future), and *mood* (indicative, subjunctive, imperative, conditional). Each conjugated form consists of a *stem* and an *ending*.	Présent: *Nous **parlons** français en classe.* Passé composé: *Je **suis allé** à Paris l'année dernière.* Imparfait: *Quand il **était** jeune, mon frère **s'amusait** beaucoup.* Futur: *Je **ferai** le devoir de français ce soir.* Impératif: ***Ouvrez** vos livres!* Subjonctif: *Il faut qu'on **fasse** la lessive tout de suite.* Conditionnel: *Je **voudrais** un verre de coca.*

Term	Definition	Example(s)
contraction *(contraction)* 76, 125, 395	The condensing of two words to form one.	*C'est une photo **du** professeur* [**de + le**]. *Nous allons **au** café* [**à + le**].
déterminant *(determiner)* 333	A word that precedes a noun and *determines* its quality (*definite, indefinite, partitive,* etc.). In French, nouns are usually accompanied by one of these determiners.	Article *(**le** livre)*; demonstrative adjective *(**cette** table)*; possessive adjective *(**sa** voiture)*; interrogative adjective *(**Quelle** voiture?)*; number *(**trois** crayons)*.
élision *(elision)* 14, 20, 44, 249	The process by which some words drop their final vowel and replace it with an apostrophe before words beginning with a vowel sound.	*Je **m'**appelle Martin et **j'**habite près de **l'**église.*
futur *(future)* 36, 130, 337	A tense used to express what *will* happen. The construction **aller** + *infinitive* often replaces the future tense, especially when referring to more immediate plans.	*Un jour, nous **irons** en France. Nous **allons partir** cet après-midi.*
genre *(gender)* 4, 14, 44	The term used to designate whether a noun, article, pronoun, or adjective is masculine or feminine. All nouns in French have a grammatical *gender*.	***la** table, **le** livre, **le** garçon, **la** mère*
imparfait *(imperfect)* 299, 413	A past tense used to describe a setting (background information), a condition (physical or emotional), or a habitual action.	*Il **faisait** beau quand je suis parti. Je **prenais** beaucoup de médicaments quand j'**étais** jeune.*
impératif *(imperative)* 141, 282	The verb form used to give commands or to make suggestions.	***Répétez** après moi! **Allons** faire une promenade.*
indicatif *(indicative)* 14, 160, 299, 337	A class of tenses used to relate facts or supply information. **Le présent, le passé composé, l'imparfait,** and **le futur** all belong to the indicative mood.	*Je ne **prends** pas le petit déjeuner. Le directeur **partira** en vacances le mois prochain. Il **faisait** beau quand je **suis parti**.*
infinitif *(infinitive)* 36, 38, 246, 332, 337	The plain form of the verb, showing the general meaning of the verb without reflecting *tense, person,* or *number*. French verbs are often classified according to the last two letters of their infinitive forms: **-er** verbs, **-ir** verbs, or **-re** verbs.	*étudi**er**, chois**ir**, vend**re***

Term	Definition	Example(s)
inversion *(inversion)* 49, 66, 145, 161	An expression used to refer to the reversal of the subject pronoun-verb order in the formation of questions.	*Parlez-vous français? Chantez-vous bien?*
liaison *(liaison)* 12, 15, 39, 63–64, 126	The term used to describe the spoken linking of the final and usually silent consonant of a word with the beginning vowel sound of the following word.	*Vous [z]êtes américain? Ma sœur a un petit [t]ami.*
mot apparenté *(cognate)* 25, 92, 381	Words from different languages that are related in origin and that are similar are referred to as *cognates*.	**question** [Fr.] = *question* [Eng.]; **semestre** [Fr.] = *semester* [Eng.]
négation *(negation)* 20, 97, 161, 283, 419	The process of transforming a positive sentence into a negative one. In negative sentences the verb is placed between two words, **ne** and another word defining the nature of the negation.	*On **ne** parle **pas** anglais ici. Il **ne** neige **jamais** à Casablanca. Mon grand-père **ne** travaille **plus**. Il **n'**y a **personne** dans la salle de classe. Mon fils **n'**a **rien** dit.*
nom *(noun)* 16	The name of a person, place, thing, idea, etc. All nouns in French have a grammatical gender and are usually preceded by a determiner.	*le **livre**, la **vie**, les **étudiants**, ses **parents**, cette **photo***
nombre *(number)* 14, 16, 44	The form of a noun, article, pronoun, adjective, or verb that indicates whether it is *singular* or *plural*. When an adjective is said to agree with the noun it modifies in *number*, it means that the adjective will be singular if the noun is singular, and plural if the noun is plural.	***La** voiture de James **est** très petite. **Les** livres de français ne **sont** pas aussi chers que **les** livres de biologie.*
objet direct *(direct object)* 228, 278, 388	A thing or a person bearing directly the action of a verb. (See **pronom objet direct**.)	*Thierry écrit **un poème**. Il aime **Céline**.*

Term	Definition	Example(s)
objet indirect *(indirect object)* 385	A person (or persons) to or for whom something is done. The indirect object is often preceded by the preposition **à** because it receives the action of the verb *indirectly*. (See **pronom objet indirect**.)	*Thierry donne une rose **à Céline**.* *Le professeur raconte des histoires drôles **aux étudiants**.*
participe passé *(past participle)* 157, 189, 243	The form of a verb used with an auxiliary to form two-part (compound) past tenses such as the **passé composé**.	*Vous êtes **allés** au cinéma. Moi, j'ai **lu** un roman policier.*
passé composé 157, 188, 417	A past tense used to narrate an event in the past, to tell what happened, etc. It is used to express actions *completed* in the past. The **passé composé** is composed of two parts: an auxiliary (**avoir** or **être**) conjugated in the present tense, and the past participle form of the verb.	*Le président **a parlé** de l'économie. Nous **sommes arrivés** à 5h.*
personne *(person)* 13	The notion of *person* indicates whether the subject of the verb is speaking *(1st person)*, spoken to *(2nd person)*, or spoken about *(3rd person)*. Verbs and pronouns are designated as being in the singular or plural of one of the three persons.	First person singular: ***Je** n'ai rien compris.* Second person plural: *Avez-**vous** de l'argent?* Third person plural: ***Elles** sont toutes les deux sénégalaises.*
plus-que-parfait *(pluperfect)* 412	A past tense used to describe an event that took place prior to some other past event. The **plus-que-parfait** is composed of two parts: an auxiliary (**avoir** or **être**) conjugated in the imperfect tense, and the past participle form of the verb.	*Il était ivre parce qu'il **avait** trop **bu**.*
préposition *(preposition)* 138, 142, 195	A word (or a small group of words) preceding a noun or a pronoun that shows position, direction, time, etc. relative to another word in the sentence.	*Mon oncle qui habite **à** Boston est allé **en** France. L'hôtel est **en face de** la gare.*
présent *(present)* 14, 38	A tense that expresses an action taking place at the moment of speaking, an action that one does habitually, or an action that began earlier and is still going on.	*Il **fait** très beau aujourd'hui. Je me **lève** à 7h tous les jours.*

Term	Definition	Example(s)
pronom *(pronoun)* 13, 114, 193, 228, 278, 388, 400	A word used in place of a noun or a noun phrase. Its form depends on the *number* (singular or plural), *gender* (masculine or feminine), *person* (1st, 2nd, 3rd), and *function* (subject, object, etc.) of the noun it replaces.	*Tu aimes les fraises? Oui, je les adore. / Irez-vous à Paris cet été? Non, je n'y vais pas. / Prenez-vous du sucre? Oui, j'en prends. / Qui t'a dit de partir?* **Lui.**
pronom accentué *(stress pronoun)* 172, 306	A pronoun that is separated from the verb and appears in different positions in the sentence.	*Voilà son livre à* **elle**. *Viens avec* **moi**!
pronom interrogatif *(interrogative pronoun)* 114, 394–395, 416–418	Interrogative pronouns are used to ask questions. They change form depending upon whether they refer to people or things and also whether they function as the subject, the direct object, or the object of a preposition of a sentence.	**Qui** *est là?* **Que** *voulez-vous faire dans la vie?* **Qu'est-ce que** *vous faites?* **Qu'est-ce qui** *est arrivé?*
pronom objet direct *(direct object pronoun)* 228, 278, 388	A pronoun that replaces a direct object noun (a noun object not preceded by a preposition).	*Thierry aime Céline et elle* **l**'*aime aussi.*
pronom objet indirect *(indirect object pronoun)* 386	A pronoun that replaces an indirect object noun (a noun object preceded by the preposition **à**).	*Thierry* **lui** *a donné une rose.*
pronom relatif *(relative pronoun)* 61, 232, 260, 396	A pronoun that refers or "relates" to a preceding noun and connects two clauses into a single sentence.	*Le professeur a des amis* **qui** *habitent à Paris. J'ai lu le livre* **que** *tu m'as donné.*
pronom sujet *(subject pronoun)* 13	A pronoun that replaces a noun subject.	**Ils** *attendent le train.* **On** *parle français ici.*
sujet *(subject)* 13	The person or thing that performs the action of the verb. (See **pronom sujet**.)	**Les étudiants** *font souvent les devoirs à la bibliothèque.* **Vous** *venez d'où?*
subjonctif *(subjunctive)* 364, 398	A class of tenses, used under specific conditions: (1) the verb is in the second (or subordinate) clause of a sentence; (2) the second clause is introduced by **que**; and (3) the verb of the first clause expresses advice, will, necessity, emotion, etc.	*Mon père préfère que je n'***aie** *pas de voiture. Le professeur veut que nous* **parlions** *français. Ma mère est contente que vous* **soyez** *ici.*

Term	Definition	Example(s)
superlatif *(superlative)* 309	The superlative is used to express the superior or inferior degree or quality of a person or a thing.	*Le TGV est le train **le plus** rapide du monde. L'eau minérale est la boisson **la moins** chère.*
temps *(tense)* 38, 160, 299, 337	The particular form of a verb that indicates the time frame in which an action occurs: present, past, future, etc.	*La tour Eiffel **est** le monument le plus haut de Paris. Nous **sommes arrivés** à 5h à la gare. Je **ferai** de mon mieux.*
verbe *(verb)* 14, 38, 246, 332	A word expressing action or condition of the subject. The verb consists of a *stem* and an *ending*, the form of which depends on the *subject* (singular, plural, 1st, 2nd, or 3rd person), the *tense* (present, past, future), and the *mood* (indicative, subjunctive, imperative, conditional).	
verbe auxiliaire *(auxiliary verb)* 160, 189	The two auxiliary (or helping) verbs in French are **avoir** and **être.** They are used in combination with a past participle to form the **passé composé** and the **plus-que-parfait.**	*Nous **sommes** allés au cinéma hier. Nous **avons** vu un très bon film.*
verbes pronominaux *(reflexive verbs)* 168, 191, 356	Verbs whose subjects and objects are the same. A reflexive pronoun will precede the verb and act as either the direct or indirect object of the verb. The reflexive pronoun has the same *number, gender,* and *person* as the subject.	*Lori **se réveille**. Elle et James **se sont** bien **amusés** hier soir.*

APPENDICE D

Négociations

*The Révision part of the Intégration section of each chapter ends with an activity called **Négociations**. In this activity you will exchange information with a partner. Partner A uses the version of the activity shown in the chapter. In most cases, Partner B (and occasionally C, D, etc.) uses the version of the activity given in this appendix.*

For the last two blanks you should choose adjectives that describe the person, e.g., tall.

Chapitre 1 (p. 25)

Identifications. Work with your partner to prepare a new identity. First, decide with your partner whether you are describing a man or a woman. Then, complete the second half of the following form. Ask questions of your partner, who will complete the first half of the form. Your partner will ask you other questions about the person you are describing. Answer only **oui** or **non**.

MODÈLE: Comment vous appelez-vous? Quel est votre nom de famille?
Êtes-vous français(e)? Êtes-vous jeune?

A
Nom de famille: _____
Prénom: _____
Nationalité: _____

B
État civil: _____
Description 1: _____
_____
Description 2: _____
_____

Chapitre 2 (p. 52)

Les activités. Use one of the forms below to interview as many students as possible. Try to find people who answer the questions affirmatively; then write their initials in the appropriate boxes. No student's initials should be used more than twice.

MODÈLE: **Est-ce que tu détestes les hot-dogs?**

B

regarder la télé le soir	aimer étudier le français	chanter une chanson française
détester les hot-dogs	parler espagnol	aimer patiner
pleurer quelquefois	être marié(e)	travailler beaucoup
étudier l'anglais	adorer skier	jouer au golf

C

danser souvent le week-end	adorer skier	parler espagnol
jouer au ping-pong	chanter une chanson française	étudier l'anglais
travailler beaucoup	être célibataire	tomber quelquefois
pleurer quelquefois	détester les hot-dogs	aimer patiner

Chapitre 3 (p. 82)

C'est la voiture de son frère? Work with your partner to complete the forms. Ask questions to determine the information that is missing.

MODÈLE: C'est la voiture du frère de David?
C'est le vélo de ses grands-parents?

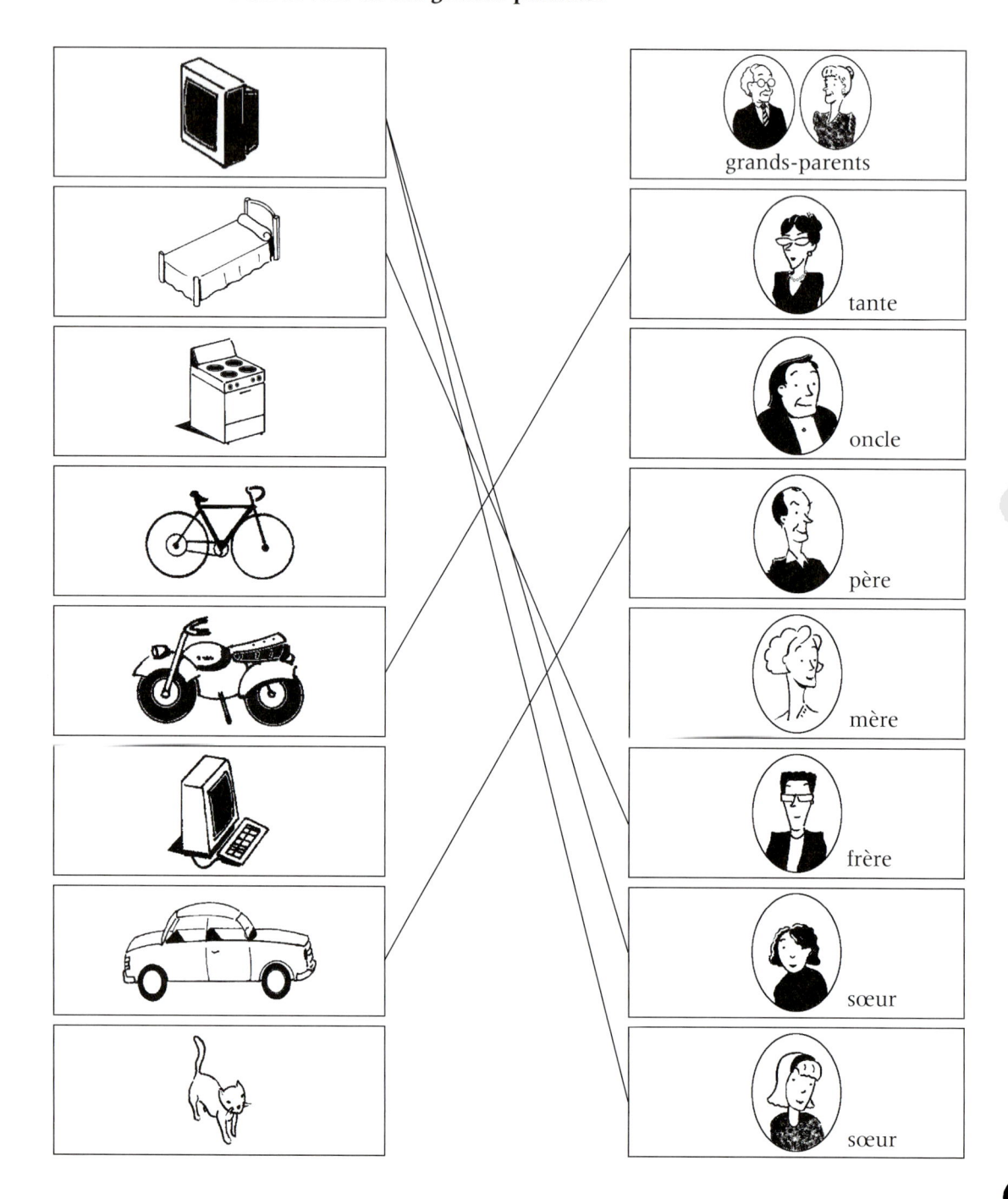

Chapitre 4 (p. 117)

Nos amis. Work with your partner to complete the forms. Ask questions to determine the information that is missing.

MODÈLE: **Est-ce que Marie a les yeux bleus?**

B

nom	yeux	cheveux	description	à la maison	dans la vie	vêtement
Marie		noirs	bavarde			short
Alain	marron			courses		
Chantal		roux		lessive	journaliste	
Éric	bleus		charmant		cuisinier	
Karine	gris		pessimiste	liste	médecin	chapeau
Pierre		bruns				blouson
Sylvie		blonds	patiente	provisions	cadre	
Jean	verts					ceinture

Chapitre 5 (p. 148)

L'emploi du temps de Sahibou. Interviewez votre partenaire pour trouver les renseignements qui manquent *(missing information)*.

MODÈLE: **Est-ce qu'il a un cours le mercredi à onze heures?**
Est-ce que c'est un cours de mathématiques?

B

	lundi	mardi	mercredi	jeudi	vendredi	samedi	dimanche
9h							
10h		gestion		gestion			église
11h	français		français		français		
12h	cafétéria		cafétéria		cafétéria	cafétéria	déjeuner avec ses parents
1h		cafétéria		cafétéria			
2h							
7h		bibliothèque		informatique			bibliothèque
8h	résidence	bibliothèque		informatique	cinéma		bibliothèque

Chapitre 6 (p. 177)

Hier, d'habitude et pendant le week-end. Interviewez votre partenaire pour trouver les renseignements qui manquent *(missing information)*.

MODÈLE: Est-ce que Valérie va au cours de français d'habitude?
Est-ce qu'Alain a fumé hier?

B

nom	hier	d'habitude	pendant le week-end
Valérie	écrire une dissertation	OUI	nettoyer sa chambre
Chantal	NON	NON	rester dans sa chambre
Sophie	être malade	étudier seule	OUI
Alain	NON	travailler après les cours	OUI
David	NON	OUI	jouer au basket-ball
Jean-Luc	passer un examen	envoyer des messages électroniques	NON

Chapitre 7 (p. 205)

D'où viennent-ils? Interviewez votre partenaire pour trouver les renseignements qui manquent.

MODÈLES: D'où vient Sahibou?
Où est-ce que Fatima est née?
Quand est-ce que Cécile est partie?

B

nom	pays d'origine	ville de naissance	départ	adresse
Sahibou		Dakar		Canada
Fatima	Maroc		en juin dernier	
Cécile	Belgique			États-Unis
Jean-Luc		Nantes	en avril dernier	
Marie	Canada	Québec		

Chapitre 8 (p. 235)

Dînons-nous ensemble? Interviewez les autres étudiants pour trouver votre partenaire. C'est la personne qui a le même menu que vous.

MODÈLES: **Qu'est-ce que tu prends comme hors-d'œuvre?**
Qu'est-ce que tu vas boire?

B

	votre partenaire	vous
hors-d'œuvre	soupe de légumes	pâté
plat principal	saumon	bœuf
légume	épinards	riz
fromage	camembert	brie
dessert	gâteau	pâtisseries
boisson	eau minérale	eau

C

	votre partenaire	vous
hors-d'œuvre	soupe à l'oignon	crudités
plat principal	porc	truite
légume	frites	riz
fromage	brie	chèvre
dessert	tarte	gâteau
boisson	eau	vin blanc

D

	votre partenaire	vous
hors-d'œuvre	salade de tomates	soupe à l'oignon
plat principal	bœuf	poulet
légume	petits pois	frites
fromage	chèvre	emmenthal
dessert	fruits	gâteau
boisson	vin rouge	eau

E

	votre partenaire	vous
hors-d'œuvre	pâté	salade de tomates
plat principal	saumon	bœuf
légume	épinards	haricots verts
fromage	camembert	brie
dessert	fruits	glace
boisson	eau minérale	eau minérale

F

	votre partenaire	vous
hors-d'œuvre	crudités	soupe de légumes
plat principal	truite	poulet
légume	riz	petits pois
fromage	camembert	emmenthal
dessert	tarte	pâtisseries
boisson	vin blanc	eau

G

	votre partenaire	vous
hors-d'œuvre	soupe de légumes	pâté
plat principal	porc	bœuf
légume	frites	épinards
fromage	emmenthal	brie
dessert	tarte	glace
boisson	vin rouge	eau minérale

H

	votre partenaire	vous
hors-d'œuvre	soupe à l'oignon	crudités
plat principal	saumon	porc
légume	haricots verts	riz
fromage	chèvre	camembert
dessert	pâtisseries	glace
boisson	vin blanc	vin rouge

I

	votre partenaire	vous
hors-d'œuvre	salade de tomates	crudités
plat principal	poulet	truite
légume	petits pois	haricots verts
fromage	chèvre	emmenthal
dessert	fruits	glace
boisson	vin rouge	vin blanc

J

	votre partenaire	vous
hors-d'œuvre	pâté	soupe de légumes
plat principal	bœuf	saumon
légume	riz	épinards
fromage	brie	camembert
dessert	pâtisseries	gâteau
boisson	eau	eau minérale

K

	votre partenaire	vous
hors-d'œuvre	crudités	soupe à l'oignon
plat principal	truite	porc
légume	riz	frites
fromage	chèvre	brie
dessert	gâteau	tarte
boisson	vin blanc	eau

L

	votre partenaire	vous
hors-d'œuvre	soupe à l'oignon	salade de tomates
plat principal	poulet	bœuf
légume	frites	petits pois
fromage	emmenthal	chèvre
dessert	gâteau	fruits
boisson	eau	vin rouge

M

	votre partenaire	vous
hors-d'œuvre	salade de tomates	pâté
plat principal	bœuf	saumon
légume	haricots verts	épinards
fromage	brie	camembert
dessert	glace	fruits
boisson	eau minérale	eau minérale

N

	votre partenaire	vous
hors-d'œuvre	soupe de légumes	crudités
plat principal	poulet	truite
légume	petits pois	riz
fromage	emmenthal	camembert
dessert	pâtisseries	tarte
boisson	eau	vin blanc

O

	votre partenaire	vous
hors-d'œuvre	pâté	soupe de légumes
plat principal	bœuf	porc
légume	épinards	frites
fromage	brie	emmenthal
dessert	glace	tarte
boisson	eau minérale	vin rouge

P

	votre partenaire	vous
hors-d'œuvre	crudités	soupe à l'oignon
plat principal	porc	saumon
légume	riz	haricots verts
fromage	camembert	chèvre
dessert	glace	pâtisseries
boisson	vin rouge	vin blanc

Chapitre 9 (p. 262)

Nos achats. Interviewez votre partenaire pour trouver les renseignements qui manquent. Il y a trois paires de cartes. Comme partenaires, A1 travaille avec B1, A2 avec B2, etc.

MODÈLE: Qu'est-ce qu'on achète à la gare?
Où est-ce qu'on achète des fleurs?

B1

achat	endroit
	gare
	supermarché
légumes	
médicaments	
	supermarché
fromage	
	librairie
chapeau	
magazine	
	épicerie
	boutique
fleurs	
	pharmacie
savon	

B2

achat	endroit
coca	
	fleuriste
	pharmacie
livre	
légumes	
	bureau de tabac
magazine	
pastilles	
	boucherie
	boulangerie
pommes	
	bureau de tabac
cadeau	
	supermarché

B3

achat	endroit
journal	
fruits	
	bureau de tabac
	pharmacie
cadeau	
	marché
saucisses	
	boulangerie
magazine	
	charcuterie
fleurs	
	boucherie
timbres	
	grand magasin

Chapitre 10 (p. 290)

All of the vehicles in this activity are feminine.

La formule 1. Interviewez votre partenaire pour trouver les renseignements qui manquent.

MODÈLE: **Quelle sorte de véhicule est-ce que mémé conduit?**
Comment conduit-elle?

B

nom	conduire	comment?	pourquoi comme ça?
Michael Schumacher	Ferrari	à toute vitesse	
Jacques Villeneuve			C'est un pilote professionnel canadien.
Alain Prost	Renault	très vite	
tonton (*oncle*) Paul		comme un fou	
tatie (*tante*) Agnès	Harley	tranquillement	
papi (*grand-père*)			Il ne peut pas changer de vitesse.
mémé (*grand-mère*)	mobylette		Elle a peur des accidents.
votre partenaire			
vous			

462 *quatre cent soixante-deux* • **Appendices**

Chapitre 11 (p. 313)

Hier et quand j'avais 10 ans. Since all students use the same form, it has not been reproduced here. Use the form on p. 313.

Chapitre 12 (p. 342)

Savoir ou connaître? Since all students use the same form, it has not been reproduced here. Use the form on p. 342.

Chapitre 13 (p. 372)

Il manque quelque chose. Interviewez les autres étudiants pour trouver les choses qui manquent. Il y a sept cartes différentes en tout.

MODÈLE: **Est-ce que tu as un(e) … sur ta table?**
Moi, j'ai un(e) …, mais je n'ai pas de (d') …

Chapitre 14 (p. 403)

Qu'est-ce qu'il (elle) en pense? Interviewez votre partenaire pour trouver les renseignements qui manquent.

> MODÈLE: Quelle est la réaction de Catherine?
> Pourquoi est-elle triste?

B

	ce qui arrive	sa réaction
Catherine		Elle en est triste.
Éric	Une jolie femme veut le rencontrer.	
Alain	Il y a trop de publicité à la télé.	
Chantal		Elle en est fâchée.
Monique	Sa sœur va avoir un bébé.	
Jacques		Il le regrette.
Christophe		Il en est confus.
Nathalie	Son amie se dispute avec elle.	
Véronique	Son petit ami lui achète une bague de fiançailles.	
Pierre		Il croit que c'est dommage.

Chapitre 15 (p. 426)

Vous êtes témoin d'un accident. Vous jouerez le rôle de gendarme. Interviewez votre partenaire qui joue le rôle de témoin d'un accident. Ensuite, complétez le formulaire suivant.

B (gendarme)

Nom du témoin: _____

Adresse du témoin: _____

Numéro de téléphone du témoin: _____

Observations (date, heure, lieu, conditions météorologiques, chaussée, véhicules, chauffeur(s), description de l'accident, cause de l'accident, autres ...):

Vocabulaire

FRANÇAIS-ANGLAIS

This vocabulary list includes all of the words and phrases included in the *Vocabulaire actif* sections of *Entre amis*, as well as the passive vocabulary used in the text. The definitions given are limited to the context in which the words are used in this book. Entries for active vocabulary are followed by the number of the chapter in which they are introduced for the first time. If a word is formally activated in more than one chapter, a reference is given for each chapter. Some entries are followed by specific examples from the text. Expressions are listed according to their key word. In subentries, the symbol ~ indicates the repetition of the key word.

Regular adjectives are given in the masculine form, with the feminine ending in parentheses. For irregular adjectives, the full feminine form is given in parentheses.

The gender of each noun is indicated after the noun. Irregular feminine and plural forms are also noted.

The following abbreviations are used:

CP   Chapitre préliminaire

adj.	adjective	*f.*	feminine	*n.*	noun
adv.	adverb	*f.pl.*	feminine plural	*pl.*	plural
art.	article	*inv.*	invariable	*prep.*	preposition
conj.	conjunction	*m.*	masculine	*pron.*	pronoun
fam.	familiar	*m.pl.*	masculine plural	*v.*	verb

à at, in, to 1
 ~ **côté** next door; to the side 5
 ~ **côté de** next to, beside 5
 ~ **droite (de)** to the right (of) 7
 ~ **gauche (de)** to the left (of) 7
 ~ **... heure(s)** at ... o'clock 1
 ~ **la vôtre!** (here's) to yours! 2
 ~ **l'heure** on time 7
 ~ **l'intérieur de** inside 6
 ~ **midi** at noon 5
 ~ **minuit** at midnight 5
 ~ **toute vitesse** at top speed 10
 ~ **travers** throughout
 être ~ to belong to 6
abord: d'~ at first 5
absolument absolutely 10
accepter to accept 15
accident *m.* accident 15
accompagner to accompany 6
accord *m.* agreement
 d'~ okay 5
 être d'~ **(avec)** to agree (with) 1, 11

accordéon *m.* accordion 6
accueillant(e) friendly
achat *m.* purchase 9
acheter to buy 9
acteur/actrice *m./f.* actor/actress 1
activité *f.* activity 11
actuellement now 14; nowadays
addition *f.* (restaurant) bill, check 8; addition
adieu *m.* (*pl.* **adieux**) farewell
adjoint au maire *m.* deputy mayor
adorer to adore; to love 2
adresse *f.* address 4
aéroport *m.* airport 5
affaires *f.pl.* business 4
 homme/femme d'~ *m./f.* businessman/woman 4
affreux (affreuse) horrible 8
âge *m.* age 3
 quel ~ **avez-vous?** how old are you? 3

âgé(e) old 11
agent (de police) *m.* (police) officer 15
agglomération *f.* urban area
agir: il s'agit de it's (*lit.* it's a matter of)
agrumes *m.pl.* citrus fruits
aider to help 4
aïe! ouch! 6
ail *m.* garlic 8
aimable kind; nice 9
aimer to like; to love 2
 s' ~ to love each other 14
ainsi thus, for that reason
air: avoir l'~ to seem; to appear, to look 9
album *m.* album 11
alcool *m.* alcohol
Allemagne *f.* Germany 5
allemand(e) German 1
aller to go 2, 5
 ~ **en ville** to go into town 5
 ~ **-retour** *m.* round-trip ticket 12

464   *quatre cent soixante-quatre*

Français-anglais • *quatre cent soixante-cinq* **465**

~ **simple** *m.* one-way (ticket) 12
allez à la porte! go to the door! CP
allez-y! go ahead; let's go 12
je vais très bien I'm fine 2
allô! hello! *(on the phone)* 12
alors then, therefore, so 2
amant *m.* lover
amener to bring
américain(e) American 1
ami/amie *m./f.* friend 2
amour *m.* love
amusant(e) amusing, funny; fun 11
s'amuser to have fun; to have a good time 6
je veux m'amuser I want to have fun 10
an *m.* year 3
Jour de l'~ *m.* New Year's Day 7
ananas *m.* pineapple
anchois *m.* anchovy 8
ancien (ancienne) former; old 4
anglais(e) English 1
Angleterre *f.* England 5
année *f.* year 6
~ **scolaire** *f.* school year 10
anniversaire *m.* birthday 7
~ **de mariage** wedding anniversary 10
annonce *f.* advertisement 14
petites annonces want ads
annuler to cancel
août *m.* August 7
apéritif *m.* before-dinner drink 8
appareil *m.* appliance; phone 7
appartement *m.* apartment 3
s'appeler to be named, be called 13
comment vous appelez-vous? what is your name? 1
je m'appelle ... my name is ... 1
appétit *m.* appetite
Bon ~! Have a good meal! 13
apporter to bring 8
apprendre to learn; to teach 8
après after 5
après-demain day after tomorrow 12
après-midi *m.* afternoon 2
de l'~ in the afternoon 5
Bon ~. Have a good afternoon.
arabe *m.* Arabic 5; Arab

arachide *f.* peanut
arbre *m.* tree
argent *m.* money 9
armée *f.* army
arrêt (d'autobus) *m.* (bus) stop 10
(s')arrêter to stop 10
arrière- great- 3
arriver to arrive 7
qu'est-ce qui est arrivé? what happened? 14
artiste *m./f.* artist 4
aspirine *f.* aspirin 9
s'asseoir to sit down 13
Asseyez-vous! Sit down! CP
assez sort of, rather, enough 1
~ **bien** fairly well 2
~ **mal** rather poorly 2
en avoir ~ to be fed up 11
assiette *f.* plate 8
assister (à) to attend 14
assurer to assure; to insure 15
attacher to attach; to put on 10
attendre to wait (for) 9
attentif (attentive) attentive 10
attention: faire ~ to pay attention 4
au contraire on the contrary 4
au moins at least 5
au pair au pair
jeune fille ~ *f.* nanny 4
au revoir good-bye 1
aujourd'hui today 4
aussi also, too 1; as 11
~ **... que** as ... as ... 11
autant (de) as much 11
autocar *m.* tour bus 12
automne *m.* fall 7
automobiliste *m./f.* driver 15
autoroute *f.* turnpike; throughway, highway 12
autour de around 5
autre other 3
avance *f.* advance
en ~ early 7
avancer to advance 10
avant before 5
avare miserly, stingy 4
avec with 2
avenir *m.* future
avertissement *m.* warning 14
avion *m.* airplane 7
avis *m.* opinion, advice
à mon (à ton, etc.) ~ in my (your, etc.) opinion 11

avoir to have 3
~ **besoin de** to need 9
~ **chaud** to be hot 8
~ **envie de** to want to; to feel like 5
~ **faim** to be hungry 8
~ **froid** to be cold 8
~ **l'air** to seem, to appear, to look 9
~ **lieu** to take place 11
~ **l'intention de** to plan to 5
~ **mal (à)** to be sore, to have a pain (in) 9
~ **peur** to be afraid 8
~ **pitié (de)** to have pity (on), to feel sorry (for) 10
~ **raison** to be right 8
~ **rendez-vous** to have an appointment, meeting 4
~ **soif** to be thirsty 8
~ **sommeil** to be sleepy 8
~ **tendance à** to tend to 12
~ **tort** to be wrong; to be unwise 8
en ~ assez to be fed up 11
qu'est-ce que tu as? what's the matter with you? 9
avril *m.* April 7

bagages *m.pl.* luggage 7
bague *f.* ring 14
bain: salle de ~ bathroom 3
balayer to sweep
bande dessinée *f.* comic strip 6
banque *f.* bank 5
barquette *f.* small box; mini crate 9
basket-ball (basket) *m.* basketball 6
baskets *f.pl.* high-top sneakers 4
bâtiment *m.* building 5
batterie *f.* drums 6
bavard(e) talkative 4
beau/bel/belle/beaux/belles handsome, beautiful 1
il fait ~ it's nice out CP, 7
beau-frère *m.* brother-in-law 3
beau-père *m. (pl.* **beaux-pères)** stepfather (or father-in-law) 3
beaucoup a lot 2; much, many
beaujolais *m.* Beaujolais *(wine)* 8
beaux-parents *m.pl.* stepparents (or in-laws) 3

bébé *m.* baby 7
beige beige 4
belge Belgian 1
Belgique *f.* Belgium 5
belle-mère *f.* (*pl.* **belles-mères**) stepmother (or mother-in-law) 3
belle-sœur *f.* sister-in-law 3
berk! yuck! awful! 8
besoin *m.* need
  avoir ~ de to need 9
beurre *m.* butter 8
  ~ d'arachide *m.* peanut butter 8
bibliothèque *f.* library 5
bien *m.* good 6
bien *adv.* well; fine 2
  ~ que although
  ~ sûr of course 8
bientôt soon
  À bientôt. See you soon. 5
Bienvenue! Welcome! 3
bière *f.* beer 2
billet *m.* bill *(paper money)* 9; ticket 12
bise *f.* kiss 5
bistro *m.* bar and café; bistro 5
bizarre weird; funny looking 4
blague *f.* joke
  sans ~! no kidding! 14
blanc (blanche) white 4
blessé(e) wounded 15
bleu(e) blue 4
bleuet *m.* blueberry *(French-Canadian)*
blond(e) blond 4
blouson *m.* windbreaker, jacket 4
bœuf *m.* beef 8
boire to drink 8
  voulez-vous ~ quelque chose? do you want to drink something? 2
boisson *f.* drink, beverage 2
boîte *f.* box, can 8
bol *m.* bowl 13
bon (bonne) good 2
  bon marché *adj. inv.* inexpensive 4
  bonne journée have a good day 1
bonbon *m.* candy 8
bonjour hello 1
bonnet de nuit *m.* party pooper
bonsoir good evening 2
bordeaux *m.* Bordeaux *(wine)* 8
bottes *f.pl.* boots 4

bouche *f.* mouth 9
bouchée *f.* mouthful
boucherie *f.* butcher shop 9
boulangerie *f.* bakery 5
boum *f.* party 10
bouquet *m.* bouquet 9
bout *m.* end, goal
bouteille *f.* bottle 8
boutique *f.* (gift, clothing) shop 9
bras *m.* arm 9
bridge *m.* bridge *(game)* 6
brie *m.* Brie *(cheese)* 8
brocoli *m.* broccoli 8
brosse *f.* brush
  ~ à cheveux *f.* hairbrush 13
  ~ à dents *f.* toothbrush 13
se brosser (les dents) to brush (one's teeth) 13
bruit *m.* noise 9
brûler to burn; to run through (light) 15
brun(e) brown(-haired) 4
bureau *m.* (*pl.* **bureaux**) desk; office 3
  ~ de poste *m.* post office 5
  ~ de tabac *m.* tobacco shop 5
but *m.* goal

ça (cela) that 4
  ~ dépend It depends 9
  ~ m'est égal It's all the same to me
  ~ ne vous concerne pas That's no concern of yours
  ~ va? How's it going? 2
  ~ va bien (I'm) fine 2
  ~ veut dire ... it means ... CP
cachet (d'aspirine) *m.* (aspirin) tablet 9
cadeau *m.* gift 9
cadre *m.* executive 4
café *m.* coffee 2; café 5
  ~ crème *m.* coffee with cream 2
cafétéria *f.* cafeteria 5
calculatrice *f.* calculator 3
calme calm 4
camarade de chambre *m./f.* roommate 3
camembert *m.* Camembert *(cheese)* 8
campagne *f.* country(side)
campus *m.* campus 5
Canada *m.* Canada 5
canadien(ne) Canadian 1

canicule *f.* heat wave
car because
carte *f.* map 12; menu 13
  ~ de crédit *f.* credit card 9
  ~ postale *f.* postcard 4
cartes *f.pl.* cards *(game)* 6
cas: en tout ~ in any case
cassis *m.* blackcurrant
ce/cet/cette/ces this, that, these, those 4
ce sont they are, there are 3
ceinture *f.* belt 4
  ~ de sécurité *f.* safety belt, seat belt 10
cela (ça) that 9
célèbre famous 14
célibataire single, unmarried 1
celle *f.* this (that) one
celles *f.pl.* these; those
celui *m.* this (that) one
cendre *f.* ash 8
cent one hundred 3
centime *m.* centime *(1/100 of a euro)* 3
centre commercial *m.* shopping center, mall 5
cependant however
céréales *f.pl.* cereal; grains 8
certainement surely, of course 1
c'est it is, this is 1
  c'est-à-dire that is to say
  ~ gentil à vous that's nice of you 2
  ~ pour vous it's for you 1
ceux *m.pl.* these; those
CFA (=Communauté financière africaine) African Financial Community
chacun(e) each
chagrin *m.* sorrow
chaîne (de télé) *f.* (TV) channel 14
chaise *f.* chair 3
chaleur *f.* heat
chambre *f.* bedroom 3; room
  camarade de ~ *m./f.* roommate 3
champignons *m.pl.* mushrooms 8
chance *f.* luck 12
  Bonne ~! Good luck! 12
changer (de) to change 10
chanson *f.* song 2
chanter to sing 2
chanteur/chanteuse *m./f.* singer 11

chapeau *m.* (*pl.* **chapeaux**) hat 4
chaque each, every 6
charcuterie *f.* pork butcher's; delicatessen 9
charmant(e) charming 3
chat *m.* cat 3
château *m.* castle 5
chaud(e) hot 2
   avoir ~ to be hot 8
   il fait ~ it's hot (warm) CP, 4, 7
chauffage *m.* heat 13
chauffard *m.* bad driver 15
chauffeur *m.* driver 10
chaussée *f.* pavement 15
chaussettes *f.pl.* socks 4
chaussures *f.pl.* shoes 4
chauve bald 4
chef *m.* head (*person in charge*); boss; chef
chemise *f.* shirt 4
chemisier *m.* blouse 4
chèque *m.* check 9
   ~ de voyage *m.* traveler's check 9
cher (chère) dear 2; expensive 4
chercher to look for 2
chéri(e) *m./f.* dear, honey 10
cheveux *m.pl.* hair 4
chèvre *m.* goat cheese 8
chewing-gum *m.* chewing gum 9
chez at the home of 3
   ~ moi at my house 3
   ~ nous at our house; back home 3
   ~ vous at your house 3
chic *adj. inv.* chic; stylish 4
chien *m.* dog 3
chiffre *m.* number
chimie *f.* chemistry 5
Chine *f.* China 5
chinois(e) Chinese 1
chocolat chaud *m.* hot chocolate 2
choisir to choose 12
choix *m.* choice 8
chose *f.* thing 4
   pas grand-~ not much 5
   quelque ~ *m.* something 2
chouette great (*fam.*) 14
chut! shh! 10
cigare *m.* cigar 6
cimetière *m.* cemetery
cinéma *m.* movie theater 5
cinq five CP
cinquante fifty 3

circulation *f.* traffic 15
citron pressé *m.* lemonade 2
classe *f.* class
   en ~ in class; to class 4
clé *f.* key 12
client/cliente *m./f.* customer 8
climatisation *f.* air conditioning 13
coca *m.* Coca-Cola 2
code postal *m.* zip code 9
coin *m.* corner
collège *m.* Jr. high school
combien (de) how many, how much 3
commander to order 8
comme like, as 2; how; since
   ~ ci ~ ça so-so 2
   ~ il (elle) était …! how … he (she) was! 11
   ~ si … as if …
commencer to begin 7
   commencez! begin! CP
comment how; what 3
   ~? what (did you say?) CP, 2
   ~ allez-vous? how are you? 2
   ~ ça va? how is it going? 2
   ~ dit-on …? how do you say …? CP
   ~ est (sont) …? what is (are) … like? 4
   ~ est-ce qu'on écrit …? how do you spell …? 2
   ~ je vais faire? what am I going to do? 12
   ~ trouvez-vous …? what do you think of …? 2
   ~ vous appelez-vous? what is your name? 1
commentaire *m.* commentary 10
commerce *m.* business 5
communication *f.* communication
   votre ~ de … your call from … 1
complet *m.* suit 4
complet (complète) full; complete 12
composter (un billet) to punch (a ticket) 12
compréhensif/compréhensive understanding 4
comprendre to understand; to include 8
   je ne comprends pas I don't understand CP

compris(e) included; understood 8
comptabilité *f.* accounting 5
compter to count
condamner: être condamné(e) to be sentenced
conducteur/conductrice driver 15
conduire to drive 10
conduite *f.* driving 10
confirmer to confirm 12
confiture *f.* jam 8
confortable comfortable 4
confus(e) ashamed; embarrassed 14
congé *m.* leave, holiday
connaître to know; to be acquainted with, to be familiar with 10
conseil *m.* (piece of) advice 10
se consoler to console oneself 14
constamment constantly 10
constant(e) constant 10
content(e) happy 4
continuer to continue
   continuez continue CP
contraire *m.* contrary, opposite
   au ~ on the contrary 4, 8
contravention *f.* traffic ticket 15
contre against; in exchange for 15
   par ~ on the other hand
corps *m.* body 9
côté *m.* side
   à ~ next door; to the side 5
   à ~ de next to, beside 5
se coucher to go to bed 6
couci-couça so-so
couleur *f.* color 4
   de quelle ~ est (sont) …? what color is (are) …? 4
couloir *m.* hall; corridor 5
coup *m.*: **~ d'envoi** kick-off
couper to cut 13
couple *m.* couple 14
cour *f.* court
couramment fluently
coureur/coureuse runner; cyclist
courir to run
cours *m.* course; class 5
course *f.* race
courses *f.pl.* errands, shopping 4
cousin/cousine *m./f.* cousin 3
couteau *m.* (*pl.* **couteaux**) knife 13
coûter to cost 9

coutume *f.* custom
craie *f.* chalk   CP
cravate *f.* tie   4
crèche *f.* daycare center
crédit: carte de ~ *f.* credit card   9
crème *f.* cream   2
crêpe *f.* crepe; French pancake   8
croire to believe, to think   14
   je crois que oui I think so   14
   je ne crois pas I don't think so   14
croissance *f.* increase, growth
croissant *m.* croissant   8
croque-monsieur *m.* grilled ham and cheese sandwich   8
croûte *f.* crust
crudités *f.pl.* raw vegetables   8
cuiller *f.* spoon   13
cuisine *f.* cooking; food   4; kitchen   3
cuisinière *f.* stove   3

d'abord at first   5
d'accord okay   5
   être ~ (avec) to agree (with)   5
dame *f.* lady   13
dames *f.pl.* checkers   6
dangereux (dangereuse) dangerous   11
dans in   2
   ~ une heure one hour from now   5
danser to dance   2
d'après according to
davantage additional, more
de (d') from, of   1
de rien you're welcome   12
décalage horaire *m.* time difference   5
décembre *m.* December   7
décider to decide
décombres *m.pl.* ruins
décrire to describe   6
déçu(e) disappointed   9
dehors outside
déjà already   6
déjeuner *m.* lunch   8
   petit ~ breakfast   8
déjeuner *v.* to have lunch   5
délicieux (délicieuse) delicious   8
demain tomorrow   5
   après-~ day after tomorrow   12
demande *f.* request   12
   faire une ~ to make a request   12

demander to ask   6
démarrer to start   10
demi(e) half
   et ~ half past (the hour)   5
demi- (frère, sœur) step (brother, sister)   3
demi-heure *f.* half hour   7
dent *f.* tooth   9
dentifrice *m.* toothpaste   9
départ *m.* departure   12
départementale *f.* departmental (local) highway   12
dépasser to pass
se dépêcher to hurry   13
dépendre to depend   9
   ça dépend (de …) it (that) depends (on …)   9
déprimé(e) depressed   9
depuis for   6; since   9
déranger to bother   1
   Excusez-moi de vous ~ Excuse me for bothering you   1
déraper to skid   15
dernier (dernière) last   6
   la dernière fois the last time   6
derrière behind   5
   juste ~ right behind   15
des some; any   3; of the
désagréable disagreeable   4
descendre to go down, get out of   7
désirer to want   2
désolé(e) sorry   9
dessert *m.* dessert   8
dessin animé *m.* cartoon   11
se détendre to relax   9
détester to hate, to detest   2
détruire to destroy
dette *f.* debt   15
deux two   CP, 1
   tous (toutes) les ~ both   12
devant in front of   5
devenir to become   7
deviner to guess
devoir *m.* obligation
   devoirs *m.pl.* homework   4
devoir *v.* must, to have to, probably be, to be supposed to; to owe   5
d'habitude usually   4
Dieu *m.* God
   Mon Dieu! My goodness!   2
dimanche *m.* Sunday   5
dîner *m.* dinner   4
dîner *v.* to eat dinner   4

diplôme *m.* diploma   12
dire to say; to tell   14
   … veut ~ … … means …   6
   vous dites you say   3
discret (discrète) discreet, reserved   4
se disputer to argue   14
dissertation *f.* (term) paper   6
divorce *m.* divorce   14
divorcé(e) divorced   1
divorcer to get a divorce   14
dix ten   CP
dix-huit eighteen   CP
dix-neuf nineteen   CP
dix-sept seventeen   CP
doigt *m.* finger
dollar *m.* dollar   9
DOM (=Département d'outre-mer) overseas department *(equivalent of a state)*
dommage *m.* pity, shame
   c'est ~ that's (it's) too bad   14
donc then; therefore
donner to give   4
   donnez-moi … give me …   CP
dont about/of which (whom); whose   14
dormir to sleep   6
dos *m.* back   9
d'où: vous êtes ~? where are you from?   2
douche *f.* shower   12
   prendre une douche to shower
doute *m.* doubt
   sans ~ probably   3
doux (douce) mild
douzaine *f.* dozen
douze twelve   CP
droit *m.* right *(entitlement)*
droit(e) *adj.* right
   à droite (de) to the right (of)   5
   tout droit straight ahead   5
drôle funny   14
durcir to harden
durée *f.* duration; length

eau *f.* (*pl.* **eaux**) water   2
   ~ minérale mineral water   2
échanger (contre) to trade (for)   15
échecs *m.pl.* chess   6
éclater to burst
école *f.* school   5

Français-anglais • *quatre cent soixante-neuf* **469**

écouter to listen (to) 2
  écoutez! listen! CP
écrire to write 6
  comment est-ce qu'on écrit…? how do you spell … ? 2
  écrivez votre nom! write your name! CP
  … s'écrit … … is spelled … 2
écrivain *m.* writer 4
égal(e) (*m.pl.* **égaux**) equal
  cela (ça) m'est ~ I don't care 5
église *f.* church 5
Eh bien … Well then …
élève *m./f.* pupil 4
élire to elect
elle she, it 1; her 6
elles they 1; them 6
s'éloigner to move away
s'embrasser to kiss 14
émission (de télé) *f.* (TV) show 11
emmenthal *f.* Swiss cheese 8
emploi du temps *m.* schedule 5
employé/employée *m./f.* employee 4
emprunter to borrow 14
en *prep.* in 1; by, through
  ~ avance early 7
  ~ première (seconde) in first (second) class 12
  ~ retard late 7
  ~ tout cas in any case
  ~ voiture by car 7
en *pron.* some, of it (them); about it (them) 14
  je vous ~ prie don't mention it; you're welcome; please do 7
  vous n'~ avez pas? don't you have any? 9
enchanté(e) delighted (to meet you) 1
encore again CP; still, more 3
  ~ à boire (manger)? more to drink (eat)? 8
  ~ de …? more …? 8
  pas ~ not yet 2
s'endormir to fall asleep 13
endroit *m.* place 5
enfant *m./f.* child 3
enfin finally 5
ennuyeux (ennuyeuse) boring 4
enseigne *f.* sign
enseigner to teach 2
ensemble together CP, 2
ensoleillé(e) sunny

ensuite next, then 5
entendre to hear 9
  s'~ (avec) to get along (with) 14
  ~ parler de to hear about 15
  entendu agreed; understood 12
entre between, among 5
  ~ amis between (among) friends 1
entrée *m.* first course, appetizer
entreprise *f.* business
entrer to enter 7
  ~ en collision to hit, collide 15
  entrez! come in! CP
envie: avoir ~ de to want to; to feel like 5
environ approximately 9
envoyer to send 6
épaule *f.* shoulder 9
épeler to spell 12
épicerie *f.* grocery store 5
épinards *m.pl.* spinach 8
époque *f.* time, period 11
  à cette ~ at that time; back then 11
épouser to marry 11
équilibré(e) stable
équipe *f.* team 11
escale *f.* stop(over)
escargot *m.* snail 10
esclave *m./f.* slave
Espagne *f.* Spain 5
espagnol(e) Spanish 1
espérer to hope 8
essayer to try
essentiel: il est ~ que it is essential that 13
est *m.* east
est-ce que (*question marker*) 2
estomac *m.* stomach 9
et and 1
étage *m.* floor 12
état *m.* state 5
  ~ civil marital status 1
États-Unis *m.pl.* United States 5
été *m.* summer 7
étranger/étrangère *m./f.* foreigner
étranger (étrangère) foreign 12
étroit(e) narrow; close
études *f.pl.* studies 15
étudiant(e) *m./f.* student 3
étudier to study 2
être to be 1
  ~ à to belong to 6

  ~ d'accord (avec) to agree (with) 5
  ~ en train de to be in the process of 11
  ~ originaire de to be a native of 7
  vous êtes d'où? where are you from? 2
Europe *f.* Europe
eux *m.pl. pron.* they, them 6
exact(e) exact, correct
  c'est ~ that's right 13
exagérer to exaggerate 2
examen *m.* test, exam 6
  à un ~ on an exam 6
excellent(e) excellent 2
excuser to excuse
  excusez-moi excuse me 1
  excusez-moi (-nous, etc.) d'être en retard excuse me (us, etc.) for being late 13
exemple *m.* example
  par ~ for example 6
exercice *m.* exercise 6
exiger (que) to demand (that) 13
expédier to send
extroverti(e) outgoing 4

fâché(e) angry 14
se fâcher to get angry 14
facile easy 9
façon *f.* way, manner 8
  sans ~ honestly, no kidding 8
faculté *f.:* **~ des lettres** College of Liberal Arts
faim *f.* hunger
  avoir ~ to be hungry 8
faire to do, to make 4
  ~ attention to pay attention 4
  ~ du pouce to hitchhike (*French-Canadian*)
  ~ du sport to play sports 6
  ~ la cuisine to cook 4
  ~ la lessive to do laundry
  ~ la sieste to take a nap 4
  ~ des provisions to do the grocery shopping 4
  ~ un voyage to take a trip 5
  ~ une demande to make a request 12
  ~ une promenade to take a walk; to take a ride 4
  il fait chaud it's hot out CP, 4, 7

se ~ des amis to make friends 14
fait *m.* fact
　au ~ … by the way … 2
falloir (il faut) to be necessary 4, 10
famille *f.* family 3
fatigué(e) tired 2
faut: il ~ … it is necessary … 4
　il ~ que it is necessary that, (someone) must 13
　il ne ~ pas que (someone) must not 13
faute *f.* fault; mistake 15
fauteuil *m.* armchair 3
faux (fausse) false; wrong 2
femme *f.* woman 1; wife 3
　~ d'affaires businesswoman 4
　~ politique (female) politician 4
fermé(e) closed 6
fermer to close 6
　fermez le livre! close the book! CP
　fermez la porte! close the door! CP
fermier/fermière *m./f.* farmer 4
fête *f.* holiday; party 7
feu *m. (pl.* **feux)** traffic light 10; fire
feuille *f.* leaf/sheet (of paper) 9
feuilleton *m.* soap opera; series 14
février *m.* February 7
fiançailles *f.pl.* engagement 14
fiancé(e) engaged 1
fier (fière) proud
fièvre *f.* fever 9
fille *f.* girl 3; daughter 3
film *m.* film, movie 5
fils *m.* son 3
fin *f.* end
finir to finish 12
flamand *m.* Flemish 5
fleur *f.* flower 9
fleuriste *m./f.* florist 9
fleuve *m.* river
flûte *f.* flute 6
　~! darn!; shucks! 12
fois *f.* one time 6; times, multiplied by
　à la ~ at the same time
　deux ~ twice
　la dernière ~ the last time 6
follement in a crazy manner 10

fonctionnaire *m./f.* civil servant 4
football (foot) *m.* soccer 6
　~ américain *m.* football 6
formidable great, fantastic 14
fort *adv.* loudly, with strength 15
fou/folle *m./f.* fool; crazy person 10
fou (folle) (*m.pl.* **fous**) crazy 10
foulard *m.* scarf 4
fourchette *f.* fork 13
frais: il fait ~ it's cool 7
fraises *f.pl.* strawberries 8
franc *m.* franc 9
français(e) French 1
　à la française in the French style 13
　en français in French CP
France *f.* France 5
francophone French-speaking
frapper to knock
　Frappez à la porte! Knock on the door! CP
freiner to brake 15
fréquenter (quelqu'un) to date (someone) 11
frère *m.* brother 3
frire to fry
frites *f.pl.* French fries 8
　steak-~ *m.* steak with French fries 15
froid(e) cold 2
　avoir ~ to be cold 8
　il fait ~ it's cold CP, 7
fromage *m.* cheese 5
frontière *f.* border
fruit *m.* a piece of fruit 8
fumer to smoke 6
fumeur/fumeuse *m./f.* smoker
　non-~ nonsmoker
fumeur *m.* smoking car 12;
　non ~ nonsmoking car 12
fumeur/fumeuse *adj.* smoking 12

gagner to win; to earn
　~ (à la loterie) to win (the lottery) 12
gants *m.pl.* gloves 4
garage *m.* garage 3
garçon *m.* boy 3; waiter 8
garder to keep; to look after 4
gare *f.* (train) station 3

gâteau *m.* (*pl.* **gâteaux**) cake 8
　petit ~ cookie
gauche *adj.* left
　à ~ (de) to the left (of) 5
gendarme *m.* (state) policeman 15
général: en ~ in general 2
généralement generally 4
généreux (généreuse) generous
genou *m.* knee 9
　genoux *m.pl.* lap, knees 13
gens *m.pl.* people 4
gentil(le) nice 3
　c'est ~ à vous that's nice of you 2
gestion *f.* management 5
glace *f.* ice cream 8
glissant(e) slippery 15
golf *m.* golf 6
gorge *f.* throat 9
goudron *m.* tar
goûter to taste 13
grand(e) big, tall 1
　~ magasin *m.* department store 9
　pas grand-chose not much 5
grand-mère *f.* (*pl.* **grands-mères**) grandmother 3
grand-père *m.* (*pl.* **grands-pères**) grandfather 3
grands-parents *m.pl.* grandparents 3
gras (grasse) fat
　faire la grasse matinée to sleep in, to sleep late
gratuit(e) free
grippe *f.* flu 6
gris(e) grey 4
gros(se) fat; large 1
grossir to put on weight 12
guerre *f.* war 7
　en temps de ~ in wartime
guitare *f.* guitar 6
gymnase *m.* gymnasium 5
gymnastique *f.* gymnastics 5

An asterisk indicates that no liaison or élision is made at the beginning of the word.

habile skilful
s'habiller to get dressed 13
habiter to live; to reside 2
　où habitez-vous? where do you live? 1

Français-anglais • *quatre cent soixante et onze* **471**

habitude *f.* habit
   avoir l'~ de to be used to 5
   d'~ usually 4
*****haricots verts** *m.pl.* green beans 8
*****hasard** *m.* chance, luck
   par ~ by chance 15
heure *f.* hour CP, 1; (clock) time 5
   à l'~ on time 7
   dans une ~ one hour from now 5
   il est ... heure(s) it is ... o'clock CP, 5
   tout à l'~ in a little while 5; a little while ago 6
heureusement fortunately 6
heureux (heureuse) happy 4
*****heurter** to hit, run into 15
hier yesterday 6
histoire *f.* story 14
   quelle ~! what a story! 14
hiver *m.* winter 7
*****hockey** *m.* hockey 6
homme *m.* man 1
   ~ d'affaires businessman 4
   ~ politique politician 4
horaire *m.* timetable 12
*****hors** except; out of
*****hors-d'œuvre** *m. inv.* appetizer 8
hôtel *m.* hotel 1
hôtesse de l'air *f.* (female) flight attendant 11
huile (d'olive) *f.* (olive) oil
*****huit** eight CP
hypermarché *m.* giant supermarket 9

ici here 4
   par ~ this way, follow me 13
idiot/idiote *m./f.* idiot 15
il he, it 1
il y a there is (are) 3
   il n'y a pas de quoi you're welcome 13
   il n'y en a plus there is (are) no more 12
   ~ ... jours ... days ago 6
   qu'est-ce qu'~ ? what's the matter? 3
île *f.* island
ils they 1
imbécile *m./f.* imbecile 15
immeuble *m.* building

impair: nombre ~ *m.* odd number
impatience *f.* impatience 9
impatient(e) impatient 4
imperméable *m.* raincoat 4
important(e) important
   il est ~ que it is important that 13
incroyable *adj.* unbelievable, incredible 14
indications *f.pl.* directions 10
indiquer to tell; to indicate; to point out 12
indispensable indispensable, essential
   il est ~ que it is essential that 13
infirmier/infirmière *m./f.* nurse 4
informations *f.pl.* news 14
informatique *f.* computer science 5
ingénieur *m.* engineer 4
inondation *f.* flood
s'inquiéter to worry 13
insister to insist
   je n'insiste pas I won't insist 8
   si vous insistez if you insist 8
s'installer to move (into)
instrument *m.* instrument 6
intelligent(e) intelligent 4
intellectuel(le) intellectual 4
intention: avoir l' ~ de to plan to 5
interdiction *f.* ban
interdit(e) forbidden
   sens ~ *m.* one-way street 10
intéressant(e) interesting 4
s'intéresser à to be interested in 14
intérêt *m.* interest 9
intérieur *m.* inside
   à l'~ de inside of 6
interprète *m./f.* interpreter 4
intolérant(e) intolerant 4
inutile useless 12
inviter to invite 10
Irak *m.* Iraq 5
Irlande *f.* Ireland 5
Israël *m.* Israel 5
Italie *f.* Italy 5
italien(ne) Italian 1
ivre drunk 15

jamais ever, never
   ne ... ~ never 4

jambe *f.* leg 9
jambon *m.* ham 8
janvier *m.* January 7
Japon *m.* Japan 5
japonais(e) Japanese 1
jardin *m.* garden
jaune yellow 4
je I 1
jean *m.* jeans 4
jeu *m.(pl.* **jeux)** game 6
jeudi *m.* Thursday 5
jeune young 1
jogging *m.* jogging 2
joli(e) pretty 1
jouer to play 2
   à quoi jouez-vous? what (game) do you play? 6
   de quoi jouez-vous? what (instrument) do you play? 6
jour *m.* day 2
   ~ de l'An New Year's Day 7
   quinze jours two weeks 11
journal *m.* newspaper 6
journée *f.* day
   bonne ~! have a nice day! 1
juillet *m.* July 7
juin *m.* June 7
jupe *f.* skirt 4
jurer to swear
   je te le jure I swear (to you) 14
jus *m.* juice
   ~ d'orange orange juice 2
jusqu'à *prep.* until 10
   jusqu'au bout right up till the end
juste *adv.* just; right
   ~ derrière moi right behind me 15

kilo *m.* kilogram 8
kiosque *m.* newsstand 9
kir *m.* kir 2

la (*see* **le**)
là there 4
laid(e) ugly 1
laisser to leave; to let 10
   laisse-moi (laissez-moi) tranquille! leave me alone! 10
lait *m.* milk 2
lamelle *f.* strip
langue *f.* language 5
laquelle (*see* **lequel**)

las(se) tired
lave-linge *m.* washing machine 3
lave-vaisselle *m.* dishwasher 3
laver to wash 13
   se ~ to get washed; to wash up 13
le/la/l'/les *art.* the 2; *pron.* him, her, it, them 8
leçon *f.* lesson 10
légume *m.* vegetable 8
lent(e) slow 10
lentement slowly 10
lequel/laquelle/lesquels/ lesquelles which? which one(s)? 14
les (*see* **le**)
lesquel(le)s (*see* **lequel**)
lessive *f.* wash; laundry 4
lettre *f.* letter 6
leur *pron.* (to) them 14
leur(s) *adj.* their 3
lever to lift; to raise 13
   se ~ to get up; to stand up 6
   Levez-vous! Get up! CP
librairie *f.* bookstore 5
libre free 5; vacant
lien *m.* tie; bond
lieu *m.* (*pl.* **lieux**) place 5
   avoir ~ to take place 11
limonade *f.* lemon-lime soda 2
lire to read 6
   lisez! read! CP
lit *m.* bed 3
litre *m.* liter 9
littérature *f.* literature 5
livre *f.* pound 9
livre *m.* book CP, 3
loi *f.* law
loin (de) far (from) 5
loisir *m.* leisure activity
long (longue) long 9
longtemps a long time 6
louer to rent 12
lui he, him 6; (to) him; (to) her 14
lumière *f.* light
lundi *m.* Monday 5
lunettes *f.pl.* eyeglasses 4
lycée *m.* high school

ma (*see* **mon**)
machine à laver *f.* washing machine

Madame (Mme) Mrs., ma'am 1
Mademoiselle (Mlle) Miss 1
magasin *m.* store 4
   grand ~ department store 9
magazine *m.* magazine 6
Maghreb *m. the three North African countries of Algeria, Morocco, and Tunisia*
mai *m.* May 7
maigrir to lose weight 12
maillot de bain *m.* bathing suit 13
main *f.* hand 9
maintenant now 5
maire *m.* mayor 11
   adjoint au ~ deputy mayor
mairie *f.* town (city) hall 11
mais but 2
maison *f.* house 3
mal *m.* harm; pain; evil
   avoir ~ (à) to be sore, to have a pain (in) 9
mal *adv.* poorly 2; badly
malade sick 2
maladie *f.* illness, disease
malgré in spite of
manger to eat 2
manquer to miss
manteau *m.* (*pl.* **manteaux**) coat 4
marchand/marchande *m./f.* merchant 9
marché *m.* (open-air) market 9
   ~ aux puces flea market 9
mardi *m.* Tuesday 5
mari *m.* husband 3
mariage *m.* marriage; wedding 11
marié(e) married 1
se marier (avec) to marry 14
marine *f.* navy
Maroc *m.* Morocco 5
marocain(e) Moroccan 1
marque *f.* make, brand 15
marron *adj. inv.* brown 4
mars *m.* March 7
match *m.* game 10
matin *m.* morning 2
matinée: faire la grasse ~ to sleep in late
mauvais(e) bad 4
   il fait ~ the weather is bad 7
mayonnaise *f.* mayonnaise 8
me me 10; (to) me 14

méchant(e) nasty; mean 4
méchoui *m.* roast lamb (*North-African specialty*)
médecin *m.* doctor 4
médicament *m.* medicine 9
se méfier de to watch out for
meilleur(e) better 11
   Avec mon ~ souvenir With my best regards 4
   le/la ~ the best 11
   ~ ami(e) *m./f.* best friend 1
membre *m.* member 3
même even 14; same
   -~(s) -self (-selves) 2
ménage *m.* housework 4
ménagère *f.* housewife 4
menu *m.* (fixed price) menu 13
merci thank you 1; (no) thanks 2
   non, ~ no, thank you 2
mercredi *m.* Wednesday 5
mère *f.* mother 2, 3
mes (*see* **mon**)
mesdames *f.pl.* ladies 13
message *m.* message
   ~ électronique e-mail 6
messieurs *m.pl.* gentlemen 13
mesure *f.* (unit of) measure
météo(rologie) *f.* weather 14
météorologique *adj.* weather
mettre to put; to place; to lay 13
   Mettez …! Put …! CP
   ~ la table to set the table 13
   ~ le chauffage to turn on the heat 13
   se ~ à table to sit down to eat 13
mexicain(e) Mexican 1
Mexico Mexico City
Mexique *m.* Mexico 5
miam! yum! 8
midi noon 5
le mien/la mienne mine 5
mieux better 11
   il vaut ~ que it is preferable that, it is better that 10
   j'aime le ~ I like best 11
militaire *m.* serviceman/ servicewoman 4
mille *inv.* one thousand 3
milliard *m.* billion 3
millier *m.* thousand
million *m.* million 3
mince thin 1
   ~! darn it! 12

minuit midnight 5
minute *f.* minute 5
mobylette *f.* moped, motorized bicycle 3
moi me 1; I, me 6
  ~ aussi me too 2
  ~ non plus me neither 2
moins less 11
  au ~ at least 6
  j'aime le ~ I like least 11
  ~ le quart quarter to (the hour) 5
mois *m.* month 6
moment *m.* moment; time 2
  à quel ~ (de la journée)? at what time (of day)?
mon, ma, mes my 3
monde *m.* world 7
  tout le ~ everybody 4
monnaie *f.* change, coins 9
Monsieur (M.) Mr., Sir; man 1
monter to go up; to get into 7
montre *f.* watch 4
montrer to show 14
morceau *m.* (*pl.* **morceaux**) piece 8
mort *f.* death 15
mort(e) dead
mot *m.* word 6
  plus un ~ not one more word 10
moto *f.* motorcycle 3
mourir to die 7
moutarde *f.* mustard 8
moyenne *f.* average
musée *m.* museum 5
musique *f.* music 6
myrtille *f.* blueberry

nager to swim 2
naïf (naïve) naive 4
naissance *f.* birth
naître to be born 7
  je suis né(e) I was born 3
  né(e) born
nappe *f.* tablecloth 13
nationalité *f.* nationality 1
naturellement naturally 8
navire *m.* ship
ne (n') not 1
  ~ ... jamais never 4
  ~ ... pas not 1
  ~ ... personne no one, nobody, not anyone 15
  ~ ... plus no more, no longer 8

  ~ ... que only 11
  ~ ... rien nothing, not anything 6
n'est-ce pas? right?; are you?; don't they?; etc. 2
nécessaire: il est ~ que it is necessary that 13
négritude *f.* negritude *(system of black cultural and spiritual values)*
neiger to snow 7
  il neige it's snowing CP, 7
nerveux (nerveuse) nervous 4
nettoyer to clean 6
neuf nine CP
neuf (neuve) brand-new 10
  quoi de neuf? what's new? 5
neveu *m.* (*pl.* **neveux**) nephew 3
nez *m.* nose 9
  le ~ qui coule runny nose 9
ni ... ni neither ... nor
nièce *f.* niece 3
Noël *m.* Christmas 7
  le père ~ Santa Claus 1
noir(e) black 4
nom *m.* name CP, 1
  à quel ~ ...? in whose name ...? 12
  ~ de famille last name 1
nombre *m.* number 1
nommer to name
non no 1
non plus neither 6
nord *m.* north
note *f.* note; grade, mark 4
notre, nos our 3
nourrir to feed, to nourish
nous we 1; us 10; (to) us 14
nouveau/nouvel (nouvelle) (*m.pl.* **nouveaux**) new 4
novembre *m.* November 7
nuit *f.* night 2
  Bonne ~ Pleasant dreams. 5
numéro (de téléphone) *m.* (telephone) number 4

obéir to obey 12
occidental(e) western
occupé(e) busy 6
s'occuper de to be busy with, to take care of 7
  occupe-toi de tes oignons! mind your own business! 11
octobre *m.* October 7
œil *m.* (*pl.* **yeux**) eye 9

  mon ~! my eye!, I don't believe it! 10
œuf *m.* egg 8
œuvre *f.* work
offrir to offer
oh là là! oh dear!, wow! 9
oignon *m.* onion 8
  occupe-toi de tes oignons! mind your own business! 11
oiseau *m.* bird 5
omelette *f.* omelet 8
on one, people, we, they, you 1
oncle *m.* uncle 3
onze eleven CP
optimiste optimistic 4
or *m.* gold
orange *f.* orange *(fruit)* 4
  jus d'~ *m.* orange juice 2
orange *adj. inv.* orange 4
orangina *m.* orange soda 2
ordinaire ordinary, everyday 4
ordinateur *m.* computer 3
ordre *m.* order
oreille *f.* ear 9
oriental(e) eastern
original(e) (*m.pl.* **originaux**) different; novel; original 14
ou or 1
où where 1
oublier to forget 6
ouest *m.* west
oui yes 1
ouvert(e) open 12
ouverture *f.* opening
  heures d'~ hours of business
ouvrier/ouvrière *m./f.* laborer 4
ouvrir to open
  ouvrez la porte! open the door! CP

pain *m.* bread 8
  ~ de mie *m.* sandwich bread
  ~ grillé toast 8
pâle pale 15
pantalon *m.* (pair of) pants 4
papier *m.* paper 9
paquet *m.* package 9
par by; through 5
  ~ contre on the other hand
  ~ exemple for example 6
  ~ ici (come) this way, follow me
  ~ jour per day 5
parce que because 6

pardon: ~? pardon?, what did you say? CP
  je vous demande ~ please excuse me; I beg your pardon 9
parents *m.pl.* parents; relatives 3
paresseux (paresseuse) lazy 4
parfait(e) perfect 5
parking *m.* parking lot 5
parler to speak 2
  ~ de to tell about 7
  ~ fort to speak loudly 15
part *f.* behalf, portion
  de ma ~ for me; on my behalf
partie *f.* part
partir (de) to leave (from) 6
  à partir de from that time on
pas no, not
  ne ... ~ not 1
  ~ du tout! not at all! 1
  ~ encore not yet 2
  ~ grand-chose not much 5
  ~ trop bien not too well 2
passé *m.* past
passer to pass
  ~ un an to spend a year 3
  ~ un test to take a test 5
se passer to happen; to take place
passionnant(e) exciting 14
pastille *f.* lozenge 9
pâte dentifrice *f.* toothpaste 9
pâté *m.* pâté *(meat spread)* 8
patiemment patiently 10
patient(e) patient 4
patiner to skate 2
patinoire *f.* skating rink 10
pâtisserie *f.* pastry shop; pastry 9
patrie *f.* homeland
patron/patronne *m./f.* boss 4
pauvre poor 4, 11
payer to pay (for) 9
pays *m.* country 5
Pays-Bas *m.pl.* Netherlands 5
pêche *f.* fishing
pédagogie *f.* education, teacher preparation 5
pelouse *f.* lawn
pendant for; during 6
  ~ combien de temps ...? how long ...? 6
  ~ que while 6
penser to think 8
  qu'en penses-tu? what do you think of it (of them)? 8
perdre to lose 9
  ~ patience to lose (one's) patience 9

père *m.* father 2
père Noël *m.* Santa Claus 1
permettre to allow
  permettez-moi de me présenter allow me to introduce myself 1
  vous permettez? may I? 1
permis de conduire *m.* driver's license 10
personnage *m.* character; individual
personne *f.* person *(male or female)* 1
  ne ... ~ no one, nobody, not anyone 15
personnellement personally 10
pessimiste pessimistic 4
pétanque *f.* lawn bowling 6
petit(e) small, short 1
  ~ ami(e) *m./f.* boyfriend/girlfriend 3
  ~ déjeuner *m.* breakfast 8
  ~-fils *m.* (*pl.* **petits-fils**) grandson 3
  petite-fille *f.* (*pl.* **petites-filles**) granddaughter 3
  petits-enfants *m.pl.* grandchildren 3
  petits pois *m.pl.* peas 8
peu (de) little, few 8
  un ~ a little bit 2
peuple *m.* people
peur *f.* fear
  avoir ~ to be afraid 8
peut-être maybe; perhaps 2
pharmacie *f.* pharmacy 5
pharmacien/pharmacienne *m./f.* pharmacist
photo *f.* photograph 3
  sur la ~ in the picture 3
physique physical 15
piano *m.* piano 6
pièce *f.* room 3; play 6
  ~ (de monnaie) coin 9
pied *m.* foot 9
pilote *m.* pilot 11
pilule *f.* pill 9
pique-nique *m.* picnic 12
piscine *f.* swimming pool 5
pitié *f.* pity
  avoir ~ (de) to have pity, to feel sorry (for) 10
pizza *f.* pizza 2
place *f.* seat; room; place 7
plaire to please

s'il vous plaît please 2
plaisanterie *f.* joke 14
plaisir *m.* pleasure
  au ~ see you again 5
  avec ~ with pleasure 2
plan *m.* map (city; house)
plancher *m.* floor 13
plat *m.* course, dish 8
plein(e) full
pleurer to cry 2
pleuvoir to rain 7
  il pleut it's raining CP, 7
  il pleuvait it was raining 11
  il pleuvra it will rain 12
plupart *f.* majority
  la ~ (de) most (of) 6
plus more 11
  il n'y en a ~ there is (are) no more 12
  le/la/les ~ ... the most ... 11
  moi non ~ nor I, me neither 6
  ne ... ~ no more, no longer 8
plusieurs several
poêle *f.* frying pan
poème *m.* poem 6
pois *m.pl.*: **petits ~** peas 8
poisson *m.* fish 2
poivre *m.* pepper 13
police *f.* police (force)
  agent de ~ police officer 15
politique *f.* politics 2; policy
politique: homme/femme ~ *m./f.* politician 4
pomme *f.* apple 8
pomme de terre *f.* potato 8
populaire popular 11
porc *m.* pork 8
portable *m.* cell phone 7
porte *f.* door 1
porter to wear; to carry 4
portugais(e) Portuguese 5
poser une question to ask a question 12
possession *f.* possession 3
postale: carte ~ *f.* postcard 4
poste *f.* post office; mail
  bureau de ~ *m.* post office 5
poster to mail 7
pouce *m.* thumb
  faire du ~ to hitchhike *(French-Canadian)*
poulet *m.* chicken 8
pour for, in order to 2
  ~ ce qui est de with respect to
pourquoi why 2
  ~ pas? why not? 6

Français-anglais • *quatre cent soixante-quinze* **475**

pourvoir to provide
pouvoir *m.* power
pouvoir *v.* to be able; to be allowed 10; can
   je peux I can 9
   on peut one can 9
   pourriez-vous …? could you …? 12
   pouvez-vous me dire …? can you tell me …? 9
   puis-je …? may I …? 12
préciser to specify
préféré(e) favorite 5
préférence *f.*: **de ~** preferably
préférer to prefer 8
   je préfère que I prefer that 13
premier (première) first 5
   en première in first class 12
prendre to take; to eat, to drink 8
   prenez …! take …! CP
prénom *m.* first name 1
préparer (un cours) to prepare (a lesson) 6
près (de) near 1
   tout ~ very near 12
présenter to introduce
   je vous présente … let me introduce you to … 3
presque almost 14
prêter to lend 14
prie: je vous en ~ you're welcome 7
printemps *m.* spring 7
prise de conscience *f.* awareness
prix *m.* price 12
problème *m.* problem
   Pas de problème! No problem!
prochain(e) next 5
   À la prochaine. Until next time. 5
proche near; close
produit *m.* product; article
professeur (prof) *m.* (secondary or college) teacher 1
profession *f.* profession, occupation
progrès *m.* progress 14
promenade *f.* walk; ride 4
   faire une ~ to take a walk; to take a ride 4
se promener to take a walk, ride 13
promettre to promise
   c'est promis it's a promise 10
propos: à ~ de regarding, on the subject of 8

propre clean 4; specific; own
propriétaire *m./f.* owner 10
provisions *f.pl.* groceries 4
   faire des ~ to do the grocery shopping 4
provoquer to cause
prudemment carefully 10
prudent(e) cautious 10
publicité *f.* publicity; commercial 14
puis then; next 4
puis-je …? may I …? 12
puisque since
pull-over (pull) *m.* sweater 4
pyjama *m.* (pair of) pajamas 13

quand when 4
quantité *f.* quantity
quarante forty 3
quart quarter
   et ~ quarter past, quarter after 5
   moins le ~ quarter to, quarter till 5
quatorze fourteen CP
quatre four CP, 1
quatre-vingt-dix ninety 3
quatre-vingt-onze ninety-one 3
quatre-vingt-un eight-one 3
quatre-vingts eighty 3
que that
   ne … ~ only 11
   ~ …? what …? 4
quel(le) …? which …? 4
   quel âge avez-vous? how old are you? 3
   quel jour est-ce? what day is it? 5
   quelle …! what a …! 2
   quelle est votre nationalité? what is your nationality? 1
   quelle heure est-il? what time is it? 5
quelque chose *m.* something 2
quelquefois sometimes 4
quelques a few; some 8
quelqu'un someone 2
qu'est-ce que/qui what? 4
   qu'est-ce que c'est? what is this? what is it? 4
   qu'est-ce que tu aimes? what do you like? 2
   qu'est-ce que vous avez comme …? what do you have for (in the way of) …? 8
   qu'est-ce que vous voulez? what do you want? 2
   qu'est-ce qu'il y a …? what is there …? what's the matter? 3
qui who 1
   qu'est-ce ~ …? what …? 4
quinze fifteen CP
   ~ jours two weeks 11
quoi what
   il n'y a pas de ~ don't mention it, you're welcome 13
   ~ de neuf? what's new? 5
quoique although

raconter to tell 14
radio *f.* radio 2
raison *f.* reason
   avoir ~ to be right 8
raisonnable reasonable 10
ralentir to slow down 12
rapide rapid, fast 10
rapidement rapidly 10
rarement rarely 4
ravi(e) delighted 14
récemment recently 6
recette *f.* recipe
recommander to recommend 12
reculer to back up 10
récuser to exclude; to challenge
réduire to reduce
réfrigérateur *m.* refrigerator 3
refuser to refuse
regarder to watch; to look at 2
regretter to be sorry 14
   je regrette I'm sorry 8; I miss
relief *m.* relief, hilly area
remarquer to notice 6
remercier to thank 12
remplacer to replace
rencontrer to meet 5, 14
rendez-vous *m.* meeting; date 5
   avoir ~ to have an appointment, meeting
rendre to give back 9
   ~ visite à qqn to visit someone 9
renseignement *m.* item of information 12
(se) renseigner to inform (oneself); to find out about

rentrer to go (come) back; to go (come) home   7
repas *m.* meal   8
répéter to repeat; to practice   8
   répétez, s'il vous plaît please repeat   CP
répondre (à) to answer   9
   répondez answer   CP
réponse *f.* answer
se reposer to rest   13
RER *m. train to Paris suburbs*   2
réserver to reserve   9
résidence (universitaire) *f.* dormitory   5
responsabilité *f.* responsibility   11
restaurant *m.* restaurant   5
rester to stay   5; to remain
   il vous reste …? do you still have …?   12
résultat *m.* result; outcome
retard *m.* delay
   en ~ late   7
retour *m.* return
   aller-~ round-trip ticket   12
retourner to go back, to return   7
rétroviseur *m.* rearview mirror   10
réunion *f.* meeting   13
réussir (à) to succeed; to pass (a test)   12
se réveiller to wake up   13
revenant *m.* ghost   14
revenir to come back   7
revoir to see again
   au ~ good-bye   1
rez-de-chaussée *m.* ground floor   12
rhume *m.* cold *(illness)*   9
riche rich   12
ridicule ridiculous   14
rien nothing
   de ~ you're welcome; don't mention it, not at all   12
   ne … ~ nothing, not anything   6
riz *m.* rice   8
robe *f.* dress   4
   ~ de mariée wedding dress   11
robinet *m.* faucet   6
roi *m.* king
roman *m.* novel   6
   ~ policier detective story   6
rose *adj.* pink   4
rôti (de bœuf) *m.* (beef) roast   9
rouge red   4

rouler to roll; to move *(vehicle)*; to go   15
route *f.* route, way, road   10, 12
roux (rousse) red(-haired)   4
rue *f.* street   9
rugby *m.* rugby   6
russe Russian   1
Russie *f.* Russia   5

sa (*see* **son**)
s'agir to be about
   il s'agit de it's a matter of
saison *f.* season   7
salade *f.* salad   8
   ~ verte green salad   8
sale dirty   4
salle *f.* room
   ~ à manger dining room   3
   ~ de bain bathroom   3
   ~ de classe classroom   P, 5
   ~ de séjour living room; den   3
salon *m.* living room   3
salut! hi!   2; bye (-bye)   5
salutation *f.* greeting
samedi *m.* Saturday   5
s'amuser to have a good time; to have fun   6
sandwich *m.* sandwich   8
sans without   6
   ~ blague! no kidding   14
   ~ doute probably   3
   ~ façon honestly, no kidding   8
santé *f.* health
   à votre ~! (here's) to your health!; cheers!   2
sardine *f.* sardine   9
saucisse *f.* sausage   9
saumon *m.* salmon   8
savoir to know   12
   je ne sais pas I don't know   2
saxophone *m.* saxophone   6
sciences *f.pl.* science   5
   ~ économiques economics   5
scolaire *adj.* school
   année ~ *f.* school year   10
se oneself   6
sec (sèche) dry
sécheresse *f.* drought
second(e) second
   en seconde in (by) second class   12
seize sixteen   CP

séjour *m.* stay
sel *m.* salt   13
semaine *f.* week   5
semestre *m.* semester   6
Sénégal *m.* Senegal   5
sénégalais(e) Senegalese   1
sens interdit *m.* one-way street   10
se séparer to separate (from each other)   14
sept seven   CP
septembre *m.* September   7
sérieusement seriously   10
sérieux (sérieuse) serious   10
serveur/serveuse *m./f.* waiter/waitress   8
service *m.* service
   à votre ~ at your service
serviette *f.* towel   12; napkin   13
ses (*see* **son**)
seul(e) alone; only   5
   un ~ a single
seulement only   2
short *m.* (pair of) shorts   4
si *conj.* if   3
   s'il vous plaît please   2
si *adv.* so   10
   ~! yes!   3
siècle *m.* century   10
sieste *f.* nap   4
   faire la ~ to take a nap   4
simple simple, plain   4
   aller ~ one-way ticket   12
   c'est bien ~ it's quite easy
sincère sincere   11
se situer to be situated
six six   CP
skier to ski   2
skis *m.pl.* skis   13
smoking *m.* tuxedo   11
SNCF *f. French railroad system*   2
sœur *f.* sister   3
sofa *m.* sofa   3
soi oneself   6
soif: avoir ~ to be thirsty   8
soir *m.* evening   2
   ce ~ tonight   5
   tous les soirs every night   6
soirée *f.* party   13; evening
soixante sixty   3
soixante-dix seventy   3
soixante-douze seventy-two   3
soixante et onze seventy-one   3

soleil *m.* sun 7
   Il fait (du) ~ It's sunny. CP
son, sa, ses his, her, its 3
sorte *f.* kind 8
   quelle(s) ~(s) de …? what kind(s) of …? 8
   toutes sortes de choses all kinds of things 9
sortir to go out 6
   je vais ~ I'm going to go out 5
   sortez! leave! CP
souci *m.* worry; care 11
souffler to blow
souhaiter (que) to wish; to hope (that) 13
soupe *f.* soup 8
sourire *m.* smile 13
sourire *v.* to smile 13
souris *f.* mouse 5
sous under 5
   ~-sol *m.* basement 3
souvenir *m.* memory; recollection 4
se souvenir (de) to remember 13
souvent often 2
sportif (sportive) athletic 4
statue *f.* statue 11
steak *m.* steak
   ~-frites steak with French fries 15
stéréo *f.* stereo 3
stop *m.* stop sign 10
stressé(e) stressed 11
stupide stupid 4
sucre *m.* sugar 13
sud *m.* south
Suède *f.* Sweden 5
suédois(e) Swedish 1
Suisse *f.* Switzerland 5
suisse *adj.* Swiss 1
suite: tout de ~ right away 1
suivant(e) following, next 5
superficie *f.* area
supermarché *m.* supermarket 9
supplément *m.* extra charge; supplement 12
sur on 3
sûr(e) sure
   bien ~ of course 8
sûrement surely, definitely 14
surveiller to watch
sweat-shirt *m.* sweatshirt 4

TGV *m.* very fast train 7
tabac *m.* tobacco; tobacco shop 9
   bureau de ~ tobacco shop 5
table *f.* table CP, 1
   à ~ at dinner, at the table 6
tableau *m.* chalkboard CP
taille *f.* size, height
se taire to be quiet
   tais-toi! (taisez-vous!) keep quiet! 10
tant so much; so many 6
tante *f.* aunt 3
tard late 6
tarder to be a long time coming 13
tarte *f.* pie 8
tasse *f.* cup 2
taux *m.* rate
tchao bye 5
te you 10; (to) you 14
tee-shirt *m.* tee-shirt 4
téléphone *m.* telephone 1
   au ~ on the telephone 6
   ~ portable *m.* cell phone 7
téléphoner (à) to telephone 6
télévision (télé) *f.* television 2
témoin *m.* witness 15
temps *m.* time 6; weather 4
   emploi du ~ *m.* schedule 4
   quel ~ fait-il? what is the weather like? 4
tendance *f.* tendency, trend
   avoir ~ à to tend to 12
tennis *m.* tennis 2
   jouer au ~ to play tennis 2
   ~ *f.pl.* tennis shoes 4
tentation *f.* temptation
terre *f.* earth, land 9
tête *f.* head 9
thé *m.* tea 2
théâtre *m.* theater
Tiens! Well! Gee! 3
timbre *m.* stamp 9
toi you 4
toilettes *f.pl.* restroom 3
toit *m.* roof 5
tomate *f.* tomato 8
tomber to fall 2
ton, ta, tes your 3
tort *m.* wrong
   avoir ~ to be wrong; to be unwise 8
tôt early 6
toujours always 4; still

toupet *m.* nerve
tour *f.* tower 11
tour *m.* turn, tour 11
tourner to turn 7
tous *pron. m.pl.* all 4
Toussaint *f.* All Saints' Day
tousser to cough 9
tout/toute/tous/toutes *adj.* all; every; the whole 12
   tous les deux (toutes les deux) both 12
   tous les soirs every night
   tout le monde everybody CP, 12
   tout le week-end all weekend (long) 5
   toute la famille the whole family 11
tout *adv.* completely; very 12
   À ~ de suite See you very soon
   ~ à l'heure a little while ago, in a little while 5
   ~ de suite right away 12
   ~ près very near 7
tout *pron. inv.* all, everything
   pas du ~ ! not at all! 1
train *m.* train 3
   être en ~ de to be in the process of 11
tranche *f.* slice 8
tranquille calm 10
travail (manuel) *m.* (manual) work 4
travailler to work 2
travailleur (travailleuse) hardworking 4
travers: à ~ throughout
treize thirteen CP
tremblement de terre *m.* earthquake
trente thirty 3
très very 1
tricot *m.* knitting; sweater
triste sad 4
trois three CP, 1
trompette *f.* trumpet 6
trop (de) too much, too many 3
trouver to find, to be of the opinion 2
   se ~ to be located
   où se trouve (se trouvent) …? where is (are) …? 5
   vous trouvez? do you think so? 2

truite *f.* trout 8
tu you *(familiar)* 1
tuer to kill 15

un(e) one CP, 1; one, a, an 3
union *f.*: ~ **douanière** customs union
unique unique
   enfant ~ *m./f.* only child
université *f.* university 1
universitaire *(adj.)* university 5

vacances *f.pl.* vacation 6
   bonnes ~! have a good vacation! 6
   en ~ on vacation 6
vague *f.* wave
vaisselle *f.* dishes 4
valeur *f.* value
valise *f.* suitcase
valoir mieux (il vaut mieux) to be better 10
valse *f.* waltz
vanille *f.*: **glace à la ~** *f.* vanilla ice cream 8
vaut: il ~ mieux que it is preferable that, it is better that 13
véhicule *m.* vehicle 10
vélo *m.* bicycle 3
   faire du ~ to go bike riding 6
vendeur/vendeuse *m./f.* salesman/saleswoman 4
vendre to sell 9
vendredi *m.* Friday 5
venir to come 7
   d'où venez-vous? where do you come from? 7
   je viens de ... I come from ... 2
   ~ de ... to have just ... 7
vent *m.* wind

   il fait du ~ it's windy CP, 7
véranda *f.* porch 3
vérifier to verify; to check 12
vérité *f.* truth 14
verre *m.* glass 2
vers toward 5
   ~ (8 heures) approximately, around (8 o'clock) 5
verser to pour 13
vert(e) green 4
veste *f.* sportcoat 4
vêtement *m.* article of clothing 4
veuf/veuve *m./f.* widower/widow 1
veux (*see* **vouloir**)
viande *f.* meat 8
victime *f.* victim 7
vie *f.* life 4
   c'est la ~ that's life 6
   gagner sa ~ to earn one's living
vieux/vieil (vieille) old 1
vigne *f.* vine; vineyard
ville *f.* city 4; town
vin *m.* wine 2
vingt twenty CP
vingt-deux twenty-two CP
vingt et un twenty-one CP
violet(te) purple 4
violon *m.* violin 6
visite: rendre ~ à to visit (a person) 9
visiter to visit (a place)
vite quickly 10
vitesse *f.* speed 10
   à toute ~ at top speed 10
vivement eagerly
vivre to live
voici here is; here are 3
voilà there is; there are 1
voir to see 14
   tu vas ~ you're going to see 5
tu vois you see 11

voisin/voisine *m./f.* neighbor 11
voiture *f.* automobile 3
   en ~ by car 7
voix *f.* voice 7
vol *m.* flight 12
volant *m.* steering wheel 10
volontiers gladly 2
votre, vos your 1
vôtre: à la ~! (here's) to yours!, to your health! 2
vouloir to want, to wish 10
   je veux bien gladly; yes, thanks 2
   je veux que I want 13
   je voudrais I would like 2, 13
   ... veut dire ... ... means ... CP, 6
vous you *(formal; familiar pl.)* 1; (to) you 14
voyage *m.* trip, voyage 5
   chèque de ~ *m.* traveler's check 9
   faire un ~ to take a trip 5
voyager to travel 2
vrai(e) true 2
vraiment really 2

week-end *m.* weekend 5
   tout le ~ all weekend (long) 5
wolof *m.* Wolof *(language)* 5

y there 7
   allez- ~ go ahead 12
   il y a there is (are) 3
yeux *m.pl.* eyes 4

zéro zero CP, 3
Zut! Darn! 12, 15

Vocabulaire

ANGLAIS - FRANÇAIS

This vocabulary list includes only the active words and phrases listed in the *Vocabulaire actif* sections. Only those French equivalents that occur in the text are given. Expressions are listed according to the key word. The symbol ~ indicates repetition of the key word.

The following abbreviations are used:

adj.	adjective	*m.*	masculine
adv.	adverb	*m.pl.*	masculine plural
conj.	conjunction	*n.*	noun
fam.	familiar	*pl.*	plural
f.	feminine	*prep.*	preposition
f.pl.	feminine plural	*pron.*	pronoun
inv.	invariable	*v.*	verb

a, an un(e)
able: be ~ pouvoir
about de; environ
  ~ 8 o'clock vers 8 heures
  ~ it (them) en
  hear ~ entendre parler de
absolutely absolument
accept accepter
accident accident *m.*
accompany accompagner
according to d'après
accordion accordéon *m.*
accounting comptabilité *f.*
acquainted: be ~ with connaître
activity activité *f.*
actor/actress acteur/actrice *m./f.*
address *n.* adresse *f.*
adore adorer
advance *v.* avancer
advertisement annonce *f.*
advice (piece of) conseil *m.*
afraid: be ~ avoir peur
after après
afternoon après-midi *m.*
  in the ~ de l'après-midi
again encore
against contre
age âge *m.*
ago il y a ...
agree (with) être d'accord (avec)
  agreed entendu

ahead: go ~ allez-y
  straight ~ tout droit
air conditioning climatisation *f.*
airplane avion *m.*
airport aéroport *m.*
all *pron./adj.* tout
  (toute/tous/toutes)
  ~ weekend (long) tout le
    weekend
  not at ~! pas du tout!
allow permettre
  ~ me to introduce myself
    permettez-moi de me présenter
almost presque
alone seul(e)
  leave me ~! laisse-moi (laissez-
    moi) tranquille!
already déjà
also aussi
always toujours
  not ~ pas toujours
American *adj.* américain(e)
amusing *adj.* amusant(e)
anchovy anchois *m.*
and et
angry fâché(e)
  get ~ se fâcher
answer *n.* réponse *f.*
answer *v.* répondre (à)
anyone quelqu'un
  not ~ ne ... personne

anything quelque chose *m.*
  not ~ ne ... rien
apartment appartement *m.*
appear avoir l'air
appetizer hors-d'œuvre *m.inv.*
apple pomme *f.*
appointment rendez-vous *m.*
  have an ~ avoir rendez-vous
approximately environ; vers
  (time)
April avril *m.*
Arabic arabe *m.*
argue se disputer
arm bras *m.*
armchair fauteuil *m.*
around environ; vers *(time)*;
  autour de *(place)*
  ~ (8 o'clock) vers (8 heures)
arrive arriver
artist artiste *m./f.*
as aussi, comme
  ~ ... ~ aussi ... que
  ~ much autant (de)
ashamed confus(e)
ask demander
  ~ a question poser une
    question
asleep: fall ~ s'endormir
aspirin tablet cachet
    d'aspirine *m.*
assure assurer

quatre cent soixante-dix-neuf **479**

at à
  ~ first d'abord
  ~ least au moins
  ~ midnight à minuit
  ~ noon à midi
  ~ ... o'clock à ... heure(s)
  ~ the home of chez
  ~ what time (of day)? à quel moment (de la journée)?
athletic sportif (sportive)
attach attacher
attend assister (à)
attention: pay ~ faire attention
attentive attentif (attentive)
August août *m.*
aunt tante *f.*
automobile voiture *f.*
autumn automne *m.*
away: right ~ tout de suite
awful! berk!

baby bébé *m.*
back *n.* dos *m.*
back *adv.*: **go ~** retourner; rentrer
  ~ then à cette époque
  come ~ revenir, rentrer
  give ~ rendre
back up reculer
bad mauvais(e)
  ~ driver chauffard *m.*
  that's (it's) too ~ c'est dommage
  the weather is ~ il fait mauvais
badly mal
bakery boulangerie *f.*
bald chauve
ball (dance) bal *m.*
bank banque *f.*
bar and café bistro *m.*
basement sous-sol *m.*
basketball basket-ball (basket) *m.*
bathing suit maillot de bain *m.*
bathroom salle de bain *f.*
be être
  ~ a long time coming tarder
  ~ able pouvoir
  ~ acquainted with, familiar with connaître
  ~ afraid avoir peur
  ~ born naître
  ~ cold avoir froid
  ~ fed up en avoir assez
  ~ hot avoir chaud
  ~ hungry avoir faim
  ~ in the process of être en train de
  ~ interested in s'intéresser à

  ~ located se trouver
  ~ necessary falloir (il faut)
  ~ of the opinion trouver
  ~ probably, supposed devoir
  ~ right avoir raison
  ~ sleepy avoir sommeil
  ~ sore avoir mal (à)
  ~ sorry regretter
  ~ thirsty avoir soif
  ~ wrong, unwise avoir tort
beans haricots *m.pl.*
Beaujolais *(wine)* beaujolais *m.*
beautiful beau/bel/belle/beaux/belles
because parce que
become devenir
bed lit *m.*
  go to ~ se coucher
bedroom chambre *f.*
beef bœuf *m.*
beer bière *f.*
before avant
begin commencer
behind derrière; en retard
  right ~ juste derrière
beige beige
Belgian belge
Belgium Belgique *f.*
believe (in) croire (à)
  I don't ~ it! mon œil!
belong to être à
belt ceinture *f.*
  safety ~, seat ~ ceinture de sécurité *f.*
beside à côté (de)
best *adv.* mieux; *adj.* le/la meilleur(e)
  ~ friend meilleur(e) ami(e) *m./f.*
  ~ regards avec mon meilleur souvenir
  I like ~ j'aime le mieux (le plus); je préfère
better *adv.* mieux; *adj.* meilleur(e)
  it is ~ that il vaut mieux que
between entre
  ~ friends entre amis
beverage boisson *f.*
bicycle vélo *m.*
big grand(e), gros(se)
bill *n.* *(paper money)* billet *m.*; *(restaurant check)* addition *f.*
billion milliard *m.*
bird oiseau *m.*
birthday anniversaire *m.*
bistro bistro *m.*

black noir(e)
  ~ currant liqueur crème de cassis *f.*
blond blond(e)
blouse chemisier *m.*
blue bleu(e)
body corps *m.*
book livre *m.*
bookstore librairie *f.*
boots bottes *f.pl.*
Bordeaux *(wine)* bordeaux *m.*
boring ennuyeux (ennuyeuse)
born né(e)
  be ~ naître
borrow emprunter
boss patron (patronne) *m./f.*
both tous (toutes) les deux
bother déranger
bottle bouteille *f.*
bowl *n.* bol *m.*
bowling: lawn ~ pétanque *f.*
box boîte *f.*
boy garçon *m.*
boyfriend petit ami *m.*
brake *v.* freiner
brand *n.* marque *f.*
brand-new neuf (neuve)
bread pain *m.*
breakfast petit déjeuner *m.*
bridge *(game)* bridge *m.*
Brie *(cheese)* brie *m.*
bring apporter
broccoli brocoli *m.*
brother frère *m.*
brother-in-law beau-frère *m.* *(pl.* beaux-frères*)*
brown brun(e); marron *inv.*
brush *n.* brosse *f.*
  tooth ~ brosse à dents *f.*
brush *v.* se brosser
building bâtiment *m.*
burn brûler
business affaires *f.pl.*, commerce *m.*
  mind your own ~! occupe-toi de tes oignons!
businessman/woman homme/femme d'affaires *m./f.*
busy occupé(e)
  be ~ with s'occuper de
but mais
butcher shop boucherie *f.*
  pork butcher's charcuterie *f.*
butter beurre *m.*
  peanut ~ beurre d'arachide *m.*
buy acheter

by par
   ~ **car** en voiture
   ~ **chance** par hasard
   ~ **the way ...** au fait ...
bye salut; tchao

café café *m.*, bistro *m.*
cafeteria cafétéria *f.*
cake gâteau *m.* (*pl.* gâteaux)
calculator calculatrice *f.*
call appeler, téléphoner
   your ~ from ... votre communication de ...
called: be ~ s'appeler
calm calme, tranquille
Camembert (*cheese*) camembert *m.*
campus campus *m.*
can *n.* boîte *f.*
can (be able to) *v.* pouvoir
Canada Canada *m.*
Canadian canadien(ne)
candy bonbon *m.*
car voiture *f.*
   by ~ en voiture
card carte *f.*
   credit ~ carte de crédit
   post ~ carte postale
cards (*game*) cartes *f.pl.*
care *n.* souci *m.*
   take ~ of s'occuper de
care *v.*: **I don't ~** cela (ça) m'est égal
carefully prudemment
carry porter
cartoon dessin animé *m.*
cat chat *m.*
cautious prudent(e)
cell phone portable *m.*
centime centime *m.*
century siècle *m.*
cereal céréales *f.pl.*
certain sûr(e)
certainly tout à fait; certainement
chair chaise *f.*
chalk craie *f.*
chalkboard tableau *m.*
chance hasard *m.*
   by ~ par hasard
change *n.* monnaie *f.*
change *v.* changer (de)
channel: TV ~ chaîne (de télé) *f.*
charge: extra ~ supplément *m.*
charming charmant(e)
cheap bon marché *adj. inv.*

check chèque *m.*
   ~ (*restaurant bill*) addition *f.*
   traveler's ~ chèque de voyage *m.*
check *v.* vérifier
checkers dames *f.pl.*
cheese fromage *m.*
chemistry chimie *f.*
chess échecs *m.pl.*
chewing gum chewing-gum *m.*
chic chic *adj. inv.*
chicken poulet *m.*
child enfant *m./f.*
China Chine *f.*
Chinese chinois(e)
chocolate: hot ~ chocolat chaud *m.*
choice choix *m.*
choose choisir
Christmas Noël *m.*
church église *f.*
cigar cigare *m.*
cigarette cigarette *f.*
city ville *f.*
civil servant fonctionnaire *m./f.*
class cours *m.*, classe *f.*
   in ~ en classe
   in first ~ en première classe
classroom salle de classe *f.*
clean *adj.* propre
clean *v.* nettoyer
close *adj.* près (de)
close *v.* fermer
closed fermé(e)
clothing (article of) vêtement *m.*
coat manteau *m.* (*pl.* manteaux)
Coca-Cola coca *m.*
coffee café *m.*
coin pièce (de monnaie) *f.*
cold (*illness*) *n.* rhume *m.*
cold *adj.* froid(e)
   be ~ avoir froid
   it's ~ il fait froid
collide entrer en collision
color couleur *f.*
   what ~ is (are) ...? de quelle couleur est (sont) ...?
come venir
   ~ **back** revenir, rentrer
   ~ **in!** entrez!
   where do you ~ from? d'où venez-vous?
comfortable confortable
comic strip bande dessinée *f.*
commentary commentaire *m.*
commercial *n.* publicité *f.*
complete complet (complète)

completely tout *inv. adv.*; complètement
computer ordinateur *m.*
   ~ **science** informatique *f.*
confirm confirmer
console oneself se consoler
constant constant(e)
constantly constamment
contrary contraire *m.*
   on the ~ au contraire
cooking cuisine *f.*
cool: it's ~ il fait frais
corner coin *m.*
corridor couloir *m.*
cost *v.* coûter
cough *v.* tousser
could you ...? pourriez-vous ...?
country pays *m.*
course (*classroom*) cours *m.*; (*meal*) plat *m.*
   of ~ certainement, bien sûr
cousin cousin/cousine *m./f.*
crazy fou (folle)
   ~ **person** fou/folle *m./f.*
   in a ~ manner follement
cream crème *f.*
credit card carte de crédit *f.*
croissant croissant *m.*
cry *v.* pleurer
cup tasse *f.*
custom coutume *f.*
customer client/cliente *m./f.*
cut *v.* couper
cyclist coureur (cycliste) *m.*

dance *n.* bal *m.*
dance *v.* danser
dangerous dangereux (dangereuse)
darn it! mince!; zut!
date *n.* date *f.*; rendez-vous *m.*
date (someone) *v.* fréquenter (quelqu'un)
daughter fille *f.*
day jour *m.*
   ~ **after tomorrow** après-demain
   have a good ~ bonne journée
   New Year's ~ Jour de l'An *m.*
   what ~ is it? quel jour est-ce?
dead mort(e)
dear *n.* chéri/chérie *m./f.*
dear *adj.* cher (chère)
death mort *f.*
debt dette *f.*

December décembre *m.*
definitely sûrement, certainement
delicatessen charcuterie *f.*
delicious délicieux (délicieuse)
delighted ravi(e)
~ **to meet you** enchanté(e)
demand (that) exiger (que)
department store grand magasin *m.*
departmental (local) highway départementale *f.*
departure départ *m.*
depend dépendre
it (that) depends ça dépend
depressed déprimé(e)
describe décrire
desk bureau *m.* (*pl.* bureaux)
dessert dessert *m.*
detective story roman policier *m.*
detest détester
die mourir
different original(e) (*m.pl.* originaux); différent(e)
dining room salle à manger *f.*
dinner dîner *m.*
at ~ à table
have ~ dîner *v.*
diploma diplôme *m.*
directions indications *f.pl.*
dirty sale
disagreeable désagréable
disappointed déçu(e)
discreet discret (discrète)
dish plat *m.*
dishes vaisselle *f.*
do the ~ faire la vaisselle
dishwasher lave-vaisselle *m.*
divorce *n.* divorce *m.*
divorce *v.* divorcer
divorced divorcé(e)
do faire
~ **the grocery shopping** faire les provisions
what am I going to ~? comment je vais faire?
doctor médecin *m.*, docteur *m.*
dog chien *m.*
dollar dollar *m.*
door porte *f.*
dormitory résidence (universitaire) *f.*
dozen douzaine *f.*
dress *n.* robe *f.*
wedding ~ robe de mariée *f.*
dressed: get ~ s'habiller

drink *n.* boisson *f.*
before-dinner ~ apéritif *m.*
drink *v.* boire, prendre
do you want to ~ something? voulez-vous boire quelque chose?; quelque chose à boire?
drive *n.*: **to take a ~** faire une promenade en voiture 4
drive conduire
driver automobiliste *m./f.*, conducteur/conductrice *m./f.*, chauffeur *m.*
~ **'s license** permis de conduire *m.*
driving *n.* conduite *f.*
drums batterie *f.*
drunk *adj.* ivre
during pendant

each *adj.* chaque
~ **(one)** chacun(e)
ear oreille *f.*
early tôt; en avance
earn one's living gagner sa vie
earth terre *f.*
easy facile; simple
eat manger; prendre
~ **dinner** dîner
~ **lunch** déjeuner
economics sciences économiques *f.pl.*
education pédagogie *f.*
egg œuf *m.*
eight huit
eighteen dix-huit
eighty quatre-vingts
eighty-one quatre-vingt-un
eleven onze
embarrassed confus(e)
employee employé/employée *m./f.*
end *n.* fin *f.*
engaged fiancé(e)
engagement fiançailles *f.pl.*
engineer ingénieur *m.*
England Angleterre *f.*
English anglais(e)
enough assez
enter entrer
errands courses *f.pl.*
essential essentiel(le)
it is ~ that il est essentiel que
even même
evening soir *m.*
good ~ bonsoir

ever jamais
every chaque; tout (toute/tous/toutes)
~ **night** tous les soirs
everybody tout le monde
everything tout *pron. inv.*
exaggerate exagérer
exam examen *m.*
on an ~ à un examen
example exemple *m.*
for ~ par exemple
excellent excellent(e)
exciting passionnant(e)
excuse: ~ me je vous demande pardon; excusez-moi
executive cadre *m.*
exercise exercice *m.*
expensive cher (chère)
eye œil *m.* (*pl.* yeux)
my ~! mon œil!
eyeglasses lunettes *f.pl.*

fall *n.* automne *m.*
fall *v.* tomber
~ **asleep** s'endormir
false faux (fausse)
familiar: be ~ with connaître
family famille *f.*
famous célèbre
fantastic formidable
far (from) loin (de)
farmer fermier/fermière *m./f.*
fast rapide
fat gros(se), gras(se)
father père *m.*
father-in-law beau-père *m.* (*pl.* beaux-pères)
faucet robinet *m.*
fault faute *f.*
favorite préféré(e)
fear peur
February février *m.*
fed up: be ~ en avoir assez
feel sentir, se sentir
~ **like** avoir envie de
~ **sorry (for someone)** avoir pitié (de)
fever fièvre *f.*
few peu (de)
a ~ quelques
fifteen quinze
fifty cinquante
film film *m.*
finally enfin

Anglais-français • *quatre cent quatre-vingt-trois* **483**

find *v.* trouver
fine bien
    I'm ~ je vais très bien; ça va bien
finish *v.* finir
first premier (première)
    at ~ d'abord
    ~ name prénom *m.*
    in ~ class en première classe
fish *n.* poisson *m.*
five cinq
flea market marché aux puces *m.*
Flemish flamand *m.*
flight vol *m.*
flight attendant *(female)* hôtesse de l'air *f.*
floor *(of a building)* étage *m.*; *(of a room)* plancher *m.*
    ground ~ rez-de-chaussée *m.*
florist fleuriste *m./f.*
flower fleur *f.*
flu grippe *f.*
fluently couramment
flute flûte *f.*
follow: ~ me par ici
following suivant(e)
food cuisine *f.*
fool fou/folle *m./f.*
foot pied *m.*
football football américain *m.*
for depuis; pendant; pour
foreign étranger (étrangère)
forget oublier
fork fourchette *f.*
fortunately heureusement
forty quarante
four quatre
fourteen quatorze
franc franc *m.*
France France *f.*
free libre
French français(e)
    ~ fries frites *f.pl.*
    in ~ en français
    in the ~ style à la française
    steak with ~ fries steak-frites *m.*
Friday vendredi *m.*
friend ami/amie *m./f.*
    make friends se faire des amis
from de
front: in ~ of devant
fruit fruit *m.*
fun *adj.* amusant(e)
    have ~ s'amuser
funny amusant(e), drôle

game jeu *m.* (*pl.* jeux); match *m.*
garage garage *m.*
garlic ail *m.*
Gee! Tiens!
general: in ~ en général
generally généralement
generous généreux (généreuse)
German allemand(e)
Germany Allemagne *f.*
get obtenir, recevoir
    ~ along (with) s'entendre (avec)
    ~ angry se fâcher
    ~ dressed s'habiller
    ~ into monter
    ~ out of descendre
    ~ up, stand up se lever
    ~ washed, wash up se laver
ghost revenant *m.*
gift cadeau *m.*
girl fille *f.*
girlfriend petite amie *f.*
give donner
    ~ back rendre
gladly volontiers; je veux bien
glass (drinking) verre *m.*
glasses (eye) lunettes *f.pl.*
gloves gants *m.pl.*
go (in a vehicle) aller, rouler
    ~ across traverser
    ~ ahead allez-y
    ~ back retourner, rentrer
    ~ down descendre
    ~ into town aller en ville
    ~ out sortir
    ~ to bed se coucher
    ~ up monter
goat cheese chèvre *m.*
golf golf *m.*
good bon (bonne)
    ~ evening bonsoir
    ~ morning bonjour
    have a ~ day bonne journée
    have a ~ time s'amuser
good-bye au revoir
grade note *f.*
grains céréales *f.pl.*
grandchildren petits-enfants *m.pl.*
granddaughter petite-fille *f.* (*pl.* petites-filles)
grandfather grand-père *m.* (*pl.* grands-pères)
grandmother grand-mère *f.* (*pl.* grands-mères)
grandparents grands-parents *m.pl.*
grandson petit-fils *m.* (*pl.* petits-fils)

great formidable; chouette *(fam.)*
great-grandfather arrière-grand-père *m.*
green vert(e)
    ~ beans haricots verts *m.pl.*
grey gris(e)
groceries provisions *f.pl.*
    do the grocery shopping faire les provisions
grocery store épicerie *f.*
guess deviner
guitar guitare *f.*
gymnasium gymnase *m.*
gymnastics gymnastique *f.*

hair cheveux *m.pl.*
    hairbrush brosse à cheveux *f.*
half *adj.* demi(e)
    ~ past ... il est ... heure(s) et demie
hall couloir *m.*
ham jambon *m.*
hand main *f.*
handsome beau/bel/belle/beaux/belles
happen arriver, se passer
happy heureux (heureuse); content(e)
hardworking travailleur (travailleuse)
hat chapeau *m.*
hate *v.* détester
have avoir
    do you still ~ ...? il vous reste ...?
    ~ a pain (in) avoir mal (à)
    ~ an appointment, date avoir rendez-vous
    ~ dinner dîner
    ~ fun s'amuser
    ~ just venir de
    ~ lunch déjeuner
    ~ pity avoir pitié (de)
    ~ to devoir
    what do you ~ for (in the way of) ...? qu'est-ce que vous avez comme ...?
he *pron.* il; lui
head tête *f.*
health: (here's) to your ~! à votre santé!
hear entendre
    ~ about entendre parler de
heat chauffage *m.*

hello bonjour; bonsoir; salut
   ~ ! *(on the phone)* allô!
help *v.* aider
her *pron.* elle; la; **(to ~)** lui
her *adj.* son, sa, ses
here ici
   ~ is, ~ are voici
hi! salut!
high-top sneakers baskets *f.pl.*
highway autoroute *f.*
   departmental (local) ~ départementale *f.*
him *pron.* le; **(to~)** lui
his *adj.* son, sa, ses
hockey hockey *m.*
holiday fête *f.*
home maison *f.*
   at the ~ of chez
   go (come) ~ rentrer
homework devoirs *m.pl.*
honestly sans façon
hope *v.* espérer; souhaiter (que)
horrible affreux (affreuse)
hot chaud(e)
   be ~ avoir chaud
   ~ chocolate chocolat chaud *m.*
   it is ~ il fait chaud
hotel hôtel *m.*
hour heure *f.*
   one ~ ago il y a une heure
   one ~ from now dans une heure
house maison *f.*
   at your ~ chez toi
housewife ménagère *f.*
housework ménage *m.*
   do ~ faire le ménage
how comment
   ~ are you? comment allez-vous?; (comment) ça va?
   ~ do you say …? comment dit-on …?
   ~ do you spell …? comment est-ce qu'on écrit …?
   ~ … he (she) was! comme il (elle) était …!
   ~ long? pendant combien de temps …?
   ~ many, much combien (de)
   ~ old are you? quel âge avez-vous?
hundred cent
hungry: be ~ avoir faim
hurry se dépêcher
husband mari *m.*

I *pron.* je; moi
ice cream glace *f.*
   vanilla ~ glace à la vanille *f.*
idiot idiot/idiote *m./f.*
if si
imbecile imbécile *m./f.*
impatience impatience *f.*
impatient impatient(e)
important important(e)
   it is ~ that il est important que
in à; dans; en
   ~ a crazy manner follement
   ~ a little while tout à l'heure
   ~ exchange for contre
   ~ general en général
   ~ order to pour
   ~ the afternoon de l'après-midi
included compris(e)
incredible incroyable
indeed tout à fait
indicate indiquer
indispensable indispensable
inexpensive bon marché *inv.*
inform (se) renseigner
information renseignement *m.*
inside intérieur *m.*
   ~ of à l'intérieur de
insist insister
instrument instrument *m.*
insure assurer
intellectual *adj.* intellectuel(le)
intelligent intelligent(e)
interest intérêt *m.*
interested: be ~ in s'intéresser à
interesting intéressant(e)
interpreter interprète *m./f.*
introduce présenter
   allow me to ~ myself permettez-moi de me présenter
invite inviter
Ireland Irlande *f.*
Israel Israël *m.*
it *pron.* cela, ça; il, elle
it is il est, c'est
   is it …? est-ce (que) …?
   ~ better that il vaut mieux que
   ~ cold il fait froid
   ~ cool il fait frais
   ~ essential il est essentiel
   ~ nice out il fait beau
   ~ preferable il vaut mieux
   ~ raining il pleut
   ~ snowing il neige
   ~ windy il fait du vent

Italian italien(ne)
Italy Italie *f.*
its *adj.* son, sa, ses

jacket blouson *m.*
jam confiture *f.*
January janvier *m.*
Japan Japon *m.*
Japanese japonais(e)
jeans jean *m.*
jogging jogging *m.*
juice jus *m.*
   orange ~ jus d'orange *m.*
July juillet *m.*
June juin *m.*
just: to have ~ … venir de …
just *adv.* juste

keep garder
key clé *f.*
kidding: no ~ sans façon; sans blague!
kilogram kilo *m.*
kind *n.* sorte *f.*
   all ~s of things toutes sortes de choses
   what ~(s) of … quelle(s) sorte(s) de …
kind *adj.* aimable; gentil(le)
kir kir *m.*
kiss *v.* s'embrasser
kitchen cuisine *f.*
knee genou *m.* (*pl.* genoux)
knife couteau *m.* (*pl.* couteaux)
knock frapper
know connaître, savoir
   I don't ~ je ne sais pas

laborer ouvrier/ouvrière *m./f.*
lady dame *f.*
language langue *f.*
lap *n.* genoux *m.pl.*
last dernier (dernière)
   ~ name nom de famille *m.*
   the ~ time la dernière fois
late tard, en retard
   be ~ être en retard
   it is ~ il est tard
lawn bowling pétanque *f.*
lay mettre
lazy paresseux (paresseuse)
leaf (*of paper*) feuille *f.*
learn apprendre (à)

least le/la/les moins
  at ~ au moins
  I like ~ j'aime le moins
leave laisser, partir
  ~ from partir (de)
  ~ me alone! laisse-moi (laissez-moi) tranquille!
  there's one left il en reste un(e)
left: to the ~ (of) à gauche (de)
leg jambe *f.*
leisure activity loisir *m.*
lemon-lime soda limonade *f.*
lemonade citron pressé *m.*
lend prêter
length *(of time)* durée *f.*
less moins
lesson leçon *f.*
let laisser
  let's go allez-y, allons-y
letter lettre *f.*
library bibliothèque *f.*
license: driver's ~ permis de conduire *m.*
life vie *f.*
  that's ~ c'est la vie
lift *v.* lever
like *v.* aimer
  I would ~ je voudrais
like *conj.* comme
listen (to) écouter
liter litre *m.*
literature littérature *f.*
little *adj.* petit(e)
  ~ girl petite fille *f.*
little *adv.* peu (de)
  a ~ un peu (de)
live *v.* habiter
living room salon *m.*
long long (longue)
  a ~ time longtemps
  be a ~ time coming tarder
  how ~ …? pendant combien de temps …?
  no longer ne … plus
look regarder; *(seem)* avoir l'air
  ~ after garder
  ~ for chercher
lose perdre
  ~ (one's) patience perdre patience
  ~ weight maigrir
lot: a ~ (of) beaucoup (de)
love *v.* adorer; aimer
  ~ each other s'aimer
lozenge pastille *f.*

luck chance *f.*
  good ~! bonne chance!
  what ~! quelle chance!
lunch déjeuner *m.*
  have ~ déjeuner

magazine magazine *m.*
mail *v.* poster
make *n.* marque *f.*
make *v.* faire
  ~ a request faire une demande
  ~ friends se faire des amis
mall centre commercial *m.*
man homme *m.;* monsieur *m.*
management gestion *f.*
manner façon *f.*
manners étiquette *f.*
many beaucoup
  how ~ combien
  so ~ tant
  too ~ trop (de)
map carte *f.; (city)* plan *m.*
March mars *m.*
market marché *m.*
  flea ~ marché aux puces *m.*
  super ~ supermarché *m.*
marriage mariage *m.*
married marié(e)
marry se marier (avec); épouser
matter: what's the ~ with you? qu'est-ce que tu as?
May mai *m.*
may (be able to) pouvoir
  ~ I? vous permettez?; puis-je?
maybe peut-être
mayonnaise mayonnaise *f.*
mayor maire *m.*
me *pron.* me, moi
  ~ neither, nor I moi non plus
meal repas *m.*
  have a good ~! bon appétit!
mean *v.* vouloir dire
mean *adj.* méchant(e)
meat viande *f.*
medicine médicament *m.*
meet rencontrer
  to have met avoir connu
meeting réunion *f.;* rendez-vous *m.*
  have a ~ avoir rendez-vous
member membre *m.*
mention: don't ~ it il n'y a pas de quoi; de rien
menu *(à la carte)* carte *f.; (fixed price)* menu *m.*

merchant marchand/marchande *m./f.*
Mexican mexicain(e)
Mexico Mexique *m.*
midnight minuit
milk lait *m.*
million million *m.*
mind your own business! occupe-toi de tes oignons!
mine *pron.* le mien/la mienne
minute minute *f.*
mirror: rearview ~ rétroviseur *m.*
miserly avare
Miss Mademoiselle (Mlle)
mistake faute *f.*
Monday lundi *m.*
money argent *m.*
month mois *m.*
moped mobylette *f.*
more encore, plus
  ~ …? encore de …?
  ~ to drink (eat)? encore à boire (manger)?
  there is no ~ il n'y en a plus
morning matin *m.*
Moroccan marocain(e)
Morocco Maroc *m.*
most (of) la plupart (de);
  the ~ le/la/les plus
mother mère *f.*
mother-in-law belle-mère *(pl.* belles-mères*)*
motorcycle moto *f.*
motorized bicycle mobylette *f.*
mouse souris *f.*
mouth bouche *f.*
movie film *m.*
  ~ theater cinéma *m.*
Mr. Monsieur (M.)
Mrs. Madame (Mme)
much beaucoup
  as ~ autant (de)
  how ~ combien
  not ~ pas grand-chose
  so ~ tant (de)
  too ~ trop (de)
museum musée *m.*
mushrooms champignons *m.pl.*
music musique *f.*
must devoir; il faut
  (someone) ~ not il ne faut pas
mustard moutarde *f.*
my *adj.* mon, ma, mes

naive naïf (naïve)
name *n.* nom *m.*
   family (last) ~ nom de famille
   in whose ~ ...? à quel nom ...?
   my ~ is ... je m'appelle ...
   what is your ~? comment vous appelez-vous?
named: be ~ s'appeler
nap sieste *f.*
   take a ~ faire la sieste
napkin serviette *f.*
nasty méchant(e)
nationality nationalité *f.*
   what is your ~? quelle est votre nationalité?
naturally naturellement
near près (de)
   very ~ tout près
necessary nécessaire
   it is ~ il faut, il est nécessaire (que)
need *v.* avoir besoin de
neighbor voisin/voisine *m./f.*
neither: me ~ moi non plus
   ~ ... nor ni ... ni
nephew neveu *m.* (*pl.* neveux)
nervous nerveux (nerveuse)
never jamais (ne ... jamais)
new nouveau/nouvel (nouvelle) (*m.pl.* nouveaux); neuf (neuve)
   ~ Year's Day Jour de l'An *m.*
   what's ~? quoi de neuf?
news informations *f.pl.*
newspaper journal *m.*
newsstand kiosque *m.*
next *adv.* ensuite, puis; *adj.* prochain(e); suivant(e)
   ~ door à côté
   ~ to à côté de
nice aimable; gentil(le)
   have a ~ day bonne journée
   it's ~ out il fait beau
   that's ~ of you c'est gentil à vous
niece nièce *f.*
night nuit *f.*
nine neuf
nineteen dix-neuf
ninety quatre-vingt-dix
ninety-one quatre-vingt-onze
no non
   ~ kidding! sans blague!; sans façon
   ~ longer ne ... plus
   ~ more ne ... plus
   ~ one ne ... personne

nobody ne ... personne
noise bruit *m.*
noon midi
nor: ~ I moi non plus
   neither ... ~ ni ... ni
nose nez *m.*
   runny ~ le nez qui coule
not ne (n') ... pas
   ~ anyone ne ... personne
   ~ anything ne ... rien
   ~ at all il n'y a pas de quoi, de rien; pas du tout
   ~ much pas grand-chose
   ~ yet pas encore
note note *f.*
nothing ne ... rien
notice remarquer
novel *n.* roman *m.*
novel *adj.* original(e) (*m.pl.* originaux)
November novembre *m.*
now maintenant, actuellement
number nombre *m.*, numéro *m.*; chiffre *m.*
   telephone ~ numéro de téléphone *m.*
nurse infirmier/infirmière *m./f.*

obey obéir (à)
o'clock heure(s)
   at ... ~ à ... heure(s)
   it is ... ~ il est ... heure(s)
October octobre *m.*
of de
   ~ course bien sûr
office bureau *m.* (*pl.* bureaux)
   post ~ bureau de poste *m.*
officer: police ~ agent de police *m.*
often souvent
oh dear! oh là là!
okay d'accord
   if that's ~ si ça va
old âgé(e), vieux/vieil (vieille)
   how ~ are you? quel âge avez-vous?
omelet omelette *f.*
on sur
one *pron.* on
   no ~ ne ... personne
one (*number*) un (une)
one-way: ~ street sens interdit *m.*
   ~ ticket aller simple *m.*
onion oignon *m.*
only *adj.* seul(e); *adv.* seulement; ne ... que

open *v.* ouvrir
open *adj.* ouvert(e)
opening ouverture *f.*
opinion avis *m.*
   be of the ~ trouver; penser
   in my (your, etc.) ~ à mon (à ton, etc.) avis
opposite contraire *m.*
optimistic optimiste
or ou
orange *n.* orange *m.*
   ~ juice jus d'orange *m.*
   ~ soda orangina *m.*
orange *adj.* orange *inv.*
order *v.* commander
order: in ~ to pour
ordinary *adj.* ordinaire
original original(e) (*m.pl.* originaux)
other autre
ouch! aïe!
our notre, nos
outgoing extraverti(e)
outside dehors
owe devoir
owner propriétaire *m./f.*

package paquet *m.*
pain: have a ~ (in) avoir mal (à)
pajamas (pair of) pyjama *m.*
pale pâle
pants (pair of) pantalon *m.*
paper papier *m.*
   (news)paper journal *m.*
   term ~ dissertation *f.*
pardon: I beg your ~ je vous demande pardon; excusez-moi
parents parents *m.pl.*
parents-in-law beaux-parents *m.pl.*
party boum *f.*; soirée *f.*; fête *f.*
pass (*an exam*) réussir
pass (*a car*) dépasser
pastry pâtisserie *f.*
   ~ shop pâtisserie *f.*
patience: lose (one's) ~ perdre patience
patient *adj.* patient(e)
patiently patiemment
pavement chaussée *f.*
pay (for) payer
   ~ attention faire attention
peanut arachide *f.*
   ~ butter beurre d'arachide *m.*
peas petits pois *m.pl.*

people gens *m.pl.*; on
pepper poivre *m.*
per par
perfect parfait(e)
perhaps peut-être
period *(time)* époque *f.*
person *(male or female)* personne *f.*
personally *adv.* personnellement
pessimistic pessimiste
pharmacy pharmacie *f.*
photograph photo *f.*
physical physique
piano piano *m.*
picnic pique-nique *m.*
pie tarte *f.*
piece morceau *m.* (*pl.* morceaux)
pill pilule *f.*; cachet *m.*
pilot pilote *m.*
pink rose
pity pitié *f.*
pizza pizza *f.*
place *n.* endroit *m.*; lieu *m.*
   take ~ avoir lieu
place *v.* mettre
plain simple
plan to avoir l'intention de
plate assiette *f.*
play *n.* pièce *f.*
play *v.* jouer
   ~ a game jouer à
   ~ an instrument jouer de
   ~ sports faire du sport
   ~ tennis jouer au tennis
please s'il vous (te) plaît
   ~ do je vous (t')en prie
pleasure plaisir *m.*
   with ~ avec plaisir
poem poème *m.*
point out indiquer
police officer agent de police *m.*; gendarme *m.*
politician homme/femme politique *m./f.*
politics politique *f.*
poor *adj.* pauvre
poorly mal
popular populaire
porch véranda *f.*
pork porc *m.*
   ~ butcher's charcuterie *f.*
post office bureau de poste *m.*
postcard carte postale *f.*
potato pomme de terre *f.*

pound *n.* livre *f.*
pour verser
practice répéter
prefer préférer
   I ~ that je préfère que
preferable: it is ~ that il vaut mieux que
prepare (a lesson) préparer (un cours)
pretty joli(e)
price prix *m.*
probably sans doute
process: be in the ~ of être en train de
program programme *m.*
   TV ~ émission (de télé) *f.*
promise *v.* promettre
   it's a ~ c'est promis
publicity publicité *f.*
punch (a ticket) composter (un billet)
pupil élève *m./f.*
purchase achat *m.*
purple violet(te)
put mettre
   ~ on attacher; mettre *(clothes)*
   ~ on weight grossir

quarter *m.* quart
   ~ past, ~ after et quart
   ~ to, ~ till moins le quart
question question *f.*
   ask a ~ poser une question
quickly vite; rapidement
quiet: keep ~! tais-toi! (taisez-vous!)

race course *f.*
radio radio *f.*
rain pleuvoir
   it's raining il pleut
raincoat imperméable *m.*
raise *v.* lever
rapid rapide
rapidly rapidement
rare *(undercooked)* saignant(e)
rarely rarement
rather assez
   ~ poorly assez mal
read lire
really vraiment; sans façon
reasonable raisonnable

recently récemment
recommend recommander
red rouge
   ~-haired roux (rousse)
refrigerator réfrigérateur *m.*
regarding à propos de
relatives parents *m.pl.*
remain rester
remember se souvenir (de)
rent *v.* louer
repeat répéter
request *n.* demande *f.*
   make a ~ faire une demande
reserve réserver
reside habiter
responsibility responsabilité *f.*
rest se reposer
restaurant restaurant *m.*
restroom toilettes *f.pl.*
return *v.* retourner, revenir, rentrer
rice riz *m.*
rich riche
ride: take a ~ se promener; faire une promenade en voiture
   ~ a bike faire du vélo
ridiculous ridicule
right *n.* droit *m.*
right *adj.* droit(e); exact(e)
   be ~ avoir raison
   ~ ? n'est-ce pas?
   ~ away tout de suite
   ~ behind juste derrière
   that's ~ c'est exact
   to the ~ (of) à droite (de)
ring *n.* bague *f.*
road route *f.*
roast (of beef) rôti (de bœuf) *m.*
roll *v.* rouler
roof toit *m.*
room chambre *f.*; salle *f.*; pièce *f.*
   bath~ salle de bain *f.*
   bed~ chambre *f.*
   class~ salle de classe *f.*
   dining~ salle à manger *f.*
roommate camarade de chambre *m./f.*
round-trip ticket aller-retour *m.*
rugby rugby *m.*
run courir
   ~ a stop sign brûler un stop
   ~ into heurter
runner coureur/coureuse
Russia Russie *f.*
Russian russe

sad triste
salad salade *f.*
  (green) ~ salade (verte) *f.*
salesman/saleswoman
  vendeur/vendeuse *m./f.*
salmon saumon *m.*
salt sel *m.*
sandwich sandwich *m.*
Santa Claus *m.* père Noël
sardine sardine *f.*
Saturday samedi *m.*
sausage saucisse *f.*
saxophone saxophone *m.*
say dire
scarf foulard *m.*
schedule emploi du temps *m.*
school école *f.*
  high ~ lycée *m.*
science sciences *f.pl.*
  computer ~ informatique *f.*
season saison *f.*
seatbelt ceinture de sécurité
second second(e), deuxième
  in ~ **class** en seconde
see voir
seem avoir l'air
-self(-selves) -même(s)
sell vendre
semester semestre *m.*
send envoyer
Senegal Sénégal *m.*
Senegalese sénégalais(e)
separate *v.* séparer
  ~ **from each other** se séparer
September septembre *m.*
series *(TV)* feuilleton *m.*
serious sérieux (sérieuse)
seriously sérieusement
service: at your ~ à votre service
serviceman/woman militaire *m.*
set: ~ **the table** mettre la table
seven sept
seventeen dix-sept
seventy soixante-dix
seventy-one soixante et onze
seventy-two soixante-douze
she *pron.* elle
sheet (of paper) feuille *f.*
shh! chut!
shirt chemise *f.*
shoes chaussures *f.pl.*
shop *(clothing)* boutique *f.*
  tobacco ~ (bureau de) tabac *m.*

shopping courses *f.pl.*
  ~ **center** centre commercial *m.*
short petit(e)
shorts (pair of) short *m.*
shoulder épaule *f.*
show *v.* montrer
shower *n.* douche *f.*
shower *v.* se doucher
sick malade
since depuis
sincere sincère
sing chanter
singer chanteur/chanteuse *m./f.*
single célibataire
Sir Monsieur (M.)
sister sœur *f.*
sister-in-law belle-sœur *f.*
  (*pl.* belles-sœurs)
sit down s'asseoir
  ~ **to eat** se mettre à table
six six
sixteen seize
sixty soixante
skate patiner
skating rink patinoire *f.*
ski skier
skid déraper
skirt jupe *f.*
skis skis *m.pl.*
sleep dormir
sleepy: be ~ avoir sommeil
slice tranche *f.*
slippery glissant(e)
slow *adj.* lent(e)
slow down ralentir
slowly lentement
small petit(e)
smile *n.* sourire *m.*
smile *v.* sourire
smoke fumer
smoking (car) fumeur
  non- ~ non-fumeur
snail escargot *m.*
snow *v.* neiger
  it's snowing il neige
so alors, si
  ~ **many** tant
  ~ **much** tant
so-so comme ci comme ça
soap opera feuilleton *m.*
soccer football (foot) *m.*
socks chaussettes *f.pl.*
soda: lemon-lime ~ limonade *f.*;
  orange ~ orangina *m.*

sofa sofa *m.*
some *adj.* des, quelques; *pron.* en
someone quelqu'un
something quelque chose *m.*
sometimes quelquefois
son fils *m.*
song chanson *f.*
soon bientôt
sore: be ~ avoir mal (à)
sorry désolé(e)
  be ~ regretter
  feel ~ **(for)** avoir pitié (de)
sort of assez
soup soupe *f.*
Spain Espagne *f.*
Spanish espagnol(e)
speak parler
specify préciser
speed vitesse *f.*
  at top ~ à toute vitesse
spell épeler
  how do you ~ **…?** comment est-ce qu'on écrit …?
  … is spelled … … s'écrit …
spend (a year) passer (un an)
spinach épinards *m.pl.*
spoon cuiller *f.*
sportcoat veste *f.*
spring *n.* printemps *m.*
stamp timbre *m.*
stand up se lever
start commencer; démarrer
  it's starting to get cold il commence à faire froid
state état *m.*
statue statue *f.*
stay rester
steak steak *m.*
  ~ **with French fries** steak-frites *m.*
steering wheel volant *m.*
stepbrother demi-frère *m.*
stepfather beau-père *m.*
  (*pl.* beaux-pères)
stepmother belle-mère *f.*
  (*pl.* belles-mères)
stepparents beaux-parents *m.pl.*
stepsister demi-sœur *f.*
stereo stéréo *f.*
still encore; toujours
stomach estomac *m.*
stop *n.* arrêt *m.*
  bus ~ arrêt d'autobus *m.*
  ~ **sign** stop *m.*

stop *v.* (s')arrêter
store magasin *m.*
  department ~ grand magasin *m.*
  grocery ~ épicerie *f.*
story histoire *f.*
  detective ~ roman policier *m.*
stove cuisinière *f.*
straight ahead tout droit
strawberries fraises *f.pl.*
street rue *f.*
  one-way ~ sens interdit *m.*
stressed stressé(e)
student étudiant/étudiante *m./f.*
studies *n.* études *f.pl.*
study *v.* étudier
stupid stupide
stylish chic *adj. inv.*
succeed réussir
sugar sucre *m.*
suit *n.* complet *m.*
  bathing ~ maillot de bain *m.*
suitcase valise *f.*
summer été *m.*
sun soleil *m.*
Sunday dimanche *m.*
supermarket supermarché *m.*
  giant ~ hypermarché *m.*
supplement supplément *m.*
supposed: be ~ to devoir
surely certainement, sûrement
surprise surprise *f.*
  what a good ~! quelle bonne surprise!
swear jurer
  I ~ (to you) je te le jure
sweater pull-over (pull) *m.*
sweatshirt sweat-shirt *m.*
Sweden Suède *f.*
Swedish suédois(e)
swim nager
swimming pool piscine *f.*
swimsuit maillot de bain *m.*
Swiss suisse
  ~ cheese emmenthal *m.*
Switzerland Suisse *f.*

table table *f.*
  at the ~ à table
  set the ~ mettre la table
tablecloth nappe *f.*
tablet cachet *m.*
  aspirin ~ cachet d'aspirine *m.*

take prendre
  ~ a nap faire la sieste
  ~ a test passer (un examen)
  ~ a trip faire un voyage
  ~ a walk, a ride faire une promenade
  ~ place avoir lieu
talkative bavard(e)
tall grand(e)
taste *v.* goûter
tea thé *m.*
teach enseigner
teacher professeur *m.*
  ~ preparation pédagogie *f.*
team équipe *f.*
tee-shirt tee-shirt *m.*
telephone *n.* téléphone *m.*
  on the ~ au téléphone
  ~ number numéro de téléphone *m.*
telephone *v.* téléphoner (à)
television télévision (télé) *f.*
tell indiquer, raconter, dire, parler
  can you ~ me …? pouvez-vous me dire …?
  ~ a story raconter une histoire
ten dix
tend to avoir tendance à
tennis tennis *m.*
  ~ shoes tennis *f.pl.*
  play ~ jouer au tennis
term paper dissertation *f.*
test examen *m.*
thank *v.* remercier
thanks merci
  yes, ~ je veux bien
that *adj.* ce/cet, cette, ces; *conj.* que; *pron.* ce, cela, ça; *relative pron.* qui, que
the le/la/les
theater théâtre *m.*
their leur(s)
them elles, eux; les, leur
then alors, ensuite, puis
there là, y
  over ~ là-bas
  ~ is (are) il y a; voilà
therefore alors; donc
they *pron.* ils, elles, on, eux
  ~ (these) are ce sont
thin mince
thing chose *f.*
think croire, penser, trouver
  do you ~ so? vous trouvez?
  I don't ~ so je ne crois pas

what do you ~ of …? comment trouvez-vous …?
what do you ~ of it (of them)? qu'en penses-tu?
thirsty: be ~ avoir soif
thirteen treize
thirty trente
this *adj.* ce/cet, cette, ces
  ~ way par ici
those *adj.* ces
thousand mille *inv.*
three trois
throat gorge *f.*
throughway autoroute *f.*
Thursday jeudi *m.*
ticket billet *m.*
  one-way ~ aller simple *m.*
  round-trip ~ aller-retour *m.*
  traffic ~ contravention *f.*
tie *n.* cravate *f.*
time temps *m.*; heure *f.*; fois *f.*
  a long ~ longtemps
  at that ~ à cette époque
  on ~ à l'heure
  the last ~ la dernière fois
  ~ difference décalage horaire *m.*
  what ~ is it? quelle heure est-il?
tired fatigué(e)
to à
  ~ the side à côté
toast pain grillé *m.*
tobacco tabac *m.*
  ~ shop (bureau de) tabac *m.*
today aujourd'hui
together ensemble
tomato tomate *f.*
tomorrow demain
  day after ~ après-demain
tonight ce soir
too aussi
  ~ many trop (de)
  ~ much trop (de)
  you ~ vous aussi
tooth dent *f.*
toothbrush brosse à dents *f.*
toothpaste dentifrice *m.*
tour tour *m.*
  ~ bus autocar *m.*
towel serviette *f.*
tower tour *f.*
town ville *f.*
  ~ hall mairie *f.*
trade … for échanger … contre
traffic circulation *f.*
traffic light feu *m.* (*pl.* feux)

train train *m.*
  ~ station gare *f.*
travel voyager
traveler's check chèque de voyage *m.*
trip voyage *m.*
trout truite *f.*
true vrai(e)
truly vraiment
  yours ~ amicalement
trumpet trompette *f.*
truth vérité *f.*
try essayer
  may I ~ …? puis-je …?
Tuesday mardi *m.*
turn *n.* tour *m.*
turn *v.* tourner
  ~ on *(the TV)* mettre
  ~ on the heat mettre le chauffage
turnpike autoroute *f.*
tuxedo smoking *m.*
twelve douze
twenty vingt
twenty-one vingt et un
twenty-two vingt-deux
two deux

ugly laid(e)
unbelievable incroyable
uncle oncle *m.*
under sous
understand comprendre
understanding compréhensif/compréhensive
United States États-Unis *m.pl.*
university université *f.*
unmarried célibataire
until *prep.* jusqu'à
unwise: be ~ avoir tort
up: get ~ se lever
us nous
useless inutile
usually d'habitude

vacation vacances *f.pl.*
  have a good ~! bonnes vacances!
  on ~ en vacances
vanilla vanille *f.*
  ~ ice cream glace à la vanille *f.*
vegetable légume *m.*
  raw vegetables crudités *f.pl.*
very très; tout
violin violon *m.*
visit visiter
  ~ someone rendre visite à qqn
voyage voyage *m.*

wait (for) attendre
waiter garçon *m.*; serveur *m.*
waitress serveuse *f.*
wake up se réveiller
walk *n.* promenade *f.*
  take a ~ se promener; faire une promenade
walk *v.* se promener
waltz valse *f.*
want vouloir, désirer, avoir envie de
war guerre *f.*
warning avertissement *m.*
wash laver; se laver
washing machine lave-linge *m.*; machine à laver *f.*
watch *n.* montre *f.*
watch *v.* regarder
water eau *f.* (*pl.* eaux)
  mineral ~ eau minérale
way route *f.*; façon *f.*
  by the ~ au fait
we nous
wear porter
weather météo(rologie) *f.*; temps *m.*
  the ~ is bad il fait mauvais
  what is the ~ like? quel temps fait-il?
wedding mariage *m.*
  ~ anniversary anniversaire de mariage *m.*
  ~ dress robe de mariée *f.*
Wednesday mercredi *m.*
week semaine *f.*
  per ~ par semaine
  two weeks quinze jours
weekend week-end *m.*
weight: put on ~ grossir
  lose ~ maigrir
welcome: you're ~ de rien; je vous en prie; il n'y a pas de quoi
Welcome! Bienvenue!
well *adv.* bien
  are you ~? vous allez bien?
  fairly ~ assez bien
  not very ~ pas très bien

Well! Tiens!
Well then … Eh bien …
what *pron.* qu'est-ce que/qu'est-ce qui, que; *adj.* quel(le)
  ~? comment?
  ~ am I going to do? comment je vais faire?
  ~ day is it? quel jour est-ce?
  ~ (did you say)? comment?
  ~ is (are) … like? comment est (sont) …?
  ~ is there …? qu'est-ce qu'il y a …?
  ~ is this? qu'est-ce que c'est?
  ~ is your name? comment vous appelez-vous?
  ~ time is it? quelle heure est-il?
  ~'s new? quoi de neuf?
  ~'s the matter? qu'est-ce qu'il y a?
wheel: steering ~ volant *m.*
weird bizarre
when quand
where où
  ~ are you from? vous êtes d'où?; d'où venez-vous?
  ~ is (are) …? où se trouve (se trouvent) …?
which *adj.* quel(le); *pron.* lequel
while pendant que
  in a little ~ tout à l'heure
white blanc (blanche)
who qui
why pourquoi
  ~ not? pourquoi pas?
widower/widow veuf/veuve *m./f.*
wife femme *f.*
win gagner
  ~ the lottery gagner à la loterie
wind vent *m.*
  it's windy il fait du vent
windbreaker blouson *m.*
wine vin *m.*
winter hiver *m.*
wish *v.* vouloir; souhaiter
with avec
without sans
witness témoin *m.*
Wolof *(language)* wolof *m.*
woman femme *f.*; dame *f.*
word mot *m.*

work *n.* travail *m.*
   manual ~ travail manuel *m.*
work *v.* travailler
world monde *m.*
worry *n.* souci *m.*
worry *v.* s'inquiéter
wounded *adj.* blessé(e)
wow! oh là là!
write écrire
wrong faux (fausse)
   be ~ avoir tort

year an *m.*; année *f.*
   school ~ année scolaire
yellow jaune
yes oui; si!
yesterday hier
yet encore
   not ~ pas encore
you *pron.* tu, vous; te, vous; toi, vous
young jeune

your *adj.* ton, ta, tes; votre, vos
   (here's) to yours! à la vôtre!
yuck! berk!
yum! miam!

zero zéro
zip code code postal *m.*

Index

In the following index, the symbol (v) refers to lists of vocabulary within the lessons. The symbol (g) refers to the sections titled *Il y a un geste* that explain gestures used with the indicated phrase.

à
 + definite article, 127
 to express possession, 172
 to indicate ingredients, 231
 + places, 143
 rendre visite, 247
 répondre, 247
 réussir, 332
accent marks, 33
accepting, offering, and refusing, 42
accidents, 408, 412
acheter, 255
activities, (v) 39
L'addition s'il vous plaît, (g) 222
adjectives. *See also* demonstrative adjectives; descriptive adjectives; possessive adjectives
 agreement of, 16, 22, 72
 of color, 101, 105
 comparative of, 306–307
 gender of, 16, 95
 invariable, 96, 103
 of nationality, 18
 position of, 107
 superlative of, 309
adverbs
 comparative of, 306
 formation of, 287
 of frequency, 97
 superlative of, 309
advice, (v) 281
Afrique, 20, 68, 146, 152, 178, 245, 344, 370
agreement
 of adjectives, 16, 22–23, 72
 of past participles, 190, 394
aller, 36, 129, 189
 Comment allez-vous?, 34
 conditional, 420
 future of, 338
 + infinitive, 128
 subjunctive, 366
alphabet, 4, 32
an, *vs.* **année,** 162

Angers, 137
answering the phone, 322
apéritif, 31, 212
s'appeler, 13, 61, 360
apprendre, à + infinitive, 221
article. *See* definite articles; indefinite articles; partitive articles
s'asseoir, 359
 past participle of, 362
assez, (g) 22
À toute vitesse, (g) 286
au, aux, 127
au pair, 92
au revoir, (g) 124, (v) 125
aussi, 306–307
autant, 308
avoir, 64, 138
 conditional of, 422
 future of, 338
 idiomatic expressions with, 58, 70, 229, 249
 imperative of, 282
 imperfect of, 300
 passé composé with, 160–161
 past participle of, 160
 subjunctive of, 366

beaucoup, 30, 223
Besançon, 34
bise, faire la, (g) 124
boire, 224
 Encore à boire?, (g) 213
boissons populaires, (v) 47
Bonjour, 9
Bonsoir, 30
boucherie, 254
boulangerie, 254
bravo, (g) 91
Burkina Faso, 370

café, 43
Cameroun, 152

carte, *vs.* **menu,** 350
Ça va, (g) 34
ce, ces, cet, cette, 103–104
-cer verbs, 214, 301
c'est, ce sont, 62, 112, 172
 + stress pronouns, 172
 c'est la vie, (g) 158
charcuterie, 254
cher, (g) 102
Chut!, (g) 271
classroom expressions, 2, (v) 6
cognates, 25, 92, 381, (v) 381
colors, (v) 101
combien, 71, 251
Comment?, (g) 6
 answers to, 45
 comparative, 305–308
 compliments, 31, 37
compter avec les doigts, (g) 3
 conditional, 422–423
conduire, 286
connaître, 277
 vs. **savoir,** 327
contact physique, (g) 11
contraction, 76, 125
countries, 143–144
cours, (v) 136
croire, 393
Croix Rouge, 415
cuisine, 354

danser, 37
 invitation à danser, (g) 273
dating, 273
days of the week, 134–135
de
 choisir, 332
 definite articles after, 76
 finir, 332
 + infinitive, 398
 after negation, 70, 74, 217
 possession with, 76–77
 possessive construction with, 76

quatre cent quatre-vingt-treize **493**

preposition of place, 195
   after superlative, 309
   vs. **des,** 108
definite articles, 44
   à +, 127
   after **avoir,** 106
   after negation, 71
   after superlative, 309
   in dates, 135
   de +, 76
   use of, 44
demonstrative adjectives, 103
départements et territoires d'outre-mer, 68
depuis, 251
des. *See* indefinite articles
descriptive adjectives, 22–23, (v) 94, 96, 102, 107
désolé(e), (g) 242
devoir, 138, 415–416
   conditional, 423
   past participle of, 160
dire, 385
   vs. **parler,** 385
direct object pronouns, 228–229, 278, 388
   in imperative, 283, 357
   position of, 357
diversité religieuse, 199
dont, 261, 397
dormir, 174
driving, 272, 410
du, de la, de l', des. *See* partitive articles

écrire, 164
   choses à, (v) 165
en, 400
Encore à boire?, (g) 213
ennuyeux, (g) 95
envoyer, 175
épicerie, 254
-er verbs, 38–39
   conditional forms of, 422
   past participle, 160
   subjunctive, 365
est-ce que, 49
etiquette, 350
être, 14, 138
   à + stress pronouns, 172
   c'est, ce sont, 62, 112, 172
   conditional, 422
   future, 338
   imperative, 282
   imperfect, 300
   indefinite articles after negative, 74
   partitive articles after, 217
   passé composé with, 189–191
   past participle, 160
   + profession, 112
   subjunctive, 366
Excusez-moi de vous déranger, 9–10

faire, 110, 138
   conditional, 422
   des achats, (v) 258
   expressions with, 109
   future of, 338
   past participle, 160
   subjunctive, 366
false cognates, 52, 381
family, (v) 61–62
feelings, expressing, (v) 399
fleurs, 243
flûte!, 322
fois, *vs.* **heure, temps,** 167
foulard islamique, 101
France, 6
France, mère des arts, 331
francophonie, 20
franglais, 92
frapper à la porte, (g) 2
future, 337–338
   aller + infinitive indicating, 130

gagner, (v) 339
games, (v) 171
gender, 4, 16, 44
   See also agreement
-ger verbs, 39, 215, 301
goodbye, (v) 125
greetings, 10, 34

h-, initial, 14, 216, 273
Haïti, 314
health, (v) 250
hello, 9–10, 34, 125
heure, 131–132
   vs. **temps, fois,** 167
home, 73, 75, 157
hotels, 322, (v) 330

illness, (v) 249–250
Il n'y a pas de quoi, (g) 349
il y a, 70
   + expression of time, 162
immigration, 146
imperative, 141, 282
   direct object pronouns in, 283
imperfect, 299–301, 413
   reflexive verbs, 361
   si +, 423
   uses of, 299
   vs. **passé composé,** 303, 413
impersonal expressions, 5, 197
   future of, 338
   imperfect of, 300
indefinite articles, 63
   after negation, 74
indirect object pronouns, 386–388
infinitive, 38
   construction, 278
   constructions, 46
   de +, 398
   subjunctive +, 364
s'inquiéter, 359
interrogative adjectives, 114, 394
interrogative pronouns, 114, 394–395, 416–418
inversion
   noun subject, 145
   subject pronoun, 49
   use of **-t-** with, 49
invitation à danser, (g) 273
-ir verbs, 332–333
   subjunctive, 365
ivre, (g) 409

j'ai eu très peur, (g) 409
j'ai oublié, (g) 158
jamais, 97
J'en ai assez, (g) 296
Je te le jure, (g) 380
Je vous en prie, (g) 185
jouer
   à, 170
   de, 170

languages, 44, 144
langue de toutes les saisons, 5
langue et culture, 225
le, la, les. *See* definite articles; direct object pronouns
lequel, laquelle, lesquels, lesquelles, 394–395, 397

liaison, 12, 15, 39, 63, 64, 67, 78, 126
   after **quand**, 145
lire, 164
   choses à, (v) 165
loisirs, 173
Louisiane, 280

Madame, Mademoiselle, Monsieur, 10
Maghreb, 178
marital status, (v) 16
marriage, 297
McDo, 92
meals, 210, 216
meilleur, *vs.* **mieux,** 306–307
menu, *vs.* **carte,** 350
merci, 31, 212
   non, (g) 30
mettre, 352
Mince!, 322
moins, in comparative, 306–309
Mon œil!, (g) 271
months of the year, (v) 197–198
musical instruments, (v) 170

nationality, 18
ne... jamais, 96, 161
ne... pas, 20, 161, 228, 283, 362
ne... personne, 419–420
ne... plus, 219
ne... que, 303
ne... rien, 165, 419–420
   See also **quelque chose**
negation, 20
   definite articles after, 74
   imperative, 141, 283
   indefinite articles after, 74
   passé composé, 161, 419
   possessive adjectives after, 74
n'est-ce pas, 49
nettoyer, 175
nouns, plural of, 62
numbers
   cardinal, 3, 66–67
   gender of, 66
   ordinal, 284

object pronouns. *See* direct object pronouns; indirect object pronouns

offering, accepting, and refusing, 42
offering flowers, 243
on, 14
orders, 282, (v) 367
où, 145
oublié, j'ai, (g) 158
oui, *vs.* **si,** 74

Pardon?, (g) 6
paresseux, (g) 95
Paris, 15
parler, 38, 44, 138
   vs. **dire,** 385
partir, 174
partitive articles, 217
passé composé, 160, 188, 413
   with **avoir,** 160–161
   connaître, 277
   with **être,** 189–191
   negative form of, 161
   in questions, 161
   vs. imperfect, 303, 413
passer, + unit of time, 164
past, immediate, 202
past participle
   agreement of, 190, 279, 362
   avoir, 160
   devoir, 160, 415
   -er verbs, 160
   être, 160
   faire, 160
   -re verbs, 247
pâtisserie, 243
payer, 258
   les achats, (v) 258
pendant, *vs.* **depuis,** 252
perdre courage, patience, 247
personne, 419–420
Petites Antilles françaises, 384
peu, 224
peur, (g) 409
pharmacie, 243
Piaget, 113
places, (v) 128
plus, in comparative, 306, 308
plus-que-parfait, 413
portable, 186
possession, with **de,** 76–77
possessive adjectives, 71–72, 78–79
   negation and, 74
politesse, 10, 322
pouvoir, 274
   conditional, 422

   future of, 338
   passé composé, 274
   puis-je?, est-ce que je peux?, 325
   subjunctive of, 398
préférer, 232, 255
prendre, 221
prepositions
   of place, 140, 143–144, 195–196
   rien after, 166
present tense. *See also individual verbs by name*
   regular verbs, 38, 246, 331
prie, je vous en, (g) 185
professions, (v) 112, Appendix B
se promener, 359
pronouns
   en, 400
   interrogative, 114, 394, 414–416
   object. *See* direct object pronouns; indirect object pronouns
   relative. *See* relative pronouns
   stress. *See* stress pronouns
   subject, 13

quand, 97, 145
   clauses and future, 339
quantity, expressions of, 223–224
que
   interrogative pronoun, 114, 416–418
   relative pronoun, 260, 396
Québec, 84
quel, quelle, interrogative adjective, 114, 394
Quel imbécile!, (g) 409
Quelle histoire!, (g) 380
quelque chose, 165, 419
quelques dates, (v) 199
Qu'est-ce que je vais faire?, (g) 321
questions
   il y a in, 70–71
   with interrogative pronouns, 416–418
   in the **passé composé,** 161
   yes/no, 48–49
qui
   interrogative pronoun, 114, 416–418
   relative pronoun, 61, 260, 396
quoi, 417–418

il n'y a pas de, (g) 349
raconter, *vs.* **dire, parler,** 385
-re verbs, (v) 246, 246–247
   past participle, 247
   subjunctive of, 365
reflexive verbs, 168–169, (v) 356, 356–357
   passé composé of, 191
refusing, offering, and accepting, 40
relative pronouns, 61, 232, 260, 396
rendre visite à, 247, 387
resto U, 220
rien, 162, 419–420
rooms of a house, 73, (v) 75

Salut, 34, 122
Sans façon, 212
santé, à votre, (g) 30
savoir, 327
   conditional, 422–423
   future of, 338
   + infinitive, 327
   subjunctive, 366
seasons, (v) 198
second, *vs.* **deuxième,** 336
Sénégal, 344
services, asking for, (v) 325
si, 246
   clauses and future, 339
   hypothetical, 424
   vs. **oui,** 74
sortir, 174
stress pronouns, 172, 306
subject pronouns, 13
subjunctive, 364–367, 398–399

superlative, 309
tabac, bureau de, 243
table, 212, 348
Tais-toi!, (g) 271
tard, *vs.* **en retard,** 356
télé, 392
téléphone, (g) 11, 322
   numéro de, 67, 254
télévision, 381, 392
temps. *See* time
   vs. **temps, heure, fois,** 167
terms of endearment, 272
time
   expressions of, 3, (v) 130, (v) 162
   stalling for, (v) 58–59
   telling, 131–132
   temps, heure, fois, 167
tomber, 38
tôt, *vs.* **en avance,** 356
tout, toute, tous, toutes, 334
traffic violations, 410
trop, 224
tu, *vs.* **vous,** 14, 58

un, une. *See* indefinite articles
Union européenne, 257

vacances, 201
vendre, 246
   subjunctive, 365
venir, 195
   conditional, 422
   de + infinitive, 202
   future of, 338

   subjunctive, 365
verbs
   -er, 38–39
   + indirect object, (v) 387
   + infinitive construction, 46, 278
   -ir, (v) 332, 332–333
   negation of, 20
   -re, (v) 246–247, 247
   reflexive. *See* reflexive verbs
voici, voilà, 70
   direct object pronouns +, 278
voilà, (g) 57
voir, 393
vouloir, 274
   conditional, 423
   future of, 338
   je voudrais, 29, 275
   offering, accepting, and refusing with, 42
   passé composé, 274
   subjunctive of, 398
vous, *vs.* **tu,** 14, 58

weather expressions, 5, 198, 300, 338
will, (v) 367

y, 193
young adults, 297

zut!, 322

Permissions and Credits

The authors and editors wish to thank the following persons and publishers for permission to include the works or excerpts mentioned.

Text credits

Chapter 4:

p. 118: Jacques Prévert, «Familiale», from *Paroles*. Copyright © Editions Gallimard. Reprinted with permission.

Chapter 5:

p. 151: Jean-Louis Dongmo, «Village natal». Reprinted by permission of Jean-Louis Dongmo from *Neaf Camerounais: Anthologie* par Lilyan Kesteloot, deuxième edition, (Yaoundé: Editions Clé, 1971).

Chapter 6:

p. 179: © L'Alsace: Le Journal des enfants; p. 181: «Non, Je Ne Regrette Rien». Music by Charles Dumont. French Lyric by Michel Vaucaire. Copyright © 1960 Éditions Musicales Eddie Barclay, Paris, France. Publisher for USA and Canada: Shapiro, Bernstein & Co., Inc./ The Barclay Music Division, New York. Publisher outside USA and Canada: S.E.M.I./Peer Music, France. International Copyright Secured. All Rights Reserved. Used by Permission.

Chapter 7:

p. 207: Jacques Prévert, «Refrains enfantins», from *Paroles*. Copyright © Editions Gallimard. Reprinted with permission.

Chapter 8:

p. 236: Jacques Prévert, «Déjeuner du matin», from *Paroles*. Copyright © Editions Gallimard. Reprinted with permission.

Chapter 9:

p. 266: «Hystérie anti-tabac,» *Le Point*, 31 Août 1996, p. 15; p. 266: «Les mesures du président,» *Le Point*, 31 Août 1996, p. 60.

Chapter 10:

p. 291: «La France au volant», Pierre Daninos, *Les Carnets du Major Thompson*, © Hachette, 1954.

Chapter 11:

p. 315: Marie-Célie Agnant, *La Dot de Sara*, (Montréal: Remue-ménage, 1995). By permission of Les Éditions du Remue-ménage.

Chapter 13:

p. 373: Copyright © 1997 Enoch et Cie, Paris, France. Reprinted with permission.

Photo Credits

Chapitre Préliminaire:
p. 1, © Beryl Goldberg; p. 6, © N'Diaye/Imapress/The Image Works.

Chapter 1:
p. 7, © Owen Franken/Stock Boston; p. 10, © Beryl Goldberg; p. 15, © Imapress/The Image Works; p. 19, © Owen Franken/Stock Boston; p. 20, © Reuters/Corbis.

Chapter 2:
p. 28, © Catherine Karnow/Corbis; p. 31, © Owen Franken; p. 34, © Adam Woolfitt/Corbis.

Chapter 3:
p. 55, © Stephen Simpson/Taxi/Getty Images; p. 58, Photodisc Blue/Getty Images; p. 68, © T. Gilou/Ask Images/Viesti Associates; p. 80, © Owen Franken; p. 84, © Reuters/Corbis; p. 85, © Reuters/Corbis.

Chapter 4:
p. 89, © Beryl Goldberg; p. 101, © Jean-Paul Pelissier/Reuters Newmedia Inc./Corbis; p. 111, © Kevin Galvin; p. 113, © Stu Rosner/Stock Boston; p. 119, © Bernard Annebicque/Corbis Sygma.

Chapter 5:
p. 122, © Stuart Cohen/The Image Works; p. 125, © Beryl Goldberg; p. 137, © Lee Snider; Lee Snider/Corbis; p. 139, © Beryl Goldberg; p. 146, © Stephane Ruet/Corbis Sygma; p. 151, © Siegfried Tauqueur/eStock Photo (Leo de Wys Inc.); p. 152, © Giacomo Pirozzi/Panos Pictures.

Chapter 6:
p. 154, © Owen Franken; p. 157, © Mark Burnett/David R. Frazier Photolibrary; p. 173, © Owen Franken; p. 175, © Eric A. Wessman/Stock Boston; p. 178, © Paul A. Souders/Corbis; p. 181, © Swim Ink/Corbis.

Chapter 7:
p. 183, © Topham/The Image Works; p. 186, © David Frazier/Photo Researchers; p. 197, © Robert Fried; p. 199, © Setboun/Corbis; p. 201, © Beryl Goldberg.

Chapter 8:
p. 209, © Kevin Galvin; p. 212, © Beryl Goldberg; p. 215, © Cathlyn Melloan; p. 220, © Beryl Goldberg.

Chapter 9:
p. 240, © Judy Poe; p. 243, © Beryl Goldberg; p. 245, © Charlotte Miller; p. 255, © Owen Franken; p. 264, © David Barnes/Stone/Getty Images.

Chapter 10:
p. 269, © Beryl Goldberg; p. 272, © Kevin Galvin; p. 280, © Richard Cummins/Corbis; p. 291, © Jack Guez/AFP/Getty Images.

Chapter 11:
p. 294, © Dean Barry/Index Stock Imagery; p. 297, © Owen Franken/Stock Boston; p. 301, © Dennis Stock/Magnum; p. 309, Michael Palmeri (Focus on Sports); p. 315, © David Turnley/Corbis.

Chapter 12:
p. 319, © Bob Krist/eStock Photography (Leo de Wys); p. 320, both photos, © Houghton Mifflin Co.; p. 322, © Owen Franken; p. 331, © Alain Choisnet/The Image Bank/Getty

Permissions and Credits • *quatre cent quatre-vingt-dix-neuf* 499

Images; p. 336, © Beryl Goldberg; p. 339, © Owen Franken; p. 343, © Jeremy Hartley/Panos Pictures.

Chapter 13:
p. 347, © Richard Kalvar/Magnum; p. 362, © Beryl Goldberg; p. 367, © Chad Ehlers/Stone/Getty Images; p. 370, © Crispin Hughes/Panos Pictures; p. 371, © Jean-Marc Truchet/Stone/Getty Images; p. 373, © Michael Busselle/Stone.

Chapter 14:
p. 378, Digital Vision/Getty Images; p. 383, © Beryl Goldberg; p. 384, © Rose Hartman/Corbis; p. 387, © Charles Nes.

Chapter 15:
p. 407, © Kevin Galvin; p. 410, © Mark Burnett/David R. Frazier Photolibrary; p. 414, © Andrew Brilliant; p. 415, © Mahmud Hams/AFP/Getty Images.

Realia
Chapter 1:
p. 9, Hotel Ibis brochure: Accorhotels

Chapter 2:
p. 29, Orangina: Cadbury Schweppes PLC; p. 29, Perrier: Courtesy of Nestlé Waters North America; p. 53, Simulated personal ad: Paru Vendu

Chapter 4:
p. 92, Catfish Steakhouse: Courtesy David Whitsett

Chapter 5:
p. 149, Advertisement for Angers: Office de Tourisme Angers; p. 149, Angers Tourism ad: Office de Tourisme Angers

Chapter 8:
p. 211, Jurancon wine label: Domaine Nigri; p. 211, Vieux Fagots wine label: Société Marjolaine; p. 225, Photograph taken by Rosalee Briner

Chapter 9:
p. 256, Téléfleurs

Chapter 11:
p. 304, © Léon de Bruxelles S. A.

Chapter 12:
p. 328, ESIG ad: www.ESIG-EST.com; p. 333, Société Générale

Chapter 13:
p. 370, Courtesy Kristina Baer; p. 375, Courtesy Kristina Baer

Chapter 14:
p. 399, Getty Images

Chapter 15:
p. 420, Swiss Life

Cartoon Credits
Chapter 9:
p. 265, Le tabac tue!: Courtesy Hoviv and *L'illustré*, Lausanne.

AFRIQUE

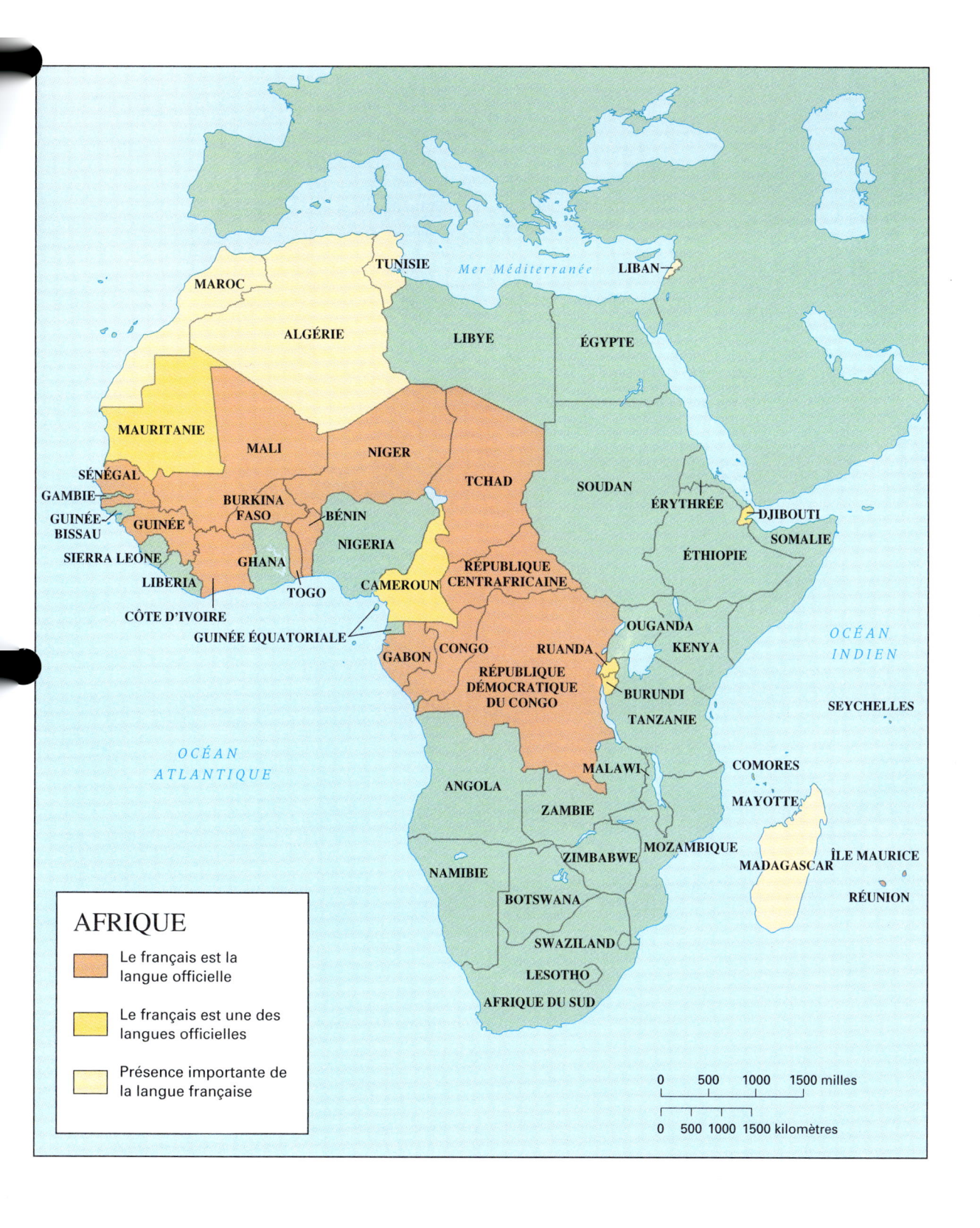

- Le français est la langue officielle
- Le français est une des langues officielles
- Présence importante de la langue française

AMÉRIQUES

Carte

Amérique du Nord et Centrale :
- CANADA
- Québec
- ST-PIERRE-ET-MIQUELON
- Nouvelle-Angleterre
- ÉTATS-UNIS
- Louisiane
- OCÉAN ATLANTIQUE
- OCÉAN PACIFIQUE
- MEXIQUE
- CUBA
- HAÏTI
- RÉPUBLIQUE DOMINICAINE
- GUADELOUPE
- DOMINIQUE
- MARTINIQUE
- BELIZE
- HONDURAS
- GUATEMALA
- SALVADOR
- NICARAGUA
- COSTA RICA
- PANAMA
- Mer des Antilles
- TRINITÉ ET TOBAGO
- VENEZUELA
- COLOMBIE
- GUYANA
- GUYANE
- SURINAME
- BRÉSIL

LES ANTILLES

- HAÏTI
- RÉPUBLIQUE DOMINICAINE
- PORTO RICO
- Mer des Antilles
- GUADELOUPE
- DOMINIQUE
- MARTINIQUE
- PETITES ANTILLES
- BARBADE
- TRINITÉ ET TOBAGO

Légende

- Le français est la langue officielle
- Le français est une des langues officielles
- Présence importante de la langue française

Échelles : 0 – 250 – 500 milles / 0 – 250 – 500 kilomètres ; 0 – 125 – 250 milles / 0 – 125 – 250 kilomètres

Contents

To the Student   v

Workbook   1

Chapitre préliminaire	Au départ	3
Chapitre 1	Bonjour!	7
Chapitre 2	Qu'est-ce que vous aimez?	13
Chapitre 3	Chez nous	21
Chapitre 4	L'identité	31
Chapitre 5	Quoi de neuf?	41
Chapitre 6	Vos activités	53
Chapitre 7	Où êtes-vous allé(e)?	65
Chapitre 8	On mange bien en France	75
Chapitre 9	Où est-ce qu'on l'achète?	85
Chapitre 10	Dans la rue et sur la route	95
Chapitre 11	Comme si c'était hier	107
Chapitre 12	Les réservations	117
Chapitre 13	Ma journée	125
Chapitre 14	Quelle histoire!	137
Chapitre 15	Qu'est-ce que je devrais faire?	147

Lab Manual   157

Chapitre préliminaire	Au départ	159
Chapitre 1	Bonjour!	165
Chapitre 2	Qu'est-ce que vous aimez?	171
Chapitre 3	Chez nous	177
Chapitre 4	L'identité	183
Chapitre 5	Quoi de neuf?	191
Chapitre 6	Vos activités	197
Chapitre 7	Où êtes-vous allé(e)?	203
Chapitre 8	On mange bien en France	211
Chapitre 9	Où est-ce qu'on l'achète?	215
Chapitre 10	Dans la rue et sur la route	221
Chapitre 11	Comme si c'était hier	227

Chapitre 12	Les réservations	235
Chapitre 13	Ma journée	241
Chapitre 14	Quelle histoire!	247
Chapitre 15	Qu'est-ce que je devrais faire?	253

Video Worksheets — 257

Maps		259
Chapitre 1	Introduction	263
Chapitre 2	Module I: Au tennis	265
Chapitre 3	Module I: Au tennis (suite)	267
Chapitre 4	Module II: Le coup de fil	269
Chapitre 5	Module II: Le coup de fil (suite)	271
Chapitre 6	Module III: Le métro	273
Chapitre 7	Module IV: La boulangerie	277
Chapitre 8	Module V: Au café	279
Chapitre 9	Module VI: Le château Saint-Jean	281
Chapitre 10	Module VII: La poste	283
Chapitre 11	Module VIII: En panne	285
Chapitre 12	Module IX: Au Centre Pompidou	287
Chapitre 13	Module X: Au marché, rue Mouffetard	289
Chapitre 14	Module XI: Le papillon	293
Chapitre 15	Module XII: La Fête de la Musique	295

To the Student

The three sections of the Student Activities Manual (SAM)—the workbook, the lab manual, and the **Pas de problème!** video worksheets—are bound together for your convenience. The pages have been perforated so they can be handed in.

Workbook

The workbook contains a variety of activities intended to review and reinforce what has been presented in the classroom.

A textbook icon next to an activity title refers you to the appropriate **But communicatif** in your textbook. When workbook exercises target specific grammar points presented in the text, a letter (A, B, C, etc.) accompanies the number.

A blank textbook icon refers you to the **Coup d'envoi** conversation at the start of the chapter.

A recycle textbook icon indicates a review activity.

A pen and paper icon indicates a written composition (**Rédaction**).

The activities in the workbook have been created specifically to supplement the vocabulary and grammar activities in the text and to provide additional written practice for every point taught in each chapter. They range from simple, fill-in-the-blank exercises to personalized written tasks based on situations that you might face in the real world. All activities are designed so they can be done without the assistance of an instructor. Many are based on authentic documents and art. Each chapter ends with a **Rédaction,** related to the theme of the chapter. It constitutes the final stage of a writing process that begins with the **Début de rédaction** activity in the **Intégration** section of the textbook.

Lab Manual

The lab manual should be used in conjunction with the SAM (Lab) Audio CDs for *Entre amis,* Fifth Edition. The chapters of the lab manual are correlated to the chapters of the textbook. Part A contains speaking and pronunciation activities. Part B contains varied listening comprehension and speaking activities, using French as it is spoken in real life. Part C is new to the Fifth Edition and features contextualized listening comprehension and practice testing.

A microphone icon indicates a speaking activity.

An audio icon indicates an activity involving listening and writing, but not speaking.

A sound-off audio icon indicates a written activity that you do with the recording turned off.

Video Worksheets

The **Pas de problème!** video worksheets correspond to each of the fifteen chapters of *Entre amis.* They will help you to comprehend the French you will hear and the context in which each of the video modules takes place. Each worksheet begins with the **Vocabulaire à reconnaître** section, which consists of lists of expressions used in the video. We recommend that you consult these lists as needed to complete the activities while viewing the video module. This preparation will increase your passive vocabulary, your listening comprehension, and your cultural literacy.

Chapitre 8 — On mange bien en France

A. Qu'est-ce qu'il y a dans la cuisine de Stéphanie? Identifiez les choses suivantes et commencez vos phrases par **il y a**, puis **du, de l', de la** ou **des**.

❑ *Il y a du poulet.*

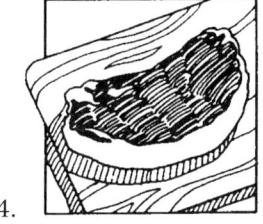

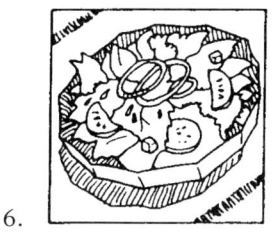

1.
2.
3.
4.
5.
6.
7.
8.

B. Des catégories. Soulignez *(Underline)* l'expression qui n'appartient pas *(doesn't belong)* à la catégorie.

1. de l'emmenthal / du camembert / du brie / du poulet
2. des haricots verts / des épinards / du chèvre / des petits pois
3. de la tarte / de la viande / du gâteau / de la glace
4. de la salade / du bœuf / du poulet / du porc
5. de la truite / du poisson / du saumon / du pain
6. des pâtisseries / de la truite / du gâteau / des fruits

C. À la Soupière gourmande. Regardez la carte du restaurant *La Soupière gourmande* et devinez le choix de trois de vos camarades de classe en précisant un hors-d'œuvre, un plat principal (avec des légumes), un dessert et une boisson pour chacun(e). Variez vos choix.

La Soupière gourmande
Menu

Au choix
- Soupe de légumes
- Pâté maison
- Crudités

Au choix
- Truite meunière / petits pois
- Filet de bœuf / haricots verts
- Poulet rôti / frites
- Côte de porc / riz

Au choix
- Crêpe Suzette
- Salade de fruits
- Gâteau au chocolat

Boissons
- Vin rouge / blanc / rosé
- Bière
- Eau minérale

☐ *Hervé va prendre des crudités, du poulet rôti, des frites et de la salade de fruits. Comme boisson, il va prendre de la bière.*

1. _____

2. _____

NOM _____ DATE _____

3. _____
   _____

4. Et vous? Qu'est-ce que vous allez prendre?

   Moi, _____
   _____

D. Un repas spécial. Dimanche, c'est l'anniversaire de Nadège. Sa maman va préparer un repas spécial. Complétez le menu qu'elle compose avec l'article partitif qui convient.

D'abord, nous allons commencer par un apéritif: _____ kir. Ensuite, comme hors-d'œuvre: _____ pâté et _____ crudités. Puis, comme plat principal, nous allons avoir _____ poisson—_____ truite ou _____ saumon. Et _____ légumes, c'est sûr: _____ haricots verts, _____ épinards et _____ carottes. Il faut aussi, bien sûr, _____ fromage, oui, un plateau de fromages variés: _____ camembert, _____ emmenthal, _____ brie et _____ chèvre. Enfin, les desserts: _____ gâteaux au chocolat, _____ fruits et _____ glace aux framboises. Ah! j'ai oublié les boissons, _____ vin blanc avec le poisson et _____ eau minérale, une grande bouteille d'Évian.

E. Le pauvre serveur! Parce que beaucoup de touristes ont visité le restaurant *Château du Pray,* il y reste peu de choses à manger et à boire. Composez de petits dialogues entre les clients qui commandent les repas suivants et le serveur qui suggère d'autres choix. Suivez l'exemple.

❑ poisson / viande

— *Vous avez du poisson?*

— *Je regrette, nous n'avons plus de poisson, mais nous avons de la viande.*

1. salade verte / salade de tomates

   — _____
   — _____

2. saumon / truite

   — _____
   — _____

3. petits pois / haricots verts

   — _____
   — _____

4. jus de pomme / jus d'orange

   _____

   _____

5. chèvre / brie

   _____

   _____

6. tarte aux pommes / fruits

   _____

   _____

F. Au salon de thé. Lisez la carte de ce salon de thé et indiquez par des phrases qui contiennent le verbe **prendre** ce que les personnes suivantes ont commandé. Suivez l'exemple.

Aux Délices d'Italie

Les Boissons Chaudes

1	Café express	1,40 €
2	Café crème	1,70 €
3	Café alsacien	4,50 €
4	Cappuccino	2,25 €
5	Chocolat	2,15 €
6	Thé nature	1,70 €
7	Thé à la menthe	1,70 €
8	Irish coffee	8,40 €
9	Thé au lait	2,00 €
10	Vin chaud	2,25 €

«Choisissez, selon votre envie du moment.»

Gourmandises

11	Croissant aux amandes	1,70 €
12	Pain au chocolat	1,80 €
13	Tartelette aux pommes	1,80 €
14	Truffe	2,40 €
15	Forêt noire	2,90 €

Glace

16	Coupe glacée: 3 boules	3,35 €
17	Coupe glacée: 4 boules	4,50 €
18	Pêche melba	4,25 €
19	Banana split	4,85 €
20	Poire Belle Hélène	4,85 €

❑ Les Laronde (#7 + #20) _prennent du thé à la menthe et une poire Belle Hélène._

1. Ma belle-mère (#4) _____

2. Les enfants de ma belle-sœur (#19) _____

3. Marc et moi, nous (#1 + #11) _____

4. Et toi, Hélène? Tu (#9) _____

5. Mes nièces (#5 + #12) _____

6. Et vous? Qu'est-ce que vous prenez? Moi, _____

NOM _____ DATE _____

G. Apprendre pour comprendre. Complétez chaque phrase avec (1) le pays où on trouve les villes indiquées et (2) la forme convenable des verbes **apprendre** et **comprendre**.

❑ Roland va bientôt aller travailler comme informaticien à Berlin, _en Allemagne._

Il _apprend_ l'allemand.

1. Wendy a étudié trois ans à Bruxelles, _____. Alors elle _____ le français et un peu le flamand.

2. Julio et Manuel, vous venez de passer un an à Montréal, _____, n'est-ce pas? Alors vous _____ assez bien le français et l'anglais, non?

3. Bruno et son cousin vont travailler six mois cet hiver chez IBM à Madrid, _____. Alors maintenant ils _____ l'espagnol.

4. Au printemps, des amis français vont faire un voyage à San Francisco, _____. Alors ils _____ l'anglais.

5. Mes parents et moi, nous venons d'aller voir une tante à Tokyo, _____. Mais nous ne _____ pas du tout le japonais.

6. Madame Robert, vous avez passé une année à Pékin, _____, n'est-ce pas? Alors, vous _____ le chinois?

7. Et vous? Quelle(s) langue(s) apprenez-vous?
_____

8. Comprenez-vous très bien la grammaire? Qu'est-ce que vous ne comprenez pas bien?
_____
_____

H. Quelle quantité? Faites le choix convenable pour compléter les questions suivantes.

> une assiette   une tasse   des   un verre
> la boîte   une bouteille   trop   un morceau
> une tranche

❏ Vous voulez ___un verre___ de bière?

1. Encore _____ de vin?
2. Voulez-vous _____ de jambon?
3. Y a-t-il _____ de crudités sur la table?
4. Voulez-vous encore _____ frites?
5. Y a-t-il _____ de champagne pour le dessert?
6. Vous prenez _____ de café?
7. Où est _____ de bonbons?
8. Tu as mangé _____ de chocolat, hein? Maintenant tu es malade!

I. La gastronomie et les saisons. Souvent, on choisit des boissons et des plats différents selon le temps qu'il fait. Complétez les phrases avec des choix de boissons et de plats qui conviennent au climat de la saison. Utilisez les verbes **boire** et **manger** dans chaque phrase.

❏ Quand il fait chaud ... la plupart des étudiants ___boivent de la bière et (ils) mangent de la pizza.___

Quand il fait froid ...

1. mes parents _____
2. ma sœur _____

Quand il fait très chaud ...

3. mes amis et moi, nous _____
4. mon (ma) camarade de chambre _____

Quand il fait beau et pas trop chaud ...

5. nos voisins _____
6. la plupart des étudiants américains _____
7. Et vous? Qu'est-ce que vous buvez et qu'est-ce que vous mangez quand il fait très froid? Quand il fait très chaud? _____
_____
_____

NOM _____ DATE _____

J. Qu'en pensez-vous? Donnez vos opinions sur les choses suivantes.

Que pensez-vous ...

❑ du chèvre?

Miam! C'est excellent. ou *Berk! C'est affreux.* ou *Je l'aime assez.*

Que pensez-vous ...

1. du chocolat suisse?

2. des Big Macs?

3. du vin de Californie?

4. de la bière mexicaine?

5. des escargots *(snails)*?

6. de la cuisine italienne?

7. de la pizza aux anchois?

K. C'est logique! Complétez les phrases avec les expressions suivantes.

| *avoir peur* | *avoir raison* | *avoir tort* | *avoir soif* |
| *avoir faim* | *avoir froid* | *avoir sommeil* | *avoir chaud* |

❑ En été, quand je joue au tennis et qu'il fait chaud, je bois souvent du coca parce que *j'ai soif.*

1. Pierre _____ parce qu'il n'a rien mangé.

2. En hiver je porte beaucoup de vêtements parce que j'_____.

3. Les coureurs *(runners)* du marathon boivent beaucoup d'eau parce qu'ils _____.

4. Mon petit frère regarde un film d'horreur. Qu'est-ce qu'il _____!

5. Si vous allez au Club Med à Marrakech en été, vous allez _____.

6. Thierry dit que Bruxelles est la capitale de la Belgique; il _____.

7. Par contre, David dit que Genève est la capitale de la Suisse; il _____.

8. Nous _____ parce que nous n'avons pas bien dormi hier soir.

L. Quelques préférences. Répondez négativement aux questions suivantes. Utilisez le verbe **aimer** avec un pronom d'objet direct, suivi d'un verbe de préférence. Suivez l'exemple.

❏ Tu aimes le champagne? (kir)

Non, je ne l'aime pas beaucoup. Je préfère le kir.

1. Tu aimes la salade de tomates? (la laitue)

2. Est-ce que tu aimes le poisson? (la viande)

3. Bernard aime la viande? (les légumes)

4. Tes parents aiment le saumon? (la truite)

5. Tu penses que le professeur aime le camembert? (le brie)

6. Ton neveu aime la pizza? (le steak-frites)

7. Est-ce que les étudiants aiment beaucoup l'orangina? (le coca)

8. Est-ce que tu aimes les épinards? (les carottes)

9. Maurice et toi, vous aimez les crêpes? (les gâteaux)

NOM _____ DATE _____

M. *Rédaction:* **Vos préférences.** Pour continuer le dialogue avec votre ami suisse, Bruno, vous écrivez une lettre sur vos préférences.

- D'abord, répondez aux questions suivantes.

1. **Les choses à manger:** Qu'est-ce que vous préférez manger d'habitude?

    - De la viande ou du poisson?

        Je préfère manger de la viande. J'aime beaucoup le poulet.

    - De la soupe ou des crudités?

        _____

    - De la glace au chocolat ou de la glace à la vanille?

        _____

    - Un sandwich au jambon ou un sandwich au beurre d'arachide?

        _____

2. **Les boissons:** Quelles boissons préférez-vous?

    - Le Coca Classique ou le Pepsi?

        _____

    - Le vin rouge ou le vin blanc?

        _____

    - Le thé ou le café?

        _____

3. **Les loisirs** *(Leisure activities):* Que préférez-vous faire quand vous avez un peu de temps libre?

    - Faire des devoirs à la bibliothèque ou faire du sport?

        _____

    - Parler avec des amis ou faire une promenade seul(e)?

        _____

    - Lire un roman ou regarder la télévision?

        _____

- Maintenant, composez votre lettre à Bruno. Commencez par lui demander comment il va, s'il a beaucoup de travail, etc. Ensuite, parlez-lui de vos goûts: (1) la nourriture; (2) les boissons; (3) vos activités de loisir. Avant d'écrire la lettre, révisez **Début de rédaction** à la page 234 de votre livre.

NOM _____   DATE _____

Chapitre 9 *Où est-ce qu'on l'achète?*

A. Où sommes-nous? Identifiez le(s) magasin(s) où on peut entendre les conversations suivantes.

☐ —Bonjour, Madame, vous avez le *Herald Tribune?*
   —Oui, Monsieur. Le voilà.

   On est au bureau de tabac.   ou   *On est au kiosque.*

1. —Monsieur, vous désirez?
   —C'est combien, ces cartes postales?
   —Un euro la carte.

2. —Pardon, Madame. Vous avez de l'aspirine?
   —Oui, bien sûr, Monsieur.

3. —Ah! j'aime beaucoup ce blouson gris.
   —Vingt-cinq euros, ce n'est pas cher!
   —Pas du tout.

4. —Pouvez-vous me dire où se trouve le riz?
   —Là-bas, à droite, Mademoiselle.

5. —Madame?
   —Je voudrais un croissant et un petit pain, s'il vous plaît.

6. —Est-ce que vous avez ce maillot en gris?
   —Oui, Madame. Et aussi en bleu et en beige.

7. —Un paquet de cigarettes.
   —Trois euros, Monsieur.

B. Au marché aux puces (At the flea market). Imaginez que vous vous promenez à Paris, au marché aux puces, et que vous entendez différentes conversations quand vous passez près d'autres personnes. Complétez les phrases suivantes avec les formes convenables des verbes indiqués. (**Attention!** P = Présent; PC = Passé Composé)

☐ (perdre / PC)   Hier, Odile __a perdu__ ses livres.

1. (vendre / P)   Oh là là! On _____ toutes sortes de choses ici!
2. (vendre / PC)   Voici le vendeur qui _____ un tee-shirt à Marc.
3. (rendre / P)   Je _____ ce jean au vendeur: il est trop petit.
4. (ne ... pas perdre / PC)   J'espère que tu _____ le reçu (receipt).
5. (vendre / P)   Nous _____ seulement de la bonne qualité, Madame.
6. (répondre / P)   Qu'il est bête! Il ne _____ pas à mes questions.
7. (ne ... pas entendre / PC)   Je _____ ce monsieur.
8. (descendre / attendre / P)   Nous _____ en ville à pied ou nous _____ le bus?

C. Qu'est-ce que vous faites en classe? Répondez aux questions suivantes par des phrases complètes.

1. D'habitude, en classe, est-ce que vous répondez aux questions en anglais ou en français?
   _____

2. Est-ce que vous entendez bien le professeur quand il/elle parle?
   _____

3. Est-ce que vous rendez vos devoirs à l'heure?
   _____

4. Est-ce qu'il y a des étudiants qui rendent leurs devoirs en retard?
   _____

5. Est-ce que le professeur perd patience quand les étudiants rendent leurs devoirs en retard?
   _____

6. Et vous? Perdez-vous patience quelquefois?
   _____

7. Par exemple, attendez-vous vos amis quand ils sont en retard?
   _____

NOM _____ DATE _____

8. Est-ce que vous rendez souvent visite à vos grands-parents?
   _____

9. Est-ce que vous perdez souvent vos livres?
   _____

10. Avez-vous déjà travaillé comme vendeur (vendeuse)?
    _____

D. Les parties du corps. Regardez le dessin et nommez les parties du corps indiquées, sans consulter votre livre.

1. _____   7. _____
2. _____   8. _____
3. _____   9. _____
4. _____   10. _____
5. _____   11. _____
6. _____   12. _____

Chapitre 9: WORKBOOK

E. Qu'est-ce qu'ils ont? Complétez les phrases suivantes avec une de ces expressions. Faites attention aux accords en genre et en nombre.

déçu	mal aux bras	mal à l'estomac	mal aux pieds
déprimé	mal au dos	mal aux jambes	qui coule
heureux	mal aux épaules	mal aux yeux	de la fièvre

❏ Olivier a mangé trop de bonbons. Il a ___mal à l'estomac___.

1. Dis donc! Tu travailles sur l'ordinateur depuis ce matin! Tu n'as pas _____?

2. Non, mais j'ai un rhume. J'ai le nez _____.

3. Moi, j'ai _____, _____ et _____. J'ai participé à un triathlon hier après-midi.

4. Tu as vu Annick? Elle est _____. Le facteur *(mailman)* n'a pas apporté la lettre qu'elle attend.

5. Non, mais j'ai vu Pierre et ses amis. Ils ont perdu le match de foot. Ils sont très _____.

6. Par contre, Isabelle est très _____. Elle a eu une bonne note en maths.

7. En plus, elle a fait du vélo tout l'après-midi. Maintenant, elle a _____.

8. Ma sœur, Thérèse, n'y a pas participé. Elle a eu la grippe. Elle a eu _____.

F. Chez le médecin. Le médecin veut savoir la durée *(length)* de chaque maladie. Écrivez le dialogue entre le médecin et ses clients. Employez **depuis, depuis quand** ou **depuis combien de temps**.

❏ Michel / estomac / deux semaines

MÉDECIN: ___Depuis combien de temps as-tu mal à l'estomac?___

MICHEL: ___J'ai mal à l'estomac depuis deux semaines.___

❏ Madame Cointreau / grippe / vendredi dernier

MÉDECIN: ___Depuis quand avez-vous la grippe?___

MME COINTREAU: ___J'ai la grippe depuis vendredi dernier.___

1. Rachid / gorge / deux jours

   _____

   _____

2. Mademoiselle Rouault / tête / ce matin

   _____

   _____

NOM _____ DATE _____

3. Chantal / genou / février dernier

   _____

   _____

4. Monsieur Cortot / pieds / jeudi

   _____

   _____

5. Christophe / yeux / deux mois

   _____

   _____

G. De quoi a-t-on besoin? Demandez de quoi on a besoin dans les circonstances suivantes et donnez une réponse.

❏ avoir envie de lire

   De quoi a-t-on besoin si on a envie de lire?

   On a besoin d'un bon livre. ou *On a besoin d'aller à la bibliothèque.*

1. avoir mal à la gorge

   _____

   _____

2. avoir l'air fatigué

   _____

   _____

3. avoir sommeil

   _____

   _____

4. avoir froid

   _____

   _____

5. avoir soif

   _____

   _____

Chapitre 9: WORKBOOK

H. Les petits magasins et les supermarchés. Dans les grandes villes françaises, on trouve souvent un *Carrefour,* un grand supermarché où on vend différents produits. Nommez les petits magasins où on peut aussi acheter les produits suivants en France.

❏ le pain / on   *On achète aussi du pain à la boulangerie.*

1. les livres / nous
2. la viande / ma mère
3. l'eau minérale / je
4. les fleurs / mon père
5. les épinards / Madame Richard
6. les cigarettes / les fumeurs
7. les saucisses / vous
8. les oranges / les Français
9. les haricots verts / ma famille
10. le poulet / tu

I. Jeu. Votre professeur de français organise un jeu pour la classe. Vous devez trouver le mot qui correspond le mieux à chaque définition donnée. Choisissez parmi les mots suivants.

l'argent   *le billet*   *la monnaie*
la carte de crédit   *le chèque*   *coûter*
un francophone   *la librairie*   *payer*

❏ C'est une personne qui parle français

   un francophone

1. C'est un rectangle de plastique qu'on utilise pour payer ce qu'on achète sur le web.

2. C'est un verbe qu'on utilise pour demander combien d'argent il faut donner pour acheter quelque chose.

3. C'est l'argent qu'on vous rend quand vous avez acheté quelque chose.

NOM _____ DATE _____

4. C'est quelque chose dont on a besoin pour acheter du pain, par exemple.

   _____

5. C'est un objet rectangulaire en papier. On écrit combien d'argent on doit payer.

   _____

6. C'est l'endroit où on achète des livres.

   _____

J. Que de répétitions! Évitez la répétition des mots soulignés en utilisant le pronom relatif **qui**.

❏ J'ai mangé un steak. Ce steak m'a rendu malade.

   J'ai mangé un steak qui m'a rendu malade.

1. Marc t'a apporté le cadeau. Ce cadeau est sur la table.

   _____

2. Faites attention au chien. Ce chien est très méchant.

   _____

3. Les étudiants ont des difficultés à vivre. Ces étudiants sont pauvres.

   _____

4. Cesarino mange beaucoup de fromage. Cesarino est italien.

   _____

5. Le manteau est à toi? Ce manteau est sur le sofa.

   _____

6. Va voir «La Joconde» (*Mona Lisa*). «La Joconde» est au musée du Louvre.

   _____

K. À la terrasse d'un café. Complétez les phrases par le pronom relatif **que** ou **qu'**.

❑ Les nouvelles __qu'__ on a entendues ce matin étaient bonnes.

1. L'écrivain _____ nous préférons est Michel Tournier.
2. La maison _____ il veut acheter est trop petite.
3. Le jour de la semaine _____ je préfère est le samedi.
4. Le livre _____ vous avez lu est très beau.
5. L'argent _____ elle me donne est bien suffisant.
6. Vous pouvez lire le livre _____ ma mère m'a envoyé.
7. Les roses rouges _____ tu m'as apportées sont absolument superbes.

L. Renseignements. Complétez les phrases suivantes en employant le pronom relatif **qui** ou **que**.

❑ Nos amis __qui__ viennent de s'installer en ville ont une fille.

1. Le pull _____ vous avez acheté est magnifique.
2. L'ordinateur _____ est sur mon bureau est assez vieux.
3. Mon père aime beaucoup le livre _____ tu lui as envoyé.
4. L'étudiante _____ j'ai rencontrée hier est tombée malade.
5. Mon frère _____ habite à Lille fait du sport.
6. Cette montre? C'est mon mari _____ me l'a donnée.
7. Les femmes adorent Brad Pitt _____ a des yeux bleus magnifiques.
8. Le roman _____ tu as pris est de Balzac.
9. J'ai retrouvé le stylo _____ le professeur a perdu.
10. Ma sœur _____ va passer son examen demain étudie beaucoup.

NOM _____ DATE _____

M. *Rédaction:* **Le guide des magasins de chez nous.** Écrivez un guide des magasins de votre ville pour aider les touristes francophones. Parlez de certains magasins qu'ils vont voir et mentionnez ce qu'on vend dans ces magasins. Indiquez aussi combien coûtent une ou deux choses qu'ils vont trouver dans les magasins que vous mentionnez.

Première partie

Répondez aux questions suivantes.

1. Mentionnez trois magasins près de chez vous.
   _____

2. Qu'est-ce qu'on vend dans ces magasins (deux choses par magasin)?
   _____
   _____

3. Quel(s) magasin(s) préférez-vous? Pourquoi?
   _____
   _____

4. Est-ce qu'il y a un magasin que vous n'aimez pas? Pourquoi?
   _____
   _____

Deuxième partie

Maintenant écrivez votre guide. Avant d'écrire, révisez **Début de rédaction** à la page 262 de votre livre.

_____
_____
_____
_____
_____
_____
_____
_____
_____
_____

NOM _____   DATE _____

Chapitre 10 *Dans la rue et sur la route*

A. En ville, en voiture. Regardez le plan de cette ville et indiquez comment on peut aller en voiture du point «A» au point «B».

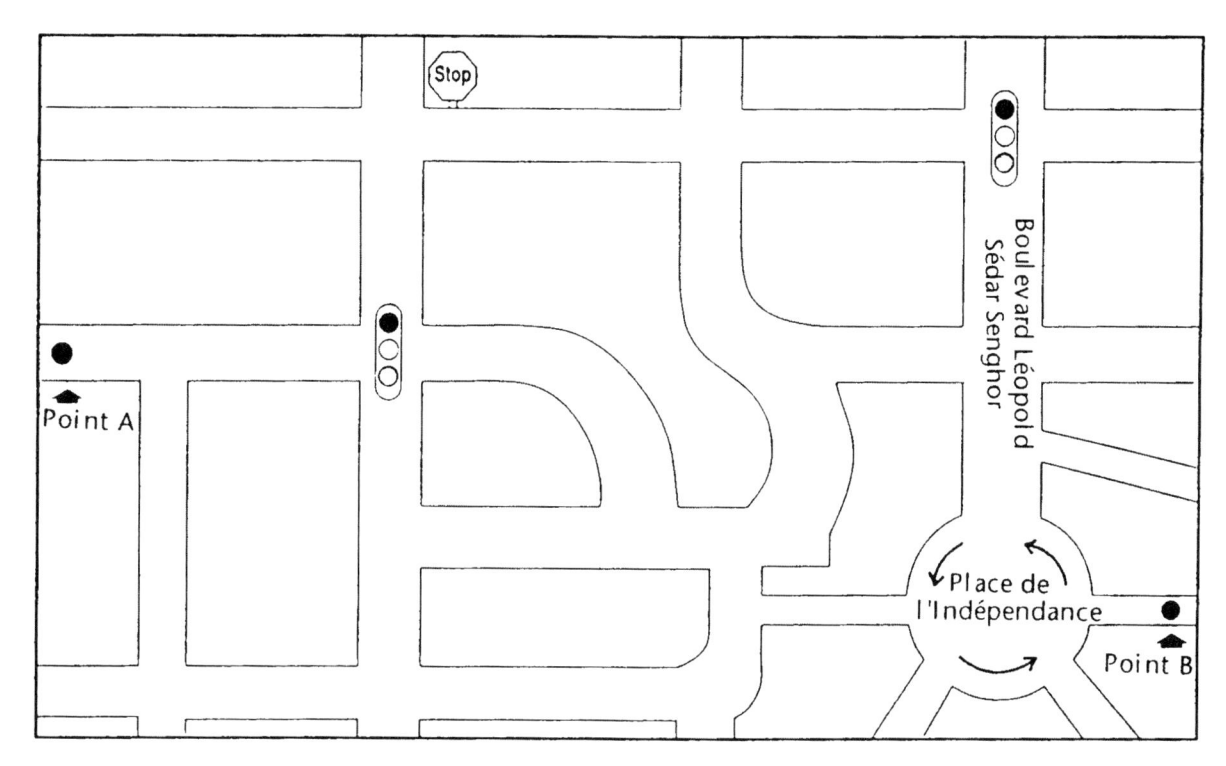

Du point «A» ...	a. allez tout droit b. tournez à droite	*... jusqu'au feu rouge.*
Au feu rouge ...	a. tournez à gauche b. allez tout droit	*... et allez jusqu'au stop.*
Au stop ...	a. prenez la gauche b. tournez à droite	*... et continuez jusqu'au feu du boulevard Léopold Sédar Senghor.*
Au boulevard Léopold Sédar Senghor ...	a. tournez à droite b. tournez à gauche	*... et continuez jusqu'à la place de l'Indépendance.*
À la place de l'Indépendance ...	a. prenez la deuxième rue b. prenez la quatrième rue	*... et vous êtes au point «B».*

B. Ça veut dire la même chose. Pour chaque expression de la colonne de gauche, trouvez une expression de la colonne de droite qui veut dire la même chose.

1. Excusez-moi. _____
2. Ma chérie. _____
3. Pas de commentaire! _____
4. Elle prend le volant. _____
5. Prends la rue à gauche! _____
6. Tu n'arrêtes pas de parler! _____
7. C'est promis. _____
8. Mon chéri. _____

a. Tourne à gauche!
b. Tais-toi!
c. Pardon.
d. Mon cœur.
e. Ma puce.
f. Elle va conduire.
g. D'accord.
h. Tu ne me laisses pas tranquille!

C. Propositions et excuses. Complétez les phrases avec les formes convenables des verbes **vouloir** et **pouvoir**.

❏ Tu _veux_ aller au cinéma ce soir?

  Non, je ne _peux_ pas, j'ai un examen d'histoire demain.

1. —Tu _____ venir manger avec nous au café Pierre ce soir?

   —Zut! Je ne _____ pas. J'ai une dissertation à écrire.

2. —Sékou et Jacques, _____ -vous venir chez nous plus tard?

   —Non, nous ne _____ pas. Nous avons des devoirs à faire.

3. —Tu as entendu? Abdou et Carine _____ aller à la plage. Toi, tu

   _____ y aller aussi?

   —Non, je regrette. Je ne _____ pas.

4. —Est-ce que Marianne et Alissa _____ nager aussi?

   —Non, elles ne _____ pas. Elles sont toutes les deux malades.

5. —Mais Jacqueline et moi, nous _____ bien y aller.

   _____ -nous vous accompagner?

6. —Chouette, nous _____ y aller ensemble en voiture.

96 ENTRE AMIS: Student Activities Manual

NOM _____ DATE _____

D. Une éducation globale. Répondez aux questions. Suivez l'exemple.

❑ *la place de la Concorde* —Connais-tu cette place?
   — *Non, je ne la connais pas.*

1. *Céline Dion* —Est-ce que vous connaissez cette femme?
   — _____

2. *Léopold Sédar Senghor* —Est-ce que vous connaissez cet homme?
   — _____

3. *le beaujolais* —Est-ce que votre mère connaît ce vin?
   — _____

4. *«L'Étranger»* —Est-ce que la plupart des étudiants américains connaissent ce livre?
   — _____

5. *Jean-Paul Sartre* —Est-ce que la plupart des Américains connaissent cet homme?
   — _____

6. *la Côte d'Ivoire* —Est-ce que vous et vos camarades de classe connaissez ce pays?
   — _____

7. *Édith Piaf* —Est-ce qu'on connaît Édith Piaf aux États-Unis?
   — _____

E. Pour mieux *(better)* **vous connaître.** Répondez en remplaçant les expressions en italique par **le, la, l'** ou **les.**

❑ Connaissez-vous bien *la ville de Dakar?*
   Oui, je la connais bien. ou *Non, je ne la connais pas (bien).*

❑ Où faites-vous *vos devoirs?*
   Je les fais dans ma chambre.

1. Faites-vous *vos devoirs* le soir ou l'après-midi?
   _____

2. Est-ce que vous écoutez *la radio* quand vous travaillez?
   _____

Chapitre 10: WORKBOOK 97

3. Regardez-vous quelquefois *la télé* le soir?

   _____

4. Quand lisez-vous *le journal?*

   _____

5. Où prenez-vous *le petit déjeuner?*

   _____

6. Connaissez-vous *les autres étudiants de votre classe de français?*

   _____

7. Connaissez-vous bien *les profs de vos cours?*

   _____

8. Connaissez-vous *la famille de votre professeur de français?*

   _____

9. Est-ce que vous consultez *le dictionnaire* quand vous allez à la bibliothèque?

   _____

10. Est-ce que vous prenez *le bus* pour aller au campus?

    _____

F. Des excuses, des excuses. Donnez des excuses pour expliquer pourquoi on ne peut pas faire les choses suivantes. Utilisez les expressions de la liste et remplacez les mots en italique par un pronom.

Excuses possibles:

regarder la télé	*aller au cinéma*	*passer un examen demain*
écouter des CD	*rester à la maison*	*se lever tard le matin*
sortir avec des amis	*jouer au tennis*	*parler avec son (sa) petit(e) amie(e)*
porter un jean	*prendre un avion*	*? (d'autres expressions de votre choix)*

❑ Didier ne veut pas faire *ses devoirs* de français.

   Il ne veut pas les faire parce qu'il préfère sortir avec des amis.

1. Guy ne veut pas étudier *les maths.*

   _____

   _____

NOM _____ DATE _____

2. Mon frère ne veut pas faire *la vaisselle* maintenant.

3. Alissa et Moustapha ne veulent pas faire *le ménage*.

4. David ne veut pas attendre *sa sœur*.

5. Laurent et Claude ne veulent pas écrire *leurs dissertations*.

6. Vous ne voulez pas voir *votre tante Laurence*.

7. Tu ne veux pas prendre *le train*.

8. Mimi ne veut pas porter *sa nouvelle robe*.

9. Quelques étudiants ne veulent pas passer *l'examen* aujourd'hui.

G. À l'auto-école avec papa. Josiane apprend à conduire à l'auto-école. Son papa l'accompagne toujours à ses cours. Et chaque fois que Josiane conduit la voiture, son père répète les phrases du moniteur *(driving instructor)*. Écrivez les phrases du père de Josiane à l'impératif.

- MONITEUR: Vous allez <u>prendre</u> le volant.

    PAPA: *Prends le volant, ma puce!*

- MONITEUR: Nous devons <u>attacher</u> la ceinture de sécurité.

    PAPA: *Attachons la ceinture de sécurité, chérie!*

MONITEUR: Vous allez <u>regarder</u> dans le rétroviseur.

PAPA: _____

MONITEUR: Prête? Alors nous pouvons <u>partir.</u>

PAPA: _____

MONITEUR: Vous devez <u>être</u> prudente.

PAPA: _____

MONITEUR: Nous allons <u>conduire</u> lentement.

PAPA: _____

MONITEUR: Vous allez <u>tourner</u> à droite.

PAPA: _____

MONITEUR: Puis vous allez <u>continuer</u> tout droit jusqu'au feu.

PAPA: _____

MONITEUR: Vous <u>prenez</u> la première rue à gauche.

PAPA: _____

MONITEUR: Au stop vous allez <u>faire attention</u> aux autres voitures.

PAPA: _____

MONITEUR: Bon, nous allons <u>arrêter</u> la voiture ici.

PAPA: _____

MONITEUR: La prochaine fois, Mademoiselle, il ne faut pas <u>venir</u> avec votre père.

PAPA: _____

NOM _____ DATE _____

H. Une nouvelle voiture. Monsieur Ferrier est sévère. Il répète toujours les ordres de sa femme à ses enfants à l'impératif. Écrivez ses phrases d'après l'exemple.

- MADAME FERRIER: Il faut faire attention.

    MONSIEUR FERRIER: *Faites attention!*

- MADAME FERRIER: Vous n'allez pas crier dans la voiture.

    MONSIEUR FERRIER: *Ne criez pas dans la voiture!*

1. MADAME FERRIER: Il ne faut pas faire de bruit.

    MONSIEUR FERRIER: _____

2. MADAME FERRIER: On ne doit pas chanter dans la voiture.

    MONSIEUR FERRIER: _____

3. MADAME FERRIER: Vous allez être patients avec votre oncle, d'accord?

    MONSIEUR FERRIER: _____

4. MADAME FERRIER: Vous ne mangez pas dans la voiture.

    MONSIEUR FERRIER: _____

5. MADAME FERRIER: Vous ne buvez pas non plus.

    MONSIEUR FERRIER: _____

6. MADAME FERRIER: Vous allez dormir un peu.

    MONSIEUR FERRIER: _____

7. MADAME FERRIER: Vous allez garder la voiture très propre.

    MONSIEUR FERRIER: _____

8. MADAME FERRIER: Mireille, quand maman conduit, tu ne te lèves pas.

    MONSIEUR FERRIER: _____

9. MADAME FERRIER: Et toi, Nicolas, tu dois être prêt. C'est promis?

    MONSIEUR FERRIER: _____

I. Les bons et les mauvais conseils. Que disent les bonne et mauvaise consciences dans les circonstances suivantes? Employez la forme **tu** et un pronom complément d'objet.

	La bonne conscience:	La mauvaise conscience:
❏ Attacher ou ne pas attacher ma ceinture de sécurité?	*Attache-la!*	*Ne l'attache pas!*
1. Dépasser ou ne pas dépasser la limite de vitesse?	_____	_____
2. Faire ou ne pas faire le ménage?	_____	_____
3. Manger ou ne pas manger tous les bonbons au chocolat?	_____	_____
4. Acheter ou ne pas acheter ce nouveau jean?	_____	_____
5. Fumer ou ne pas fumer ces cigarettes?	_____	_____
6. Envoyer ou ne pas envoyer cette lettre à mes parents?	_____	_____

J. Six victoires: un record! Regardez le classement final du *Tour de France* cycliste de l'année 2004 à la page suivante et écrivez des phrases d'après l'exemple.

❏ (#1) *Lance Armstrong, un Am ricain, est premier.*

1. (#2) _____
2. (#4) _____
3. (#5) _____
4. (#9) _____
5. (#10) _____
6. (#11) _____
7. (#12) _____
8. (#17) _____
9. (#21) _____
10. (#51) _____

NOM _____   DATE _____

CLASSEMENT GENERAL

Pos.	Nom	Nat.	Eq.	Temps
1	ARMSTRONG Lance	USA	USP	en 83h 36' 02"
2	KLÖDEN Andréas	GER	TMO	à 06' 19"
3	BASSO Ivan	ITA	CSC	à 06' 40"
4	ULLRICH Jan	GER	TMO	à 08' 50"
5	AZEVEDO José	POR	USP	à 14' 30"
6	MANCEBO Francisco	ESP	IBB	à 18' 01"
7	TOTSCHNIG Georg	AUT	GST	à 18' 27"
8	SASTRE Carlos	ESP	CSC	à 19' 51"
9	LEIPHEIMER Levi	USA	RAB	à 20' 12"
10	PEREIRO SIO Oscar	ESP	PHO	à 22' 54"
11	CAUCCHIOLI Pietro	ITA	ALB	à 24' 21"
12	MOREAU Christophe	FRA	C.A	à 24' 36"
13	KARPETS Vladimir	RUS	IBB	à 25' 11"
14	RASMUSSEN Mickael	DEN	RAB	à 27' 16"
15	VIRENQUE Richard	FRA	QSD	à 28' 11"
16	CASAR Sandy	FRA	FDJ	à 28' 53"
17	SIMONI Gilberto	ITA	SAE	à 29' 00"
18	VOECKLER Thomas	FRA	BLB	à 31' 12"
19	RUBIERA José Luis	ESP	USP	à 32' 50"
20	GOUBERT Stephane	FRA	A2R	à 37' 11"
21	MERCKX Axel	BEL	LOT	à 39' 54"
22	ROGERS Michael	AUS	QSD	à 41' 39"
23	LANDIS Floyd	USA	USP	à 42' 55"
24	SEVILLA Oscar	ESP	PHO	à 45' 19"
25	GUERINI Giuseppe	ITA	TMO	à 47' 07"
26	CAMANO Iker	ESP	EUS	à 47' 14"
27	PINEAU Jérôme	FRA	BLB	à 47' 43"
28	GUTIERREZ José Enrique	ESP	PHO	à 50' 39"
29	BROCHARD Laurent	FRA	A2R	à 51' 35"
30	CHAVANEL Sylvain	FRA	BLB	à 54' 43"
31	GONZALEZ Santos	ESP	PHO	à 1h 01' 01"
32	SCARPONI Michele	ITA	DVE	à 1h 03' 01"
33	HINCAPIE George	USA	USP	à 1h 04' 09"
34	MONCOUTIE David	FRA	COF	à 1h 04' 37"
35	VOIGT Jens	GER	CSC	à 1h 07' 07"
36	BOTCHAROV Alexandre	RUS	C.A	à 1h 10' 54"
37	MERCADO Juan Miguel	ESP	QSD	à 1h 11' 31"
38	PETROV Evgeni	RUS	SAE	à 1h 12' 24"
39	HALGAND Patrice	FRA	C.A	à 1h 12' 24"
40	JULICH Bobby	USA	CSC	à 1h 12' 42"
41	MARTINEZ Egoi	ESP	EUS	à 1h 15' 10"
42	SABALIAUSKAS Marius	LTU	SAE	à 1h 15' 15"
43	VERBRUGGHE Rik	BEL	LOT	à 1h 16' 42"
44	GONZALEZ Galdeano Igor	ESP	LST	à 1h 16' 45"
45	GONZALEZ Aitor	ESP	FAS	à 1h 17' 23"
46	BELTRAN Manuel	ESP	USP	à 1h 26' 28"
47	ROBIN Jean-Cyril	FRA	FDJ	à 1h 32' 06"
48	NARDELLO Daniele	ITA	TMO	à 1h 35' 26"
49	PEREZ Santiago	ESP	PHO	à 1h 35' 54"
50	OSA Aitor	ESP	IBB	à 1h 38' 38"
51	GUTIERREZ José Ivan	ESP	IBB	à 1h 39' 16"
52	LANDALUZE Inigo	ESP	EUS	à 1h 39' 52"

K. Au bureau de renseignements. Vous travaillez au Louvre, à Paris. Regardez le plan et l'endroit où vous êtes et donnez les directions aux personnes suivantes.

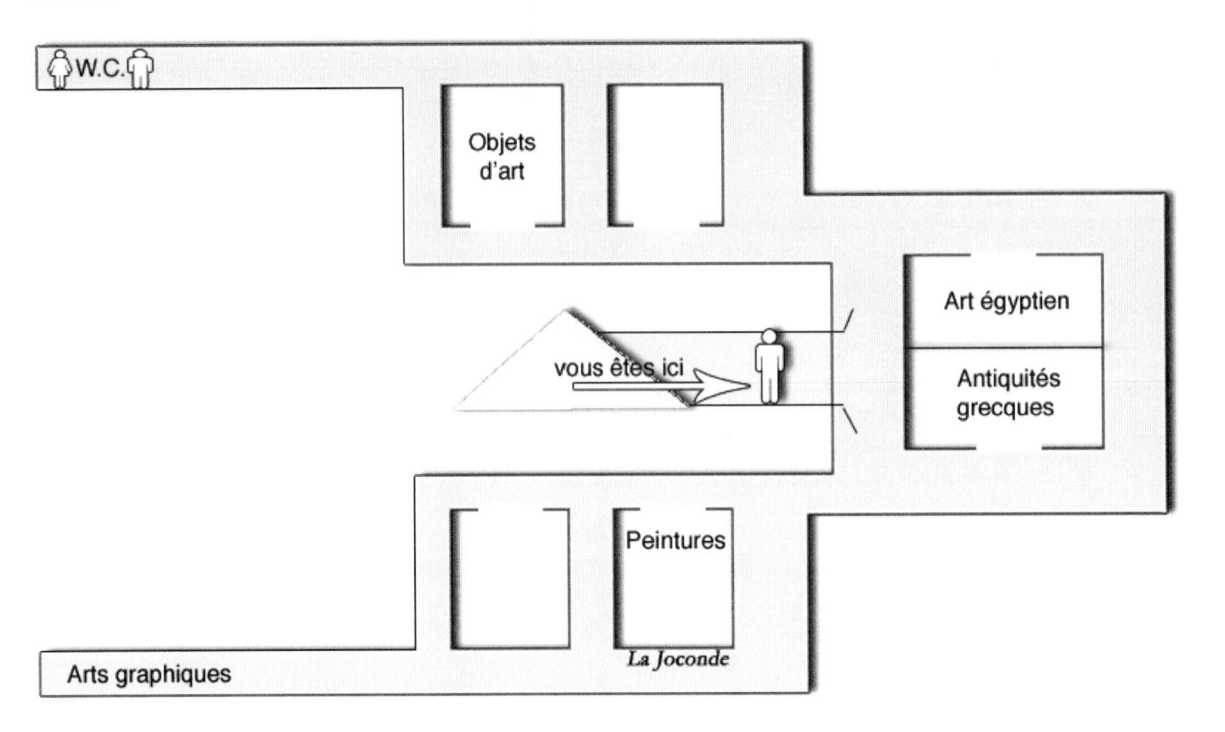

❑ Pardon, la salle des objets d'art, s'il vous plaît?

Très bien. Tournez à gauche et ensuite encore à gauche. Allez tout droit.

C'est la deuxième salle à droite.

1. Je voudrais voir «la Joconde».

2. Excusez-moi, où dois-je aller pour voir l'art égyptien?

3. Pardon, je voudrais trouver la salle des arts graphiques.

NOM _____ DATE _____

4. Pardon, où sont les toilettes?

_____

_____

_____

L. Comment conduisent-ils? Écrivez de nouvelles phrases en utilisant au présent la forme convenable du verbe **conduire** et un adverbe. Suivez l'exemple.

❑ Maman est assez prudente.

Elle conduit prudemment.

1. L'oncle Joseph est un peu fou.

_____

2. Mes cousins sont vraiment lents.

_____

3. D'habitude, nous sommes attentifs.

_____

4. Les Français adorent la vitesse.

_____

5. Quelquefois, moi, je suis un peu nerveux.

_____

6. La tante Yvonne est calme.

_____

7. Et vous? Comment conduisez-vous?

_____

M. *Rédaction:* En voiture. Dans votre pays, la voiture est-elle importante? Écrivez sur ce sujet à Léopold. Passez-vous un temps considérable en voiture chaque jour? Décrivez «votre vie en voiture» pour votre correspondant. Avant d'écrire, révisez **Début de rédaction** à la page 289 de votre livre.

Première partie

Mais d'abord, répondez aux questions suivantes.

1. Aimez-vous conduire? Depuis quand conduisez-vous?

_____

2. Quelle sorte de voiture conduisez-vous?

_____

3. De quelle couleur est-elle? De quelle année? La conduisez-vous depuis longtemps?

4. Vos habitudes en voiture.

    - Est-ce que vous écoutez la radio, des CD ou des cassettes quand vous conduisez?

    - Chantez-vous souvent quand vous conduisez?

    - Mangez-vous quelquefois en voiture?

    - Dans quelles circonstances préférez-vous conduire? En vacances? En ville?

Deuxième partie

Maintenant, écrivez une lettre à Léopold où vous décrivez votre vie en voiture. Attention! Si vous ne conduisez pas, parlez d'une autre personne qui conduit.

NOM _____ DATE _____

Chapitre 11 *Comme si c'était hier*

A. Le faire-part de mariage *(The wedding invitation).* Lisez le faire-part de mariage et ensuite cherchez dans la colonne de droite les expressions qui complètent les phrases de la colonne de gauche.

> M. et Mme Jacques Debataille   M. et Mme Jean-Pierre Cocher
> sont heureux de vous faire part du mariage de leurs enfants
> *Céline et Thierry*
> La Messe de Mariage sera célébrée le samedi 22 juillet 2006
> à 16 heures, en l'Église Notre-Dame.
> À l'issue de la Cérémonie un Vin d'Honneur
> sera servi à la Salle des Fêtes de Pau.

1. Monsieur et Madame Debataille et Monsieur et Madame Cocher sont heureux de faire part ... _____
2. La fille de Monsieur et Madame Debataille va ... _____
3. Madame Cocher va être ... _____
4. La cérémonie religieuse va avoir lieu ... _____
5. Céline va probablement porter ... _____
6. Et Thierry va peut-être porter ... _____
7. Après la cérémonie on va boire ... _____

a. un smoking.
b. la belle-mère de Céline.
c. une robe de mariée.
d. du vin.
e. épouser le fils des Cocher.
f. du mariage de leurs enfants.
g. le samedi 22 juillet à 4 heures de l'après-midi.

B. Souvenir d'un mariage. Complétez les phrases suivantes avec la forme convenable de l'imparfait des verbes indiqués.

1. *(être, aller)* Mon frère _____ toujours sûr qu'il _____ épouser Céline.

2. *(écrire, être)* Il _____ dans ses lettres que Céline _____ la plus belle fille du monde.

3. *(être, pleuvoir)* C' _____ un peu triste le jour du mariage. Il _____.

4. *(faire)* C'est vrai, mais il _____ beau dans les cœurs *(hearts)* des jeunes mariés.

5. *(être)* Thierry _____ nerveux ce jour-là.

6. *(avoir)* Les parents de Céline _____ l'air très heureux.

7. *(regarder, penser)* Ma mère _____ Céline et _____ qu'elle était belle.

8. *(prendre, demander)* Ma tante _____ des photos et elle nous _____ de sourire *(smile)*.

9. *(être)* Nous _____ jeunes, célibataires et innocents.

10. *(être, vouloir)* Ah! qu'est-ce qu'on _____ innocents! On _____ se marier à l'âge de quatorze ans.

C. Ah! c'était le bon vieux temps! *(Those were the good old days!)* Complétez la conversation suivante entre Julie et sa grand-mère et mettez les verbes proposés à l'imparfait.

JULIE: Mamie, quand tu *(être)* _____ jeune, est-ce que tu *(avoir)* _____ un chien ou un chat?

LA GRAND-MÈRE: Nous *(avoir)* _____ un petit chien. Il *(s'appeler)* _____ Napoléon. Mais moi, je l'*(appeler)* _____ Napo.

JULIE: Vous *(habiter)* _____ dans une grande maison?

LA GRAND-MÈRE: Oui, notre maison *(être)* _____ très grande. Nous *(habiter)* _____ à 50 kilomètres de Lyon.

JULIE: Est-ce que tu *(aller)* _____ à l'école?

LA GRAND-MÈRE: Ah oui! Tous les jours. On *(avoir)* _____ des cours même *[even]* le samedi après-midi.

JULIE: Qu'est-ce que tu *(faire)* _____ après l'école?

LA GRAND-MÈRE: Je *(rentrer)* _____ à pied à quatre heures et demie; et puis je *(travailler)* _____ aux champs *[fields]* jusqu'au soir.

JULIE: Les enfants ne *(faire)* _____ pas leurs devoirs à la maison?

LA GRAND-MÈRE: Si, le soir. Par exemple, moi j'*(écrire)* _____ mes devoirs après le dîner.

JULIE: Alors, tu ne *(regarder)* _____ pas la télé?

NOM _____ DATE _____

LA GRAND-MÈRE: Écoute! Il n'y *(avoir)* _____ pas de télé à cette époque-là.

On *(discuter)* _____ à table de notre journée, on *(lire)*

_____ beaucoup et on *(écrire)* _____

souvent des lettres et même des poèmes à des amis. Ah! c'*(être)*

_____ le bon vieux temps!

D. On dit ... *(Rumor has it ...)* Vous rencontrez un(e) ami(e) que vous n'avez pas vu(e) depuis longtemps. Il/Elle a entendu dire que votre situation était bien meilleure qu'elle ne l'est réellement. Corrigez ses impressions en utilisant **ne ... que** et l'expression indiquée.

❏ —On dit que tu conduis une BMW! (je / conduire / une Ford Escort)

—Non, *je ne conduis qu'une Ford Escort.*

1. —On dit que tu es marié(e)! (je / être / fiancé[e])

   —Non, _____

2. —On dit que tu habites dans une grande maison! (je / avoir / un petit appartement)

   —Non, _____

3. —On dit que tu es devenu(e) professeur! (je / être / assistant[e])

   —Non, _____

4. —On dit que tes parents ont fait le tour du monde! (ils / voyager / en Europe)

   —Non, _____

5. —On dit que ta sœur a épousé un millionnaire! (elle / épouser / un homme ordinaire)

   —Non, _____

6. —On dit que tu as visité les États-Unis! (je / visiter / l'Angleterre)

   —Non, _____

E. Des tranches de vie. Utilisez **quand** pour faire une seule phrase. Attention à l'usage de l'imparfait et du passé composé.

❏ Marion / dormir // ses parents / téléphoner

   Marion dormait quand ses parents ont t l phon .

1. tu / regarder les informations // Sandrine / décider de faire du yoga devant la télévision

   _____

2. Jérôme / regarder *Oprah* // quelqu'un / frapper à la porte

   _____

Chapitre 11: WORKBOOK

3. mes trois camarades de chambre / faire leurs devoirs // Didier / venir me chercher

4. il / pleuvoir // nous / sortir

5. il / faire très froid // nous / arriver en ville

6. je / faire du vélo // je / rencontrer Georges

7. est-ce que vous / connaître déjà Georges // vous / arriver au campus?

8. mon frère / visiter Québec // il / trouver «la femme de sa vie»

9. Gaby, Jeanne et moi, nous / voyager en Europe // la princesse Diana / avoir son accident

10. les étudiants / ne ... pas pouvoir / prononcer un mot de français // ils / commencer le cours

F. Quelques étapes de la vie. Donnez l'âge, la période, la date ou les circonstances de la première fois que vous avez fait les activités suivantes.

❑ commencer à faire du vélo

   J'ai commencé à faire du vélo quand j'avais sept ans.

1. apprendre à nager

2. sortir avec un garçon (une fille)

3. avoir mon permis de conduire

4. commencer à boire du café

NOM _____ DATE _____

5. envoyer un message électronique

   _____

6. prendre l'avion

   _____

7. utiliser un portable

   _____

8. décider d'étudier le français

   _____

G. Qu'en pensez-vous ... ? Utilisez **bon** ou **bien, meilleur** ou **mieux** pour comparer les personnes ou les choses suivantes. N'oubliez pas l'accord des adjectifs.

❑ le groupe Green Day / U2 / chanter

   Le groupe Green Day chante bien, mais U2 chante mieux.

❑ Wendy's / McDo / avoir / hamburgers

   Wendy's a de bons hamburgers, mais McDo a de meilleurs hamburgers.

1. le Coca-Cola / le Pepsi / être

   _____

2. Shaquille O'Neal / Michael Jordan / être / bon / joueur de basket

   _____

3. le fromage de France / le fromage du Wisconsin / être

   _____

4. Steinbeck / Hemingway / être / écrivain

   _____

5. je / meilleur(e) ami(e) / faire la cuisine

   _____

6. Britney Spears / Whitney Houston / chanter

   _____

7. les Américains / les Allemands / jouer au tennis

   _____

8. les vins de Californie / les vins de France / être

   _____

H. Complexe d'infériorité. Le pauvre Alain pense qu'il est moins bien que tous ses amis. Réécrivez les phrases suivantes pour exprimer ses opinions, d'après les expressions données.

❏ Je suis gros. (+ / Hélène)
   Je suis plus gros qu'Hélène.

❏ Je parle bien l'anglais. (= / Hervé)
   Je parle aussi bien l'anglais qu'Hervé.

❏ J'ai de l'argent. (– / argent / Jules)
   J'ai moins d'argent que Jules.

❏ Stéphanie a des livres. (+ / livres / moi)
   Stéphanie a plus de livres que moi.

1. Marc est élégant. (+ / moi)

2. Je conduis bien. (– / Véronique)

3. Thérèse a de bonnes notes. (+ / bonnes notes / moi)

4. Je ne suis pas aimable. (= / Thierry)

5. Éric conduit prudemment. (+ / moi)

6. Christiane a des vacances. (+ / vacances / moi)

7. Je travaille vite. (– / Jean)

8. J'ai des qualités. (= / qualités / Viviane)

9. Je ne suis pas intéressant(e). (= / mes amis)

10. Tiphaine a des soucis. (– / soucis / moi)

NOM _____ DATE _____

I. Le plus ... Une Française et un Américain parlent de leur pays. Construisez leurs phrases. Faites des phrases au superlatif en suivant les exemples. Attention à la place des adjectifs dans la phrase!

❑ Le Pont-Neuf est un <u>vieux</u> pont de Paris.

Le Pont-Neuf est le plus vieux pont de Paris.

❑ New York est une ville <u>courageuse</u> des États-Unis.

New York est la ville la plus courageuse des tats-Unis.

1. La Nouvelle-Orléans est une <u>belle</u> ville des États-Unis.

2. La statue de la Liberté est un monument <u>caractéristique</u> de New York.

3. Le Concorde était un avion <u>rapide</u>.

4. Le Louvre est un musée <u>connu</u> de Paris.

5. Le Golden Gate Bridge est un pont <u>important</u> de San Francisco.

6. Le TGV est un train <u>rapide</u>.

7. La tour Eiffel est une <u>belle</u> tour parisienne.

8. La tour de Sears est un <u>grand</u> bâtiment de Chicago.

J. Beaucoup de questions. Votre ami Léopold voudrait savoir vos opinions. Répondez-lui! Posez les questions de Léopold en suivant le modèle, puis répondez avec vos propres réponses. (**Attention!** «?» = forme correcte de *quel*)

❑ ? / + / bon / restaurant du monde?

　　LÉOPOLD: *Quel est le meilleur restaurant du monde?*

　　VOUS: *Le meilleur restaurant du monde est sans doute Maxim's Paris.*

❑ ? / glace / tu / aimer manger / + / souvent?

　　LÉOPOLD: *Quelle glace aimes-tu manger le plus souvent?*

　　VOUS: *J'aime manger la glace au chocolat le plus souvent.*

1. ? / + / beau / film de l'année?

　　LÉOPOLD: _____

　　VOUS: _____

2. ? / livre / tu / lire *(passé composé)* / + / rapidement?

　　LÉOPOLD: _____

　　VOUS: _____

3. À / ? / cours / tu / aimer aller / − ?

　　LÉOPOLD: _____

　　VOUS: _____

4. ? / journal / + / prestigieux / des États-Unis?

　　LÉOPOLD: _____

　　VOUS: _____

5. ? / groupe de rock / tu / aimer / + ?

　　LÉOPOLD: _____

　　VOUS: _____

6. ? / étudiant de la classe / chanter / + ?

　　LÉOPOLD: _____

　　VOUS: _____

NOM _____ DATE _____

7. ? / professeur / − / patient / de ton université?

   LÉOPOLD: _____

   VOUS: _____

8. Dans ta famille / qui / faire / + / la cuisine?

   LÉOPOLD: _____

   VOUS: _____

K. *Rédaction:* **Une boum horrible.** Imaginez que vous êtes allé(e) à une boum et que vous avez passé une soirée ennuyeuse. Écrivez un message électronique à un(e) ancien(ne) camarade de classe et décrivez la soirée. Avant d'écrire votre message, révisez **Début de rédaction** à la page 312 de votre livre.

- Répondez à ces questions.

  1. Où êtes-vous allé(e)?
     _____

  2. Quand? Avec qui? Comment? (en voiture? à vélo? à pied?)
     _____

  3. Combien de temps a duré la soirée?
     _____

  4. Qui était présent?
     _____

  5. Qui est la personne qui a organisé la boum?
     _____

  6. Pourquoi est-ce que cette personne vous a invité(e)?
     _____

  7. Pourquoi est-ce que la soirée était ennuyeuse?
     _____

- À l'aide des réponses que vous avez écrites, écrivez votre message à votre camarade de classe.

_____

_____

_____

Chapitre 11: WORKBOOK

NOM _____ DATE _____

Chapitre 12 *Les réservations*

A. Au téléphone. Vous êtes le/la propriétaire d'un restaurant qui est fermé le lundi. Un client téléphone pour réserver une table. Qu'allez-vous répondre au client?

❏ Le client veut réserver une table pour lundi.

Je regrette, Monsieur, mais nous sommes fermés le lundi.

1. Le client demande si le restaurant est ouvert le mardi.

   _____

2. Le client demande s'il peut réserver une table pour mardi.

   _____

3. Vous ne comprenez pas le nom du client.

   _____

4. Le client veut venir à 17 heures, mais le restaurant n'ouvre qu'à 19 heures.

   _____

5. Vous voulez savoir combien de personnes vont venir avec le client.

   _____

6. Vous confirmez la réservation pour quatre personnes, mardi, à 21 heures.

   _____

7. Le client vous remercie.

   _____

B. Au bureau de tourisme. Imaginez les questions d'après les réponses.

❏ —*Pardon, je peux vous demander des renseignements?*

—Certainement. Allez-y.

—_____

—Les toilettes pour dames sont dans le couloir, tout droit devant vous.

—_____

—Les banques ferment à 18 heures.

Chapitre 12: WORKBOOK   117

—_____

—Le bureau de poste est ouvert entre midi et 2 heures.

—_____

—Ah oui, le restaurant *Le Bec Fin* est excellent.

—_____

—Pas loin. Tournez à gauche, là-bas, juste après la boulangerie.

—_____

—Pour les réservations de train, il faut aller à la gare.

—_____

—Vous cherchez Hertz. Tous les bureaux de location (*rental*) de voitures sont à la gare ou à l'aéroport.

—_____

—Je suis là pour ça.

C. Un amour. Complétez les phrases avec les formes de **savoir** et de **connaître** qui conviennent.

❏ Je ne __sais__ pas si tu __connais__ mon amie?

1. ALAIN: Tu _____, j'adore la jeune fille que nous avons rencontrée tout à l'heure. Tu la _____?

2. ÉTIENNE: Je ne _____ pas très bien cette jeune fille. Mais, je _____ qu'elle est belle, intelligente et très charmante.

3. ALAIN: Cédrine _____ tout le monde; elle doit _____ si cette jeune fille a un petit ami.

4. ÉTIENNE: Allons poser des questions à Cédrine. Je _____ qu'elle est au café en ce moment.

5. ALAIN: Mais nous ne _____ pas si Cédrine va vouloir nous donner des informations.

6. ÉTIENNE: Écoute, on ne va pas le _____ si on ne demande pas. En plus, je _____ bien Cédrine; elle ne peut pas résister.

NOM _____ DATE _____

7. ALAIN: Cédrine, _____-tu que tu es très gentille?

8. CÉDRINE: Vous, je vous _____! Je _____ que vous allez me

   demander un service.

9. ÉTIENNE: Comment le _____-tu?

10. CÉDRINE: Je _____ bien les garçons!

D. Au bureau de renseignements. Posez une question en utilisant le verbe **savoir** et un des mots interrogatifs. Ensuite, imaginez une réponse.

❑ le kiosque / où

— *Vous savez où se trouve le kiosque?*

— *Oui, juste devant la gare.*

1. toilettes / où

   — _____

   — _____

2. le train va partir / quand

   — _____

   — _____

3. coûter / un billet pour Nice / combien

   — _____

   — _____

4. les taxis / où

   — _____

   — _____

5. acheter des cigarettes / où

   — _____

   — _____

6. composter le billet / où

   — _____

   — _____

E. À la réception. Madame Laurence est curieuse. Elle demande beaucoup de renseignements à la réceptionniste de son hôtel. Imaginez les questions qu'elle pose.

1. —_____

—Non, nous n'avons pas de chambres au rez-de-chaussée.

2. —_____

—Le petit déjeuner est servi de 7 heures 30 à 9 heures 30.

3. —_____

—Au salon.

4. —_____

—Prenez ce couloir et vous allez voir le salon.

5. —_____

—D'habitude, nous sommes ouverts jusqu'à minuit.

6. —_____

—Oui, il y a une pharmacie juste à côté. Elle est ouverte jusqu'à 20 heures.

7. —_____

—Oui, nous vendons des cartes postales. Les voilà.

8. —_____

—Non, je regrette. Il faut aller au bureau de tabac pour acheter des timbres.

F. Des comparaisons. Écrivez des phrases d'après l'exemple. Attention au temps des verbes!

❏ Je choisis généralement une chambre avec salle de bain. Et toi? *(douche)*

   Moi, je choisis généralement une chambre avec douche.

1. Mes amis choisissent souvent des films d'action. Et vous? *(des films comiques)*

   _____

2. Laurent choisit de prendre son petit déjeuner dans sa chambre. Et toi? *(au café)*

   _____

3. Mon cousin Jean-Paul obéit rarement à ses professeurs. Et Karine et Gisèle? *(toujours)*

   _____

NOM _____ DATE _____

4. Il y a cinq ans, les étudiants finissaient les cours au mois de juin. Et maintenant? *(mai)*

   _____

5. J'ai maigri un peu, non? Et toi? *(pas du tout)*

   _____

6. Nous faisons du jogging trois fois par semaine, mais nous ne maigrissons pas. Et les Clavel? *(c'est le contraire)*

   _____

G. Tout le monde et toutes les choses. Complétez les phrases avec la forme appropriée de d'adjectif **tout** (**tout, tous, toute** ou **toutes**).

❑   _Tout_____ le monde doit parler français en classe.

1. Le professeur a demandé à _____ la classe de faire attention.

2. _____ les étudiants vont au cinéma.

3. _____ les filles vont préparer leur dissertation à la bibliothèque ce soir.

4. Samedi, _____ les garçons vont faire un match de foot.

5. Éric, _____ tes amis vont voyager l'été prochain.

6. Quand elles voyagent aux Antilles, Anne et Florence refusent _____ les deux de parler anglais.

7. Anne aime goûter _____ les plats typiques du pays.

8. Mais Florence préfère commander le même plat _____ les jours.

H. Au guichet *(ticket window)* **de la gare.** Complétez le dialogue entre un employé et un voyageur qui veut acheter un billet de train.

EMPLOYÉ: Où est-ce que vous allez, Monsieur?

VOYAGEUR: _____

EMPLOYÉ: Quel jour partez-vous?

VOYAGEUR: _____

EMPLOYÉ: À quelle heure voulez-vous partir?

VOYAGEUR: _____

EMPLOYÉ: Il y a un supplément à payer si vous préférez le TGV.

VOYAGEUR: _____

EMPLOYÉ: Et en quelle classe?

VOYAGEUR: _____

EMPLOYÉ: Fumeur ou non fumeur?

VOYAGEUR: _____

EMPLOYÉ: Très bien. Une place en seconde, non fumeur, dans le TGV 750 pour Paris. Cela fait 40 €.

VOYAGEUR: _____

EMPLOYÉ: Oui, on accepte la carte Visa.

VOYAGEUR: _____

EMPLOYÉ: Je vous en prie.

VOYAGEUR: _____

I. Quelles vacances! Un groupe d'amis décide d'aller en vacances ensemble. Écrivez leurs projets au futur.

❏ Nous *(manger)* __*mangerons*__ un steak-frites tous les jours.

1. Nous ne *(travailler)* _____ pas beaucoup.

2. Tout le monde *(prendre)* _____ part au travail.

3. Je *(préparer)* _____ de bons repas.

4. Anne et Sylvain *(monter)* _____ les tentes.

5. Toi, Jules, tu *(écrire)* _____ au professeur de français.

6. Alain et Karim *(conduire)* _____ prudemment.

7. Henri *(lire)* _____ la carte routière [*road map*].

8. Le chauffeur *(suivre)* _____ ses indications.

9. On *(s'arrêter)* _____ quand on sera fatigués.

10. Nous *(se coucher)* _____ très tard le soir.

NOM _____ DATE _____

J. Le premier jour en vacances. Complétez les phrases suivantes avec le futur des verbes donnés.

❑ Nous *(arriver)* __arriverons__ à l'aéroport de Fort de France.

1. Claudine *(aller)* _____ tout de suite à la plage.

2. Myriam et Delphine *(venir)* _____ avec moi.

3. Nous *(prendre)* _____ l'autobus pour aller en ville.

4. Claire et Lisette *(faire)* _____ des achats dans les magasins.

5. Lionel *(pouvoir)* _____ enfin manger un croque-monsieur.

6. Roger *(avoir)* _____ sommeil et *(dormir)* _____ dans sa chambre.

7. Le soir, nous *(manger)* _____ au restaurant.

8. Nous *(avoir)* _____ mal aux pieds et nous *(être)* _____ fatigués.

9. Alors, tout le monde *(être)* _____ heureux de rentrer à l'hôtel.

10. Le matin suivant, nous *(vouloir)* _____ dormir tard.

K. Qu'est-ce qu'on fera? Complétez les phrases suivantes par les expressions suivantes. Faites attention au temps des verbes.

acheter deux billets de seconde
avoir le temps
être trop fatigué(e)(s) pour étudier
je / vous donner des bonbons
porter un imperméable pour sortir
avoir besoin de quelque chose
avoir très soif
finir ces cours avec de bonnes notes
partir

1. Si _____, j'irai voir mes parents.

2. S'il pleut ce soir, vous _____.

3. Si nous décidons de faire le voyage en train, _____.

4. _____ si vous êtes gentils.

5. Nous aurons nos diplômes si _____.

6. Si Paule et Gabrielle travaillent 50 heures par semaine, _____
_____.

7. Quand _____, tu boiras beaucoup de jus d'orange.

8. Quand _____, ils téléphoneront au 04.45.12.46.32.

9. Elle donnera la clé à la réceptionniste quand _____.

L. *Rédaction*

1. **Réservation de chambre par lettre.** Vous irez à Dakar pour y passer un séjour de trois jours. Écrivez à l'hôtel *Le Pavillon* pour réserver une chambre qui vous convient. Avant d'écrire, révisez **Début de rédaction,** page 341 de votre livre.

2. **Réservation par téléphone d'une table (au restaurant).** Vous êtes maintenant arrivé(e) à Dakar. Vous avez invité quelqu'un à dîner au restaurant *Chez Jean.* Vous téléphonez pour réserver une table. Écrivez un dialogue où vous demandez à la réceptionniste du restaurant les renseignements nécessaires. Avant d'écrire, révisez **Début de rédaction,** page 341.

NOM _____ DATE _____

Chapitre 13 *Ma journée*

A. Qu'est-ce qu'on dit? Choisissez l'expression qui veut dire à peu près la même chose.

1. Lori ne va pas tarder.

    _____ a. Elle va bientôt arriver.

    _____ b. Elle va être en retard.

    _____ c. Elle va arriver en avance.

2. Le maître d'hôtel vérifie la liste.

    _____ a. Il demande à voir la carte d'identité.

    _____ b. Il présente le menu.

    _____ c. Il contrôle la réservation.

3. Nous venons d'arriver.

    _____ a. Nous sommes arrivés depuis des heures.

    _____ b. Nous sommes arrivés il y a quelques minutes.

    _____ c. Nous allons être en retard.

4. Vous voulez vous asseoir?

    _____ a. Ne vous inquiétez pas.

    _____ b. Vous voulez prendre cette table?

    _____ c. Quel plaisir de vous voir.

5. Par ici, s'il vous plaît.

    _____ a. Venez avec moi, s'il vous plaît.

    _____ b. Très bien, un instant, s'il vous plaît.

    _____ c. Ne tardez pas, s'il vous plaît.

6. Goûtez le vin.

    _____ a. Vous voulez du vin?

    _____ b. Buvez un peu de vin.

    _____ c. Il faut aimer le vin.

B. Les bonnes manières. Complétez les phrases en utilisant le verbe **mettre.**

❑ En France on ___met___ les mains sur la table.

1. En France, on _____ les morceaux de pain sur la nappe à côté de l'assiette.

2. Et chez vous? Est-ce que vous _____ la serviette sur les genoux?

3. Oui, nous _____ la serviette sur les genoux.

4. Les Français _____ souvent le verre et la cuiller devant chaque assiette.

5. Madame La Fontaine _____ toujours quatre verres et deux cuillers devant chaque assiette.

6. Merci, je ne _____ plus de sucre dans mon café.

7. Mais ton frère _____ beaucoup de temps à trouver un travail.

C. La table française et la table de chez nous. À partir des illustrations suivantes, écrivez cinq phrases qui comparent les manières françaises aux manières de chez nous.

❑ _En France, on met les morceaux de pain sur la nappe, mais chez nous, on met les morceaux de pain sur une petite assiette._

1. En France, on _____

   mais chez nous, on _____

2. _____

3. _____

4. _____

5. _____

D. À vous. Répondez aux questions suivantes avec des phrases complètes.

1. Quel est votre repas préféré?

2. À quelle heure prenez-vous ce repas?

3. Êtes-vous végétarien(ne)?

4. Est-ce que vous mettez du beurre sur les spaghetti?

5. Est-ce que vous mettez du ketchup sur les frites?

6. Qu'est-ce que vous mettez dans la salade?

7. Qu'est-ce que vous mettez dans votre thé ou dans votre café?

8. Où mettez-vous les mains pendant un repas si vous êtes invité(e) chez des Français?

9. Qui met la table chez vous?

10. Est-ce que vous permettez aux invités de fumer chez vous après le repas?

E. Des antagonistes. Marie et Antoine sont des parents qui se contredisent *(contradict each other)*. Chaque fois que leurs enfants demandent à faire quelque chose, les deux parents donnent des ordres contradictoires. Écrivez les réponses des parents d'après les exemples.

❏ Je me lève?

    MARIE: *Lève-toi!*

    ANTOINE: *Ne te lève pas!*

❏ Je regarde la télé?

    MARIE: *Regarde-la!*

    ANTOINE: *Ne la regarde pas!*

1. Je m'habille?

    MARIE: _____

    ANTOINE: _____

2. Je fais la vaisselle?

    MARIE: _____

    ANTOINE: _____

3. Je me dépêche?

    MARIE: _____

    ANTOINE: _____

4. Nous nous mettons à table?

    MARIE: _____

    ANTOINE: _____

5. Nous prenons des céréales?

    MARIE: _____

    ANTOINE: _____

6. Je mets mon imperméable?

    MARIE: _____

    ANTOINE: _____

NOM _____ DATE _____

F. Quand est-ce qu'on ... ? Formez des phrases d'après l'exemple.

❑ Soumia / se réveiller / 7 h 15

   Soumia se réveille 7 h 15.

1. elle / se lever / 7 h 30

2. vous / se lever / à quelle heure?

3. je / se brosser les dents / 8 h

4. ma camarade de chambre / s'habiller / 8 h

5. Aline et Sophie / se brosser les cheveux / dans leur chambre

6. moi / se souvenir de / elles

7. nous / se promener / plus souvent que vous

8. Monsieur Barthes / se promener / dans le parc / tous les soirs

9. mes voisins / s'appeler / Christophe et Daniel

10. ils / se coucher / généralement à 11 h

G. Une journée dans la vie de Véronique. Regardez les illustrations suivantes et décrivez ce que fait Véronique. Utilisez des verbes pronominaux de la liste suivante.

s'amuser	se coucher	se lever
s'asseoir	se doucher	se promener avec
se brosser les cheveux	s'endormir	se réveiller
se brosser les dents	se laver	

1.  _____
2.  _____
3. _____

4. _____
5. _____
6. _____

H. Quelles sont vos habitudes? Répondez.

1. À quelle heure vous levez-vous d'habitude?

   _____

2. À quelle heure vous couchez-vous d'habitude?

   _____

130   ENTRE AMIS: Student Activities Manual

NOM _____ DATE _____

3. Combien de fois par jour vous brossez-vous les dents?

4. Est-ce que vous vous habillez avant ou après le petit déjeuner?

5. Vous reposez-vous pendant la journée? Si oui, quand?

6. Est-ce que vous vous inquiétez avant un examen?

7. Qu'est-ce que vous faites pour vous reposer après un grand examen?

8. Vous vous amusez bien le week-end?

I. Souvenirs d'enfance. Lucien se rappelle ses années passées au lycée. Il écrit dans son journal les quelques souvenirs qu'il a encore de cette époque. Complétez les phrases avec la forme correcte du verbe pronominal entre parenthèses à l'imparfait.

❏ Quand j'allais au lycée, mes parents (s'inquiéter) _s'inquiétaient_ beaucoup pour moi ...

Je n'étais pas grand, et je mangeais très peu. Mon frère et moi, nous (se lever) _____ de bonne heure et nous (se coucher) _____ tard le soir. Je ne (se reposer) _____ que rarement l'après-midi. Le matin, je (se réveiller) _____ à 5 heures, je buvais vite un café et je ne (s'asseoir) _____ pas une minute, et j'allais tout de suite à la salle de bain. Là, je (se laver) _____ et je (se brosser) _____ les dents et les cheveux. De retour dans ma chambre, je (s'habiller) _____ en vitesse et je (se dépêcher) _____ de retourner à la cuisine. Je disais au revoir à ma mère, et c'est ainsi que ma journée commençait ...

Chapitre 13: **WORKBOOK**

J. Les sœurs aînées (*Older sisters*). Ces sœurs vérifient toujours pour voir si leurs petits frères et leurs petites sœurs ont fait leurs tâches *(tasks)*. Écrivez des mini-dialogues au passé composé d'après l'exemple.

❏ Marie-Laure / se lever à l'heure // oui

— *Marie-Laure, tu t'es levée à l'heure?*

— *Oui, je me suis levée à l'heure.*

1. Vous / se laver / ce matin // évidemment

2. Isabelle / se mettre à table // bien sûr

3. Yves / se brosser les dents // oui

4. Sylvie / prendre le petit déjeuner // non

5. Vous deux / ne ... pas se dépêcher // si

K. La volonté. Complétez les phrases avec le subjonctif des verbes indiqués.

❏ Mes parents préfèrent que je leur *(rendre)* __rende__ visite le week-end prochain.

1. Monsieur Leblanc souhaite que sa fille *(réussir)* _____ à ses examens cette fois-ci.

2. Il faut que je *(partir)* _____ à 8 heures.

3. Mon patron exige que nous *(faire)* _____ tout pour plaire *[please]* aux clients.

4. Veux-tu qu'elle *(venir)* _____ ?

5. Je voudrais qu'on *(aller)* _____ en France cet été.

6. J'aimerais que notre serveur (être) _____ plus poli.

7. Notre voisin ne veut pas que nous (jouer) _____ au foot devant sa maison.

8. Le professeur désire que tous les étudiants (écouter) _____ les cassettes au labo deux heures par semaine.

9. J'aimerais bien que vous (téléphoner) _____ à vos amis avant d'aller chez eux.

L. On veut faire autre chose. Ces personnes veulent faire certaines choses, mais leurs amis (ou leurs parents) veulent qu'ils fassent autre chose. Suivez l'exemple.

❏ Michel veut étudier. (ses amis / exiger / il / sortir avec eux)

   Mais ses amis exigent qu'il sorte avec eux.

1. Marie et moi, nous voulons écouter des disques. (Yves et Lionel / souhaiter / nous / jouer au tennis avec eux)

2. Tu aimes regarder la télévision. (ton petit frère / vouloir / tu / lire un livre avec lui)

3. Vous êtes occupé(e). (votre mère / demander / vous / faire les courses avant de rentrer)

4. Marie-Dominique souhaite rester à la maison tout l'après-midi. (ses parents / avoir besoin / elle / conduire sa tante à la gare)

5. Marie-Noëlle aime se coucher après le repas. (son père / exiger / elle / écrire une lettre à sa grand-mère)

6. Ma camarade de chambre veut sortir à 9 h. (je / préférer / nous / sortir à 8 h)

7. Mon ami ne veut pas mettre sa ceinture de sécurité. (je / souhaiter / il / mettre la ceinture dans ma voiture)

8. Les étudiants veulent utiliser le dictionnaire pendant l'examen. (le professeur / préférer / ils / ne ... pas utiliser le dictionnaire)

M. Des conseils. Les membres du Cercle Français à l'université doivent organiser une douzaine d'activités. Écrivez les conseils suivants en utilisant six des expressions suivantes et le subjonctif.

il est essentiel que   il ne faut pas que   je voudrais que
il est important que   je préfère que   il vaut mieux que
il faut que   je veux que

❑ présenter une pièce de théâtre

Il est essentiel que nous présentions une pièce de théâtre.

1. préparer un grand repas français

2. jouer au foot une fois par semaine

3. apprendre à danser la salsa

4. organiser une soirée dansante

5. vendre des tee-shirts avec des logos en français

6. aller à New York pour voir *Les Misérables*

N. L'avis d'un médecin *(A doctor's opinion).* Complétez avec la forme convenable du verbe indiqué.

1. Vous avez mal à la tête et vous avez de la fièvre? Alors j'*(exiger)* _____ que vous *(prendre)* _____ un cachet d'aspirine trois fois par jour, que vous *(boire)* _____ beaucoup de jus de fruits et que vous *(venir)* _____ me voir la semaine prochaine.

2. Tu as mal aux jambes, Éric? Alors je *(vouloir)* _____ que tu *(prendre)* _____ un bain chaud et que tu *(ne ... plus faire)* _____ de foot cette semaine.

NOM _____ DATE _____

3. Monsieur Cattelat a mal à l'estomac? Depuis un jour? Madame, il *(être urgent)* _____ qu'il *(venir)* _____ me voir à l'hôpital, sans délai.

4. Non, Madame, ce n'est pas du tout une bonne idée de rendre visite à votre cousine. Je *(préférer)* _____ que vous *(être)* _____ patiente et que vous *(se reposer)* _____ chez vous.

5. Il faut que vous *(faire)* _____ des sacrifices pour maigrir. Il faut surtout que vous *(vouloir)* _____ vraiment maigrir et que vous ne *(manger)* _____ rien après 8 heures du soir. Il est important que vous *(avoir)* _____ beaucoup de volonté.

6. Dans votre état, j'*(exiger)* _____ que vous *(ne ... pas toucher)* _____ à l'alcool et au tabac. Et je *(souhaiter)* _____ que vous *(prendre)* _____ ces médicaments, que vous *(manger)* _____ assez de légumes et que vous *(faire)* _____ du sport modérément.

O. Rédaction. Samira vous interroge. Votre amie Samira, qui habite au Maroc, est étudiante en journalisme. Elle va faire un article sur le stress dans la vie des étudiants. Elle veut que vous décriviez votre semaine et que vous parliez des choses qu'il faut faire. Avant d'écrire, révisez **Début de rédaction,** page 371.

- D'abord, indiquez au moins 7 choses qu'il faut faire et expliquez pourquoi.

Activités	Explications
❏ *Lundi, il faut que je me lève tôt.*	*Il faut aller aux cours.*
1.	
2.	
3.	
4.	
5.	
6.	
7.	

- Maintenant écrivez votre lettre à Samira. Utilisez les conventions d'usage (*usual greetings*) pour écrire une lettre (lieu, date, etc.). Pour aider votre lectrice, n'oubliez pas d'utiliser des mots comme **d'abord, ensuite, alors, enfin ...**

NOM _____ DATE _____

Chapitre 14 *Quelle histoire!*

A. Quelle histoire! Complétez les phrases suivantes au présent d'après les illustrations.

1. Ils _____.

2. Ils _____.

3. Il achète _____.

4. Ils _____.

5. Ils _____.

B. Antonymes. Écrivez des expressions qui veulent dire à peu près le contraire des expressions données.

❑ se marier   *divorcer*

1. se disputer   _____

2. se séparer   _____

3. mariés   _____

4. C'est passionnant!   _____

5. épouser   _____

6. triste   _____

C. «Nos chers enfants». Complétez ce dialogue avec le verbe **dire**. Attention au choix des temps!

1. —_____-moi, qu'est-ce qui est arrivé?

2. —Jérôme _____ à Samira qu'il l'aimait et qu'il allait l'épouser.

3. Il lui _____ hier soir que sa femme et lui avaient l'intention de divorcer.

4. —Sans blague! Moi, je déteste cet imbécile. Il _____ à toutes les femmes qu'il les aime.

5. Tu verras, demain il _____ la même chose à Ghislaine.

6. Hier, je t'_____ que les hommes _____ n'importe quoi *(anything)*.

D. À vous. Répondez d'après l'exemple.

❏ Que dites-vous généralement si vous entendez dire qu'une de vos amies va se marier?

Je dis généralement: «Ah! ça devient sérieux!» ou *Je dis généralement: «Sans blague?»*

1. Que dites-vous si votre camarade de chambre vous réveille à 5 heures du matin?

2. Que dites-vous à quelqu'un que vous aimez?

3. Que disiez-vous souvent à vos professeurs de lycée quand vous ne rendiez pas vos devoirs?

4. Et que disaient vos professeurs si vous ne rendiez pas vos devoirs?

5. Que diront vos parents si vous décidez de ne pas passer les vacances chez eux?

6. Qu'est-ce qu'on dit en français si on veut refuser poliment de boire quelque chose?

7. Que dites-vous si quelqu'un vous dit que vous parlez bien le français?

NOM _____ DATE _____

E. Qu'est-ce qu'on leur donne? Créez des phrases d'après l'exemple. Utilisez **lui** ou **leur** dans chaque phrase.

des chèques *des fleurs* *la voiture*
des examens *une bague de fiançailles* *deux euros*
le permis de conduire *des devoirs*

❑ (l'employé d'une banque) On _lui_ donne _des chèques._

1. (les étudiants) On _____ donne _____
2. (la fiancée) On _____ donne _____
3. (les professeurs) On _____ donne _____
4. (le garagiste) On _____ donne _____
5. (l'agent de police) On _____ donne _____
6. (le vendeur de journaux) On _____ donne _____
7. (une amie qui est à l'hôpital) On _____ donne _____

F. Dis-moi, qu'est-ce que je fais maintenant? François donne des conseils à son camarade de chambre. Écrivez les phrases de François à l'impératif et remplacez le complément d'objet indirect en italique par un pronom.

❑ J'écris la lettre *à Joëlle*?

Oui, écris-lui la lettre! ou _Non, ne lui écris pas la lettre!_

1. Je dis la vérité *à ma mère*?

    Oui, _____

2. J'explique la situation *à l'ancien ami de Joëlle*?

    Non, _____

3. Nous racontons tout *aux parents de Joëlle*?

    Oui, _____

4. Nous rendons visite *à mes grands-parents*?

    Oui, _____

5. Nous téléphonons *au professeur*?

    Oui, _____

6. Je donne la bague de fiançailles *à Joëlle* ce week-end?

    Non, _____

7. Et je dis *à Joëlle* qu'il faut attendre jusqu'à Noël pour le mariage?

    Oui, _____

G. Des obligations. Quand la mère de Patrick et Étienne leur fait des recommandations, ils sont d'accord. Écrivez leurs réponses d'après l'exemple. Utilisez le verbe **aller** et remplacez les expressions en italique par un pronom d'objet direct ou indirect.

❑ Il faut que vous écriviez *à vos grands-parents.*

D'accord, nous allons leur écrire.

1. Il ne faut pas que vous oubliiez de téléphoner *à vos cousines.*

2. Patrick, il faut que tu écrives *à ton oncle Antoine.*

3. Étienne, ce week-end, il faut que tu parles *à tes cousines* de ton université.

4. Et Étienne, quand tu vas chercher tante Odile, il faut absolument que tu prennes *la Renault.*

5. Et il ne faut pas que tu conduises *la voiture* comme un fou.

6. Patrick, il faut que tu montres les photos de ton voyage à Lille *à Odile.*

7. Ne regardez pas *la télé* pendant le dîner.

8. Et quand Odile jouera du piano, il faudra que vous écoutiez *les morceaux* patiemment.

NOM _____ DATE _____

H. Une amie sensationnelle. Complétez le paragraphe suivant avec des pronoms objets directs ou indirects.

Mira est une amie formidable! Je _____ connais depuis longtemps. Elle et moi, nous nous entendons très bien et nous avons les mêmes goûts. Je _____ emprunte ses CD et je _____ prête mes cassettes. Je _____ parle toujours de mes problèmes. Je _____ demande ce qu'elle pense de mes projets et elle _____ donne des conseils. Quand elle rentre d'un rendez-vous, par exemple, elle _____ raconte tout ce qui est arrivé. Moi aussi, quand je sors avec quelqu'un, je _____ dis tout.

Ses parents sont très gentils. Ils aiment beaucoup les étudiants étrangers et ils _____ demandent souvent de _____ rendre visite. Au fait, je viens de _____ téléphoner pour _____ dire que j'irai _____ voir samedi. Ils habitent dans une grande maison près de Fez. Tiens, Denise, si tu veux venir avec moi, je suis sûre qu'ils seront heureux de _____ inviter. On passera un week-end super!

I. Tu crois? On parle de l'émission *Survivor*. Complétez avec la forme convenable de **croire** et de **voir**. Utilisez le présent, le futur, le passé composé ou l'infinitif.

☐ Je _crois_ (croire) qu'ils vont se séparer.

1. —Jacques, est-ce que tu _____ (voir) *Survivor* hier soir?

2. —Oui! Je ne peux pas _____ (croire) ce qui est arrivé!

3. Trois personnes se sont disputées. Tu _____ (croire) qu'ils vont voter contre Jerri?

4. —Je _____ (ne pas voir) l'émission de la semaine dernière. Qu'est-ce qui s'est passé?

5. —Jerri _____ (croire) voir Kel manger de la viande sèche.

6. —Je _____ (croire) qu'elle a menti *[lied]* pour que les autres votent contre Kel.

7. —Tu penses que les autres l'_____ (croire)?

8. —Je ne sais pas, mais j'_____ (voir) que Mad Dog était en colère!

9. —Est-ce que tu _____ (voir) l'émission de la semaine prochaine?

10. —Non, je ne _____ (croire) pas. Tu me raconteras?

J. Perdu *(Clueless).* Un de vos amis n'a pas assisté au cours la semaine dernière, et maintenant il est complètement perdu. Aidez-le à poser des questions en utilisant d'abord la forme correcte de l'adjectif **quel**, ensuite les pronoms interrogatifs comme **lequel, auquel** et **duquel**. Faites attention à l'accord!

❑ —Nous avons parlé *des pronoms*. — *De quels pronoms?*

   —Des pronoms interrogatifs. — *Desquels?*

1. —Vous avez appris *les verbes*? —_____

   —Les verbes **voir** et **croire**. —_____

2. —Vous avez compris *la leçon*? —_____

   —La leçon de grammaire. —_____

3. —Vous répondrez *aux questions*? —_____

   —Aux questions du remplaçant *(substitute teacher)*. —_____

4. —Vous aurez une bonne note *à l'examen*? —_____

   —À l'examen de demain. —_____

5. —Vous êtes allés voir *le film*? —_____

   —Le film que j'ai recommandé. —_____

6. —Vous parlerez *de la leçon*. —_____

   —De la leçon de conduite. —_____

K. Quelle soirée! Vous êtes à une soirée d'étudiants où vous entendez des bribes *(snippets)* de conversations, mais personne ne sait utiliser les pronoms relatifs! Mentalement, vous reconstruisez toutes leurs phrases. Écrivez-les en utilisant les pronoms relatifs **qui, que** ou **dont,** selon le besoin.

❑ J'ai mangé un hamburger. Ce hamburger m'a rendu malade.

   J'ai mangé un hamburger qui m'a rendu malade.

❑ J'ai mangé une pizza. J'ai beaucoup aimé cette pizza.

   J'ai mangé une pizza que j'ai beaucoup aimée.

❑ J'ai mangé un couscous. Je me souviendrai toujours de ce couscous.

   J'ai mangé un couscous dont je me souviendrai toujours.

1. Va voir «La Joconde.» «La Joconde» s'appelle aussi *Mona Lisa*.

   _____

2. Voici l'étudiante. Vous m'avez parlé de cette étudiante.

   _____

NOM _____ DATE _____

3. Le manteau est à toi? <u>Le manteau</u> est sur le sofa.

4. *Le Monde* est un journal français. Je préfère <u>Le Monde</u>.

5. J'ai oublié le nom du livre. Tu m'as conseillé de lire <u>ce livre</u>.

6. Marc t'a apporté le cadeau. <u>Ce cadeau</u> est sur la table.

7. Carthage est une ville. Il ne reste rien <u>de cette ville</u>.

8. Les étudiants ont des difficultés à vivre. <u>Ces étudiants</u> sont pauvres.

9. Cet homme semble perdu. Tu vois <u>cet homme</u> là-bas.

10. Je ne connais pas ces gens. <u>Ces gens</u> sont venus te voir.

L. Des goûts et des couleurs *(Personal preferences).* Complétez les phrases suivantes avec vos préférences.

❏ J'aime les romans *qui sont passionnants.*
   que j'achète à la gare.
   dont je t'ai parlé hier.

1. Le Maroc est un pays _____
2. J'aime les profs _____
3. Va voir ce film _____
4. Je n'aime pas les gens _____
5. C'est un étudiant _____

M. Des sentiments. Choisissez une expression de la liste pour donner votre réaction. Suivez l'exemple et utilisez le subjonctif.

je suis ravi(e) que	je suis content(e) que	il est incroyable que
il est ridicule que	il n'est pas possible que	c'est dommage que
je suis désolé(e) que	je suis triste que	je regrette que
je suis fâché(e) que		

❑ Il n'y a pas de cours vendredi.

Je suis content(e) qu'il n'y ait pas de cours vendredi. ou

Il est ridicule qu'il n'y ait pas de cours vendredi.

1. Nous parlons français entre nous.

2. Quelques étudiants veulent toujours répondre en anglais.

3. Le professeur explique bien la leçon.

4. On a beaucoup de devoirs.

5. Nous avons un examen vendredi après-midi.

6. Je pourrai me reposer ce week-end.

7. Mes parents viendront me rendre visite.

8. Toi et moi, nous irons voir un film samedi soir.

9. Nous pourrons passer du temps ensemble.

10. Il va pleuvoir.

N. Des besoins. Écrivez les réponses du réceptionniste de l'hôtel Luxor à Rabat, qui utilise à chaque fois le pronom **en**.

❑ Où est-ce que je peux trouver *des cachets d'aspirine*?

Vous pouvez en trouver à la pharmacie.

1. Pardon, où est-ce qu'on vend *des cigarettes*?

2. Où pouvons-nous trouver un *bon dîner peu cher*?

3. Combien de *vins* y a-t-il dans leur liste des vins?

4. Est-ce qu'on peut boire *du café* tard le soir?

5. Combien de *chambres libres* avez-vous?

6. Est-ce que vous avez *des brochures touristiques*?

7. Qui vend *de belles cartes postales*?

8. Où y a-t-il *des journaux*?

O. Rédaction: Un téléguide. Écrivez un téléguide pour votre professeur de français. D'abord, choisissez cinq émissions que vous connaissez et écrivez une description de chacune. Ensuite, donnez votre avis. Quelle est votre opinion sur chacune de ces émissions? Y en a-t-il que vous trouvez formidables? ridicules? Avant d'écrire, révisez **Début de rédaction,** page 402.

- Avant de commencer, répondez aux questions suivantes.

    1. Regardez-vous souvent la télévision?

2. Si oui, quel est votre type de programme préféré? (les documentaires? les films? les émissions sportives? les informations? etc.) Si non, pourquoi ne la regardez-vous pas? (manque *[lack]* de temps? d'intérêt? etc.)

- Écrivez maintenant votre téléguide.

NOM _____ DATE _____

Chapitre 15 *Qu'est-ce que je devrais faire?*

A. Sur la route. Choisissez les phrases de la colonne droite qui complètent les phrases de la colonne gauche.

1. Qu'est-ce qui est arrivé? _____
2. Elle allait au travail ce matin quand ... _____
3. Le conducteur de la voiture roulait trop vite. Sans doute ... _____
4. Il était ivre, alors ... _____
5. Heureusement il y avait un gendarme juste derrière ... _____
6. Il a assuré à Emmanuelle que ... _____
7. Le gendarme a parlé au monsieur et ... _____

a. c'était la faute du monsieur.
b. qui a vu l'accident.
c. il lui a donné une contravention.
d. il ne faisait pas attention.
e. Emmanuelle a eu un accident.
f. sa mobylette est entrée en collision avec une voiture.
g. il avait trop bu.

B. Un accident. Complétez en utilisant selon le cas le passé composé ou l'imparfait des verbes indiqués.

Hier, je *(voir)* _____ un accident. Il *(avoir lieu)* _____ à 7 h 30, au coin du boulevard des Alpes et de la rue Amat. Il *(neiger)* _____. Jeannette et moi, nous *(être)* _____ en retard, mais nous *(ne ... pas rouler)* _____ très vite parce que la chaussée *(être)* _____ glissante. Mais le conducteur d'une Peugeot 405, qui *(venir)* _____ de la droite à toute vitesse, *(ne ... pas pouvoir)* _____ freiner au feu rouge et il *(heurter)* _____ une Volvo. Le conducteur de la Volvo *(être)* _____ blessé. Jeannette et moi, nous *(téléphoner)* _____ tout de suite à la police. L'ambulance *(arriver)* _____ quelques minutes après. Un agent de police *(donner)* _____ une contravention au monsieur qui *(conduire)* _____ la Peugeot.

C. Parce que ... Expliquez pourquoi personne n'était contente ce jour-là, en utilisant le plus-que-parfait des verbes entre parenthèses.

❑ Marc pleurait. *(perdre son chien)*

　　Il avait perdu son chien.

1. Julienne avait mal au ventre. *(trop manger)*

2. Denis a reçu une contravention. *(conduire trop vite)*

3. Mes parents étaient fâchés contre Juliette. *(rentrer trop tard)*

4. Jacques et Sandrine avaient mal aux dents. *(manger trop de bonbons)*

5. Nous avions mal aux jambes. *(trop jouer au football)*

6. Le professeur a parlé avec Éric. *(oublier de rendre ses devoirs)*

7. Luc et Antoine étaient tristes. *(avoir de mauvaises notes)*

8. Germaine était sale. *(avoir des problèmes mécaniques)*

9. Muriel avait mal aux yeux. *(utiliser l'ordinateur trop longtemps)*

10. Toi, tu étais déçu(e). *(arriver trop tard au cinéma pour voir le film)*

D. Une révision. Répondez à votre amie selon ce qu'elle vous dit et avec les solutions proposées entre parenthèses. Utilisez le verbe **devoir** au présent.

❑ Je veux réussir à mon examen. *(étudier ce soir)*

　　Alors, tu dois étudier ce soir.

1. Nous voulons maigrir. *(faire du jogging)*

NOM _____ DATE _____

2. Ma sœur veut voyager en Afrique l'été prochain. *(faire des économies)*

   _____

3. André veut se marier avec moi. *(acheter une bague de fiançailles)*

   _____

4. Les autres veulent regarder le match de basket ce soir. *(d'abord finir de nettoyer l'appartement)*

   _____

5. J'ai mal à la tête. *(prendre de l'aspirine)*

   _____

6. Je voudrais me reposer. *(ne pas sortir ce soir)*

   _____

E. L'orientation. Vous êtes à une réunion d'orientation d'étudiants qui vont aller en France cet été. Utilisez le temps du verbe **devoir** qui convient le mieux au contexte. (Choisissez entre le présent, l'imparfait, le passé composé et le futur.)

❏ J'ai eu un accident hier soir; et je ___*dois*___ prendre le bus aujourd'hui.

1. Pourquoi est-ce que Kelly n'est pas ici? Elle _____ être malade.

2. Quel temps fera-t-il à Paris en juin? Nous _____ apporter un parapluie.

3. À cause des prix des billets sur Air France, nous _____ acheter des billets avec KLM, parce qu'ils étaient moins chers.

4. Nous arriverons en Belgique et nous _____ aller à Paris en train.

5. Pauvre Julien! Il _____ venir avec nous, mais il n'a pas assez d'argent pour cet été.

6. Souviens-toi! Tu me _____ 10,50 euros pour le *Guide des rues de Paris* que je t'ai acheté hier!

7. Mon professeur de français n'a pas pu envoyer sa lettre de recommandation. Il _____ être trop occupé!

8. Avant de partir ce soir, vous _____ me donner votre numéro de téléphone.

F. Témoin d'un accident. La police demande des renseignements au témoin d'un accident. Ses réponses sont souvent imprécises. Alors, l'agent repose les questions et demande des précisions. Cette fois-ci, posez les questions de l'agent en suivant l'exemple.

❑ LE TÉMOIN: *Il* a freiné trop tard.

   L'AGENT: _Qui est-ce qui a freiné trop tard?_ ou _Qui a freiné trop tard?_

   LE TÉMOIN: J'ai entendu *quelque chose*.

   L'AGENT: _Qu'est-ce que vous avez entendu?_

1. LE TÉMOIN: *Elle* roulait très vite.

   L'AGENT: _____

2. LE TÉMOIN: *Quelque chose* traversait la rue.

   L'AGENT: _____

3. LE TÉMOIN: *Elle* ne faisait pas attention.

   L'AGENT: _____

4. LE TÉMOIN: *La rue* était très glissante.

   L'AGENT: _____

5. LE TÉMOIN: Un monsieur a dit *«Mince!»*

   L'AGENT: _____

6. LE TÉMOIN: *Une voiture de marque japonaise* a heurté ma voiture.

   L'AGENT: _____

7. LE TÉMOIN: J'ai entendu *deux personnes* qui parlaient espagnol.

   L'AGENT: _____

8. LE TÉMOIN: J'ai vu *une femme* sortir de la voiture.

   L'AGENT: _____

9. LE TÉMOIN: Elle m'a demandé *de l'aider*.

   L'AGENT: _____

10. LE TÉMOIN: Elle disait *des choses* que je n'ai pas comprises.

   L'AGENT: _____

NOM _____ DATE _____

G. La carte postale brouillée *(smudged).* Louise Lambert est partie en vacances. Elle a envoyé une carte postale à son amie Sylvie, mais il a plu, et Sylvia ne peut pas tout comprendre. Quand Louise téléphonera, Sylvie lui posera une série de questions concernant les parties de la carte qu'elle ne pouvait pas lire. Lisez la carte et ensuite écrivez les questions de Sylvie.

> Cancun, le 10 juillet.
> Chère Sylvie,
> Je t'écris ces quelques lignes pour te dire que je m'amuse beaucoup. Hier, j'ai visité ▓▓▓ (1). Je trouve cet endroit très beau. Et ▓▓▓ (2) est passionnant! Je suis chez ▓▓▓ (3) depuis trois jours. ▓▓▓ (4) est arrivé hier. Il m'a dit ▓▓▓ (5). ▓▓▓ (6) et moi, nous sommes sortis dîner hier soir. Cet après-midi, je vais contacter notre ami ▓▓▓ (7). Si tu veux, nous pourrons ▓▓▓ (8) quand je serai de retour, d'accord? Je te passerai un coup de téléphone avant mon retour.
> amicalement, Louise

☐ _Quand me passeras-tu un coup de téléphone?_

Questions:

1. _____
2. _____
3. _____
4. _____
5. _____
6. _____
7. _____
8. _____

H. Un mystère. Complétez avec **personne, rien** ou **quelqu'un** le compte rendu d'un inspecteur de police.

1. _____ m'a téléphoné à 6 heures pour me parler.

2. Mais il ne voulait _____ dire au téléphone.

3. Une fois arrivé à la maison, le monsieur m'a dit que _____ d'extraordinaire n'est arrivé.

4. Mon amie a vu _____ qui portait des lunettes.

5. Elle avait trop peur; alors elle n'a _____ dit quand elle l'a vu.

6. On a entendu du bruit? Non, _____ n'a entendu de bruit.

7. Ensuite, on a remarqué que _____ avait pris des fourchettes et des couteaux.

8. _____ d'autre ne manquait.

9. Et _____ ne sait où sont les fourchettes et les couteaux maintenant.

10. Bref, _____ ne sait exactement ce qui est arrivé.

I. Au restaurant. Utilisez le conditionnel pour demander des services plus poliment.

❑ Nous voulons une table pour quatre, s'il vous plaît.

Nous voudrions une table pour quatre, s'il vous plaît.

1. Nous voulons une section non fumeur.

   _____

2. Pouvez-vous me dire où se trouvent les toilettes?

   _____

3. Voulez-vous nous recommander un plat?

   _____

4. Est-ce que vous pouvez nous expliquer ce que c'est que «le steak tartare»?

   _____

NOM _____ DATE _____

5. Je veux de la tarte aux pommes.

   _____

6. Nous désirons avoir l'addition, s'il vous plaît.

   _____

J. Ce qu'on devrait faire pour recevoir une bonne note. Écrivez des phrases complètes avec le verbe **devoir** au conditionnel d'après l'exemple.

❑ les étudiants / arriver à l'heure

   Les étudiants devraient arriver à l'heure.

1. les étudiants / rendre toujours leurs devoirs

   _____

2. Marie / ne ... pas s'endormir

   _____

3. Adihaha / prendre des notes

   _____

4. Nathalie et Lucie / étudier la grammaire

   _____

5. Jacob et Bill / répondre en français

   _____

6. nous / demander des explications

   _____

7. les étudiants / lire la leçon avant le cours

   _____

8. le professeur / être content quand les étudiants parlent français

   _____

Copyright © Heinle, Cengage Learning. All rights reserved.　　Chapitre 15: WORKBOOK　153

K. Si on gagnait à la loterie ... ? Formez des phrases complètes pour suggérer ce que les gagnants *(winners)* de la loterie pourraient faire.

❏ Janine / vendre sa moto / acheter une voiture de sport

Janine vendrait sa moto et achèterait une voiture de sport.

1. Les Dubois / organiser une grande fête de trois jours / partir en vacances en Corse

2. Jean-Luc / inviter tous ses amis / voyager avec tout le groupe à Tahiti

3. Mes parents / acheter de nouveaux meubles *(furniture)* / mettre le reste de l'argent à la banque

4. Ma meilleure amie, mon copain et moi / dîner dans un des grands restaurants parisiens / faire le tour du monde

5. Les étudiants de la classe de français / faire un voyage en France, au Maroc et au Sénégal / y rester toute une année

6. Ma cousine / rendre visite à toutes ses amies / faire un voyage en Inde

7. Mon oncle Joseph / ne ... plus travailler / se reposer en Espagne

8. Votre professeur / aller à la Guadeloupe / écrire un roman

9. Et vous? Que feriez-vous si vous gagniez cinq millions d'euros à la loterie? Mentionnez cinq choses.

NOM _____ DATE _____

L. Ah! Si j'étais riche ... ! Complétez les phrases suivantes en utilisant le présent du conditionnel.

❑ Si j'étais riche, je ne *(venir)* pas au cours.

   Si j'étais riche, je ne viendrais pas au cours.

1. ... je *(faire)* _____ le tour du monde.

2. ... je *(voyager)* _____ en avion.

3. ... je *(prendre)* _____ des vacances à Tahiti tous les étés.

4. ... mes frères *(venir)* _____ avec moi en vacances.

5. ... j'*(offrir)* _____ une belle voiture à mes parents.

6. ... nous ne *(faire)* _____ plus la vaisselle.

7. ... mon fils *(pouvoir)* _____ faire ses études à Harvard.

8. ... je *(habiter)* _____ dans un beau château.

9. ... nous *(être)* _____ tous très heureux.

10. ... la vie *(être)* _____ belle!

M. *Rédaction:* Le voyage de mes rêves. Si vous aviez deux semaines de vacances, iriez-vous à Port-au-Prince, à Rabat, à Dakar, à Montréal ou à Genève? Après avoir fait votre choix hypothétique, vous allez écrire une lettre à un(e) ami(e). Avant d'écrire, révisez **Début de rédaction,** page 426.

- Répondez à ces questions.

   1. Quels endroits est-ce que vous visiteriez?

      _____

   2. Voyageriez-vous seul(e) ou avec quelqu'un?

      _____

   3. Combien de temps y passeriez-vous?

      _____

   4. Quels hôtels est-ce que vous choisiriez?

      _____

   5. Vous feriez des réservations pour quelle sorte de chambre?

      _____

6. Quels gens est-ce que vous aimeriez rencontrer?
   _____

7. Quelles activités aimeriez-vous faire pendant le voyage?
   _____

- À l'aide des réponses que vous avez écrites plus haut, écrivez votre lettre à votre ami(e).

NOM _____ DATE _____

Chapitre 8 *On mange bien en France*

Partie A: Prononciation

Activité 1: [s] / [z] et [ʃ] / [ʒ]

Read the pronunciation section for Chapter 8 of **Entre amis.** Listen to the words to determine which ones contain an [s] or a [z], a [ʃ] or a [ʒ] sound. *Attention!* Some words may contain more than one of these sounds!

	[s]	[z]	[ʃ]	[ʒ]
❑	X			
1.				
2.				
3.				
4.				
5.				
6.				
7.				
8.				
9.				
10.				

Activité 2: [g] ou [ʒ]?

Look at the following words and pronounce them for yourself. Then, listening to the same words, decide whether you were right or wrong.

❑ You see: regarder
　 You say: **regarder**
　 You hear: regarder

1. voyager
2. église
3. gymnase
4. gentille
5. guitare
6. grimper
7. partageons
8. Sénégal
9. ménage
10. gauche

Copyright © Heinle, Cengage Learning. All rights reserved.　　　Chapitre 8: LAB MANUAL　　211

Partie B: Compréhension

Activité 1: Quelle est la bonne réponse?

For each item, you see two choices. Listen to the question or statement and say the appropriate choice. Then listen to the speaker to check your answers.

1. a. Non, merci, je n'ai pas soif.
   b. Non, merci, je n'ai pas faim.
2. a. Oui, j'ai sommeil.
   b. Oui, vous avez très sommeil.
3. a. La température est de 32° C.
   b. La température est de 0° C.
4. a. D'accord, maman, tu as raison.
   b. Mais non, maman, tu as tort.
5. a. Je n'ai pas envie d'y aller—j'en ai peur.
   b. Je n'ai pas envie d'y aller—j'ai sommeil.
6. a. Je veux bien.
   b. Je vous en prie.

Activité 2: À la fortune du pot

Stacie, an American student in France, invites the members of her choir to a potluck supper at her house before their next concert. They offer to bring various dishes. Listen as the members of the choir discuss what they are going to make for the dinner.

Les hors-d'œuvre. Check off the ingredients that Pascale and Georges will *not* have to buy to prepare their appetizer.

_____ du brocoli   _____ des concombres

_____ des carottes   _____ des oignons

_____ du céleri   _____ des olives

_____ des champignons   _____ des tomates

Le plat principal. Check off the ingredients that Richard and Martin *need* to buy to prepare the main course.

_____ du lapin (rabbit)   _____ de l'ail

_____ du beurre   _____ de la crème fraîche

_____ du thym   _____ de la moutarde

Le dessert. What will Sam and Anne bring for dessert? Check the correct items.

_____ des bonbons   _____ de la glace

_____ du fromage   _____ de la pâtisserie

_____ des fruits

NOM _____ DATE _____

Le vin. What wine will be served with each course? Draw a line to match each wine with the course with which it will be served. NOTE: One of the wines is served with two different courses.

vin	*plats*
du beaujolais	des amuse-gueules *(cocktail snacks, such as nuts, chips, or crackers)*
du champagne	des hors-d'œuvre
du bordeaux	le plat principal
	le dessert

Activité 3: Vous en voulez combien?

Listen to the descriptions of the following situations. Decide how much or how many of the items mentioned each person needs. Circle your answers.

1. trop de croissants   peu de croissants
2. une douzaine d'œufs   deux œufs
3. une tranche de jambon   une assiette de jambon
4. une bouteille de vin   un verre de vin
5. une boîte de petits pois   une douzaine de petits pois

Partie C: En contexte

Activité 1: Vignette

A lady is ordering a meal in a restaurant.

A. Avant d'écouter. Before listening, try to give at least one French expression for each of the following.

1. What will the waiter probably say when he comes over to her table?

   _____

2. Name three kinds of vegetables that she might order.

   _____

B. À l'écoute. First, listen to the conversation once or twice without writing. Keep in mind who the characters are, where they are, and what they are doing, to predict what they will say and understand them better. Then, write the missing parts in the blank spaces provided. Finally, reread what you have written to check spelling and grammar.

Le serveur:	Vous _____, Madame?
Mme Verdier:	Oui, je _____.
Le serveur:	_____ aussi _____?
Mme Verdier:	_____, pas ce soir. Est-ce que _____?
Le serveur:	_____ est _____.
Mme Verdier:	Alors, _____ aussi _____.
Le serveur:	Et comme _____?
Mme Verdier:	Des _____ et des _____, s'il vous plaît.
Le serveur:	_____.

Activité 2: À vous

Close your text before doing this activity. Respond orally and in writing. You will hear each question twice. After the question is repeated, you will have time to respond. When you finish, check your comprehension of the questions on page 234 of your text.

1. _____
2. _____
3. _____
4. _____
5. _____
6. _____
7. _____
8. _____
9. _____
10. _____
11. _____

NOM _____ DATE _____

Chapitre 9 Où est-ce qu'on l'achète?

Partie A: Prononciation

Le son [R]. Read the pronunciation section for Chapter 9 of *Entre amis.* Then say the words listed below after you hear the exercise number, listen to the words on the recording, and repeat what you hear.

❏ You hear: 1
  You say: **rouge**
  You hear: rouge
  You repeat: **rouge**

1. rouge
2. propre
3. Robert
4. la gare
5. le grade

6. la droite
7. mon frère
8. quatre
9. je crois
10. bonjour

Partie B: Compréhension

Activité 1: Mais c'est trop cher!

A. Alix stops at a different shop each day on her way home from the subway. Listen to the following snatches of conversation she overheard in the shops last week. See if you can guess which type of shop she visited each day. Write your answer in column 1 (*où?*) of the chart below. The first one is done for you.

jour	où?	quoi?	prix?
lundi	la boulangerie	des croissants	80 centimes/pièces
mardi			
mercredi			
jeudi			
vendredi			

B. Now listen again to the five merchants. In column 2 of the chart above, note the products that are being sold in each shop. In column 3, note how much each product costs per unit. Write this information in the chart above. Again, the first one is done for you.

C. Refer to the chart that you filled in above. You will hear questions about the shops, products, and prices. When you hear each question, say the complete answer. Then listen to the speaker repeat the correct answer.

Copyright © Heinle, Cengage Learning. All rights reserved.   Chapitre 9: LAB MANUAL   215

Activité 2: Chez le docteur

Doctors have to be knowledgeable about statistics and symptoms. If you were a doctor, how would you identify the following medical conditions? Look at each pair below, listen to the statements, and circle your choice.

1. le SIDA *(AIDS)* ou la bronchite
2. la varicelle *(chicken pox)* ou une crise cardiaque
3. le cancer ou la pneumonie
4. un rhume ou la rougeole *(measles)*
5. une angine *(strep throat)* ou le cancer
6. mal à la gorge ou mal aux pieds

Activité 3: La loterie anatomique

A. Study the drawing of the person you see, as well as the "game board" that follows. Write the name of the body part you see in each square of the game board.

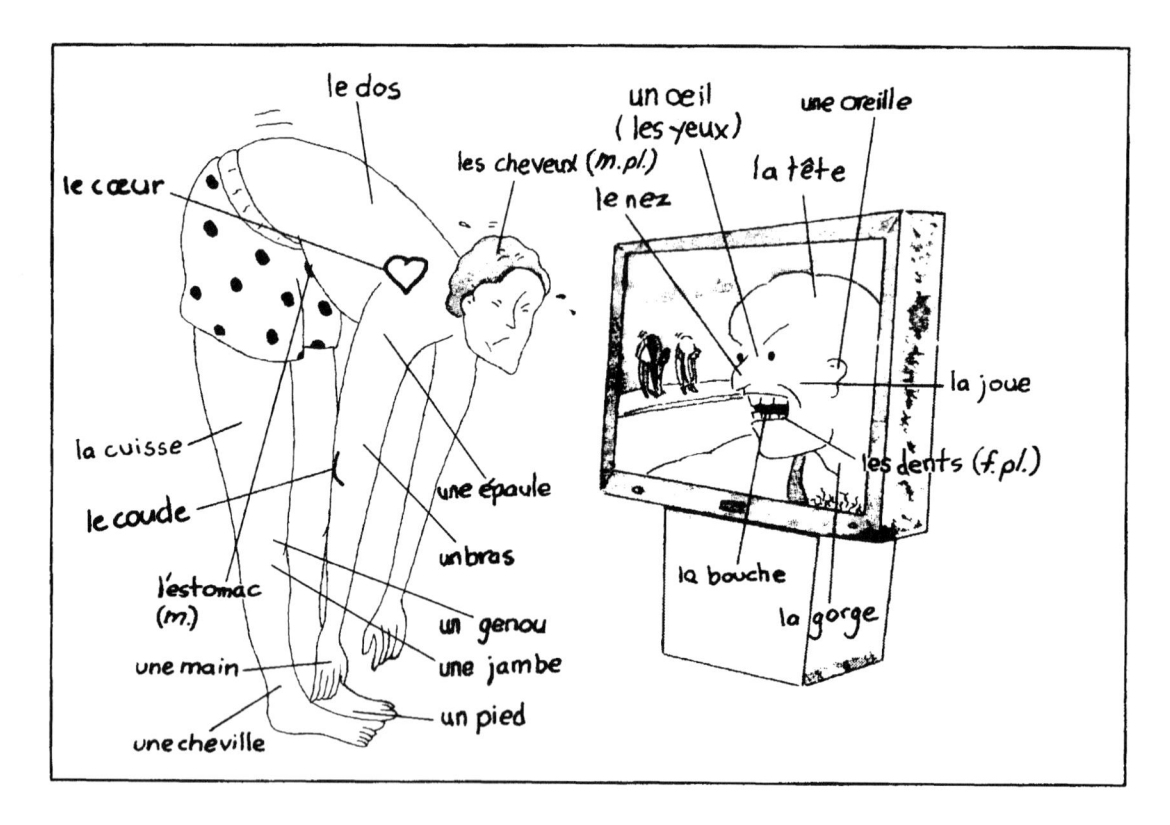

Labels in drawing: le dos, un œil (les yeux), une oreille, le cœur, les cheveux (m.pl.), la tête, le nez, la joue, la cuisse, les dents (f.pl.), le coude, une épaule, un bras, l'estomac (m.), la bouche, la gorge, une main, un genou, une jambe, une cheville, un pied

216 ENTRE AMIS: Student Activities Manual

NOM _____ DATE _____

B. Now listen as various body parts are described. For each description you hear, find the corresponding square on the game board and put an "X" on it. When you have crossed out an entire horizontal, vertical, or diagonal line, you are a winner!

Chapitre 9: LAB MANUAL   217

Activité 4: Dessinez (Draw) une personne!

You will be given directions to draw a person. Listen and draw each body part or feature of the person as directed. You may wish to stop the audio after each direction.

❏ Dessinez un corps assez long.

NOM _____ DATE _____

Partie C: En contexte

Activité 1: Vignette

A French narrator explains the difference between **la pharmacie** and **le bureau de tabac.**

A. Avant d'écouter. Before listening, try to give at least one French expression for each of the following.

1. Name two things that are found in a French **pharmacie** and one thing that is not found there.
   _____

2. Name two things that are found in a French **bureau de tabac** and one thing that is not found there.
   _____

B. À l'écoute. First, listen to the conversation once or twice without writing. Keep in mind that you are comparing two places you have already studied. That should help you to predict some of what the speaker will say. Then, write the missing parts in the blank spaces provided. Finally, reread what you have written to check spelling and grammar.

En France, _____

journaux. Aux _____ on _____ acheter des journaux

_____. Si _____ timbres

_____ France, ou si _____

_____ journal ou _____,

il faut _____. On _____ aussi _____

_____, mais _____ médicaments.

Activité 2: À vous

Close your text before doing this activity. Respond orally and in writing. You will hear each question twice. After the question is repeated, you will have time to respond. When you finish, check your comprehension of the questions on page 262 of your text.

1. _____
2. _____
3. _____

Copyright © Heinle, Cengage Learning. All rights reserved. Chapitre 9: LAB MANUAL 219

4. _____
5. _____
6. _____
7. _____
8. _____

NOM _____ DATE _____

Chapitre 10 *Dans la rue et sur la route*

Partie A: Prononciation

A. h muet et h aspiré. Read the pronunciation section for Chapter 10 of *Entre amis* and listen to the words to determine which ones contain a mute [h] or an aspirate [h] sound.

❏ You hear: l'heure
   You check: **h muet**

	h *muet*	h *aspiré*
❏	X	
1.		
2.		
3.		
4.		
5.		
6.		
7.		
8.		
9.		
10.		

B. After you hear the exercise number, say the corresponding words below. Listen to the words on the audio. Then repeat what you hear.

1. les huit enfants
2. les haricots verts
3. la bibliothèque
4. C'est un homme qui est heureux.
5. D'habitude, je bois du thé à deux heures.

Partie B: Compréhension

Activité 1: Mais c'est vrai!

A. French teachers hear a lot of excuses from students who haven't done their homework. Imagine that you are the teacher listening to students offer their excuses. Which excuses are you going to accept? Which are unacceptable? Mark your answers below.

	acceptable	pas acceptable		acceptable	pas acceptable
1.	_____	_____	4.	_____	_____
2.	_____	_____	5.	_____	_____
3.	_____	_____			

B. Now imagine that you are a parent and that dinner is ready. You call your children to the table, but none of them is willing to come. They're all playing videogames. Which excuses are you going to accept?

	acceptable	pas acceptable		acceptable	pas acceptable
1.	_____	_____	4.	_____	_____
2.	_____	_____	5.	_____	_____
3.	_____	_____			

C. Imagine you have a roommate who hates cleaning up. S/he offers you numerous excuses for not cleaning the apartment. Which are you going to accept?

	acceptable	pas acceptable		acceptable	pas acceptable
1.	_____	_____	4.	_____	_____
2.	_____	_____	5.	_____	_____
3.	_____	_____			

D. Imagine that you are the owner of a small company. Some of your employees always arrive late to work. Which of their excuses are you going to accept?

	acceptable	pas acceptable		acceptable	pas acceptable
1.	_____	_____	4.	_____	_____
2.	_____	_____	5.	_____	_____
3.	_____	_____			

NOM _____ DATE _____

Activité 2: *Mais c'est vrai!* (suite)

A. Now you will have a chance to hear and repeat one excuse from each group in Activity 1. When you hear the excuse, repeat it during the pause, trying to sound as much like the speaker as you can to make your excuse believable. You'll have a chance to hear and say each one twice.

1. —Où sont tes devoirs?

   —_____.

2. —À table!

   —_____.

3. —Quand vas-tu faire le ménage?

   —_____.

4. —Simonet, vous êtes en retard pour la troisième fois cette semaine!

   —_____.

B. Listen again to the excuses made by various people in Activity 1. Which ones have you used yourself in similar situations? Put a check in the appropriate box.

	jamais	*une fois*	*plus d'une fois*	*souvent*
A. 1.				
2.				
3.				
4.				
5.				

	jamais	*une fois*	*plus d'une fois*	*souvent*
B. 1.				
2.				
3.				
4.				
5.				

	jamais	une fois	plus d'une fois	souvent
C. 1.				
2.				
3.				
4.				
5.				

	jamais	une fois	plus d'une fois	souvent
D. 1.				
2.				
3.				
4.				
5.				

Activité 3: Qu'est-ce qu'il a dit?

You are at a party. As you wander from group to group, you hear snatches of conversation. What are all these people talking about? Listen carefully and circle your answer.

❏ (le mari de Jacqueline)
   les parents de Jacqueline
   les sœurs de Jacqueline

1. un pantalon
   une cravate
   des lunettes de soleil

2. des escargots
   une tarte
   du gruyère

3. une maison
   une voiture
   un ordinateur

4. le coca
   le thé
   la bière

Activité 4: Qu'est-ce que vous suggérez?

A. Everyone loves to give advice. Listen to the following pieces of advice and decide who is most likely to be *giving* them to you. Circle your answer.

1. a. votre père   b. votre professeur
2. a. votre mari (votre femme) b. votre petite sœur
3. a. votre camarade de chambre b. votre mère
4. a. votre petit frère   b. votre frère aîné *(older)*

NOM _____ DATE _____

B. Now decide who might be on the *receiving* end of the following pieces of advice.

1. a. votre père　　　　　　　　　　　b. votre professeur
2. a. votre mari (votre femme)　　　　b. votre petite sœur
3. a. votre camarade de chambre　　　b. votre mère
4. a. votre secrétaire　　　　　　　　b. un agent de police

Partie C: En contexte

Activité 1: Vignette

A mother and her son are in the family car.

A. Avant d'écouter. Before listening, try to give at least one French expression for each of the following.

1. How might she ask him if he wants to drive?

   _____

2. What might he say to request that she not speak while he drives?

   _____

B. À l'écoute. First, listen to the conversation once or twice without writing. Keep in mind who the characters are, where they are, and what they are doing, to predict what they will say and understand them better. Then, write the missing parts in the blank spaces provided. Finally, reread what you have written to check spelling and grammar.

MÈRE:	Tu _____?
FILS:	Pas _____. Parce _____ quand _____.
MÈRE:	_____ apprendre si _____?
FILS:	_____. Je _____. Mais _____.
MÈRE:	Moi? _____.
FILS:	Maman! _____! Je _____.

Copyright © Heinle, Cengage Learning. All rights reserved.　　　Chapitre 10: LAB MANUAL　225

Activité 2: À vous

Close your text before doing this activity. Respond orally and in writing. You will hear each question twice. After the question is repeated, you will have time to respond. When you finish, check your comprehension of the questions on page 289 of your text.

1. _____
2. _____
3. _____
4. _____
5. _____
6. _____
7. _____

NOM _____ DATE _____

Chapitre 11 *Comme si c'était hier*

Partie A: Prononciation

A. [i] et [j]. Read the pronunciation section for Chapter 11 of *Entre amis* and listen to the words to determine which ones contain an [i] or a [j] sound.

	[i]	[j]
❑		X
1.		
2.		
3.		
4.		
5.		
6.		
7.		
8.		
9.		
10.		

B. Pronounce the following words correctly, then listen to the audio and repeat.

1. Sylvie
2. pâtisserie
3. il travaille
4. un conseil
5. principal
6. gentil
7. gentille
8. une bouteille
9. mille
10. tranquille

Chapitre 11: LAB MANUAL 227

Partie B: Compréhension

Activité 1: Contes de notre enfance

Do you know these writers by name? Put a check to the left of those that you have heard of. To the right, give the letter of the type of literature for which each is famous (there may be more than one author for a certain type of literature).

_____ les frères Grimm _____   a. les fables

_____ Ésope _____   b. les romans policiers

_____ La Fontaine _____   c. les contes de fées *(fairy tales)*

_____ Perrault _____   d. les bandes dessinées

Activité 2: Il était une fois ... *(Once upon a time ...)*

A. You will hear a series of clues. Listen and decide to which famous story each clue refers. Circle your answer.

1. a. Les Trois Petits Cochons *(pigs)*
   b. Le Petit Chaperon rouge

2. a. Cendrillon
   b. Blanche-Neige

3. a. La Belle au bois dormant
   b. Le Lièvre *(hare)* et la Tortue

4. a. Alice au pays des merveilles
   b. La Belle et la Bête

B. Study the names of the eight stories listed in Part A, above. Read the following descriptions and decide which story includes the character being described. Write the number and letter of the story in the appropriate space.

_____ 1. C'est elle qui marche le moins vite.

_____ 2. Pour elle, ça devient de plus en plus curieux.

_____ 3. D'après le miroir, c'est la plus belle femme du monde.

_____ 4. Sa maison est plus solide que les maisons de ses frères.

_____ 5. Elle possède moins de choses que ses sœurs et elle travaille plus.

_____ 6. Il a les plus grands yeux et les plus longues dents.

NOM _____ DATE _____

Activité 3: *Le Petit Chaperon rouge* (Little Red Riding Hood)

A. You are probably familiar with the fairy tale of *Little Red Riding Hood.* Before listening to the first part of the story, study the following list of words. These will help your understanding of the story. Then turn on the audio, listen to Part A, and answer the questions below.

Mots utiles

un capuchon *hood*	un loup *wolf*
par conséquent *as a result*	dévorer *to devour*
un bois *woods*	le chemin *way, path*
une chaumière *cottage*	une fleur *flower*
rencontrer *to meet*	

1. Le Petit Chaperon rouge allait chez sa grand-mère ...
   a. quand elle a rencontré le loup.
   b. pour lui rendre visite parce qu'elle était malade.
   c. **a** et **b**

2. Le loup attendait le Petit Chaperon rouge ...
   a. devant sa maison.
   b. dans la forêt.
   c. chez le bûcheron *(woodcutter).*

3. Qu'est-ce que le Petit Chaperon rouge apportait à sa grand-mère?
   _____

B. Before listening to the second part of the story, study the following list of words. After listening to Part B, turn off the audio and answer the questions below.

Chapitre 11: LAB MANUAL   229

Mots utiles

se mettre au lit   *to climb into bed*
avoir un air étrange   *to look strange*
voir   *to see*
sauter   *to jump*
attraper   *to catch*

1. Le loup a dévoré …

    a. la grand-mère.

    b. le Petit Chaperon rouge.

    c. **a** et **b**

2. Le Petit Chaperon rouge a remarqué que sa «grand-mère» (le loup) avait de grand(e)s …

    a. yeux, oreilles, mains, dents.

    b. mains, oreilles, pieds, yeux.

    c. dents, bras, yeux, oreilles.

3. Quels vêtements le loup portait-il quand le Petit Chaperon rouge est arrivé chez sa grand-mère?

    _____

C. Before listening to the third part of the story, study the following list of words. After listening to Part C, turn off the audio and answer the questions below.

Mots utiles

se prendre les pattes   *to catch one's feet*
saisir l'occasion   *to grab the opportunity*
un bûcheron   *woodcutter*
secouer   *to shake*
le ventre   *stomach*

1. Le loup s'est pris les pattes dans les couvertures *(covers)*.

    vrai   faux

2. Qui a sauvé le Petit Chaperon rouge?

    a. les sept nains *(dwarfs)*

    b. les trois petits cochons

    c. le bûcheron

3. Qui est sorti du ventre du loup?

    _____

NOM _____ DATE _____

D. Before listening to the final part of the story, study the following list of words. After listening to Part D, turn off the audio and answer the questions below.

Mots utiles

chasser   *to chase*
se cacher   *to hide*
entendre parler de   *to hear (tell) of*
sauver la vie (de quelqu'un)   *to save someone's life*

1. Le bûcheron a épousé le Petit Chaperon rouge.

   vrai   faux

2. Le loup est devenu ...

   a. végétarien.

   b. chef de cuisine.

   c. plus gourmand que jamais.

3. Où le Petit Chaperon rouge, la grand-mère et le bûcheron ont-ils célébré leur victoire?

   _____

Activité 4: Grand-mère m'a toujours dit ...

A. Every language has colorful sayings or proverbs that everyone knows. Match the following French sayings to their English equivalents. Note that while the French and English sayings may express the same idea, the words they use may be quite different.

_____ 1. Quand on parle du loup, on en voit la queue.

_____ 2. Ne vendez pas la peau *(skin)* de l'ours *(bear)* avant de l'avoir tué.

_____ 3. Quand le chat n'est pas là, les souris dansent.

_____ 4. Petit à petit, l'oiseau *(bird)* fait son nid *(nest)*.

a. *Don't count your chickens before they're hatched.*
b. *Rome wasn't built in a day.*
c. *Speak of the devil.*
d. *When the cat's away, the mice will play.*

B. Use your answers from Part A, above. Listen to the English and say the French equivalent during the pause. Then listen as the speaker gives the correct answer.

You hear: Don't count your chickens before they're hatched.

You say: **Ne vendez pas la peau de l'ours avant de l'avoir tué.**

C. What, in your opinion, is the moral of *Little Red Riding Hood*?

_____
_____
_____

Partie C: En contexte

Activité 1: Vignette

One friend asks another why he stayed home on Saturday. He accuses him of being a party pooper.

A. Avant d'écouter. Before listening, imagine two excuses that the first person might give to explain why he stayed home. Answer in French.

1. _____
2. _____

B. À l'écoute. First, listen to the conversation once or twice without writing. Keep in mind who the characters are, where they are, and what they are doing, to predict what they will say and understand them better. Then, write the missing parts in the blank spaces provided. Finally, reread what you have written to check spelling and grammar.

JACQUES:	Tu n'es _____ midi.
DANIEL:	Non, je _____. Il _____ et il _____. Comme _____ le _____, j'ai _____.
JACQUES:	Ce _____ ?
DANIEL:	Si, mais que veux-tu? _____ télé.
JACQUES:	Et samedi _____.
DANIEL:	_____ sortir, mais _____.
JACQUES:	Quel bonnet de nuit!

Activité 2: À vous

Close your text before doing this activity. Respond orally and in writing. You will hear each question twice. After the question is repeated, you will have time to respond. When you finish, check your comprehension of the questions on page 312 of your text.

1. _____
2. _____
3. _____
4. _____
5. _____
6. _____
7. _____
8. _____
9. _____

NOM _____ DATE _____

Chapitre 12 *Les réservations*

Partie A: Prononciation

A. [l] et [j]. Read the pronunciation section for Chapter 12 of *Entre amis,* and listen to the words to determine which ones contain an [l] or a [j] sound.

	[l]	[j]
☐		X
1.		
2.		
3.		
4.		
5.		
6.		
7.		
8.		
9.		

B. Pronounce the following sentences correctly after you hear the exercise number, then listen to the audio and repeat.

1. Les lilas de Lola sont merveilleux.
2. Le lycée de la ville de Laval est tranquille.
3. Il travaille lentement dans un village près de Lille.
4. Le soleil de juillet me fait mal aux yeux.
5. La fille d'Hélène a mal à l'oreille. Aïe! Aïe! Aïe!

Partie B: Compréhension

Activité 1: La fête de Pierre

A. Answer the following questions about your college experiences.

1. Depuis combien de temps êtes-vous étudiant(e) à votre université?
   _____

2. Quand finirez-vous vos études?
   _____

3. Quand vous terminerez toutes vos classes, inviterez-vous vos amis à une fête?
   _____

B. Listen to the following story about Pierre, who is trying to plan his graduation party. He needs to find a restaurant available at the times he wants and where he can rent a room at a price he can afford. Listen to the messages on his answering machine and take notes in the spaces provided. You may want to listen to the different messages more than once.

Pierre Fromentin finira ses études le 31 mai. Il voudrait fêter (celebrate) l'occasion avec douze amis au restaurant. Il a un budget limité à 200 euros.

	Les Trois Érables	*La Chaumière*	*Café Mambo*
jour?			
matin?			
après-midi?			
soir?			
prix (€/personne)?			

C. Help Pierre make a decision based on the notes that you took in Part B.

1. Quel restaurant Pierre choisira-t-il? _____

2. Pour quelle raison? Le jour ou le prix? _____

NOM _____ DATE _____

Activité 2: Le mariage

A. Answer the following questions before listening to Part B.

1. Connaissez-vous des gens qui se marieront cette année?

   _____

2. Avez-vous déjà assisté au mariage d'un(e) ami(e) dans une autre ville? Si oui, êtes-vous resté(e) chez votre ami(e) ou avez-vous réservé une chambre d'hôtel?

   _____

   _____

3. Quand vous vous marierez, où irez-vous pour votre lune de miel *(honeymoon)*? Prendrez-vous le train, la voiture ou l'avion pour votre voyage de noces *(wedding trip)*?

   _____

   _____

B. Sylvie plans to attend the wedding of her friend Claude in New Orleans. She will need to stay overnight, so she asks Claude to recommend a hotel. Listen to their phone conversation and take notes on the hotels that Claude describes. Stop the audio as necessary.

	Le Windsor Court	*La Place d'Armes*	*Le Château Motor Hôtel*
prix? ($, $$ ou $$$)			
situé: au Vieux Carré? près de la cathédrale?			
avantages (strong points)			

C. Looking at the notes you took in Part B, speak the answers to the questions that you hear.

1. L'hôtel le plus _____.

2. L'hôtel le plus _____.

3. Elle choisira _____.

Activité 3: Le voyage de leurs rêves

A. Answer the following questions about traveling.

1. Quelle sorte de voyage préférez-vous? Les voyages organisés *(tours)*? les croisières *(cruises)*? ou les vacances en camping-car?

   _____

2. En général, quelle sorte de voyage préfère(nt) un jeune couple? une famille? des retraités *(retirees)*?

   _____

   _____

3. Quand vos parents prendront-ils leur retraite? Ont-ils l'intention de voyager? Si oui, où veulent-ils aller? _____

   _____

B. Listen while Jean-Luc and Anne-Marie discuss their dream vacation, and then answer the following questions based on their conversation.

1. Quelle destination est-ce que Jean-Luc propose à Anne-Marie? Et quelle destination est-ce qu'elle lui propose? _____

   _____

2. De quels moyens *(means)* de transport discutent-ils?

   _____ du train   _____ du camping-car

   _____ de l'autocar   _____ du bateau *(boat)*

C. Listen to the conversation again. This time, imagine what Jean-Luc's final response to Anne-Marie might be.

JEAN-LUC: _____

_____

NOM _____ DATE _____

Partie C: En contexte

Activité 1: Vignette

A woman calls a restaurant to make a reservation but there are too many people in her party.

A. Avant d'écouter. Before listening, try to give at least one French expression for each of the following.

1. What would one say when making a reservation?
   _____

2. What will she do if this restaurant does not have enough room?
   _____

B. À l'écoute. First, listen to the conversation once or twice without writing. Keep in mind who the characters are, where they are, and what they are doing, to predict what they will say and understand them better. Then, write the missing parts in the blank spaces provided. Finally, reread what you have written to check spelling and grammar.

M. LAPLANTE:	Allô, _____ «_____ Rivières».
MME GRASSIN:	_____. Est-il possible _____ _____ midi?
M. LAPLANTE:	_____ réserver, _____?
MME GRASSIN:	_____, si c'est possible.
M. LAPLANTE:	_____! _____ personnes _____?
MME GRASSIN:	Nous _____ personnes.
M. LAPLANTE:	_____!
MME GRASSIN:	Oui, _____. Ce _____ cinquantième _____, et _____ leurs maris, _____ femmes, nos _____ tous les petits-_____.
M. LAPLANTE:	Je _____, _____ pourrez pas _____.
MME GRASSIN:	C'est dommage, _____. Je _____ à un autre _____. _____, _____.
M. LAPLANTE:	_____, Madame. _____.

Chapitre 12: LAB MANUAL

Activité 2: À vous

Close your text before doing this activity. Respond orally and in writing. You will hear each question twice. After the question is repeated, you will have time to respond. When you finish, check your comprehension of the questions on page 341 of your text.

1. _____
2. _____
3. _____
4. _____
5. _____
6. _____
7. _____
8. _____

NOM _____ DATE _____

Chapitre 13 *Ma journée*

Partie A: Prononciation

A. [ø] et [œ]. Read the pronunciation section for Chapter 13 of *Entre amis* and listen to the words to determine which ones contain an [ø] or an [œ] sound.

	[ø]	[œ]
❑		X
1.		
2.		
3.		
4.		
5.		
6.		
7.		
8.		
9.		
10.		

B. Pronounce the following sentences correctly after you hear the exercise number, then listen to the audio and repeat.

1. Il pleure dans mon cœur
2. Comme il pleut sur la ville,
3. Quelle est cette langueur
4. Qui pénètre mon cœur?

    (Paul Verlaine, «*Il pleure dans mon cœur*»)

Partie B: Compréhension

Activité 1: Une semaine typique

A. Most of us follow fairly similar routines in the morning. Study the chart on the next page. In the first column indicate at what time you do each of the activities on a typical weekday morning. If you don't usually do a certain activity, put an X in that box.

B. Now listen as Geoffroi describes his typical morning. Fill in the chart with the information about his schedule. In some cases, you may have to calculate or estimate the times based on information that he supplies. Listen to this activity one more time, if necessary.

Activités	Vous	Geoffroi
se réveiller		
se lever		
se raser		
se laver (bain, douche)		
s'habiller		
se brosser les dents		
se brosser les cheveux		
préparer son petit déjeuner		
se dépêcher de partir		
se mettre en route (get going)		

C. Listen to the following questions and compare your typical morning to Geoffroi's. Tell whether each statement is true or false.

    vrai   *faux*

1. _____ _____
2. _____ _____
3. _____ _____
4. _____ _____

NOM _____ DATE _____

Activité 2: Le déménagement (Moving)

A. Your friend Éliane has asked you to help her move. When you arrive at her new apartment, you find that some of her furniture has already come and is in place. Study the following checklist of her possessions, then study the floor plan for her new apartment. Any item that is already in place is indicated with an * on the floor plan. Cross these items off Éliane's checklist.

Possessions

2 commodes (chests of drawers)	une cuisinière	une chaise confortable
un grand tapis (carpet)	une guitare	un fauteuil
un lave-vaisselle	2 lits	2 lampes
une radio	un réfrigérateur	un ordinateur
un sofa	une stéréo	des skis
une table et 6 chaises	une télé	une table de nuit
un bureau		

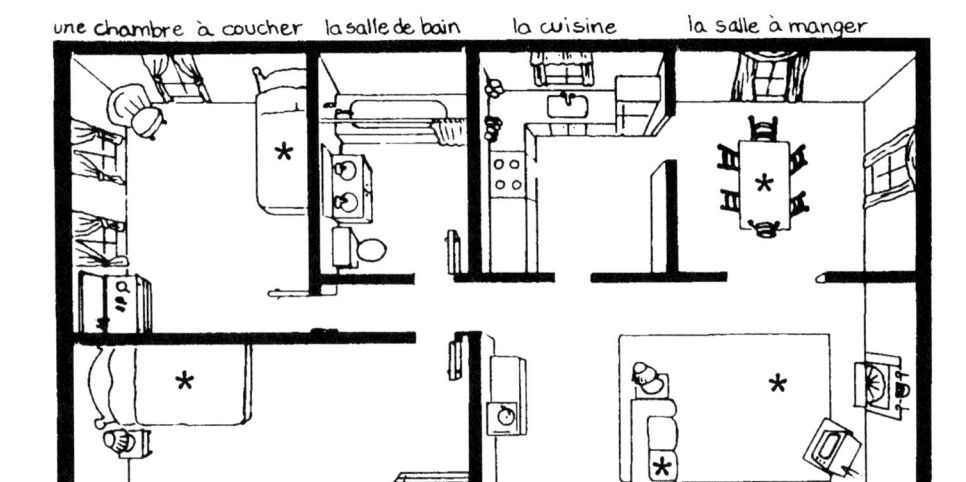

B. Now look again at the floor plan for the new apartment. Circle on the checklist all the items that appear on the floor plan that have not yet arrived.

C. Listen as Éliane tells the movers what to do with certain items that were *not* on her floor plan. Draw an X on the spot where she wants each item to go. Label each of these items by writing its name in the margin and drawing a line to the spot where it goes. Then, cross it off the checklist.

Copyright © Heinle, Cengage Learning. All rights reserved.   Chapitre 13: **LAB MANUAL**   **243**

Activité 3: Autour de la table

A. Look over the picture and label the items indicated. Don't forget to include the appropriate articles.

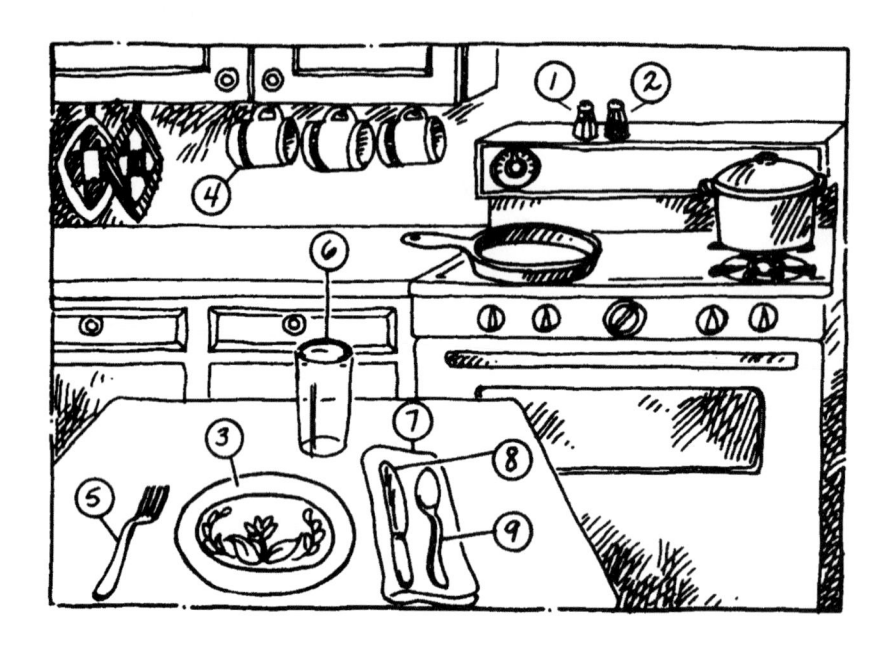

1. _____
2. _____
3. _____
4. _____
5. _____
6. _____
7. _____
8. _____
9. _____

B. How knowledgeable are you about table manners, food, and drink? Use the words provided to create complete sentences, making any necessary changes and additions. The first one has been done for you.

1. je / mettre / serviette / genoux

   Je mets ma serviette sur mes genoux.

2. on / manger / salade / fourchette

   _____

3. ils / préférer / sel

   _____

4. je / vouloir / verre / vin blanc

   _____

5. nous / avoir besoin / couteau

   _____

244 ENTRE AMIS: Student Activities Manual

NOM _____ DATE _____

C. Now listen to questions about etiquette and preferences. Using the sentences you wrote in Activité 3B, say the answers to the questions you hear. The first one has been done for you.

1. You hear: Qu'est-ce que tu mets sur tes genoux?
   You see: Je
   You say: **Je mets ma serviette sur mes genoux.**

2. On   4. Je
3. Ils   5. Nous

Activité 4: Un rendez-vous Chez Lili

Listen to the conversation and fill in the missing words. You may listen to the conversation as many times as you like.

ROBERT: Salut, Marc. Tu n'as pas oublié notre dîner avec Marie ce soir?

MARC: Bien sûr que non. Où allons-nous?

ROBERT: Marie souhaite _____ Chez Lili.

MARC: D'accord. Tu viens me chercher ou tu souhaites _____ te chercher?

ROBERT: Non, il faut _____. Ma voiture est chez le mécanicien.

MARC: Bon. À quelle heure veux-tu _____ te prendre?

ROBERT: Vers 18 heures. Et il est essentiel _____ à l'heure parce qu'on n'a pas réservé, hein?

Partie C: En contexte

Activité 1: Vignette

Two men discuss last night's ballgame.

A. Avant d'écouter. Before listening, try to give at least one French expression for each of the following.

1. What would one ask to find out if the other went to the game?

   _____

   _____

2. What would one ask to find out what the other did after the game?

   _____

   _____

B. À l'écoute. First, listen to the conversation once or twice without writing. Keep in mind who the characters are, where they are, and what they are doing, to predict what they will say and understand them better. Then, write the missing parts in the blank spaces provided. Finally, reread what you have written to check spelling and grammar.

MICHEL: Vous _____ match _____?

PIERRE: _____, _____ assez _____.

MICHEL: Pourquoi? _____?

PIERRE: Non, _____ nous perdons _____.

MICHEL: Ha! Et après le match, _____?

PIERRE: Non, avec _____ bistro.

MICHEL: Est-ce _____?

PIERRE: Je _____.

Ils _____ Jérôme et Monique Dufour. _____ _____ mois.

Activité 2: À vous

Close your text before doing this activity. Respond orally and in writing. You will hear each question twice. After the question is repeated, you will have time to respond. When you finish, check your comprehension of the questions on page 371 of your text.

1. _____
2. _____
3. _____
4. _____
5. _____
6. _____
_____

NOM _____ DATE _____

Chapitre 14 *Quelle histoire!*

Partie A: Prononciation

A. Tension. Read the pronunciation section for Chapter 14 of *Entre amis* and listen to the words to determine whether they are French or English.

	French	English
❏		X
1.		
2.		
3.		
4.		
5.		
6.		
7.		
8.		
9.		
10.		

B. Pronounce the following phrases and sentences correctly after you hear the exercise number, then listen to the audio and repeat.

1. une belle Américaine
2. un pique-nique à la campagne
3. Il s'appelle Michel.
4. Cet homme est grand et intelligent.
5. Elle a une belle bague de fiançailles.

Partie B: Compréhension

Activité 1: La radio libre vous écoute

Answer the following questions according to your personal experience.

		vrai	faux
1. J'écoute quelquefois à la radio les émissions où on discute des problèmes personnels.		_____	_____
2. Je suis souvent de l'avis de la personne qui discute de ses difficultés.		_____	_____
3. J'ai déjà téléphoné à une de ces émissions.		_____	_____

Activité 2: Racontez-nous vos problèmes

A. You may have listened to radio programs in which listeners call in and discuss their personal problems. Here is this week's installment of the program *Racontez-nous vos problèmes*. Listen to the talk-show host's introduction, then stop the audio and answer the questions. You may find the following list of expressions useful.

Mots utiles

les auditeurs   *listeners*
bienvenu(e)(s) à   *welcome to*
un épisode   *episode*

1. Les gens téléphonent à l'émission *Racontez-nous vos problèmes* pour …

   _____ a. demander comment réparer leurs voitures.

   _____ b. demander des conseils sur leurs problèmes.

   _____ c. **a** et **b**

2. Quel est le problème de François?

   _____ a. Il ne s'entend pas bien avec son père.

   _____ b. Son père ne s'entend pas bien avec sa mère.

   _____ c. **a** et **b**

B. Now listen to François explain his problem to the talk-show host, then stop the audio and answer the questions. You may find the following list of expressions useful.

Mots utiles

un camionneur   *truck driver*
un ingénieur   *engineer*
incroyable   *unbelievable*

1. Comment François se décrit-il?

   _____ a. Il dit qu'il est camionneur.

   _____ b. Il dit qu'il n'est pas aussi intelligent que la plupart des gens.

   _____ c. **a** et **b**

2. Pourquoi est-ce que le père n'aime pas le travail de son fils?

   _____ a. Parce qu'il faut travailler le week-end et le soir.

   _____ b. Parce que ce travail n'est pas bien rémunéré *(paid)*.

   _____ c. ni **a** ni **b**

NOM _____ DATE _____

C. Now listen to the remainder of the conversation between François and the talk-show host. You may find the following list of expressions useful.

Mots utiles

un client   *customer*
livrer du stock   *to deliver merchandise*
pas mal de   *quite a bit of*

1. Pourquoi François a-t-il gagné le prix de la Route?

    _____ a. Parce que c'est le meilleur camionneur et parce qu'il n'est jamais en retard.

    _____ b. Parce que les clients demandent qu'il livre leur stock.

    _____ c. **a** et **b**

2. Comment sait-on que François gagne bien sa vie?

    _____ a. Il gagne des milliers d'euros *(thousands of euros)* par semaine.

    _____ b. Il a une nouvelle maison.

    _____ c. **a** et **b**

D. Now listen to find out what listeners advise François to do. You may find the following list of expressions useful.

Mots utiles

coincé(e) au milieu   *stuck in the middle*
fier/fière   *proud*
malgré   *in spite of*
faites-nous savoir   *let us know*
résoudre   *to resolve*

1. La première personne qui appelle ...

    _____ a. est la mère de Sophie.

    _____ b. a aussi un problème de famille.

    _____ c. **a** et **b**

2. Le frère de Jacques réussit dans la vie ...

    _____ a. malgré son père.

    _____ b. avec l'aide de son frère.

    _____ c. **a** et **b**

Activité 3: C'est à vous maintenant

Answer the following questions.

1. Après l'émission, qu'est-ce que François fera, à votre avis?

   _____
   _____

2. Imaginez que vous êtes le père de François et que vous avez entendu l'émission. Que feriez-vous?

   _____
   _____

Activité 4: La récréation

A. A school teacher approaches Didier, a child who is crying on the playground. Listen to the conversation. Based on what you hear, complete the following phrases using the choices provided below.

1. le garçon dont _____
2. le garçon qui _____
3. le garçon que _____

   ... j'ai mangé à midi
   ... le blue-jean est trop court
   ... aime la pizza
   ... est là-bas
   ... les autres enfants détestent

B. Listen to the conversation again. Now say one thing you have learned about Didier and two things that you have learned about Michaël.

1. Didier est le garçon qui _____
2. Michaël est le garçon dont _____
3. Michaël est le garçon que _____

C. Listen to the conversation again. Put a check next to each sentence that you find logical.

_____ 1. Didier est fâché que Michaël prenne son jouet.

_____ 2. Michaël est triste que les enfants ne l'aiment pas.

_____ 3. L'instituteur regrette que les deux garçons ne s'entendent pas.

NOM _____ DATE _____

Partie C: En contexte

Activité 1: Vignette

One person describes why he dislikes soap operas.

A. Avant d'écouter. Before listening, try to give at least one French expression for each of the following.

1. How would one say that he is fed up with soap operas?

   _____

   _____

2. Imagine why he does not like them.

   _____

   _____

B. À l'écoute. First, listen to the conversation once or twice without writing. Keep in mind who the characters are, where they are, and what they are doing, to predict what they will say and understand them better. Then, write the missing parts in the blank spaces provided. Finally, reread what you have written to check spelling and grammar.

MARC:	J'en _____ feuilletons _____ télévision.
GUY:	_____ ?
MARC:	Mais tous! _____ .
GUY:	Ah oui! _____ ?
MARC:	Ils parlent toujours _____ couples _____. Ils se disent qu'ils _____. Ils _____, mais _____ se séparent _____.
GUY:	Oui, pas très original.
MARC:	Bon, _____. Dis _____ de ma part.
GUY:	Ma _____ ? Mais _____ mois.

Chapitre 14: LAB MANUAL   251

Activité 2: À vous

Close your text before doing this activity. Respond orally and in writing. You will hear each question twice. After the question is repeated, you will have time to respond. When you finish, check your comprehension of the questions on page 402 of your text.

1. _____
2. _____
3. _____
4. _____
5. _____
6. _____

NOM _____ DATE _____

Chapitre 15 *Qu'est-ce que je devrais faire?*

Partie A: Prononciation

A. La voyelle [ə]. Read the pronunciation section for Chapter 15 of *Entre amis* and listen to the words to determine whether the **e** is silent or pronounced. Underline each pronounced **e**, and put a slash through each silent **e**.

❏ You see and hear: Je ne l'aime pas.
  You underline the pronounced
  e and slash the silent ones: J<u>e</u> n¢ l'aim¢ pas.

1. Votre frère est gentil.
2. Nous prenons le bus mercredi.
3. Ils arriveront dimanche.
4. Est-ce que tu me dis que tu veux me voir?
5. Aline est marocaine?

B. Pronounce the following sentences correctly, after you hear the number, then listen to the audio and repeat.

1. Qu'est-ce que votre mère a dit?
2. Vous venez de Compiègne?
3. Le chauffeur de cette voiture ne regardait pas à droite.
4. Regardes-tu la télé le mercredi et le vendredi?
5. Dans quelle ville est-ce que tu habites?

Partie B: Compréhension

Activité 1: Si j'avais le choix ...

Listen as the speaker describes some hypothetical situations. What do you think would be most likely to happen in each of these situations? Check your first choice.

1. _____ J'inventerais un nouveau dessert pour mon restaurant.

   _____ Je le donnerais aux sans-abris *(homeless)*.

   _____ Je le mangerais moi-même en une semaine.

2. _____ Nous rapporterions le drapeau *(flag)* américain que les astronautes américains y ont laissé en 1970.

   _____ Nous rapporterions un échantillon *(sample)* du fromage vert que nous y trouverions.

   _____ Nous rapporterions des cailloux *(pebbles)* et de la poussière *(dust)*.

3. _____ Elle laisserait un mot *(would leave a note)* pour le conducteur de l'autre voiture.

_____ Elle partirait à toute vitesse sans rien dire.

_____ Elle chercherait un agent de police.

Activité 2: Mais c'était le comble *(last straw)*!

A. Listen to the following story of a jealous husband. The first time you hear the story, try to get a general idea of what happens. Don't worry if you don't understand all the details. Take notes of the conversation in the space provided.

_____
_____
_____
_____

B. Listen to the conversation again. What evidence is there that Jean is a jealous husband? Write your answer in the space provided.

_____
_____
_____
_____

C. Read through the following list of events, then listen to the conversation a third time. Draw a line through the three events that did not actually happen in the story.

_____ Jean attendait Diane quand elle a fini sa classe.

_____ Il l'a appelée où elle travaille.

_____ La mère de Diane a téléphoné à la police.

_____ Diane était au lit quand Jean lui a téléphoné.

_____ Diane a quitté son bureau pour aller au restaurant avec des amies.

_____ Jean a envoyé des fleurs à Diane.

_____ Diane a téléphoné à la police.

_____ Diane a demandé à Jean de ne plus téléphoner chez elle.

_____ Diane a changé les serrures *(locks)* parce qu'elle avait très peur de Jean.

_____ Jean a dit qu'il l'aimait toujours.

NOM _____ DATE _____

D. Listen to the story one more time. Place numbers to the left of the seven remaining sentences in part C to indicate their correct order in the story.

E. You will hear several sentences from Activity 2C. Part of the information in each sentence is incorrect. Listen to the incorrect sentence, refer to the list, and say the correct statement. The first one is done for you.

You hear: Jean attendait Diane quand elle a fini son travail.

You say: **Jean attendait Diane quand elle a fini sa classe.**

1. Diane était ...

2. Diane a téléphoné ...

3. Jean a dit ...

Partie C: En contexte

Activité 1: Vignette

One woman tells another about a trip she will take.

A. Avant d'écouter. Before listening, try to give at least one French expression for each of the following.

1. Try to guess who she is going with and where they are going.

   _____

   _____

2. How would one say, "It's too bad we're not free"?

   _____

Copyright © Heinle, Cengage Learning. All rights reserved.   Chapitre 15: LAB MANUAL   255

B. À l'écoute. First, listen to the conversation once or twice without writing. Keep in mind who the characters are, where they are, and what they are doing, to predict what they will say and understand them better. Then, write the missing parts in the blank spaces provided. Finally, reread what you have written to check spelling and grammar.

MME DUFOUR: Mon _____; hier, par exemple, _____, et il _____ annoncé que _____.

MME ALIX: Et quelle _____ ta réaction?

MME DUFOUR: Au début j'_____, mais non, _____.

MME ALIX: C'est dommage _____, mon _____, pour _____.

MME DUFOUR: Oui, ce _____ ensemble.

MME ALIX: Alors, _____, ce _____.

Activité 2: À vous

Close your text before doing this activity. Respond orally and in writing. You will hear each question twice. After the question is repeated, you will have time to respond. When you finish, check your comprehension of the questions on page 426 of your text.

1. _____
2. _____
3. _____
4. _____
5. _____
6. _____

Video Worksheets

Video Worksheets

The video worksheets provide lexical and cultural preparation for the **Pas de problème!** video. Since the video is not meant to be a replica of the text but rather a vibrant slice of life involving native speakers of French, the language is not limited to expressions students have learned to use in the classroom. Studying the **Vocabulaire à reconnaître** sections that begin each worksheet and then completing the short activities that follow will facilitate student comprehension and enjoyment of the video.

Text to Video Correlation

Chapter 1	Introduction
Chapter 2	Module 1
Chapter 3	Module 1
Chapter 4	Module 2
Chapter 5	Module 2
Chapter 6	Module 3
Chapter 7	Module 4
Chapter 8	Module 5
Chapter 9	Module 6
Chapter 10	Module 7
Chapter 11	Module 8
Chapter 12	Module 9
Chapter 13	Module 10
Chapter 14	Module 11
Chapter 15	Module 12

NOM _____ DATE _____

MAP I: Paris

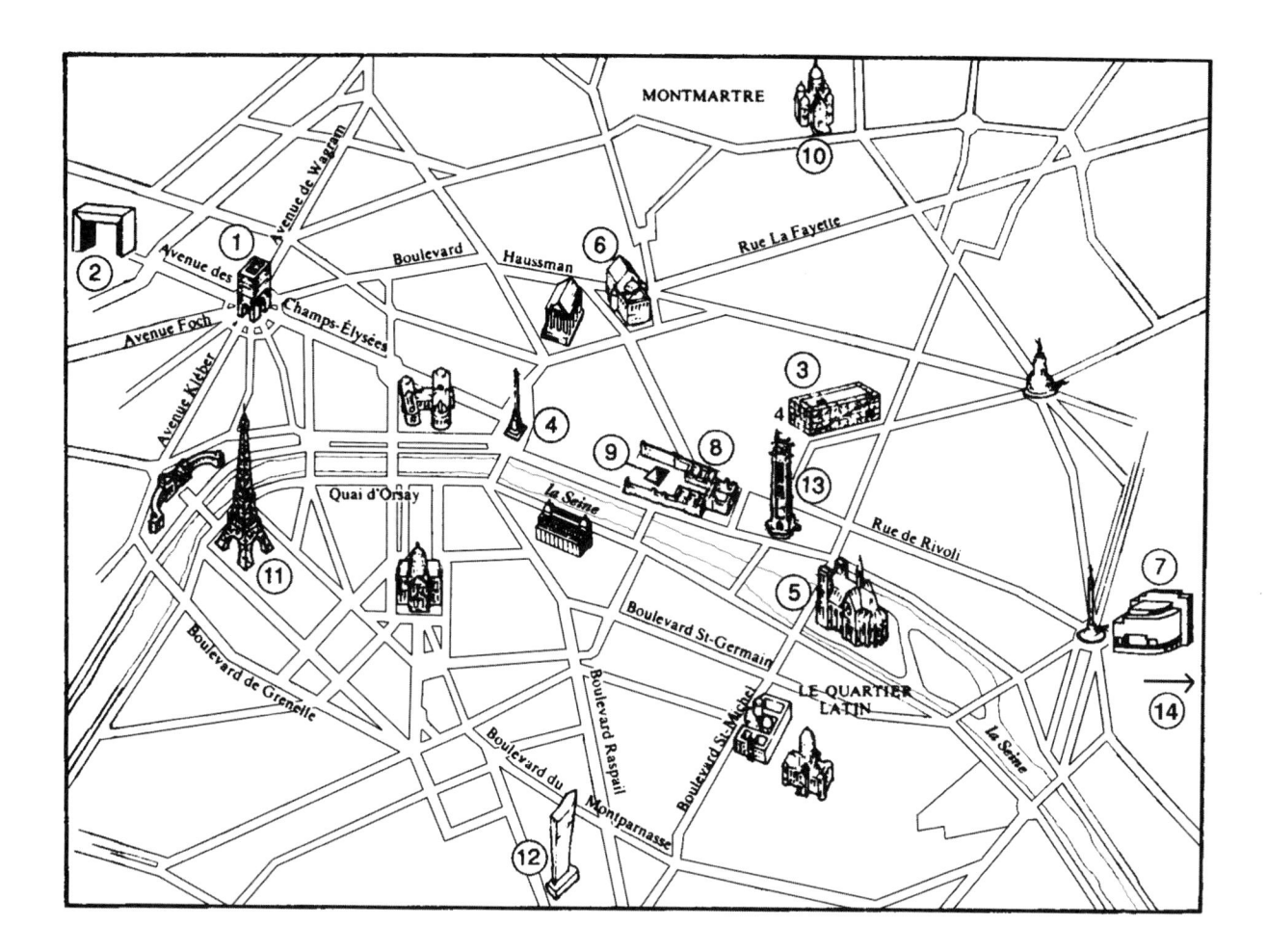

1. Arc de Triomphe
2. Arche de la Défense
3. Centre Pompidou
4. Place de la Concorde
5. Notre-Dame de Paris
6. Opéra de Paris
7. Opéra de la Bastille
8. Palais du Louvre
9. Pyramide du Louvre
10. Sacré-Cœur
11. Tour Eiffel
12. Tour Montparnasse
13. Tour Saint-Jacques
14. Bois de Vincennes

MAP 2: Pour aller chez Marie-Christine

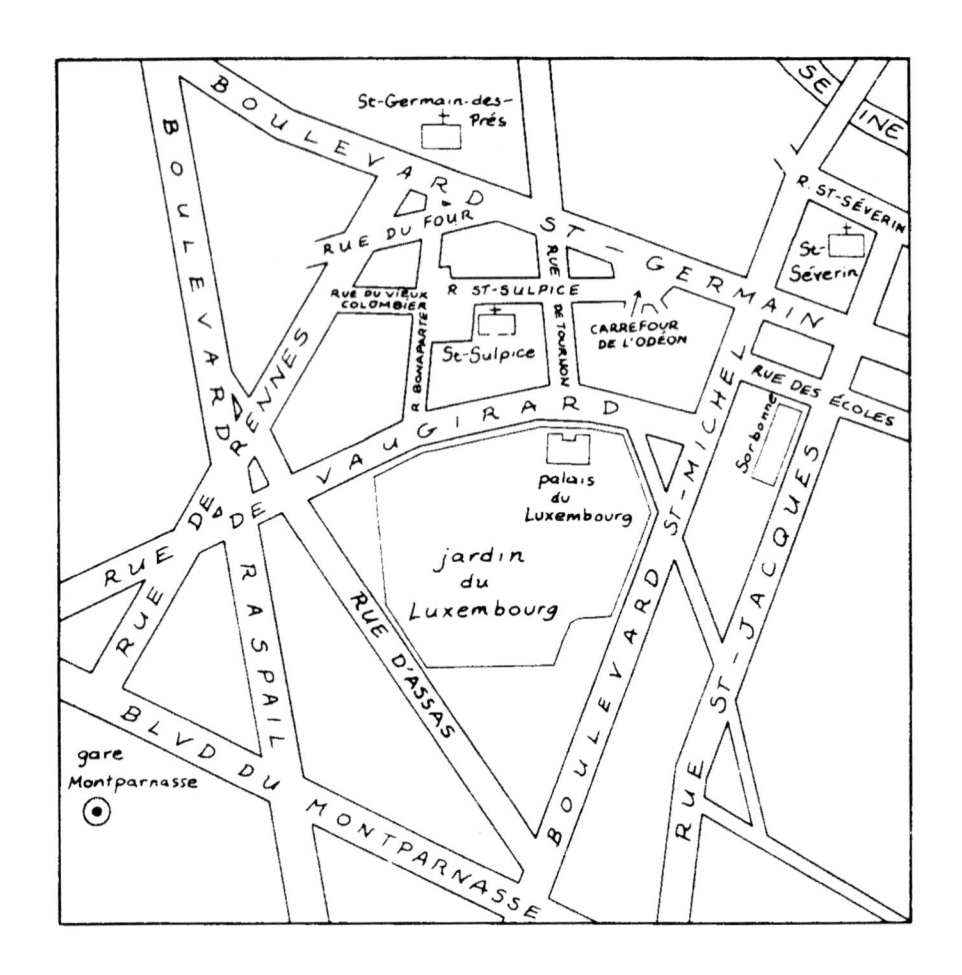

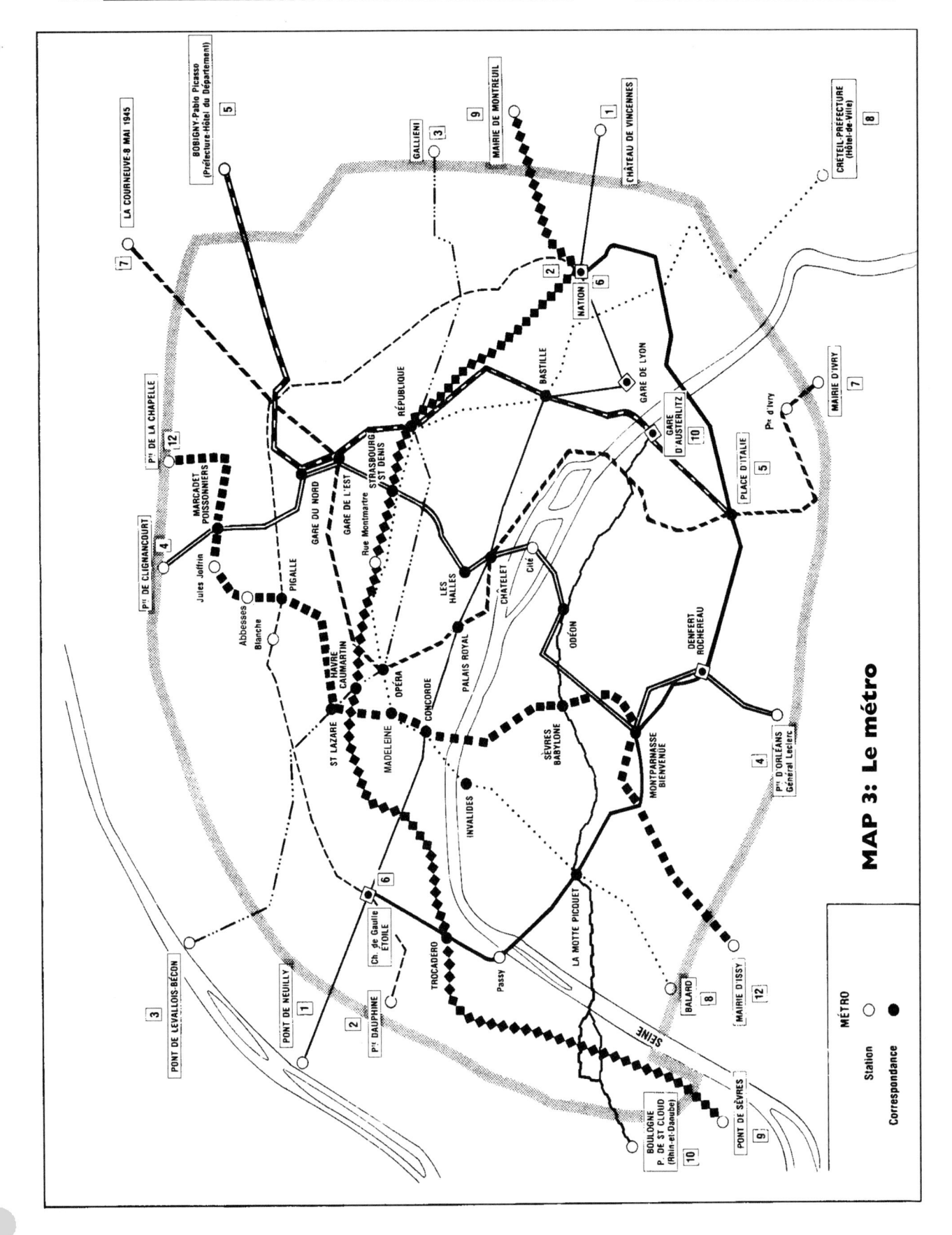

NOM _____   DATE _____

MAP 3: Le métro

NOM _____ DATE _____

Chapitre I

Introduction

Vocabulaire à reconnaître

Endroits *(places)*   **Nationalités**
la France   française / français
la Martinique   martiniquaise / martiniquais
le Québec   canadienne / canadien (québécoise / québécois)
la Réunion   réunionnaise / réunionnais
le Sénégal   sénégalaise / sénégalais
la Tunisie   tunisienne / tunisien

A. Connexion culturelle. Use the maps on the inside covers of *Entre amis* to locate the following French-speaking places. Then draw lines to connect them to the general geographic locations where they are found.

1. la France   a. les Antilles
2. la Martinique   b. le Canada
3. le Québec   c. l'Afrique
4. la Réunion   d. l'Europe
5. le Sénégal   e. l'Océan indien
6. la Tunisie

B. Identifications. Watch the introduction to the **Pas de problème!** video and then complete the sentences by selecting the appropriate name from the following: Alissa, Bruno, Jean-François, Marie-Christine, Moustafa, Yves.

1. Je suis canadien. Je m'appelle _____.

2. Je suis réunionnaise. Je m'appelle _____.

3. Je suis sénégalais. Je m'appelle _____.

4. Je suis tunisien. Je m'appelle _____.

5. Nous sommes français. Nous nous appelons _____ et

   _____.

C. Nationalités. Give the nationality of each person.

❑ Quelle est la nationalité de Moustafa?
   Il est tunisien.

Quelle est la nationalité ...

1. de Jean-François? _____

2. de Marie-Christine? _____

3. de Bruno? _____

4. d'Alissa? _____

5. d'Yves? _____

D. Réflexion. Having examined the maps on the inside covers of your text, how many of the French-speaking areas can you recall from memory? How many English-speaking areas of the world can you name? Why is it that these two languages are spoken in so many different parts of the world?

_____
_____
_____
_____
_____
_____
_____
_____

NOM _____ DATE _____

Chapitre 2   Module I: *Au tennis*

Vocabulaire à reconnaître

Au tennis *(at the tennis court)*

le tennis	tennis
la balle	ball
une faute	an error; out of bounds
la marque	mark
le service	serve

Au cinéma *(at the movies)*

le billet	ticket
le film d'aventures	adventure film
le mélodrame	emotional film; tear-jerker
une place	a seat
la salle de cinéma	movie theater
La salle est complète.	The theater is full.

Invitations

Viens!	Come!
Viens voir.	Come and see.
Allons-y!	Let's go!
On y va?	Shall we go?

Encouragement ou correction

C'est très bien.	That's very good.
Formidable!	Great!
Super!	Super!
Ce n'est pas vrai!	That's not true!; No way!
Tu ne fais pas attention.	You aren't paying attention.

Note culturelle

> La Seine sépare Paris en deux parties. Elle coule d'est en ouest *(flows from east to west)* dans la direction de l'océan Atlantique. La partie au sud *(south)* de la Seine s'appelle **la Rive gauche** et la partie au nord *(north)* s'appelle **la Rive droite.**

A. Connexion culturelle. Locate each of these places on Map 1 (**Paris**) at the beginning of the video worksheets. Situate each place on **la Rive gauche** *(left bank* of the Seine: below the river) or on **la Rive droite** *(right bank:* above the river).

1. le Louvre   la Rive _____
2. la tour Eiffel   la Rive _____
3. la place de la Concorde   la Rive _____
4. le bois de Vincennes   la Rive _____

B. Identifications. Draw a line to connect each place with its appropriate description.

1. le Louvre   a. park where Jean-François played tennis
2. la tour Eiffel   b. square at one end of the Champs-Élysées
3. la place de la Concorde   c. world-famous museum; formerly a palace
4. le bois de Vincennes   d. best-known Parisian landmark; built in the nineteenth century

C. Sont-ils libres ce soir? *(Are they free this evening?)* Watch the video to determine what each person is doing this evening. Draw lines to match each person to an activity.

1. Jean-François   a. dîne en famille
2. Marie-Christine   b. est libre
3. Nathalie   c. travaille
4. René

D. Vrai ou faux? Decide if the following statements are true or false. If a statement is false, correct it.

1. Jean-François et René jouent au tennis.
   _____

2. Jean-François joue très bien.
   _____

3. Il regarde Nathalie.
   _____

4. Marie-Christine est la cousine de Nathalie.
   _____

5. Marie-Christine n'aime pas les mélodrames.
   _____

6. Les Français détestent les sports.
   _____

E. Réflexion. In video module 1 there are several examples of physical contact and gestures that are also depicted in your textbook (page numbers in parentheses). These include shaking hands (11), **la bise** (124), **voilà** (57), **bravo!** (91), and **oh là là! (quelle histoire!)** (380). Watch the video and check the text to identify each of these. Then decide if this body language is the same or different in your culture. How and when would you use equivalent gestures in your country?

Gesture	Same (S) or Different (D)	How and when would you use?
shaking hands		
la bise		
voilà		
bravo!		
oh là là!		

266   ENTRE AMIS: Student Activities Manual

NOM _____ DATE _____

Chapitre 3 Module I: *Au tennis* (suite)

Vocabulaire à reconnaître

La nature

l'air	air
la mer	sea
la montagne	mountain
la rivière	river
la terre	earth

Quelques activités

le cinéma	movies
les devoirs	homework
la pétanque	lawn bowling (see **Entre amis**, pages 154 and 171)
le ski	skiing
le tennis	tennis
le vélo	bicycling

Les saisons

en été	in summer
en automne	in the fall
en hiver	in the winter
au printemps	in the spring
en toute saison	in any season

Style familier *(familiar style)*

Salut.	Hi.
Ouais.	Yeah.
T'as d' la chance!	You're lucky.
Hein?	Right?
Ben, non ...	Well, no ...

A. Familles de mots. You will recognize the following French words, since they have cognates in English. For each, select a word from the **Vocabulaire à reconnaître,** above, that is related to it and that would help to explain its meaning.

1. naturel _____
2. aéronautique _____
3. maritime _____
4. hibernation _____
5. montagneux _____
6. automnal _____
7. terrestre _____
8. cinématographie _____

B. En quelle saison? Choose the season or seasons most appropriate for each item listed under **Quelques activités** in **Vocabulaire à reconnaître,** above.

1. en été _____
2. en automne _____
3. en hiver   le ski _____
4. au printemps _____
5. en toute saison _____

C. Identifications. Watch video module 1 and then complete the following sentences with the appropriate expression.

    places   *libres*
    film d'aventures   *mélodrame*

1. «Vive James Bond» est un _____.

2. «Cérémonie secrète» est un _____.

3. René et Nathalie ne sont pas _____ ce soir.

4. «Deux _____ pour Cérémonie secrète, s'il vous plaît.»

D. Qui est-ce? Answer the following questions.

1. Comment s'appellent les quatre personnes qui jouent au tennis?
   _____

2. Comment s'appelle l'amie de Marie-Christine?
   _____

3. Qui est la cousine de René?
   _____

4. Comment s'appelle le film d'aventures?
   _____

5. Comment s'appelle le mélodrame?
   _____

6. Quel film est-ce que Marie-Christine préfère?
   _____

E. Réflexion. The tennis term *love* comes from the French word **l'œuf** *(egg)*. Likewise, the word *tennis* itself comes from the French verb **tenir: vous tenez** *(you hold)*. Try to give a logical explanation for these two word derivations. What other French tennis terms heard in this module are similar to English expressions?

_____

_____

_____

_____

NOM _____ DATE _____

Chapitre 4   Module II: *Le coup de fil*

Vocabulaire à reconnaître

Quelques indications *(A few directions)*

la Rive gauche	left bank (of the Seine)
la Rive droite	right bank (of the Seine)
à gauche	on the left
à droite	on the right
dans la rue	on the street
vers la place	towards the square
par là	that way

Au 6ᵉ arrondissement *(In the 6th district of Paris)*

le quartier des librairies	the bookstore area
la rue du Four	Du Four Street
la rue Bonaparte	Bonaparte Street
la place Saint-Sulpice	Saint Sulpice Square
la rue de Tournon	De Tournon Street

L'impatience

Ce n'est pas possible!	That's not possible!
La porte ne s'ouvre pas!	The door doesn't open!
Il faut que je téléphone tout de suite!	I've got to make a call right away!

A. Connexion culturelle. Look at both Map 1 (**Paris**) and Map 2 (**Pour aller chez Marie-Christine**) at the beginning of the video worksheets to locate **rue de Tournon**. Decide whether it is on **la Rive droite** or **la Rive gauche**. Then explain how you made that decision.

_____
_____
_____
_____

B. Les indications. Use Map 2 and the vocabulary under **Quelques indications,** above, to guide someone from **la gare Montparnasse** to: (1) **la Sorbonne** and (2) **la place Saint-Sulpice**.

1. _____
   _____
   _____
   _____

2. _____
   _____
   _____
   _____

C. À compléter. Watch video module 2 and then complete the following sentences by choosing the appropriate answer.

1. Aujourd'hui, Jean-François et Marie-Christine _____.
   a. jouent au tennis
   b. font un voyage
   c. font des courses

2. Marie-Christine habite _____, rue de Tournon.
   a. six
   b. seize
   c. soixante

D. La petite chanson. Listen to what the man in the phone booth is singing. What are the two French adjectives he uses to describe Françoise?

1. _____

2. _____

E. Chez Marie-Christine. Choose the most appropriate answer.

1. Marie-Christine habite dans la rue _____. (Bonaparte, Saint-Sulpice, de Tournon)

2. Elle habite _____. (dans une maison, dans un appartement)

3. Il faut _____ pour ouvrir la porte. (la clé, le code, la télécarte)

4. Jean-François est assez _____. (nerveux, calme)

5. _____ est nécessaire pour téléphoner dans une cabine téléphonique. (l'argent, le code, la télécarte)

F. Réflexion. Jean-François is helped by two people in this module. What specifically does each one do to help him? Can you name specific situations in your culture where a foreigner might need help?

_____

_____

_____

_____

NOM _____   DATE _____

Chapitre 5   Module II: *Le coup de fil* (suite)

Vocabulaire à reconnaître

Problèmes

Qu'est-ce qui se passe?	*What's happening?*
Qu'est-ce que je vais faire?	*What am I going to do?*
Où est-ce qu'on met l'argent?	*Where do you put the money?*
Comment est-ce que je peux ouvrir cette porte?	*How can I open this door?*
Où est-ce que je peux acheter une télécarte?	*Where can I buy a phone card?*

Le téléphone

une cabine	*a phone booth*
une télécarte	*a smart card for phoning*
une carte	*a card*
un coup de fil	*a phone call*

Pour ouvrir une porte

avec une clé	*with a key*
avec une carte	*with a card*
avec un code	*with a code*

A. Comment faire cela? Draw lines to identify each activity with the specific object required. More than one line may be acceptable.

1. acheter une télécarte   a. le code
2. donner un coup de fil   b. l'argent
3. faire des courses   c. la clé
4. ouvrir une porte   d. la carte de crédit
                                  e. la télécarte

B. Dans quel ordre? Watch video module 2 to determine the order in which the following activities are first heard. Number your answers.

_____ acheter une télécarte

_____ donner un coup de fil

_____ faire des courses

_____ ouvrir une porte

C. La nouvelle génération de cabines téléphoniques. Watch video module 2 and listen to the directions for using a **télécarte.** Then number the following sentences in the order in which they occur in the video.

_____ Suivez les instructions.

_____ Commencez par introduire la télécarte.

_____ À la fin, n'oubliez pas d'enlever votre carte.

_____ Le message apparaît sur l'écran digital.

D. Beaucoup de questions. Answer the following questions.

1. Qu'est-ce que Jean-François et Marie-Christine vont faire aujourd'hui?

2. Est-ce que Marie-Christine habite la Rive gauche ou la Rive droite?

3. Quelle est son adresse?

4. Pourquoi est-ce que Jean-François ne téléphone pas tout de suite *(right away)* à Marie-Christine?

5. Où est-ce qu'on va pour trouver des télécartes?

6. Quel est le code pour la porte de chez Marie-Christine?

E. Réflexion. The **télécarte** is a smart card (see *Entre amis,* page 186). When and where are smart cards used in your country? What are the advantages and disadvantages of this technology?

NOM _____   DATE _____

Chapitre 6   Module III: *Le métro*

Vocabulaire à reconnaître

Quelques indications

dans la vitrine	in the shop window
en face	across the street
là	here; there
là-bas	over there
un peu loin	a bit far away

Pour parler des transports

la circulation	traffic
prendre une correspondance	to change (metro or bus) direction
les transports en commun	public transportation
une ligne de métro	metro line
une station de métro	metro stop
un arrêt d'autobus	bus stop
le funiculaire (à Montmartre)	cable car (in Montmartre)
le batobus (sur la Seine)	boat for public transportation (on the Seine)
un taxi	taxi

Pour attirer l'attention de quelqu'un *(to get someone's attention)*

Écoute.	Listen.
Mais attention.	Watch out.
Tiens, ...	Hey, ...

Note culturelle

> Pour le métro ou l'autobus, on utilise des **tickets**. Il est aussi possible d'utiliser **la carte orange**, qui est une carte magnétique valable pour une semaine ou pour un mois. Dans le métro on introduit la carte orange dans la machine de contrôle, comme un ticket. Mais attention: dans l'autobus, il ne faut pas introduire la carte orange dans la petite machine! Cette machine est réservée aux tickets. On doit simplement montrer sa carte orange au chauffeur.

A. Les transports en commun. Draw lines to match the following places with the corresponding means of public transportation.

1. une gare   a. le bus

2. une station   b. le train

3. un arrêt   c. le métro

B. Quelques stations de métro à Paris. Locate the following metro stations on Map 3 (**Le métro**) at the beginning of the video worksheets. Are they on the **Rive droite** or the **Rive gauche**? On which metro lines are they found? (Note: The line number is given in a square box at each endpoint of a line.)

Station	Rive (gauche / droite)	Ligne de métro
Créteil-Préfecture		
Madeleine		
rue Montmartre		
Opéra		
Porte de la Chapelle		

C. Ça va. Watch video module 3 to identify the gesture Jean-François makes when he is asked his opinion by Marie-Christine about the item of clothing in the shop window (see also *Entre amis*, page 35). What does this gesture imply?

_____

_____

D. Comment passent-ils la journée? Choose the correct word or expression to complete the following sentences.

1. Aujourd'hui, Jean-François et Marie-Christine font des _____.
    (provisions, courses, devoirs)

2. Ils sont aux _____.
    (Nouvelles Galeries, Galeries Lafayette)

3. Marie-Christine admire _____ dans la vitrine.
    (un foulard, une carte, un pull)

4. Jean-François et Marie-Christine traversent la ville de Paris pour

    _____.
    (jouer au tennis, aller au magasin, prendre *(take)* un autobus)

5. Ils ont pris *(took)* _____ ensemble.
    (un autobus, le métro, un taxi)

6. Le métro ferme à _____.
    (minuit, une heure de l'après-midi, une heure du matin)

7. Jean-François a mis *(put)* _____ dans la petite machine.
    (son ticket, sa carte orange)

274   ENTRE AMIS: Student Activities Manual

NOM _____ DATE _____

E. Réflexion. Public transportation in France is readily available, relatively inexpensive, and partially government subsidized. Compare this with your experience with public transportation in your own country. What specific advantages and disadvantages are there in each country with respect to public transportation?

NOM _____ DATE _____

Chapitre 7   Module IV: *La boulangerie*

Vocabulaire à reconnaître

La politesse (see *Entre amis,* page 10)

S'il vous plaît.	Please.
Excusez-moi.	Excuse me.
Pourriez-vous m'indiquer ... ?	Could you tell me where there is ... ?
Est-ce que vous auriez ... ?	Would you (possibly) have ... ?
Je suis navré(e).	I'm so sorry.

À la boulangerie

Le boulanger chauffe son four.	The baker heats his oven.
Le pâtissier prépare des croissants.	The pastry chef is making croissants.
du pain	bread
des pâtisseries	pastries
des pains aux raisins	raisin buns (cinnamon-raisin rolls)
des œufs	eggs
de la farine	flour
du beurre	butter

À Montmartre

dans le quartier	in the neighborhood
(le) Sacré-Cœur	Sacred Heart
la rue des Abbesses	Des Abbesses Street
la rue des Mannes	Des Mannes Street
en bas des escaliers	at the foot of the stairs

A. La Basilique. Use Maps 1 (**Paris**) and 3 (**Le métro**) at the beginning of the video worksheets to locate the **Basilique du Sacré-Cœur.** At which station should one get off the metro in order to visit the Basilica?

_____

B. Des mots de remplissage *(Filler words).* Watch video module 4, where the following filler words (see *Entre amis,* page 59) are heard in the conversation between Jean-François and the artist. Make a check mark next to these words each time you hear them. Which word is heard the most often?

ben	_____	hein?	_____
bon	_____	oui	_____
euh	_____	voilà	_____

C. À compléter. Watch video module 4 and then complete the following sentences.

1. Jean-François trouve que le _____ au café est très cher.
    a. petit déjeuner *(breakfast)*
    b. déjeuner
    c. dîner

2. La boulangerie de la rue des Abbesses est _____.
   a. ouverte *(open)*
   b. fermée

3. Quand Jean-François dit «Ça commence à prendre forme, votre dessin», l'artiste répond

   _____. (see also *Entre Amis,* page 31)
   a. Vous trouvez?
   b. Merci beaucoup.

4. La boulangerie de la rue des Mannes est _____.
   a. ouverte
   b. fermée

D. Que fait Jean-François? Complete the following sentences.

1. Jean-François a l'intention d'acheter *(buy)* _____.
   (du pain, des croissants, des pâtisseries)

2. Il est _____ quand Jean-François parle avec l'artiste pour la première fois.
   (9 h 15, 9 h 45, 8 h 45)

3. L'artiste se trouve _____.
   (à Montparnasse, au Quartier latin, à Montmartre)

4. L'artiste dessine *(is drawing)* _____.
   (Notre-Dame, le Sacré-Cœur, la Sainte-Chapelle)

5. Jean-François parle _____ fois avec lui.
   (deux, trois, quatre)

6. C'est _____.
   (mercredi, vendredi, dimanche)

7. L'homme qui entre dans la boulangerie avant Jean-François veut _____ croissants.
   (deux, trois, quatre)

E. Réflexion. What are Jean-François and Marie-Christine planning for breakfast? Compare breakfast in France with breakfast in your country. You may wish to consult *Entre amis,* pages 227 and 236.

_____

_____

_____

_____

_____

_____

NOM _____ DATE _____

Chapitre 8

Module V: Au café

Vocabulaire à reconnaître

Les premiers contacts

Bienvenue.	*Welcome.*
Bonjour.	*Hello.*
Enchanté(e).	*Very pleased (to meet you).*
Je suis content(e) de vous connaître.	*I'm happy to meet you.*
Salut.	*Hi.*

Possibilités pour un long week-end

faire un voyage	*to take a trip*
prendre le train	*to take the train*
partir à la mer	*to leave for the seashore*
partir à la campagne	*to leave for the countryside*
visiter une cathédrale	*to visit a cathedral*
visiter un château	*to visit a castle*

Note culturelle

> «**Faire le pont**» (lit: *to make the bridge*): Si la fête du Premier mai est un jeudi (ou un mardi), on ne travaille pas le vendredi (ou le lundi) non plus. Comme ça, il y a quatre jours de vacances: le week-end plus jeudi et vendredi (ou lundi et mardi).

A. Combien de bises? Watch video module 5 and count the number of times that the cheeks touch when Marie-Christine kisses Bruno and Alissa (see also *Entre amis*, page 124).

_____

B. Bonjour. Watch video module 5 to identify the expressions Jean-François and his new acquaintances use when they greet each other.

_____   _____

_____   _____

C. Qu'est-ce qu'ils boivent? Watch video module 5 and draw lines to identify what each person orders at the café. (see also *Entre amis*, page 47).

1. Alissa
2. Bruno
3. Jean-François
4. Marie-Christine

a. un café crème
b. un café noir
c. un chocolat chaud

D. Qui va voyager? Watch video module 5 to learn which person is going to do each of the following:

1. faire un voyage: _____

2. jouer au tennis: _____

3. travailler: _____

E. L'horaire des trains *(Train schedule).* At the end of video module 5, the train chosen only runs on Sundays and holidays. See *Entre amis,* page 343, and find out the number of the train that runs only on Sundays and holidays.

_____

F. Écoutez bien.

1. Quelle est la nationalité de Bruno?

   _____

2. Qu'est-ce que les quatre jeunes personnes commandent au café?

   _____

   _____

3. Quel temps fait-il?

   _____

4. Quels sont les quatre jours mentionnés par Marie-Christine pour expliquer le mot «pont»?

   _____

5. Qui a un ami qui s'appelle Noël?

   _____

6. Pourquoi est-ce qu'ils ne partent pas en voiture?

   _____

7. Comment vont-ils voyager?

   _____

8. Qui ne va pas voyager? Pourquoi pas?

   _____

   _____

G. Réflexion. In this video module, the French holiday of May Day falls on a Thursday, allowing for a four-day weekend (see the **Note culturelle** above). What possibilities are there for four-day weekends in your country?

_____

_____

_____

_____

NOM _____   DATE _____

Chapitre 9   Module VI: *Le château Saint-Jean*

Vocabulaire à reconnaître

Un château médiéval

du Moyen Âge	medieval
une construction solide	solid construction
des remparts	ramparts, outer walls
sur une colline	on a hill
une tour	tower
la salle des gardes	castle guards' room
une cheminée	fireplace
du chauffage	heat
se réchauffer	to warm oneself
un feu de bois	a wood fire

Pour dire qu'on admire quelque chose

Ça valait la peine!	That was worth it!
Ça vaut bien une photo!	That's really worth (taking) a picture!
C'est beau!	That's beautiful!
C'est magnifique!	That's magnificent!
C'est pas mal ça, hein?	It's not bad, huh?
Qu'est-ce qu'elle est grande!	How big it is!

La photographie

un appareil	camera
une pellicule	roll of film
une photo	photograph

A. Comment les décrire? Watch video module 6 and then draw lines to connect the words on the left with the adjectives used to describe them in the video.

1. une chaleur *(warmth)*
2. un château
3. une cheminée
4. une construction
5. des merles *(blackbirds)*
6. une vue

a. belle
b. spectaculaire
c. bonne
d. beaux
e. médiéval
f. solide

B. Où se trouvent ces châteaux? Watch video module 6 and then draw lines to match the types of castle and the regions where they are found, according to the video.

Châteaux

1. du Moyen Âge
2. de la Renaissance
3. du dix-septième siècle *(17th century)*
4. du dix-huitième siècle *(18th century)*

Régions

a. dans la vallée de la Loire
b. dans le Midi *(in the south)*
c. dans la région de Bordeaux
d. le long de *(along)* la Seine
e. en Alsace
f. près de Paris

C. Où se trouvent ces régions? Use the maps on the inside covers of your text. How many of the regions of France mentioned above can you locate?

_____

_____

_____

_____

D. Au château. Choose the correct answer.

1. Bruno rend visite à _____.
   (Alissa, Nogent, Noël)

2. Avec ses amis, il visite le château _____.
   (Sainte-Jeanne, Saint-Jean, Nogent)

3. Le château se trouve en _____.
   (Normandie, Picardie, Alsace)

4. Dans la salle des gardes, ils admirent _____.
   (la fenêtre, la forêt, la cheminée)

5. La maison de Noël se trouve là-bas _____ derrière la forêt.
   (à droite, à gauche, tout droit)

E. Réflexion. The French often describe their castles and monuments as «**les vieilles pierres**». What are the "old stones" in your country? What would you point out to a tourist who wanted to visit your region?

_____

_____

_____

_____

_____

_____

_____

NOM _____   DATE _____

Chapitre 10   Module VII: *La poste*

Vocabulaire à reconnaître

À la poste

une carte postale	*postcard*
un colis	*parcel; package*
un paquet	*parcel; package*

Quelques indications

à côté du Monoprix	*next to the Monoprix department store*
à peu près _____ mètres	*about _____ meters*
dans la rue piétonne	*on the pedestrian street*
en bas	*down*
jusqu'au feu	*up to the light*
juste en face	*right opposite*
juste là	*right there*
là-bas	*down there*

Qu'est-ce qu'on vend dans les petits magasins?

de la porcelaine	*porcelain*
des articles pour tous les jours	*everyday articles*
de la bijouterie	*jewelry*
des cadeaux	*gifts*
de l'électroménager	*appliances*

A. Pour trouver un endroit. Study the list **Quelques indications,** above. Then, looking at the map on page 270 of *Entre amis,* give directions to the following places.

1. la pharmacie _____

_____

_____

2. la poste _____

_____

_____

B. Qu'est-ce qu'ils font? Watch video module 7 and then draw lines to indicate which person is associated with the following actions.

1. Alissa   a. a acheté une pellicule

2. Bruno   b. veut envoyer un paquet

                         c. a acheté des cartes postales

                         d. va traîner *(hang out)* dans les magasins

                         e. demande où est la poste

C. Dans les pharmacies. Watch video module 7 (see also *Entre amis,* page 246) and identify the three items that are specifically mentioned with respect to pharmacies.

_____

_____

_____

D. À la poste. Complete the following sentences.

1. Quand Alissa dit que les cartes sont jolies, Bruno répond _____.
   («Merci.», «Tu trouves?», «Tu as raison.»)

2. Bruno veut envoyer _____ à sa mère.
   (un cadeau, une carte postale, une lettre)

3. Une femme explique à Bruno que la poste se trouve à _____ mètres.
   (100, 500, 50)

4. On vend de la porcelaine _____.
   (dans les boutiques, dans les petits magasins, à la pharmacie)

5. Bruno a acheté _____ carte(s) postale(s).
   (une, deux, douze)

E. Réflexion. Compare what you have learned in this video module about shopping in France with shopping in your country.

_____

_____

_____

_____

_____

_____

NOM _____   DATE _____

Chapitre 11   Module VIII: *En panne*

Vocabulaire à reconnaître

La Normandie

les champs	*fields*
les collines	*hills*
les fermes	*farms*
le paysage	*countryside*

Les Français et leur voiture (see *Entre amis,* page 272)

Ils sont amoureux de leur voiture.	*They are in love with their cars.*
Ils ont la passion de la vitesse.	*They have a passion for speed.*
L'automobile reste reine.	*The car remains queen.*
Le chauffeur se croit roi.	*The driver thinks that he's king.*
malgré les embouteillages	*in spite of traffic jams*
malgré le prix élevé de l'essence	*in spite of the high price of gas*

La voiture ne marche pas *(The car is not working)*

une panne d'essence	*out of gas*
tomber en panne	*to break down*
ouvrir le capot	*to open the hood*
acheter une nouvelle batterie	*to buy a new battery*
griller le système électrique	*to burn out (a wire)*
pousser la voiture	*to push the car*

A. Qu'est-ce qui se passe? Draw lines to connect each expression on the left with its most logical match on the right.

1. Tout le monde dehors *(out)*.   a. Je vais regarder le moteur.

2. La voiture ne marche pas.   b. Le plein *(fill it up),* s'il te plaît.

3. On entend un bruit.   c. Le prix est élevé!

4. Tu ouvres le capot.   d. On pousse.

5. Ça coûte cher.   e. Elle est tombée en panne.

6. Elle est en panne d'essence.   f. Tu viens de griller ton système électrique.

B. Quelles marques de voiture? Watch video module 8 to identify the three types of French cars that are mentioned.

_____

_____

_____

C. La voiture tombe en panne. Complete the following sentences.

1. Noël vient d'acheter _____.
   (une nouvelle voiture, une nouvelle batterie, un nouveau système électrique)

2. Émile va regarder. Il faut qu'il ouvre _____.
   (le capot, le système électrique, la batterie)

3. La voiture ne démarre pas parce que _____ ne marche pas.
   (le capot, le système électrique, la batterie)

4. Émile peut la réparer _____.
   (tout de suite, ce soir, demain)

5. Sur l'autoroute, la vitesse est limitée à _____ kilomètres à l'heure.
   (300, 130, 103)

6. Sur les routes nationales, la vitesse est limitée à _____ kilomètres à l'heure.
   (70, 80, 90)

D. Réflexion. «La vitesse tue» *(Speed kills)* is often cited to explain the large number of fatal car accidents in France (see *Entre amis,* pages 408, 410, and 427). What are the speed limits in your country? How do they compare with those of France?

_____

_____

_____

_____

_____

_____

_____

_____

NOM _____ DATE _____

Chapitre 12   Module IX: *Au Centre Pompidou*

Vocabulaire à reconnaître

Pour faire des recherches

un sujet à rechercher	a research subject
un dictionnaire	a dictionary
une encyclopédie	an encyclopedia
faire un rapport sur quelque chose	to write a report about something

Le français familier

hein?	right?, huh?
chouette	swell
un truc	a thing
pas mal	not bad
ouais	yeah

A. Connexion culturelle. Locate the **Centre Pompidou** and the **Pyramide du Louvre** on Map 1 (**Paris**) at the beginning of the video worksheets. Are they on the **Rive droite** or the **Rive gauche**?

Centre Pompidou: _____

Pyramide du Louvre: _____

B. Deux des lieux les plus visités de Paris. Watch video module 9 and then draw lines to connect the two famous places mentioned with the descriptions given of them in the video.

1. C'est le Musée national d'art moderne.
2. C'est la nouvelle entrée du musée.
3. C'est un édifice ultramoderne.
4. C'est dans le cœur de Paris.
5. C'est une construction nouvelle.
6. Il y a un escalator extérieur.
7. Son architechte s'appelle I. M. Pei.
8. C'est dans la rue Beaubourg.
9. C'est fermé le mardi.
10. Il y a une bibliothèque publique.

a. la Pyramide du Louvre
b. le Centre Pompidou

C. Une visite virtuelle. Use the *Entre amis* Web Site to "visit" the **Centre Pompidou** and the **Louvre.** Then indicate, for each museum, how much it costs to get in and when it is open.

	Entry fee	*Hours of operation*
Centre Pompidou		
Louvre		

D. Comment dit-on ... ? Choose an expression from **Le français familier,** on the previous page, to match each of these expressions.

1. formidable _____

2. une chose _____

3. oui _____

4. n'est-ce pas? _____

5. bien _____

E. Les recherches de Moustafa. Complete the following sentences.

1. D'abord, Yves et Moustafa faisaient des recherches _____.
   (au musée, à la librairie, à la bibliothèque)

2. Moustafa faisait une étude sur _____.
   (la lecture, l'agriculture, l'architecture)

3. Le Louvre est aujourd'hui _____.
   (un musée, un château, une pyramide)

4. La Pyramide du Louvre est fermée _____.
   (le lundi, le mardi, le mercredi)

5. Moustafa a décidé de faire une description de _____ de la Pyramide.
   (l'intérieur, l'extérieur)

6. Le passant a expliqué à Yves et à Moustafa que l'entrée du musée était _____.
   (à côté d'eux, devant eux, derrière eux)

F. Réflexion. The **Centre Pompidou,** the **Pyramide du Louvre,** and the **Tour Eiffel** were all criticized when they were first built. Why do you think this was so? What are examples of modern architecture in your country? Do you think that reaction to new architecture differs from one culture to another? Explain your answer.

_____
_____
_____
_____
_____
_____
_____

NOM _____ DATE _____

Chapitre 13 Module X: *Au marché, rue Mouffetard*

Vocabulaire à reconnaître

Les poissons

des truites	*trout*
des filets de saumon	*salmon fillets*
des tranches de thon	*(slices of) tuna steak*

La préparation des poissons

à la poêle	*fried*
au barbecue	*barbecued*
au four	*baked*

Les fromages

le fromage de chèvre	*goat cheese*
le fromage de vache	*cow cheese*
le fromage de brebis	*ewe (sheep) cheese*

A. Comment les faire cuire (cook)? Watch video module 10 and then draw lines between the types of fish and the preparation methods recommended in the video.

1. des filets de saumon   a. à la poêle
2. des tranches de thon   b. au barbecue
3. des truites   c. au four

B. À compléter. Watch video module 10 and then complete the following sentences by choosing the appropriate answer.

1. Aujourd'hui il fait _____.
   a. mauvais
   b. beau

2. Yves se rend au _____ de la rue Mouffetard.
   a. supermarché
   b. magasin
   c. marché

3. Yves veut acheter du poisson pour _____ personnes.
   a. 4
   b. 5
   c. 6

4. À la fin, Yves veut acheter du _____.
   a. rôti
   b. brie
   c. riz

C. Une recette pour le saumon. Watch video module 10 and then number the following steps in the order in which they occur in the video.

_____ Poivrez. *(Add pepper.)*

_____ Mettez un verre de vin blanc.

_____ Mettez à four moyen une dizaine de minutes. *(Bake at a moderate temperature about ten minutes.)*

_____ Mettez les filets dans un plat en terre beurré. *(Put the fillets in a buttered earthenware dish.)*

_____ Salez. *(Salt.)*

D. À table! Watch video module 10 to observe the table setting in the middle of the video (see also *Entre amis,* pages 348 and 350). What similarities and/or differences do you notice with respect to the way a table is set in your country?

_____

_____

_____

_____

_____

E. Écoutez bien! Watch video module 10 and check off below the food items you hear mentioned.

_____ les anchois	_____ le fromage de brebis	_____ le porc
_____ les artichauts	_____ le fromage de chèvre	_____ le poulet
_____ les bananes	_____ le fromage de vache	_____ les radis
_____ le bifteck	_____ les fruits	_____ le riz
_____ les champignons	_____ le gâteau	_____ la salade
_____ la charcuterie	_____ la glace	_____ les sardines
_____ les concombres	_____ les légumes	_____ les saucisses
_____ les cornichons	_____ les melons	_____ le saumon
_____ les croissants	_____ les œufs	_____ la soupe
_____ les desserts	_____ le pain	_____ la tarte
_____ les épinards	_____ le pâté	_____ le thon
_____ les fraises	_____ la pâtisserie	_____ les tomates
_____ les framboises	_____ les petits pois	_____ la truite
_____ les frites	_____ le poisson	_____ la viande
_____ le fromage	_____ les pommes de terre	

NOM _____ DATE _____

F. Réflexion. The open-air market and fresh produce are common in France. How does this compare with your country? How do France and your country compare with respect to when and where food is purchased?

NOM _____ DATE _____

Chapitre 14   Module XI: *Le papillon*

Vocabulaire à reconnaître

Il s'agit de la voiture

se garer	to park
un parcmètre	a parking meter (see Activity D, next page)
une contravention	a ticket; fine (see **Entre amis,** page 410)
un papillon	parking ticket (lit. butterfly)
le stationnement	parking
sous l'essuie-glace	under the windshield wipers
acheter un timbre fiscal	to buy a stamp (for paying a fine)
coller le timbre sur le papillon	to stick the stamp on the ticket

Au bureau de tabac

des timbres-poste	stamps (for mailing)
des timbres fiscaux	stamps (for paying fines)
des allumettes	matches
des briquets	lighters
des bonbons	candy
des billets de loto	lottery tickets

A. Au tabac. Study the list **Au bureau de tabac,** above. Identify three additional articles that are also sold in a **tabac** (see *Entre amis,* pages 243 and 246).

_____

_____

_____

B. À compléter. Watch video module 11 and then complete the following sentences by choosing the appropriate answer.

1. Le conducteur a _____ sa voiture.
    a. loué
    b. acheté
    c. vendu

2. Le conducteur est embarrassé d'entrer au tabac parce qu'il ne _____ pas.
    a. boit
    b. fume
    c. conduit

3. Un passant cherche la poste, mais elle est fermée depuis _____.
    a. une heure
    b. une demi-heure
    c. un quart d'heure

Copyright © Heinle, Cengage Learning. All rights reserved.   Chapitre 14: VIDEO WORKSHEETS   293

C. Un papillon! Complete the following sentences.

1. Dans ce contexte, le mot «papillon» veut dire _____.
   (une cravate, un insecte, une contravention)

2. Il dit qu'on lui a donné un papillon pour _____ minutes de stationnement.
   (5, 10, 15)

3. L'homme qui a eu la contravention est de nationalité _____.
   (française, suisse, belge)

4. D'après cette vidéo, il faut que cet homme aille _____ pour acheter un timbre fiscal.
   (à la poste, au tabac, à la gare)

D. Réflexion. In France, the **parcmètre** is a machine (distributed one or two per city block) where you purchase tickets indicating the time you can legally park. Explain to a foreign visitor how the parking meter works in your country. How is a fine paid for a parking ticket in France, according to the video, and how does this compare with the paying of fines in your country?

_____

_____

_____

_____

_____

_____

_____

_____

NOM _____ DATE _____

Chapitre 15 Module XII: *La Fête de la Musique*

Vocabulaire à reconnaître

À la Fête de la Musique

On fait la fête.	*We have a great time.*
On danse et on voit des concerts.	*We dance and see concerts.*
On consulte le programme pour savoir à quelle heure les concerts ont lieu.	*We check the program to find out what time the concerts take place.*

Dans quel endroit?

ailleurs	*elsewhere*
dans le coin	*in this area*
là-bas	*over there*
juste à côté	*nearby*
partout	*everywhere*

Quelques expressions pour dire *au revoir* (see *Entre amis,* page 125)

à bientôt	*see you later*
bisous	*kisses*
On s'appelle?	*We'll speak on the phone, OK?*
tchao	*bye*

Note culturelle

> Une fois par an, au mois de juin, la France célèbre la **Fête de la Musique.** Pendant deux jours, il y a de la musique de toute sorte.

A. Qu'en pensez-vous? Draw lines to indicate your personal reaction to the various types of concerts available at the **Fête de la Musique.**

1. de l'opéra

2. de la musique classique

3. de la musique folklorique   a. C'est vraiment super!

4. du jazz   b. C'est sympa *(nice)*!

5. du rock   c. Ça ne m'intéresse pas.

6. de la musique d'Amérique latine

7. du flamenco

B. Qu'est-ce qu'ils disent? Watch video module 12 and then draw lines to identify the people who make the following statements.

1. Alissa
2. Betty
3. Jean-François
4. Moustafa
5. Yves

a. Tu connais la Fête de la Musique?
b. Alors, il y a Joe Cocker à la République ...
c. Il faudrait qu'on aille trouver Betty.
d. Si on allait leur dire qu'on a aimé leur concert?
e. Allez, bisous. Tchao, les mecs *(guys)*!

C. Où sont ces concerts? Watch video module 12 and then draw lines to indicate where each concert takes place, according to the video.

1. du flamenco
2. du jazz
3. du rock
4. Joe Cocker
5. de la musique d'Amérique latine

a. à l'hôtel de Sully
b. partout
c. à la République
d. juste à côté
e. au musée Picasso

D. À la Fête de la Musique. Complete the following sentences.

1. Jean-François invite _____ à la Fête de la Musique.
   (Alissa, Betty, Marie-Christine)

2. La Fête de la Musique est au mois de _____.
   (mai, juin, juillet)

3. La copine qu'ils vont retrouver à un autre concert s'appelle _____.
   (Alissa, Betty, Marie-Christine)

4. Moustafa a consulté son _____ pour savoir à quelle heure chaque concert devait avoir lieu.
   (livre, programme, ticket)

5. Les jeunes guitaristes vont faire _____.
   (une émission, un disque, une excursion)

E. Réflexion. The **Fête de la Musique** involves amateur musicians as well as professionals. What are the advantages and disadvantages of such a nationwide cultural celebration? Are there any similar cultural events in your country? Why or why not?